JN233806

WIZARD

WIZARD BOOK SERIES Vol. 42

TRADING SYSTEMS THAT WORK
by Thomas Stridsman

トレーディングシステム入門

仕掛ける前が勝負の分かれ目

トーマス・ストリズマン［著］
柳谷雅之［監修］ 二宮正典［訳］

Pan Rolling

監修者まえがき

　トレーディングシステムで難しい問題のひとつは、システムの検証結果がどのような基準を満たせば実際に売買できるのかということだと思う。成績が良ければ良いほど好ましいのは明白であるが、再現性の乏しい好成績ではなんの意味もない。監修者の知るかぎりにおいて、この問題に明確な答えはなく、すべてはトレーダー個人の判断に委ねられている。

　しかしそのベースとなる成績の評価方法に間違いがあったとしたらどうだろうか。それはシステムのロジックを議論する以前の悲劇である。本書によると、トレードステーションが出力する金額ベースの成績には何の価値もない。比率による成績表示でないとシステムの素顔は分からないし、再現性の高い指標は得られないというのだ。これを受けて多くの読者が今までの検証方法を見直すことと思う。特に株式のシステムトレーダーにとって本書のインパクトは大きいだろう。読者の便宜を図るため、EasyLanguage のコードと Excel のマクロも提供されている。

　本書はその評価法をベースに、機能するシステムを題材として取り上げ、手仕舞いを強化し、マネーマネジメントを適用する過程をバランス良く詳述している点でも評価できる。採用するマネーマネジメントを前提にシステムを調整するアイデアはなかなか得難いものである。さらに、個別トレードの詳細分析という点で、本邦では本書の右に出るものはないだろう。

　最後に本書が広範囲にわたるシステムトレーダーのレベルアップに貢献してくれることを願ってやまない。

　　　2002年7月　パンローリング株式会社チーフアナリスト　柳谷雅之

TRADING SYSTEMS THAT WORK by Thomas Stridsman
Copyright © 2001 by The McGraw-Hill Companies, Inc.
Japanese translation rights arranged with The McGraw-Hill Companies, Inc.
through Japan UNI Agency, Inc. Tokyo

私たちすべてを支えてくれたことへの感謝と愛をこめて、この本を母ブリット・マリー・ストリズマンに捧げる。
　この本から得られる収益はすべて、シカゴのチルドレン・ウィッシュ・リストとボランティア組織に寄付し、恵まれない子供たちの医療と教育に役立てる。それが、彼らの健康と幸福の一助となれば幸いである。

CONTENTS

監修者まえがき………………………………………1
はじめに……………………………………………9
謝辞………………………………………………21

第1部　パフォーマンスの評価　23

第1章　パフォーマンスの測定……………………25
　総損益………………………………26
　日中最大ドローダウン………………………28
　必要資金と運用成績………………………29
　1トレードの平均損益………………………31
　最大の勝ちトレードと最大の負けトレード…………………32
　総利益と総損失………………………32
　　プロフィット・ファクター　33
　勝ちトレードの平均利益と負けトレードの平均損失……………35
　（勝ち／負け）トレード回数と1トレードの平均日数……………35
　最大連続勝ちトレードと最大連続負けトレードと勝率……………36
　コード………………………………39

第2章　より効果的な指標……………………41
　スリッページと手数料………………………42
　1トレード当たりの利益………………………47
　最大の勝ちトレードと最大の負けトレード…………………50
　累積利益と最高資産額………………………53
　ドローダウン………………………54
　回復期間と資産増加期間………………………58
　コード………………………………60

第2章　先物のデータ……………………………………67
つなぎ足……………………………………68
ポイントベース修正つなぎ足データ……………………………………70
比率修正つなぎ足データ……………………………………73
マルチマーケット・ポートフォリオ……………………………………77
永久つなぎ足……………………………………80

第1部の最後に……………………………………85

第2部　システムのコンセプト　　87

第4章　天井と底をとらえる……………………………………91

第5章　データマイニング……………………………………95
データのより有効な活用……………………………………106
基本的な手仕舞いのテクニック……………………………………117

第6章　トレードすべきか、しないべきか……………………………………135

第7章　トレンドに従う……………………………………139
移動平均……………………………………141
ダイナミック・ブレイクアウト・システム……………………………………157
標準偏差ブレイクアウト……………………………………171

第2部の最後に……………………………………181

CONTENTS

第3部　手仕舞い　　　185

第8章　効率的なトレード……………………………189
ドローダウン……………………192

第9章　スイーニーのMAE（最大逆行幅）と
MFE（最大順行幅）……………219
MAE/MFEを超えて……………236

第10章　長期の手仕舞いテクニックの追加……………251
ダイナミック・ブレイクアウト・システム……………252
標準偏差ブレイクアウト・システム……………264

第11章　ランダムな仕掛けのポイント……………277
ゴールドディガー・システム……………282
蛇行システム（週ベースデータ）……………292
ブラックジャック・システム……………300

第3部の最後に……………325

第4部　高確率フィルター　　　327

第12章　フィルタリング……………329
短期システムのトレンドフィルター……………332
ゴールドディガー・システム……………343
蛇行システム……………346
ブラックジャック・システム……………347

第13章　長期のボラティリティ・フィルター……349
　DBSシステム……356
　SDBシステム……357
　ディレクショナルスロープ・システム……362

第14章　トレンドを創造するもの……365

　第4部の最後に……383

第5部　資金管理とポートフォリオ構成　387

第15章　資金管理……389
　資金管理戦略の実践的運用……406
　短期システム……412
　長期投資戦略……438
　　標準偏差ブレイクアウト戦略　439
　　ディレクショナルスロープ戦略　449
　　DBS戦略　457

第16章　ポートフォリオの構成……459
　総資産寄与率Ⅰ……459
　相関性と共分散……464
　総資産寄与率Ⅱ……467

CONTENTS

第17章　信頼性の構築 …………473
処女データ期間の検証 …………473
入力値の変更 …………479

第5部の最後に …………481
バック・トゥ・ザ・フューチャー …………486

はじめに

　2年間にわたってフューチャーズ誌の編集者として、またライターおよびテクニカルアナリストとして務めた結果、ほとんどのトレーダーが犯す大きな間違いは、次のようなものであることが分かった。知識の細かい断片を寄せ集めてトレーディング戦略を構築し、そこから大金を得ようと試みるものの、リスク管理や資金管理の知識を持ち合わせておらず、システムがある種のマーケットでは機能しない理由も、最大のドローダウンがこれから起こる理由も、設計どおりに機能しているシステムを使っているのに破産してしまう理由も分からない。そして驚くべきことには、この傾向はプロフェッショナルとして長年認められたトレーダーにも、プロフェッショナル気取りのアマチュアトレーダーにも共通しているのである。
　もうひとつの共通した間違いは、資金のニーズと効率性を考慮せず、トレーディング方法を徹底的に調査しないというもので、これは特に少額のマネーを扱う投資家に多く見られる。取引口座のサイズが大きくなるにつれて、より「洗練された」トレーディング戦略やマーケットの複雑さについて学ぶ時間も多くなると考えるかもしれない。しかし、そうではない。マネーはマネーであり、最初のトレーディング方法で成功できなければ、長年巨額の資金を運用してきたマネジャーであろうと、1万ドルの資金を扱う初心者であろうと、その資金を失ってしまうであろう。資金管理戦略を用いずに基本的な移動平均交差法だけを使って1万ドルの資金運用（それが唯一のトレーディング知識と使える資金のすべてだとして）を行って、巨額の資金とあらゆるトレーディング知識を駆使した場合よりもすぐれた成績を収めることができるだろうか。
　最初から正しい方法でトレーディングを行うだけの知識と十分な資

金を持ち合わせていないのであれば、トレードを実行すべきではない。そのような状態でトレードを実行すれば、確かに、より「洗練された」トレーディング戦略について学ぶ時間はたっぷりあるかもしれないが、トレーディングを行っているときには、そんなことは不可能であることが分かるはずである。そのようなときはぜひ筆者に問いかけてほしい。筆者は最初にそれを経験したのである。

　本書は、トレーディングが容易なものではないことを悟りながらも、失われた断片を特定できず、いまだにパズルの全体を埋めることができないでいる、あらゆるレベルのトレーダーに向けたものである。トレーディングの成功を阻んでいるものはおそらく、より洗練された戦略を組み合わせて成功の確率を高める方法についての全体的な理解の不足であろう。本書では、このトレーディング戦略についての全体的な理解を深め、パズルの全体を埋めるために最大限の労力を費やしたつもりである。

　現在、筆者は主にアナリストとライターとして活動しており、トレーダーとしての活動は行っていない。しかし、過去にはトレーダーとして活動し、現在ではいくつかのシステムを使って他人にトレーディングを行わせている。多くのトレーダーは、誤った情報を与えられており、トレーダーでなければマーケットがどのように動くかを理解できないと考えている。しかし、それは大変な間違いと言わざるを得ない。数学に優れているからといって語学にも堪能とは限らないし、運転技術が優れているからといって豊富な技術知識を持っているとは限らない。優秀なトレーダーだからといってアナリストとしても優秀であるとは限らないし、その逆もまたしかりである。それに、アナリストでもありライターでもあることは選択の問題であり、自分は単に長時間モニターの前に座って時間を過ごすことに耐えられなかっただけのことである。そして、次第にトレーディングに関することを書くようになったのである。

アナリストとして、またシステムとメカニカルなトレーディングの専門家として、自分の戦略に関するかぎり、それに必要なトレーディングの技術を持っていなければならないと考えている。筆者を信用しない人もいるかもしれないが、本書を読み進んでもらえばそれが間違いであることが分かるであろう。ページを読み進むにつれて、高度で革新的であると私が信じるテクニックに基づいた有用なツールが紹介されていく。それらは、高度に洗練された水準にあり、マーケットに関する知識は、読者が現在「入手できる」ものをはるかに超えたものであると信じている。

　本書のなかでしばしば学術的な専門用語を使うことがある。例えば、標準偏差、尖度、数学的期待値といった用語を使用し、数学的な計算を行う場合もある。しかし、それはけっして科学者や統計学者、物理学者、精神科医になることを意図したり、その他の学位を取ろうとしているのではない。事実、本書で使用しているテクニックには、彼らから借用したものもあり、筆者がこれらの分野に実は無知であることの証拠を発見する場合も少なからずあるであろう。しかし、そんなことは問題ではない。最も強調したいことは、マーケットを分析するのにロケットサイエンティストである必要はないということである。既存の書物から得ているものにほんのわずかな知識を追加し、あえて「常識の枠」から少しばかり踏み出せばいいのである。その点については筆者は一切弁解しない。

　新しいものを説明しようとするとき、教える側はしばしばジレンマに直面することがある。Ｃを説明しようとすれば、まずＡとＢから説明しなければならないが、それらは互いに関連し合っている。したがって、Ａを理解するにはＢとＣを理解しておかなければならない。本書の性格として、できるかぎりロジカルな順序で簡潔に説明しようと努力したが、２つの新しいことを同時に説明せざるを得ないケースが常に存在する。ほかにも、あるトピックを意図的に説明しないままに

して、後からそのトピックについてより詳細な分析と説明を行うようなケースもある。ときには、簡略化して説明することで多少のごまかしを行っている場合もある。限られた紙面ですべてのことを説明し尽くせなかったため、ご容赦願いたい。本書から価値のあるものを得ることで満足いただけたら幸いである。

本書は実用的なものであると認められると考えているが、けっしてだれにでも使えるような簡単なトレーディングシステムではない。そのようなシステムは存在しない。本書は独自のトレーディングの機会を発見するのに役立つものでもないし、そのような機会を簡単に見つけだして何かを行う方法を説明したものでもない。そのようなものに見えるかもしれないが、けっして目新しいテクニックやトレーディング戦略を扱ったものではない。

本書は、トレーディングのプロセスの構築を始める前に推論を検討して、真のトレーディング戦略といえるものを統合する方法を説明したものである。真のトレーディング戦略とは、孤立した単独の決断の連なりではなく、長期間にわたって機能する作業プロセスのことである。これはそしりを恐れずにいえば「哲学」とでもいうものである。有効に機能する統合された戦略の背後にある哲学とは、マーケットを動かしているものの背後にあってその動きの根底となるもので、それを理解することによって、戦略が有効に機能する、あるいは機能しない理由が明らかになる。

トレーディング戦略とは、「プロセス機構」のことであり、ひとつの決断が自動的に次の決断を引き出し、それが続いていって永続的に機能する永久機関のようなプロセスを生み出すものであることを理解してほしい。そして永久機関のように、トレーディング戦略は繊細で、必要最小限の部品で構成され、それがより大きな全体構造を形成し、エネルギーの損失は発生しないのである。可能であれば、それぞれの部品がほかのすべての部品を考慮したうえで統合され、さらにほかの

部品の一部となるのが理想的である（これは本書の哲学的な特徴である）。実際には不可能であるが、ほぼ、それぞれの部品が、自動車を機能させる部品であると同時に自動車そのものであり、すべての部品を構成しているという状態である。

　しかし、永久機関が現実には存在しないように、優れたトレーディング戦略を統合することは、バランスのとれた自動車を購入するのに似ている。このすべての作業を行いながら、自分のニーズと現在の経済的状況その他を考慮しなければならない。例えば、NASCAR（全米自動車競走協会）に出場するレーシングカーを買えるだけの資金があったとしても、日曜日に家族と出かけるのにそんな車や地ならし機などを使ったりはしないであろう。ランボルギーニと比べれば、ステーションワゴンやミニバンなどはつまらないものかもしれないが、たいていは日常生活の必要に応じた車を選ぶであろう。同じことがトレーディング戦略についてもいえる。まず、自分のトレーダーとしてのタイプと適した戦略のタイプを知る必要がある。これはいささか退屈な作業で、「追い越し車線を突っ走る」ようにはいかないし、「ハンドルを握って」臨機応変に運転するようにもいかない。筆者の実際の経験では、少なくともシステマティックなトレーディングとは、ビールとつまみなしで観戦する野球のように退屈なものである。しかし、同じことが公道を走る場合とトレーディングルームについてもいえる。そこはゲームを楽しむところではない。

　トレーディング戦略を統合するということは、デイトレーディング用の特定のマーケットに特化した高速なシステム（800馬力のエンジンを搭載したNASCARのマシンのような）から、長期トレーディング用の汎用システム（地ならし機のような）ものまで、実際のシステムに売買のルールを組み込むことである。これが完了すれば、次に資金管理に取りかかる。これは、ギアボックスとトランスミッションに相当する。システムの目的を念頭に置きながら、システムをできるだ

け効率的で安全なものに仕上げなければならない。自動車のたとえを続けるなら、NASCARのレーシングカーのエンジンにステーションワゴンのトランスミッションを合わせようとすれば、それは悲惨な結果を招くことになる。

エンジン（システム）とトランスミッション（資金管理）が、バランスよく機能することが確認できたら、次は運転席と車体である。トレーディング戦略では、これはトレードを行うマーケットの選択に相当する。特定のマーケットに特化したシステムの場合は、この過程はすでに終了している（Aの前にCが終了している）。しかし、戦略が特定のマーケットに特化したものであるかどうかにかかわらず、そのシステムができるかぎり多くのマーケットで有効に機能するようにしておくことが重要である。マルチマーケットのシステムでは、システムをマーケットにカーブフィッティングさせてはならないのと同様に、マーケットをシステムに対して最適化することで、戦略をカーブフィッティングしてはならない。

優れたシステムと収益性の高いシステムとの間には、大きな違いが存在する。この違いを理解しておくことは、何にもまして重要である。また、優れたシステムは収益性の高いシステムへと変わる可能性が常にあるが、その逆はあり得ないことも重要である。有効に機能するシステムは、パーセンテージベースやほかの汎用性の高い基準で測定される同じタイプの動きを、あらゆるマーケットでとらえることができるからである。一方で、収益性の高いシステムとは、有効に機能するシステムで、特定のマーケットやマーケットのポートフォリオに対して完璧な戦略を適用したときに利益を生み出すものである。

エンジン（システム）とトランスミッション（資金管理）、車体（マーケットのポートフォリオ）で自動車（戦略全体）を組み立てても、まだ足りないものがある。それは、燃料とドライバーである。燃料とは資金と時間であり、ドライバーとはあなたのことである。しか

し、幼児をシートに乗せて運転席に座る前に、これが本当に自分に適した車かどうか（本当は自分がランボルギーニを乗り回すタイプであると分かっていても）を確認する必要がある。

　本書の内容は、すべてデイトレーディングのテクニックとして応用できるものであるが、今日巷にあふれている多くのデイトレーディングの解説書に屋上屋を重ねるようなものではない。本書では商品先物のマーケットを例として多用しているが、けっして特定のタイプのマーケットを志向したものではない。株式やマーケット（市場）、コントラクト（銘柄）という言葉は同義語として扱われる。

　第１部では、システムのパフォーマンスを、基本的で汎用性の高い指標を使って測定する方法を詳しく説明する。さらに、マイクロソフト・エクセルやロータス1-2-3のようなスプレッドシート・プログラムを使って分析を深める方法についても説明する。このセクションでは、さまざまなタイプのデータとそれをいつどのように使用すべきかについても、詳しく研究する。これは特に先物のトレーダーが理解しておくべきことであるが、株式専門のトレーダーであっても、今まで構築してきた多くのシステムが実際に稼働し始めたとたんに機能しなくなる理由について、貴重な洞察にふれることになろう。

　第２部では、目的に応じてさまざまなタイプのデータを使い分け、長期と短期の基本的なトレーディングシステムを統合する。特定のマーケットに特化したシステムもいくつかあるが、それ以外はすべて多くのマーケットで使用できる。スプレッドシート・プログラムを使って多くの分析を行い、そのために第１部で開発したコードを使用する。また第２部では、本書全般で使用する特別な仕掛けのテクニック以外で、最も重要なことを学ぶ。それは、有効に機能するシステムが必ずしも収益性の高いシステムであるとは限らず、特定のマーケットではうまくいかないシステムもある、ということだ。

　第３部では、第２部で統合したシステムの検証を行い、統計上の特

性を向上させる方法を研究する。そのために、ジョン・スイーニーのMAE（最大逆行幅）、MFE（最大順行幅）の分析手法や、ドローダウンを切り分けるさまざまな手法を使用する。また、尖度や歪度などの指標も導入する。第3部はいろいろな意味で最も重要なセクションである。あとで固定比率資金管理ルールに追加する手仕舞いのテクニックによって、最低でも収益を10倍にすることが可能となる。

第2部の仕掛けのテクニックと第3部の手仕舞いのテクニックに加えて、第4部ではマーケットの好ましい状況や構成を抜き出すための、さまざまな手法の研究を行う。ランダムな仕掛けのポイントを使用することで、可能なかぎり多数のトレードを生成できる。これによって、わずか数年のデータで長期間に相当する独自のトレードを必要なだけ生成することが可能となる（本書を書いたあとで、実際にこのテクニックで直近10年間のダウ・ジョーンズ工業株30種平均の株価データから、300万年以上に相当する独自のトレードを生成した。これで堅実な結果が得られなければ、もうどうすることもできない）。このセクションの最後に、より理論的な考察を扱う章を設けた。そこでは、トレンドがどのようにして形成されるかを理解するための枠組みと、システマチックなトレーディングが最も有効であるとする筆者の信念の背景を説明する。

第5部では、さまざまな資金管理戦略を使用してすべてのシステムを結合することで、これまでのすべてを結びつける。また、複数のマーケットとシステムの組み合わせで構成されるポートフォリオを統合する方法についても詳しく研究する。そこでは、それぞれの組み合わせが互いに相乗効果を生み出す。これは、資金管理ルールを共有しつつ、すべてのシステムが連携し合って機能していなければ達成不可能なものである。新しい造語を使うならば、われわれが行っていることはシステムの「最適化（optimize）」ではなく、システムを「適量化（optisize）」することである。「適量化」と最適化の大きな違いは、

最適化がシステムをデータに対してカーブフィッティングさせるのに対して、「適量化」ではトレーディングの金額をシステムに適合させるのである。システムの最適化の度合いが低いほど、戦略をより適量化することができる。ほとんどの作業はスプレッドシート・プログラムで行う。公式やコードは数多くあり、そのままコピーして各自の作業で使用できる。本書を完結する前に、システムの堅牢性を確認する方法を説明し、システムを実際のトレーディングに使用する前に自信をつけることができるようになっている。

　何人かの人が、このノウハウを自分で利用せずに他人に教えてしまうのはなぜかと質問してきた。まあ、現在もこのノウハウの大半を改良している最中だ、というのが本当のところで、もし本書がニューヨーク・タイムズのベストセラーリストのトップに突然躍り出たとしても、本書のシステムや戦略が広まって優位性を失ってしまうことはないと考えるからである。その理由は、第一に、本書の読者すべてが内容に賛同するわけではなく、また他人のアイデアでトレードを行うよりも自分のアイデアで行いたいと考える者もいるため、全員がこの内容を実行することはない。第二に、それを使ったとしても、多くの者が利益を得ることはできないであろう。彼らは常に思慮不足から失敗を犯すからである。最後に、最大の理由は、マーケットはわれわれが考えているよりはるかに大きなもので、本書の戦略はしょせん数多く存在する戦略のなかのごく一部でしかあり得ない。そしてその数多くの戦略のおかげで本書の戦略が有効となる。

　実際のところ、筆者はこれらの戦略が自己強化するくらい広く普及して、戦略の収益性が高まることを期待しているくらいである。この観点に立てば、読者は筆者の敵ではなく目的を同じくする味方であり共犯者である。トレーディングというゲームにおける真の敵は、自分自身である。人生でどんな状況に直面しようとも、他人の助けを借りなければ物事を成し遂げることはできない。したがって、基本的には

読者にノウハウを譲り渡したとしても、自分自身によるリスクに比べれば、それは自分の将来の富を脅かすものとはなり得ない。

　最後に、有名なマネーマネジャーであるラルフ・ビンスの言葉を読んで、本書をかたわらに置いてしばらく熟考してもらいたい。もし、この内容が理解できないか賛同できないのであれば、本書を読む必要はない。

　「将来において数学的期待値をプラスに維持するには、使用するシステムの自由度を制限しないことが重要である。それには、最適化のためのパラメータを除去するか、少なくとも最小限にするだけでなく、システムのルールを最小限にしなければならない。システムにパラメータを追加したり、ルールを追加したり、調整や制限を加えたりすると、それらはすべてシステムの自由度を制限する結果となる。理想的なシステムとは、基本的かつシンプルなもので、あらゆるマーケットで損益分岐点を超える限界利益を継続的に上げることのできるものである。また、システム自体の収益性が高いかどうかは、システムが利益を生み出しているかぎり重要ではない。トレーディングによる収益は、採用している資金管理の効率性に依存する。トレーディングシステムは、使用する資金管理に基づいてプラスの数学的期待値を得るための道具である。単独の、またはごく少数のマーケットでのみ機能する（限界的な利益を生み出す）システムや、さまざまなルールやパラメータを使ってあらゆるマーケットに対応させているシステムは、実際のトレーディングで使用した場合に、長期にわたって機能することはないであろう……」

　本書を読み進むに当たって、www.ThomasStridsman.com の筆者のウエブサイトにもアクセスしていただきたい。そこでは最新の資料などを注文できる。これによる収益金は、チルドレン・メディカル・センターに寄付されるもので、ご協力いただければ幸いである。ま

た、筆者に対する意見やコメントも歓迎する。

トーマス・ストリズマン

謝辞

　私の人生において公私にわたって私を支えていただいた人々に、ここに感謝の意を捧げる。すべての人々に感謝を捧げるには、本書の残り全部の紙数を費やしても足りるものではない。身近でお世話になった数人に特別に謝辞を述べることで代えさせていただきたい。最初に、ネルソン・フリーバーグ氏とその家族、私をフューチャーズ誌のテクニカル分析エディターとして推薦してくれたダン・グランザ氏とメアリアン・グランザ氏に感謝したい。

　次に、英語力が不足しているにもかかわらず私をエディターとして迎え入れ、信頼してくれたジンジャー・スザーラ氏とジェイミー・ホルター氏およびほかのフューチャーズ誌のエディター全員にも感謝したい。シカゴへの引っ越しを手伝ってくれた友人ジム・ハロウフ氏とマギー・ハロウフ氏には特にお世話になった。

　ビクストーム・リュング・アンド・パートナーズのヨナス・ビクストーム氏とヨハン・リュング氏には、最新のコンピューターを提供していただいた。マックス・ホン・リーチェンステイン氏には、第4部の「トレンドを形成するもの」という重要な章で、ミクロとマクロ経済学の最先端の知識を授けてもらった。

　メリッサ・ラング氏には、オープンで素直な関係とはどういうものかを教えてもらった。その他、長年にわたって私が学んできたすべての人々に感謝を捧げたい。

　最後に、本書の編集の最終段階に至るまで私を支援してくださったパティ・ウォーレンバーグ氏にも謝意を表したい。

パフォーマンスの評価
Part One　Evaluating Performance

　株式市場は史上例を見ないほどの活況を呈し、最先端のコンピューターがどんどん安くなってきたことで、かつてないほど多くの人々が株式のトレーディングで生計を立てていこうと考えるようになってきた。そして、彼らの多くはシステマティックなトレーディング手法を駆使して、トレーディング収益を稼ごうと試みている。この背景には、トレーダー向けにプログラムを提供しているソフトウエア会社の存在がある。これらのソフトウエアを使うと、自分の投資戦略を構築したり、検証したりできる。さらには、他人が開発した投資戦略を購入して、ソフトウエアに組み込むこともできる。このようなソフトウエアのなかで最も人気があるのは、オメガリサーチ社の TradeStation（トレードステーション）と、エキス社の MetaStock（メタストック）である。このほかにも数々のプログラムがあるが、この2つのプログラムは個人投資家を対象として開発されたもので、その高度なプログラミング能力によって、最も多く使われている。

　PowerEditor（パワーエディター）と EasyLanguage（イージーランゲージ）の機能を持つ TradeStation は、現在使用できるプログラムとしては、最も高度な投資戦略のプログラミングと評価能力を持っている。筆者も含めてプロのアナリストであれば、好むと好まざるにかかわらず TradeStation とは何らかのかかわりを持っているはず

である。TradeStation は、どのようなプログラミングでも可能な柔軟性がある。しかし評価プロセスについては、ほかのプログラムにも共通するいくつかの厄介な弱点もある。

　これは極めて重要なポイントである。トレーディング戦略の構築と検証を開始する前には、どのような情報が必要なのかを知っておく必要がある。情報を入手できない場合には、それを自分で作り出す方法が必要となる。本書ではまず、重要な測定方法について説明する。そのなかには、TradeStation や MetaStock から直接利用できるものもある。それ以外のものについては、各プログラムの組み込み機能を使用してテキストファイルに書き出し、エクセルなどのスプレッドシート・プログラムで分析できるようにする必要がある。商品先物のトレーダーは、適切なタイプのデータの使用と、すべての時系列が同じように扱われていないことに留意することが重要である。

第1章
パフォーマンスの測定
Performance Measures

　どれが信頼に足るシステムの検証方法で、どれが役に立たないものなのだろうか。すべてのシステムやシステムの検証は、必然的にヒストリカルデータに基づいて実行されることになる。ここでの秘訣は、このデータをあますところなく活用して、評価測定結果の先見性を最大限に高めることである。この章では、最も多く使われている測定方法である TradeStation のパフォーマンスサマリーの概要について説明する。また、各機能について役立つものと役立たないもの、スプレッドシートを活用すれば修正可能なものについても説明する。本題に進む前に、ここで簡単な問題に答えてもらいたい。
　2つの銘柄から1つを選択する問題である。現在値は、それぞれ12.50ドルと20ドルである。12.50ドルの株は、2営業日以内に1.75ドル上昇することが確実であることが分かっている。20ドルの株は、同じく2営業日で2.60ドル上昇することが分かっているとする。あなたならどちらの株を選ぶだろうか。12.50ドルの株を選んだ読者は、私の意図を理解しており、この章の内容を何の問題もなく理解できるであろう。
　しかし、20ドルの株を選んだ読者は、目先の金額に惑わされたようである。計算してみよう。12.50を20で割ると、0.625、あるいは5/8となる。これは、20ドルの株を500株買うのに必要な金額と、12.50ド

ルの株を800株買うのに必要な金額が等しいことを意味する。１万ドルで20ドルの株500株を買った場合の利益は、2.60ドルの500倍で1300ドル（投資金額の13％）となる。一方、１万ドルで12.50ドルの株800株を買った場合の利益は、1.75ドルの800倍で1400ドル（投資金額の14％）となる。

　この差は考慮するに値しないと考えるのならば、今年中に20回のトレーディングで同様の選択を行い、前回のトレーディングの利益を次回のトレーディングに全額再投資していった場合のことを想定してほしい。当初の投資元本１万ドルは、20ドルの株だけを買った場合で11万5231ドル、12.50ドルの株だけを買った場合は13万7435ドルとなる。さらに、これを３年間続けたらどうなるだろう。20ドルの株を買い続けた場合の投資元本は、３年後には1530万0534ドルとなる。12.50ドルの株を買い続けた場合は、2595万9187ドルとなり、60回のトレーディングでその差額は1000万ドルを超える。

　この計算はあくまでも概念的なもので、トレーディングに飛びつく前にこのような計算を行ってみることの大切さを、分かりやすく説明したものである。しかし実際には、こうした計算を教えてくれるアナリストはいないし、計算を行ってくれるトレーディング用のプログラムも存在しないのである。

総損益

　最もよく使われる最適化の指標は、「総損益（Total Net Profit）」であろう。これは、日中最大ドローダウン（Maximum Intraday Drawdown。資産の最大損失は、未実現損益と実現損益によって計算される。日中＝intraday　という語義は、この資産の損失がどの日のどの時間帯でも発生し、どの日のどの時間帯にでも終わることを示している）とともに使われることが多い。しかし残念ながら、いかに

強固に構築されたシステムでも、厳密な検証を行ったとしても、トレーディング戦略で想定されるパフォーマンスを評価する場合には、総損益はほとんど役に立たない。この理由には二面性があり、単独の市場でトレードを行うのか、複数の市場とシステムでトレードを行い、ポートフォリオを構成するのかによる。単独の市場について該当することは、ポートフォリオを構成した場合にも該当する。

　単独の市場でトレーディングを行う場合は、利益が発生しても総損益は何の意味も持たない。また、発生した利益がほかと比べて大きなものであっても総損益は意味をなさない。トレンドが発生しやすい市場でトレードを行う場合には、このことは特に重要な意味を持つ。例えば、上昇トレンドが続いているマーケットでは、マーケットの金額ベースの価値が増大するとともに各トレードの金額ベースの価値も増大する。このせいで、総損益は時間的に見て不均等に分散し、マーケットの直近の動きに大きく左右されてしまう。マーケットが下降トレンドにあるときは、まったく逆の現象が起こる。しかし、マーケットのトレンドは、システムが堅牢なものであるかどうかとは何の関係もないことに注意しなければならない。上昇や下降トレンドが顕著に現れる市場では、より複雑な事態となる。

　複数の市場でトレードを行うケースでは、ポートフォリオの分散が効率的になされているかどうかについては、総損益は何の意味もなさない。すべての銘柄に同額ずつ投資する場合や、商品先物市場でひとつの商品について１枚ずつ投資する場合には、特にそれがいえる。これは、ある銘柄や市場において大きなマーケットの動きと考えられるものが、ほかの銘柄や市場では単なる表面的な変動でしかないからである。システムがそれぞれの市場で有効に機能することが分かっていても、S&P500の先物１枚を、とうもろこしの先物１枚と分散させることはできないのである。簡単に言うと、市場の規模が大きいほど、総損益に及ぼすポートフォリオの影響も大きくなる。

株式市場で上場会社が株式分割を行う場合に、総損益でシステムを評価することは不合理である。例えば、その株式が現在90ドルで取引されているとする。トレーディングシステムは常に100株ごとの売買を行い、ヒストリカルデータに基づく検証では15万ドルの利益を上げたとする。翌日、株式が3：1で分割され、株価が30ドルになった。ヒストリカルデータによる検証では、利益は5万に減少する。これは、システムの有効性が突然前日の3分の1に下がってしまたことを意味するのだろうか。もちろん、そうではない。システムそのものには何の変化もない。この例から、分割後の結果を分割前と対比するには、売買する株数を300株にしなければならないことが分かる。異なる期間であらゆる市場の動きを比較し、さまざまなシステムを使ってトレードを行うことが何度もあるが、これには常に困難が伴う。以下の章では、このジレンマに対処する方法を説明する。さらに、将来にわたって有効に機能しリスクを回避できるような、効率的に分散されたポートフォリオの構築についても説明していく。

日中最大ドローダウン

　「最大のドローダウンは、これからやってくる」という古い格言を知っているだろうか。いずれは現実のものとなるということであるが、事前の調査を入念に行っていれば、明日真っ先に起こるというものでもない。残念なことに、多くのシステムテスト用のソフトウエアが提供する情報は、十分なものであるとはいえない。所与の数値は金額ベースであり、一連の最悪のトレードに見舞われた市場や時期とは何の関連性もないからである。例として、価格が250ドルのS&P500先物を考えてみる。先物が500ドルで取引されているときに発生する2万ドルのドローダウンと、1350ドルで取引されているときの2万ドルのドローダウンとの間には極めて大きな違いがある。後者のケースでは、

２万ドルのドローダウンというのは市場価格の5％であり、この程度のことはよくあるが、前者のケースでは、ドローダウンは市場価格の約16％にも達している。市場価格が1350ドルのときの16％のドローダウンは5万4000ドルに相当する。通常のパフォーマンスサマリーから得られる情報は金額ベースによるものだけで、パーセンテージベースのものは何もない。これでは、多くのトレーダーが次の取引を仕掛ける前に破産してしまうのは明らかである。起こり得るドローダウンを正確に計算するには、まず最大ドローダウンをそれが発生したときの市場価格に対するパーセンテージで明確にし、それを現在の市場価格に対するパーセンテージに変換しなければならない。

さらに、自分の最大ドローダウンを評価する場合に、どのドローダウンを見ていたのかを正確に知っておく必要がある。TradeStationでは、ドローダウンは、CTD（クローズドトレード・ドローダウン。損失が確定したドローダウン）とOTD（オープントレード・ドローダウン。含み損の段階のドローダウン）を合計したものを、現時点でのTED（トータルエクィティ・ドローダウン）として計算している。しかし、堅牢なシステムを構築する場合には、これは必ずしもベストの方法とはいえない（その理由は、本書を通じて明らかになる）。第3部では、CTDをSTD（スタートトレード・ドローダウン）とETD（エンドトレード・ドローダウン）に分ける方法について説明し、さらに、それらを分析してトレードの仕掛けのテクニックと手仕舞いのテクニックに役立てる方法についても説明する。これを終えるまでは、パフォーマンス全般を向上させるためにCTDを用いるべきではない。

必要資金と運用成績

「必要資金（account size required）」と「運用成績（return on account）」は、最も惑わされやすい数字であろう。図1.1は、ブラッ

図1.1 TradeStationでのブラックジャック／蛇行システム初期バージョンの検証結果

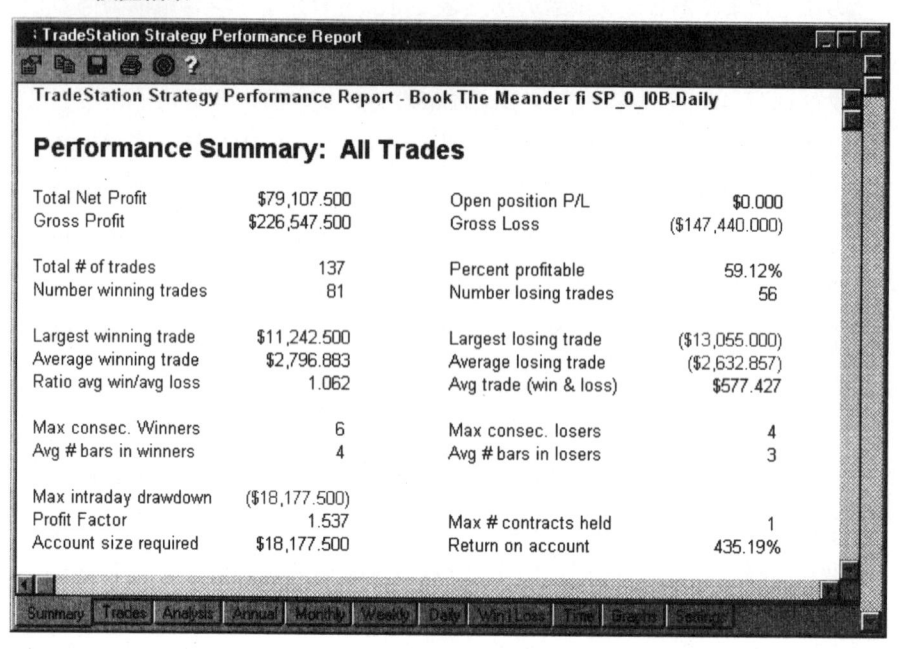

```
TradeStation Strategy Performance Report
TradeStation Strategy Performance Report - Book The Meander fi SP_0_I0B-Daily

Performance Summary: All Trades

Total Net Profit          $79,107.500    Open position P/L         $0.000
Gross Profit              $226,547.500   Gross Loss                ($147,440.000)

Total # of trades         137            Percent profitable        59.12%
Number winning trades     81             Number losing trades      56

Largest winning trade     $11,242.500    Largest losing trade      ($13,055.000)
Average winning trade     $2,796.883     Average losing trade      ($2,632.857)
Ratio avg win/avg loss    1.062          Avg trade (win & loss)    $577.427

Max consec. Winners       6              Max consec. losers        4
Avg # bars in winners     4              Avg # bars in losers      3

Max intraday drawdown     ($18,177.500)
Profit Factor             1.537          Max # contracts held      1
Account size required     $18,177.500    Return on account         435.19%
```

クジャック／蛇行システムの初期バージョンの TradeStation のパフォーマンスサマリーの画面である。必要資金は、日中最大ドローダウンの額と等しい。しかし、これは純粋に理論上の数値であり、事後的に導き出されたものである。この額を、トレードを仕掛ける前に事前に知ることはできない。しかも、将来にわたって有効であるという保証もない。

　TradeStation では、総損益を単純に必要資金で割ることで運用成績を算出している。運用成績の最大の問題点は、トレードを仕掛ける前に、トレーディング期間中の最大のドローダウンが発生した時点とトレーディングが終了して総損益が確定した時点という、まったく異なる2つの時点の価格をあらかじめ算出していることにある。実際に

トレーディングを行う観点からより重要なことは、まともな感覚を持ったトレーダーであれば、自分が過去に経験した最悪のドローダウンのリカバーだけを目的として、トレーディングを仕掛けたりはしないということである。まして、そのドローダウンの数字は、将来のいかなるトレーディング成果と何の関連性もないものであり、さらに大きなドローダウンを出す可能性も高いのである。将来の正確なドローダウンや最終的な取引口座の金額を知る方法は存在しない。したがって、自分の取引口座の適正規模を知ることはできないし、取引口座から得られる利益を見積もることもできない。つまり、この2つの数値はまったく必要のないものであり、ここからは何の情報を得ることもできない。

1トレードの平均損益

システムを使ってトレードを仕掛ける前に考慮すべき最も重要なことのひとつは、1トレードの平均損益（Avarage Trade）を見積もっておくことである。残念ながら、TradeStation と MetaStock のどちらのパフォーマンスサマリーも、このような予測情報をサポートしていない。金額ベースのヒストリカルデータのみに基づいているかぎり、基本的には、総損益についていえることは1トレードの平均損益についてもいえる。しかし、1トレードの平均損益について考える場合、マーケットの価格水準が大きくかけ離れていたときのトレードに「はるかにさかのぼって」しまうと、そのトレードの価格が平均損益の数字に過大な影響を与えてしまうということに注意しなければならない。例えば、マーケットが1000から2500のレンジで、3つの利益の見込めるトレードに基づいてシステム売買を行ったとする。ひとつは、マーケットが1000の時点で100ドルを、もうひとつはマーケットが2000の時点で200ドルを、さらに最後のトレードを、マーケットが

1500の時点で150ドルのトレードを行ったとする。TradeStationでは、平均利益は150ドルとなる。しかしこの数字は、マーケットが上昇してはるかに高い水準になってしまうと、その時点での平均利益ではなくなっている。この例では、2500の水準のマーケットでの平均利益の算出はそれほど難しいことではない。次のトレードでは、250ドルの利益が期待できる。さらに厄介な例を、図1.1に見ることができる。ここでは、現時点（1999年10月）での実際の1トレードの平均損益は、1269ドルであるが、図1.1では、577ドルとなっている。

最大の勝ちトレードと最大の負けトレード

　最大ドローダウンの情報は、必要な運用額と、そのシステムを使ってトレードを行うかどうかについての心理的な目安を与えてくれる。しかし、資金管理の観点からすると、最大の負けトレード（Largest Losing Trades）の情報はドローダウンよりはるかに重要である。ただし、よく使われているほかの多くの手段と同様に、最大の勝ちトレード（Largest Winning Trades）と最大の負けトレードは、それらが起こった時点とマーケットが明確になったうえで用いなければ、本質的には何の意味も持たない。このことをよく理解していれば、最大の負けトレードを使って、簡単な資金管理戦略を構築できる。そしてこれは、システムそのものよりもトレードの収支にとってははるかに重要なものであることが分かるであろう。

総利益と総損失

　パフォーマンスを評価する場合に、総損益があまり役に立たないとすれば、同様に総利益や総損失（Gross Profit and Gross Loss）も役に立たないというのは本当だろうか。その答えは簡単ではなく、イ

エスともノーとも言えない。個別に考えてみよう。総利益も総損失も、総損益と同様の影響を受けやすい。すなわち、トレンドが発生しやすいマーケットの場合、総利益や総損失の数値はマーケットの価格変動によって変わってくる。ポートフォリオでは、マーケットの価格水準が高いほど、ポートフォリオの総利益や総損失の数値に与える影響も大きくなる。しかし、利益や損失が十分な期間にわたって広く分散されており、両者の関係がその期間を通じてほぼ同じ状態であれば、総利益や総損失は、パフォーマンスを評価する初期の段階では、貴重な情報を提供してくれる。この情報は、プロフィット・ファクターから得ることができる。

プロフィット・ファクター

　プロフィット・ファクター（The Profit Factor）は、単純に総利益を総損失で割ることで計算される。その値は、1ドルの損失に対していくらの利益を上げることができたかを示している。例として、2ドルの資金が手元にあるとする。2ドルの利益を上げて資金が4ドルに増えることを見込んで、1ドルをトレーディングに投じたとする。最初のトレーディングで1ドルの損失が発生し、手元に残った1ドルでトレーディングを行い、今度は2ドルの利益を得た。資金は3ドルとなり、総利益は2ドルである。そして、2÷1＝2がプロフィット・ファクターとなる。
　ここで、金額を10倍にして同じことをもう一度繰り返してみる。最初に10ドルの損失を被り、次のトレードで20ドルの利益を上げて、手元資金は30ドルとなる。20÷10はやはり2である。このように、プロフィット・ファクターは、利益と損失の単純な関係を表すもので、比率で示されるため、時間枠やマーケットの違いを超えて、結果を標準化することができる。

利益と損失が同じペースで変動しており、期間を通じて均等に分散されているかぎりプロフィット・ファクターは有効に機能し、マーケットにトレンドが存在するかどうかは問題とならない。同じ理由で、異なるシステムやマーケットの比較にプロフィット・ファクターを使うこともできる。プロフィット・ファクターの数値が高いほど、優れたシステムであることは確かであるが、より重要なのは、プロフィット・ファクターの数値の高さよりもその堅実さを見極めること、つまり、プロフィット・ファクターが将来にわたってどの程度実用に堪え、異なるマーケットの状況で使用できるかということがポイントとなる。

　多くのシステム開発会社やトレーディングのエキスパートたちは、過去のデータに基づいた検証の結果、プロフィット・ファクターが3以下のシステムを使ってトレードを行うべきではないと考えている。実際に予測不可能なデータのもとでトレードを行った場合に、そのシステムのプロフィット・ファクターは著しく低下することを、彼らは経験上知っているからである。そしておそらく彼らがそう勧める唯一の理由は、彼らが堅牢な投資戦略を構築するための最優先の方法を知らなかったことによるものであろう。彼らが最も重要なパフォーマンスの評価方法として総損益とドローダウンを使っているのであれば、それは間違いない。将来にわたって有効に機能する堅牢なトレーディングシステムを構築するには、基盤となるロジックが強固かつシンプルなもので、トレーディングのルールも同様にシンプルかつ可能なかぎり少なくしておく必要がある。さらに、総利益と総損失がトレーディング期間を通じて均等に分散され、互いに関連性が高いものでなければならない。もし、以上のことが達成できるのであれば、プロフィット・ファクターが1.5、あるいはそれ以下のシステムを使っても利益を上げることができるであろう。

勝ちトレードの平均利益と負けトレードの平均損失

　勝ちトレードの平均利益と負けトレードの平均損失（Average Winning and Losing Trade）を正しく理解し扱うことができれば、総利益と総損失に関して貴重な情報を提供してくれる。しかし繰り返すが、それが現在のマーケット水準で測定されるということが落とし穴となる。例えば、現在トレードがドローダウンを生じており、自分の勝ちトレードの平均利益と負けトレードの平均損失、およびその起こり得る頻度が分かっていれば、ドローダウンを埋めて運用額の新規更新を達成するのに必要な最小トレーディング回数（時間）を算出することができる。例として、1トレード当たりの平均損益が400ドルで、現在のドローダウンが2500ドルだとすると、ドローダウンの解消に必要なトレードの回数は、（INT（2500/400）＋1）で7となる。

（勝ち／負け）トレード回数と1トレードの平均日数

　多くのトレーダーやアナリストは、システムが生み出すトレード回数（Number of Trades）にはまったくといっていいほど注意を払わない。しかし、トレード回数はとても重要な情報であり、システムが自分のトレードに適しているかどうかを判断する最初のカギとなるものである。「システムのトレード回数は十分であるか」「システムは、マーケットで自分の取る行動に対して十分に機能しているか」などを、自分に問いかけてみてほしい。一見どうでもいい質問のようであるが、事実として、特定のシステムというものは、たとえそれがどんなに稼いでくれるものであっても、だれにでも適しているわけではない。自分の個性やトレーディングのスタイルに合っていないシステムを使うのは、快適なものではない。

　より重要なのは、システムがどの程度の時間、マーケットにとどま

ろうとするのかである。これは、マーケットにとどまっている時間の長さがリスクの大きさに比例するからである。ある一定の利益を得るのにマーケットで費やす時間が短いほど、成功の可能性も高まる。マーケットにとどまる時間を計算するには、以下の計算を行う。まず、利益を上げたトレード回数と利益を上げたときのチャートのバー（バーは、チャート上のマーカーで、特定の時間におけるマーケットの価格変動を表す。バーは通常、始値、高値、安値、終値を示す。１分＝１分足、１時間＝１時間足、１週間＝週足など、特定の時間枠をカバーするように作成できる）の平均本数（Average Number of Bars）を掛ける。この数値に、損失を出したトレード回数と損失を出したときのバーの平均本数を掛けたものを加える。最後に、この数値を検証したバーの総数で割る。前記のパフォーマンスサマリーでは、この値は約0.4である。これは、10営業日のうち、４日間トレードを行っていたことを意味する。損失を出したトレード回数が少なく、その時間が短ければ短いほど、望ましい成果が得られるのはいうまでもない。

最大連続勝ちトレードと最大連続負けトレードと勝率

連続勝ちトレード（Consecutive Winners）を最大限にし、同じく連続負けトレード（Consecutive Losers）を最小限に抑えて、できるだけ勝率（Percent of Profitable Trade）を高くすべきである。連続負けトレード回数は、システムを使って快適にトレーディングを行う上で大変重要である。適切に構築されたシステムでは、勝ちトレード回数は比較的多いが、その額は小さく、何よりもイライラさせられるものである。システムを検証する際には、そのシステムが同じような結果をもたらすトレードを連続して生み出す傾向があるかどうかをチェックすることが、極めて重要である。もしそのような傾向があれば、そのシステムやマーケットには、まだ発見されていない貴重な

情報が隠されている。もしこの傾向がなくならないようなら、そのシステムを使って資金管理の戦略を構築する際、このことを記憶にとどめておく必要がある。

　さらに、パフォーマンスをリアルタイムで監視する場合に、ドローダウンから脱却したときの連続勝ちトレード回数を記録しておくことは、とてもよいアイデアである。先ほどの2500ドルのドローダウンの例でいくと、勝ちトレードの平均利益が700ドル（INT（2,500/700）＋1）の場合、運用資産の最高額を更新するには、4回のトレードが必要である。これが分かれば、その可能性の度合いを自身に問いかけてみてほしい。もし、その答えが非常に長い期間で一度しか起こらないようであり、期待できる勝ちトレードの連続回数は2であり、ほとんどは勝ちトレードと負けトレードが交互にやってきて、平均損失額が300ドルであるとしよう。すると、2回連続でもしくは3回連続で勝つことはあっても、連続して2回を超えて負けることはなく、トレードを仕掛けた直後から2回連続で勝つと仮定すると、最も幸運なケースでも、黒字になるまでに最低10回のトレードが必要になる。トレードを仕掛けた直後から2回負けて、3100ドルのドローダウンが発生した場合は、ほかの条件が同じだとすると、ドローダウンの回復に必要なトレードの数は、16となる。

　プロフィット・ファクターと併用すれば、パフォーマンスサマリーから直ちに得ることのできる唯一の評価方法は勝率であり、システムの将来のパフォーマンスを推定する場合に役に立つ。ただし、基盤となるロジックが確固としたもので、システムが堅牢なものであることが前提となる。この数値を可能なかぎり高く保ち、満足のいくように戦略を実行すべきであるのはいうまでもないことであるが、プロフィット・ファクターに関しては、それがシステムのトレーディング能力になり、資金管理戦略を選択した場合は、高い数値より、もっと堅牢な数値のほうが望ましい。事実、むしろこの数値が低い場合のほうが、

投資戦略やポートフォリオ全般について、利益の出る月数を増やすのに効果的な場合がある。ここではとりあえず、この数値とより汎用性の高い公式を組み合わせて、ドローダウンから脱却するためのトレード数Nを計算してみる。

N＝INT(DDA/(X×AW－(1－X)×AL))＋1
DDA＝ドローダウンの額
X＝勝率、0から1の範囲
AW＝勝ちトレードの平均利益
AL＝負けトレードの平均損失

例えば、勝ちトレードの平均利益が700ドルで、負けトレードの平均損失が300ドルだとする。勝率が45％とすると、2500ドルのドローダウンから脱却するのに必要なトレードの数は、17となる。さらに、トレードの平均期間が5日で、マーケットで費やす時間が33％とすると、赤字から脱却するためには、週末と休日を除いて250営業日（17×5÷0.33）かかる計算となる。これは、ドローダウンから脱却するには、一見「多少のトレーディングでうまく稼げばいい」ように思えたが、実はほぼ1年に及ぶ期間が必要であることを示している。

トレーディングというものが極めて惑わされやすいものであり、自分の行っていることをよく把握しておくことが大切であることがこの方程式によって理解できる。また、この例では、金額ベースで計算しており、一定の枚数でひとつの市場でのみトレードを行っていることに注意してほしい。本書の以降のセクションでは、パーセンテージベースで作業を行い、複数のシステムと市場で取引枚数が絶えず変動するような、より複雑な事例を取り上げる。

コード

　この章では、TradeStation と MetaStock のパフォーマンスサマリーのなかで、どの指標が有効で、どの指標が役に立たないかを説明してきた。そのなかでは、プロフィット・ファクターと勝率の2つの指標だけがそのまま実用に堪えるものであった。次に示すコードは、この情報をマーケットで費やした時間とともにスプレッドシート・プログラムに書き出すためのものである。これは、同じシステムをさまざまなマーケット環境で比較したい場合や、トレーディングプロセス構築の最初の段階で、さまざまなシステム設定を単独のマーケットで比較したい場合に、非常に便利である。SysVer への入力を、ほかの入力に置き換えることで、それぞれの行がシステムのどのバージョンに対応しているかを把握することができる。

　次の章では、TradeStation の EasyLanguage の使い方を説明し、より多くのデータをエクセルに書き出して分析を深める方法について説明する。また、先見性のある新しい指標もいくつか紹介する。これは、将来にわたっても有効と考えられ、より堅牢で信頼性の高いトレーディング戦略の構築の参考となるものである。

```
Inputs:SysVer(0);
Vars:PFactor(0),WTrades(0),TotBars(0),TradeStrl("");
If CurrentBar=1 Then Begin
 TradeStrl="Market"+","+"Version"+","+"P　factor"+","
+"%Winners"+","+"%in trade"+NewLine;
 FileAppend("C:¥Temp¥chap1-1.csv",TradeStrl);
END;
If LastBarOnChart Then Begin
 P factor=GrossProfit/-GrossLoss;
```

```
WTrades=NumWinTrade*100/TotalTrade;
TotBars=(TotalBarsLosTrade+TotalBarsWinTrade)*100/Barsnumber;
TradeStrl=LeftStr(GetSymbolName,2)+","+NumToStr(SysVer,0)+","+NumToStr(PFactor,2)+","+NumToStr(WTrades,2)+","+NumToStr(TotBars,0)+NewLine
FileAppend("C:¥Temp¥chap1-1.csv",TradeStrl);
END;
```

第2章
より効果的な指標
Better Measures

　ここまでの検証パッケージ（および商品先物市場での時系列でさかのぼった検証）では、戦略を過去にさかのぼって金額ベースで行う検証だけを行ってきた。過去にさかのぼって自分の戦略でトレードを行い、どの程度儲かったかを知りたいだけならば、これで十分である。しかしこの検証方法では、自分の戦略が将来にわたって有効に機能するかどうかについては、ほとんど分からないのが弱点である。これを克服するには、まったく新しいパフォーマンス指標を取り入れる必要がある。この章では、システムトレーディング用のソフトウエアから必要なデータをテキストファイルに書き出し、スプレッドシートで新しいパフォーマンス指標の計算を行う方法を詳しく見ていく。

　何よりも重要なことは、必要な数値を、金額ベースやポイントベースでなく、すべてパーセンテージベースで計算することである。これによって、システムがさまざまなマーケットや時間枠でどのように機能するかについて、より正確な比較を行うことができる。例として、マーケット（S&P500）が現在1350ドルで、1ポイントの値動きが250ドルに相当するものとする。このマーケットが1％上昇したとすると、それは3375ドル（1350×0.01×250）分の変動に相当する。しかし、同じパーセント分の動きが「過去にさかのぼって」マーケットが250ドルのときに起こったとすると、1％の上昇はわずか625ドル

（250×0.01×250）でしかない。マーケットの水準が上昇すれば、金額ベースの増加も同様に増大するが、パーセンテージベースの変動にはほとんど変化はない（これを検証するには、図2.1から図2.3を参照）。このように、パーセンテージベースによる計算を行うことで、ひとつひとつのトレードについて、同じ度合いで戦略に影響を及ぼすように扱うことができる。また、将来にわたって実用に堪え得るであろう、より優れた信頼性の高い戦略を構築することができる。同じことが、異なるマーケット間の、異なる価格水準での比較についても当てはまる。一度パーセンテージベースの計算を行うと、それを現時点でのマーケットに基づいた金額ベースに換算することができる。

スリッページと手数料

　いったんシステムが完成し稼働し始めると、コストから逃れることはできない。しかし、トレーディング戦略を構築したり検証するときには、スリッページや手数料を考慮すべきではない。意外なことかもしれないが、これにはいくつか理由がある。第一に、ヒストリカルデータを使って検証を行う場合、限界まで利益を搾り取ろうとするよりも、むしろマーケットにとどまる時間を最小限にしながら、自分に有利な動きを最大限に取り込むようにすべきであることがあげられる。ポジションを取る時間が長いほど、しょいこまなければならないリスクも大きくなるからである。

　例えば、S&P500指数の先物のトレーディングシステムを構築してみると、単純なバイ・アンド・ホールド戦略を超えるパフォーマンスを上げるのは容易ではないことが分かる。しかし、バイ・アンド・ホールド戦略（常に買い持ちを続ける戦略）では、同じ枚数のポジションを、全運用期間を通じて取り続けなければならない。代わりに50％の時間だけポジションを取る戦略を構築し、1トレード当たりの利益

図2.1　マーケットが上げるほどポイントベースのボラティリティも高くなる（S&P500指数）

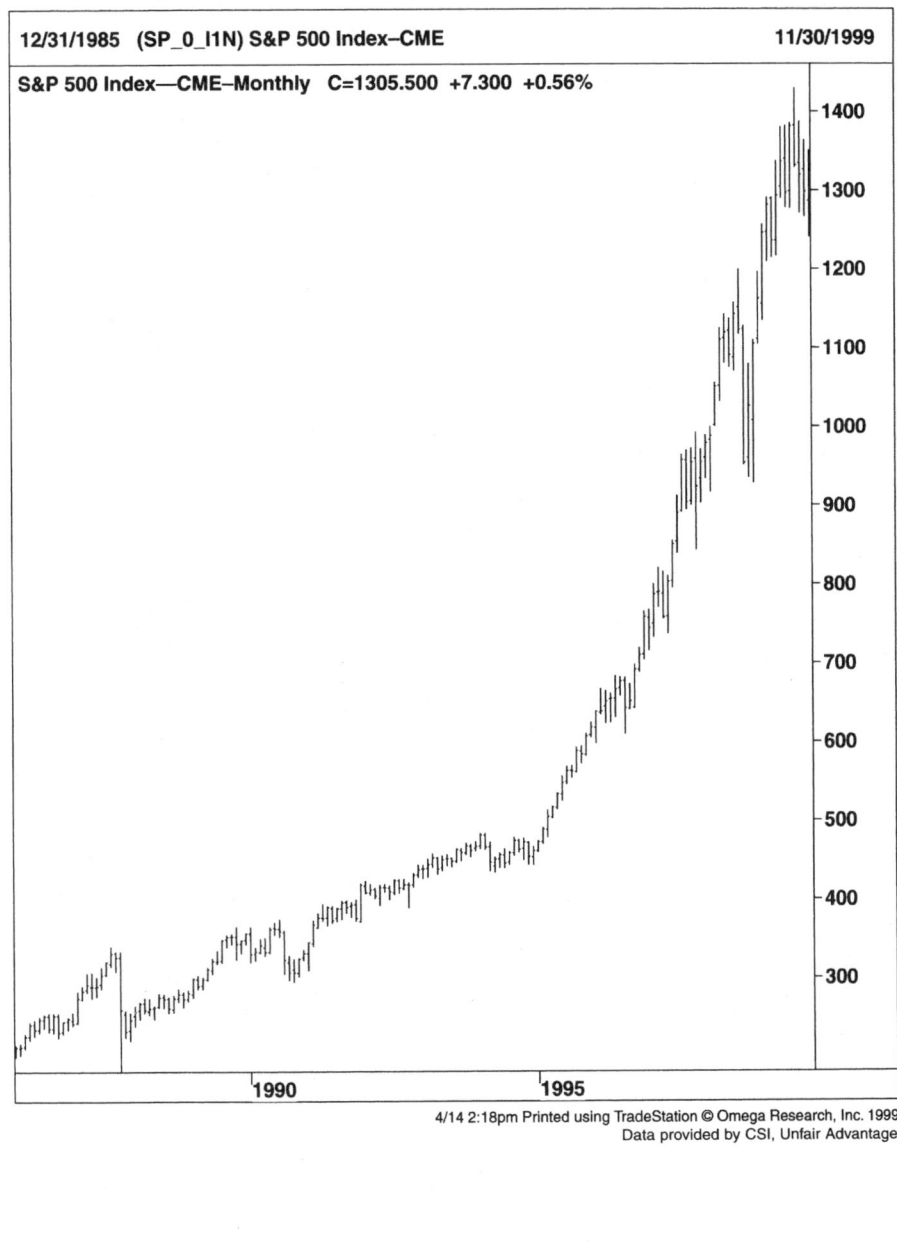

```
12/31/1985  (SP_0_I1N) S&P 500 Index-CME                    11/30/1999
S&P 500 Index—CME—Monthly   C=1305.500  +7.300  +0.56%
```

4/14 2:18pm Printed using TradeStation © Omega Research, Inc. 1999
Data provided by CSI, Unfair Advantage

図2.2 ポイントベースのボラティリティの最小2乗回帰線（S&P500指数）

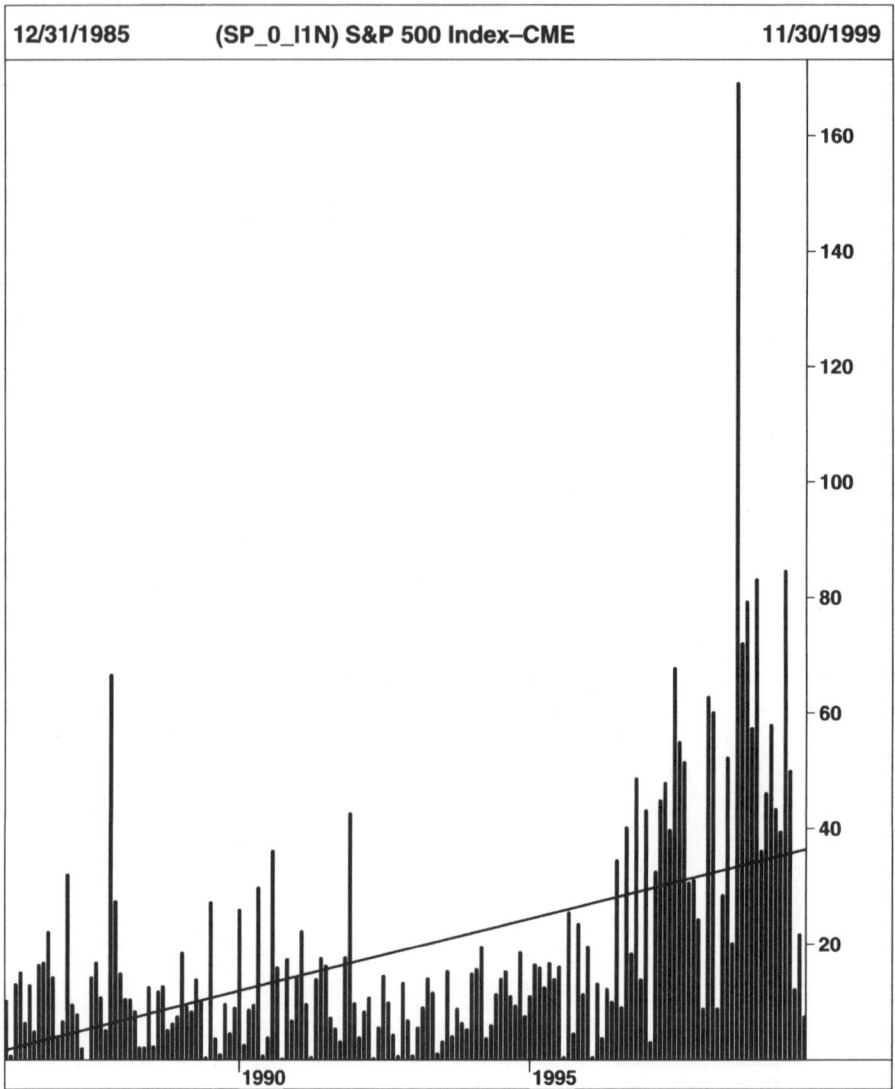

第2章●より効果的な指標

図2.3 パーセントベースのボラティリティの最小2乗回帰線（S&P500指数）

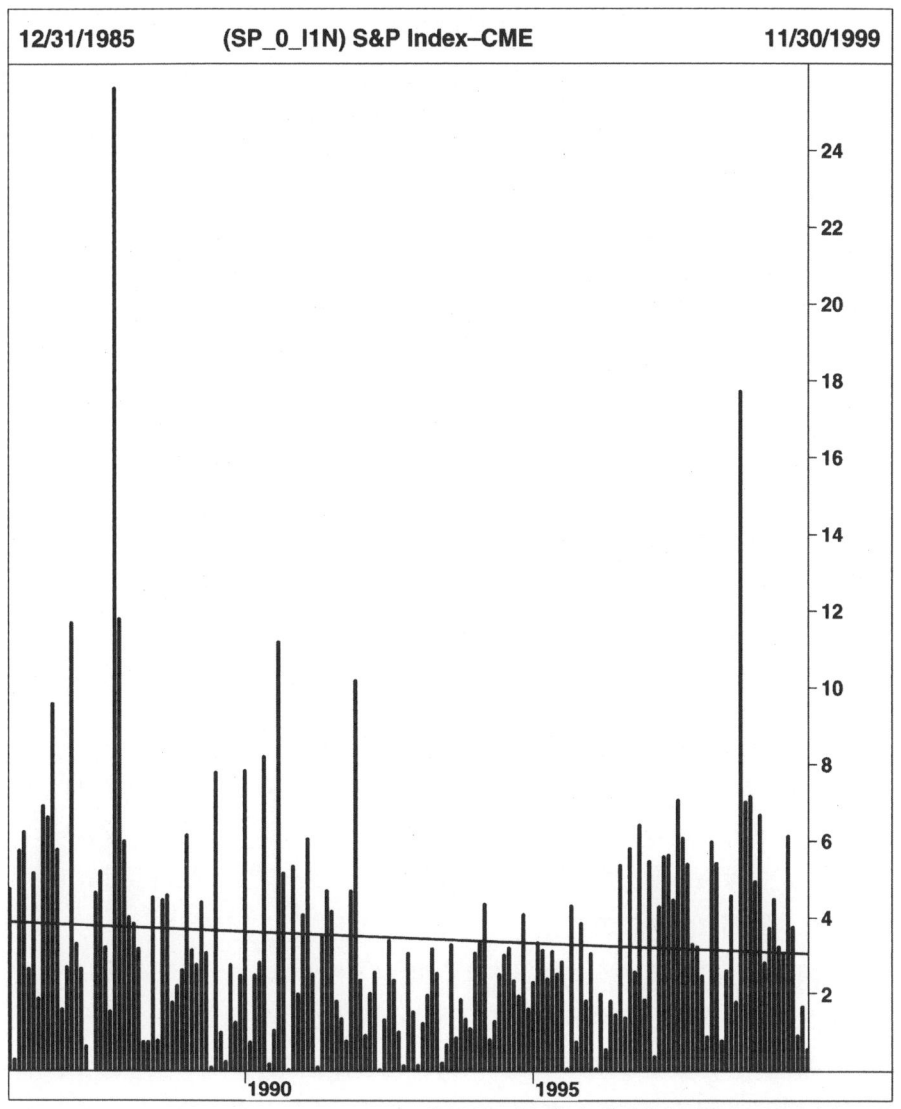

の低下を40%に抑えることができたとしたらどうなるか。実質的なリスクをバイ・アンド・ホールド戦略の場合と同じにすると、一定の時間枠のなかで2倍の枚数でポジションを取ることができるが、1枚当たりの利益は40%の減少にとどまる。最終的な純益を、バイ・アンド・ホールド戦略と比較すると金額ベースで20%の増加となる。

　このように、長時間かつ少ないポジションがトレーディングに有利に働くこの時点で、スリッページや手数料を考慮に入れてしまうと、最適なシステムを構築することはできない。そのようなシステムは、実際に使用してみると、収益性が低く堅牢性に欠けるものになってしまう。トレンドのあるマーケットでは、最終的な損益にスリッページと手数料の設定がより大きな比重を占め、マーケットの価格の比重が小さくなる。第1章では、さまざまなパフォーマンス指標で、金額ベースの価値はマーケットの価格の上昇に伴って同様に増加することを説明してきた。このようなマーケットにおいて、すべてのトレードについて同じようにスリッページと手数料のコストを差し引くと、低い価格帯でのトレードの比重をさらに低くしてしまう結果となる。同じことが、異なるマーケットを比較する場合についても当てはまる。最後の理由として、すでに述べたことであるが、複数のシステムを統合するときに、ほとんどの場合、金額ベースでの計算を行うべきでないことが挙げられる。金額ベースによるスリッページと手数料の計算も同様に陳腐なものである。

　最初に、捕捉できると予想される動きのパーセンテージを計算し、それにマーケットの水準とポイント値を掛けて、現在のマーケットの金額ベースの数字に換算する。次に、適当な金額のスリッページと手数料を差し引く。こうして算出された金額が十分なものであると考えるのならば、トレーディングを始めることである。

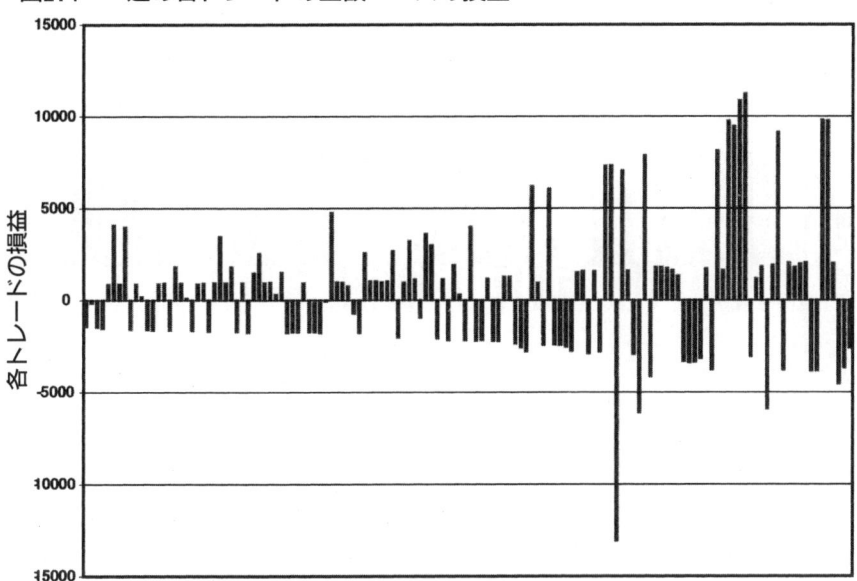

図2.4　一連の各トレードの金額ベースの損益

1トレード当たりの利益

　図2.4は、S&P500株式指数先物のヒストリカルデータに基づいて、株価指数と債券の単純なシステムトレーディングを行った場合の全トレードの金額ベースの損益である。計算は金額ベースで行っており、利益と損失の額が最後の100トレード当たりから大幅に大きくなっているのが分かる。図1.1にもあるとおり、このケースでは1トレード当たりの平均損益は755ドルである。ここで、同じ過程をパーセンテージベースで計算した図2.5と比較してみると、こちらのほうが1トレード当たりの損益がはるかに均等に分散されているのが分かる。この場合の1トレード当たりの平均損益は、パーセンテージベースの平

図2.5　図2.4の一連の各トレードのパーセントベースの損益

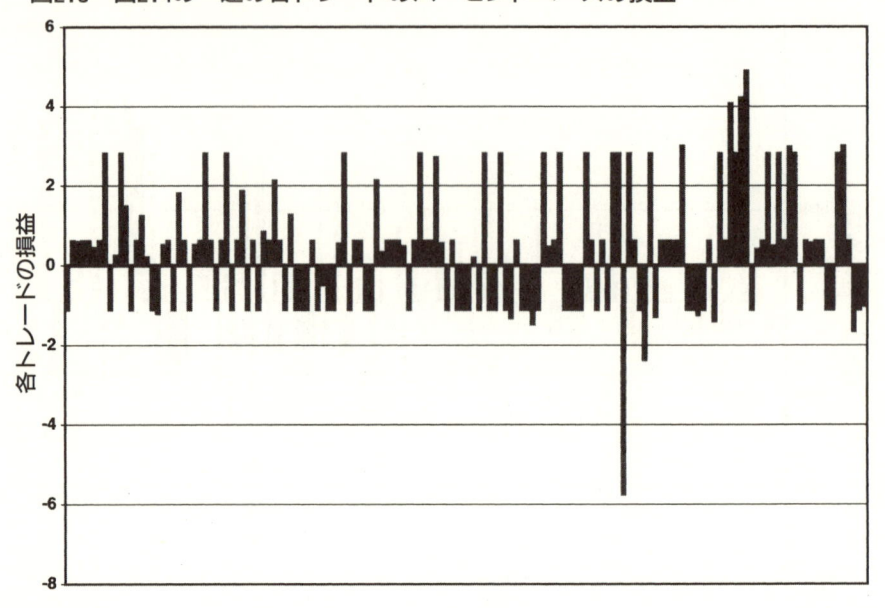

均利益率0.38%と現在の総取引金額の水準33万7500ドル（1350×250）から、1282ドルと計算される。このシステムを今日から使い始めたとすると（システムが十分に堅牢で、戦略上の推論が妥当なものであると仮定して）、直後のトレーディングで期待できる利益は1282ドルであって、パフォーマンスサマリーに示されるような755ドルではない。このように、堅牢なシステムで金額ベースによる1トレード当たりの平均損益を指標として使ってしまうと、利益と損失の額が、トレード時のマーケット水準の高さ（低さ）によって、高く（低く）出てしまう。結果として、1トレード当たりの平均損益に加重がかかり、本来の値からかけ離れたものになってしまう。しかし、パーセンテージベースの指標を用いれば、すべてのトレードを同一の加重で扱うことが

できる。堅牢なシステムでは、パーセンテージベースのリターンによって、マーケットの状況にかかわらず利益と損失を同じ加重で扱う。システム構築の過程を完了してしまえば、パーセンテージベースの平均リターンを、現在のマーケット状況に合わせ金額ベースに換算することは簡単である。

　次の EasyLanguage（イージーランゲージ）のコードを使って、TradeStation（トレードステーション）で1トレード当たりの損益をパーセンテージベースで計算することができる。

```
Vars:TotTr(0),Prof(0);
TorTr＝TotalTrades;
IfTotTr>TotTr[1]Then Begin
Prof＝1＋PositionProfit(1)/(EntryPrice(1)＊BigPointValue);
```

　データをテキストファイルに書き出すには、次の EasyLanguageのコードを使う。

```
Vars:Prof(0), TradeStr2("");
TradeStr2＝NumToStr((Prof-1)＊100,2)＋NewLine;
FileAppend("C:\Temp\Chap1-2.csv",TradeStr2);
```

　データが取り込まれたエクセルやその他のスプレッドシートでは、データが保存されている列の最下段に、次の公式を入力する。

```
＝AVERAGE(A1:AX)
```

　Aは、データの列を示し、Xは行またはトレード回数を示す。

勝ちトレードの平均利益（0以上）または、負けトレードの平均損失（0以下）を計算するには、次の公式を使う。

　＝SUMIF(A1:AX,″>0″)/COUNTIF(A1:AX,″>0″)

　さらに、これらの数値を買いポジションと売りポジション別に計算したい場合は、最初にEasyLanguageの書き出し機能を次のように変更しなければならない。

　TradeStr2＝NumToStr(MarketPosition(1),0)＋″,″＋NumToStr((Prof-1)*100,2)＋NewLine;

　最後に、すべてのトレードの数値を現在のマーケット価格に換算するには、同じセルまたは隣接したセルで、その数値に現在のトレーディングレベルと1トレード当たりのポイントベースの数値を掛ける。同じセルに入力する場合は、1ポイント当たりの平均を計算する公式は、次のようになる。

　＝AVERAGE(A1:AX)/100×250×1350

　250は1ポイント当たりの金額で、1350はS&P500の現在のトレーディングレベルである。

最大の勝ちトレードと最大の負けトレード

　資金管理の観点から見ると、ドローダウンよりも自分の最大の勝ちトレードと最大の負けトレード（Largest Winning/Losing Trade）を知ることのほうが、はるかに重要である。最大の勝ちトレードを計

算するには、次の公式をスプレッドシートに入力する。

＝MAX(A1:AX)

Aはデータが保存されているセルの列を、Xは行またはトレード回数を示す。

最大の負けトレードの場合、公式は次のようになる。

＝MIN(A1:AX)

Aはデータが保存されているセルの列を、Xは行またはトレード回数を示す。

資金管理の観点からは、さらにすべてのトレードをできるかぎり同一に扱うことが重要である。そのためには、標準偏差を知る必要がある。すべての標準偏差を計算するには、次の公式をエクセルに入力する。

＝STDEV(A1:AX)

2標準偏差のレンジを計算するには、単純に2を掛ける。S&P500のシステムトレーディングを行ったわれわれのケースでは、この標準偏差は0.23％±3.36％、現在のマーケットに換算して781ドル±1万1326ドルとなった。これは、95％の確率でこのシステムの平均損益が－1万0545ドルから1万2107ドルの間に分布していることを意味している。標準偏差が小さくなるほど、トレードがより均一化されシステムのリスクも小さくなる。しかしこのケースでは、分布が大きくマイ

ナス領域に広がっていることに注意してほしい。これは、一見良好に機能しているシステムで、突然大きな損失が発生し始めていることを示している。実際のトレードでは、システムが破綻することはそれほど多くなくても、1トレード当たりの平均損益が突然マイナスに転じるようなことがある。未知のデータによるトレードを数多く行っていくと、平均損益は現実のトレードの値に近づき、マイナスが生じる。標準偏差を完全にプラスの領域に持ってくることは、事実上不可能であり、そのような非カーブフィッティング・システムも存在しない。しかし、事実として、ここでデモンストレーション用に使っているシステムは、極めて堅牢なものであると信じている。また、驚くほどまれなことではあるが、このシステムは間違いなく均一なトレードを可能にし、長年にわたって利益を生み出してきたのである。

　この情報を踏まえ、平均－標準偏差の絶対値を、2標準偏差で割れば、失敗の可能性を算出することができる。このケースでは、0.46または46％（＝10545÷（10545＋12107））となる。いうまでもなく、この2つのリスク指標は可能なかぎり低く抑えるべきである。

　そのシステム（異常な事態を差し引いて）からよりよい感触を得るためには、調査を進めていく前に、構築中または使用中のシステムのタイプをもとに、異常なトレード（異常なトレードとは、平均的なトレードとはかけ離れた「異常な事態」と考えられるトレードのことである。通常、平均値から3標準偏差以上離れているものを異常なトレードとみなす）を事前に除去しておくのはいい考えである。ただし、システムのなかには、「異常な」トレードをできるだけ多く発見し、長期にわたって損失を小さく抑えることを唯一の目的とするものもある。また、あまりにも多くの（あるいはすべての）負けトレードを除去するのは問題であり、自分のシステムを実際よりも過大に評価してしまう結果となる。特に、将来の平均損益が簡単にマイナスになってしまう事態があり得ることを考慮しておく必要がある。

累積利益と最高資産額

　累積利益（Cumulative Profit）は、ここでの議論の直接の対象ではないが、ドローダウンや「回復期間」（資産の最高額が更新されるまでの時間）などの重要な指標を算出するときに必要となるものである。TradeStationのEasyLanguageに、累積利益と最高資産額（Equity Top）を書き出して計算するには、次の公式を使う。

Vars:CumProf(1),ETop(0),TradeStr2("");
CumProf=CumProf*Prof;
ETop=MaxList(ETop,CumProf);
TradeStr2=NumToStr((CumProf -1)*100,2)+","+NumToStr((ETop-1)*100,2)-NewLine;
FileAppend("C:¥Temp¥Chap1-2.csv",TradeStr2);

　図2.6のプロットは、ブラックジャック・システムにおけるパーセンテージベースの累積利益の推移である。すべての線を可能なかぎり互いに近づけ、「ボックス」をできるだけ小さくすることがポイントである。うねった線が累積利益で、上の真っすぐな線が直近の最高資産額を示し、下の真っすぐな線が直近の資産額のドローダウンである。

　累積利益をこの段階で重視しないのは、システムが堅牢で、安定した利益要因が存在し、勝ちトレードの回数が相対的に安定しており、現在のマーケットの水準に対する1トレード当たりの期待損益がプラスであり、スリッページと手数料が比較的小さいと判断されるかぎり、最終的な資産額の増加は、どれだけ積極的なトレードを行い、どんな資金管理戦略を採用したかにかかっているからである。

　また、上記の計算では、資産全額と直前のトレードによる利益がそ

図2.6 ブラックジャックシステムによるパーセントベースによる累積利益曲線

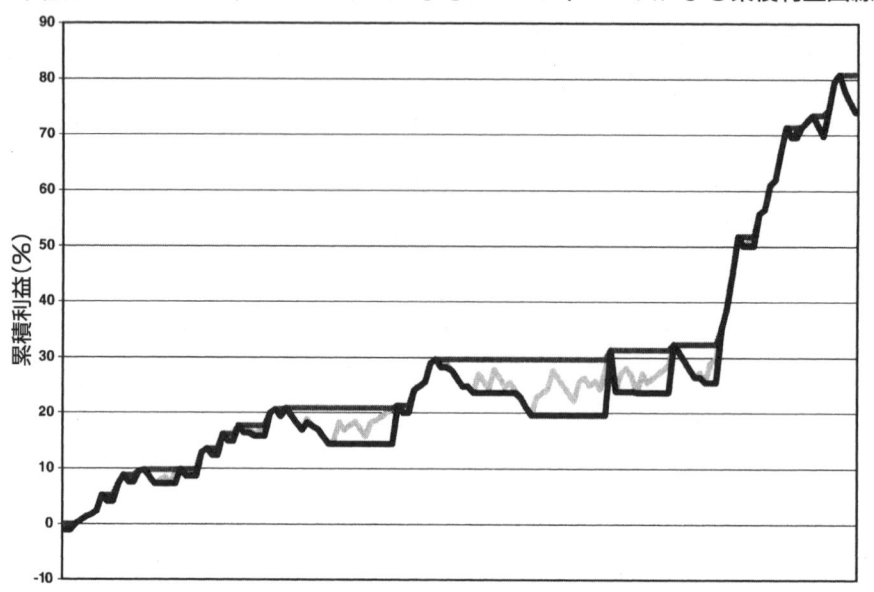

の都度再投資されることになっている。この前提は、特に先物のマーケットについては正しくないが、端株を買うことができるのであれば、株式市場には適用できる。しかし、大切なことは、異なるシステムとマーケットを、互いに同じバイアスで比較し、また、同じ時間枠でのバイ・アンド・ホールド戦略と比較してどの程度の説得力があるかを検証することである。

ドローダウン

トレーダーやアナリストの多くは、ドローダウンを、日中最大ドローダウンや、CTD（クローズドトレード・ドローダウン）とOTD

（オープントレード・ドローダウン）を含むTED（トータルエクィティ・ドローダウン）として計算するのを好む。しかし、第1章ですでに説明した堅牢なトレーディングシステムを構築するには、これは最適な問題解決とはならない。実際に問題はいくつか存在する。まず、OTDをSTD（スタートトレード・ドローダウン）とETD（エンドトレード・ドローダウン）に分けて、すべてのトレードを可能なかぎり効果的に行わなければならない。これは、トレードごとに、ジョン・スイーニーの最大逆行幅（MAE＝maximum adverse excursion）と最大順行幅（MFE＝maximum favorable excursion）のテクニックを使って実現できる（『キャンペーン・トレーディング（Campaign Trading : Tactics and Strategies to Exploit the Markets）』と『マキシマム・アドバース・エクスカージョン（Maximum Adverse Excursion : Analyzing Price Fluctuations for Trading Management）』。

　これを実行すると、トレード管理テクニックが身につき、トレードで使うテクニックに関係なく、さまざまなマーケットや時間枠や市場環境のもとで、（少なくとも多少は）収益性の高いトレードを行うことができるようになる。これを実行して、初めて自分が使うトレーディングのテクニックを完成させることができる。そして、次の段階として確率の高いフィルタリングのテクニックを探求し、トレードごとの管理と統合できるようになる。ドローダウンが出るのは、損切りの場合のみとなる。すでに説明したように、システムの堅牢性と収益性を判定する段階では、ドローダウンは実際には関心事とはならない。しかし、だからといってトレードを始めるときの資金額が適切かどうかを見極めることから完全に逃れられるわけではない。図1.1のTradeStationのパフォーマンスサマリーを別の観点からもう一度見てみよう。このシステムでは、1万8178ドルのドローダウンがある。「素晴らしい」。「2万ドルまでのドローダウンなら許容できる。6万

ドルの資金でトレードを始めれば、起こり得る最悪のドローダウンが発生しても、当初の資金の3分の1を取り戻せばいいだけである」と考えるかもしれない。しかし、このドローダウンが発生したタイミングとその額を、それが発生した時点のマーケットの水準（このケースでは、1998年の中ごろで、マーケットが1000ドルの水準で取引されていた）と関連づけて示すものは何もないのである。

どのようなトレーディング戦略であっても、ドローダウンに関してよい感触を得るには、図2.7に示す水面下資産曲線（underwater equity curve）と呼ばれるチャートをつけてみるといい。これは、ヒストリカルドローダウンの深さを示すものである。このチャートから、このシステムによる資産の最大の落ち込みは約8％、現在のマーケットの水準に換算して約2万7000ドル（1350×250×0.08）であることが分かる。これは言い換えると、上記の当初運用資金6万ドルの50％近くに達する金額である。トレードを始めてすぐに、例えば資産の3分の1を失うようなドローダウンを経験したくなければ、このシステムでトレーディングを始める時点で少なくとも8万1000ドルの資金が必要となる。ここから導き出される結論は、ドローダウンは必ずパーセンテージベースで計算し、現在のマーケットの価格水準に換算しなければならないということである。

資産の50％に迫るようなドローダウンの可能性があるシステムでトレードを行うのは、胃の痛みにも眠れない夜にも耐え抜き、リスクをいとわないトレーダーだけであろう。付け加えると、自分の使用するシステムで起こり得るドローダウンが、そのシステムトレーディング・ソフトウエアのパフォーマンスサマリーが示す水準よりも、通常ははるかに大きいものとなることが分かっていないトレーダーであるともいえる。また、最大のドローダウンはこれからやってくるものだということ、そして、ついには完全に破産してしまうということを覚えておいたほうがいい。十分長い期間持ちこたえることができたとして

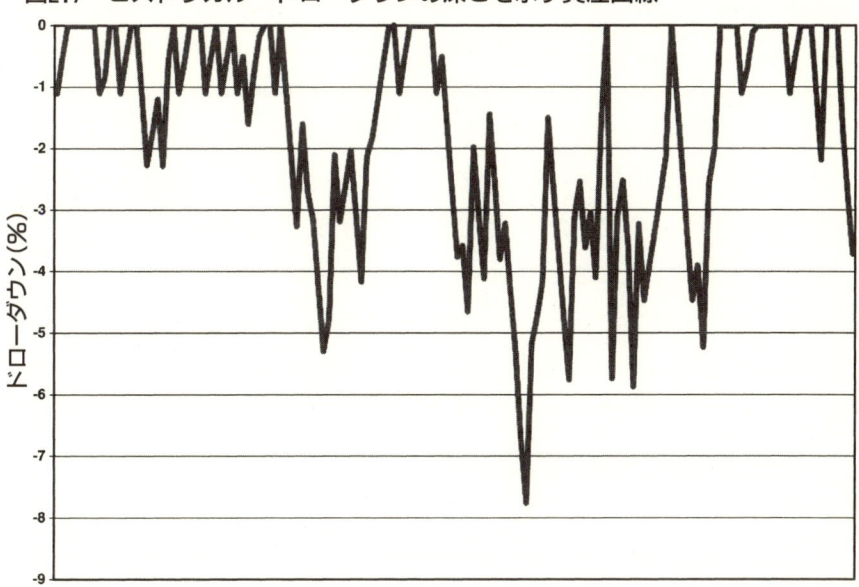

図2.7　ヒストリカル・ドローダウンの深さを示す資産曲線

も、遅かれ早かれ破産してしまうかもしれないのである。これを回避するには、可能なかぎり事前調査を行って惨事を何とか防ぐこと、そして勝っている間にトレーディングをやめることである（あるいは、上記のケースでは初めからトレーディングを行わないことである）。

　このTradeStationのコードは、手仕舞いしたトレードについて、必要なドローダウンの情報をテキストファイルに書き出して、エクセルで分析を加えるためのものである。

```
Vars:CumProf(1),EBot(0),EDraw(0),TradeStr2("");
EBot=MinList(EBot,CumProf);
EDraw=CumProf/ETop;
```

TradeStr2=NumToStr((EBot-1)*100,2)+","+NumToStr((EDraw-1)*100,2)+NewLine;
FileAppend("C:¥Temp¥Chap1-2.csv",TradeStr2);

　図2.7からは、このシステムでは、損失を回復するのにあまりにも多くの時間が必要で、たまたま運が良ければ、利益がプラスに転じて資産額を更新できることが分かる。最も優れたシステムでさえ、トレーディングの時間のほとんどをドローダウンの中で費やすことになるのである。

回復期間と資産増加期間

　もう一度図2.6を見てほしい。資産額は着実に右肩上がりのカーブを描き、ドローダウンも許容できる範囲で、なかなか順調なトレーディングのように見える。しかし、資産額を更新するのに、どのくらいの時間がかかったのだろうか。それは図2.8で明らかになる。これは、いわゆる「回復期間」を表したもので、資産の最高額が更新されるまでに費やされた時間を示している（この用語は混同を招く恐れがある。多くのアナリストやトレーダーは、この用語をトレードとトレードの間で費やされた時間、または方向的に中立なポジションの時間という意味で使っている。しかし、この前の解釈は本書ですでに定義した全体的な回復期間の一部であると考えている）。優れたシステムであれば、最長の回復期間は18カ月を超えない。このケースでは、回復期間は400日を若干上回る程度で、何とか許容できる範囲である。
　このシステムでトレードを始めて、すぐにドローダウンに見舞われたとすると、それを回復して資産を元の金額に戻すのに約1年半かかる。しかし、失望することはない。ドローダウンというのは、この世界で生きていくためには必ず経験しなければならないものである。事

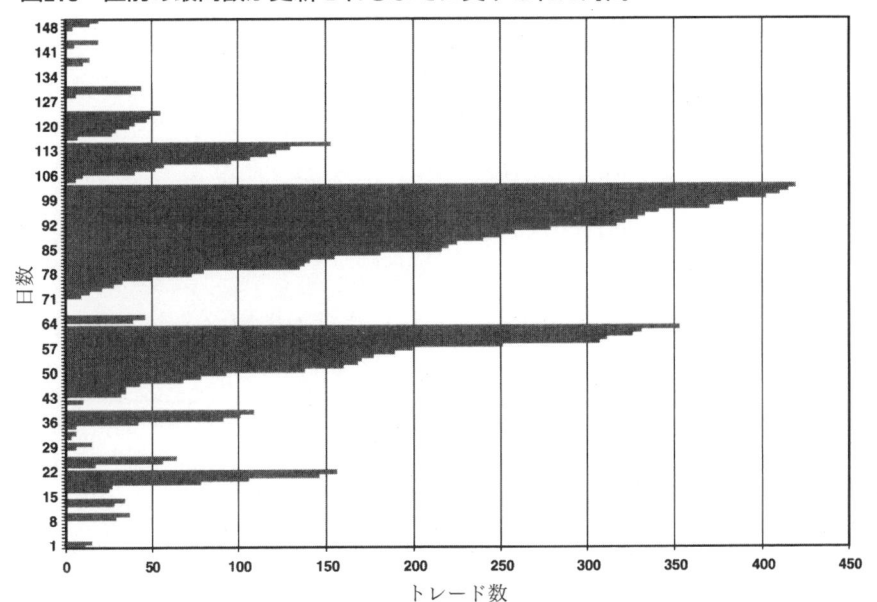

図2.8 直前の最高額が更新されるまでに費やされた時間

 実、最も堅牢で収益性の高いトレーディング戦略であっても、儲かりそうなときよりも損をしてしまうと感じる場合のほうが、はるかに多いのである。
 資産の最高額を更新するまでに費やした時間をチャートで表し、その平均値を計算するには、システムに次の EasyLanguage のコードを追加する必要がある。このコードは、資産の最低額を更新するまでに費やされた時間を計算するためのものである。

Vars:Etop(0),TopBar(0),EBot(0),BotBar(0),TopInt(0),BotInt(0);
If ETop〉ETop[1]Then

```
  TopBar=CurrentBar;
If EBot<EBot[1]Then
  BotBar=CurrentBar;
TopInt=CurrentBar-TopBar;
BotInt=CurrentBar-BotBar;
TradeStr2=NumToStr(TopInt,0)+","+NumToStr(BotInt,0)
+NewLine;
FileAppend("C:\Temp\Chap1-2.csv",TradeStr2);
```

　このシステムの平均値は、資産の最高額を更新するのに86バー、最低額を更新するのに66バーとなっている。これを「心理的側面」から説明すると、次のようになる。平均して年に4回だけ、資産の最高額を更新し、自分が優れたトレーダーであると実感することができる。しかし、平均して年に5回は、成績が上昇に転じる前に資産の最低額を更新し、惨めな気分を味わうことになる。

　機関投資家の多くは、30%から35%を超えるドローダウンや、18カ月を超える回復期間は許容できない。したがって、大口の投資家にサービスを売り込みたいと考えるのであれば、指標をこの範囲内に収めなければならない。

コード

　この章では、新しいシステム検証用の指標を構築し、将来直面すると考えられるより現実的な結果を検証する方法を説明した。システムを構築するときに最も重要な指標は、1トレード当たりの平均期待利益と最大期待損失である。その他、期待ドローダウンや期待回復期間などは、期待利益や損失が許容範囲内にあるかぎり、心理的側面からの関心事にすぎない。しかし、すべての変数を等しく十分に検討する

ことが大切である。すべての指標について満足できない場合は、マーケットの状況にかかわらず、またそのシステムを他人が使ってうまくいっているように見えたとしても、損失を招く可能性が高い。

次は、この章で使ったコードをまとめたものである。

```
Vars:FName(""),TotTr(0),Prof(0),CumProf(1),ETop(1),
TopBar(0),TopInt(0),BotBar(0),BotInt(0),EBot(1),EDraw
(1),TradeStr2("");
If currentBar=1ThenBegin
  FName="C:¥Temp¥"+LeftStr(GetSymbolName,2)+".csv";
  FileDelete(FName);
  TradeStr2="E Date"+","+"Position"+","+"E Price"+","+
"X Date"+","+"X Price"+","+"Profit"+","+"Cum.prof."
+","+"E-Top"+","+"E-Bottom"+","+"Flat time"+","+
"Run up"+","+"Drawdown"+NewLine;
  FileAppend(FName,TradeStr2);
End;
TotTr=TotalTrades;
If TotTr>TotTr[1]Then Begin
  Prof=1+PositionProfit(1)/(EntryPrice(1)*BigPointValue);
  CumProf=CumProf*Prof;
  ETop=MaxList(ETop,CumProf);
  If ETop>ETop[1]Then Begin
    TopBar=CurrentBar;
    EBot=ETop;
  End;
  EBot=MinList(EBot,CumProf);
  IfEBot<EBot[1]Then
```

```
    BotBar=CurrentBar;
  TopInt=CurrentBar-TopBar;
  BotInt=CurrentBar-BotBar;
  EDraw=CumProf/ETop;
  TradeStr2=NumToStr(EntryDate(1),0)+","+
  NumToStr(MarketPosition(1),0)+","+NumToStr(EntryPrice
  (1),2)+","+NumToStr(ExitDate(1),0)+","+NumToStr
  (ExitPrice(1),2)+","+NumToStr((Prof-1)*100,2)+","+
  NumToStr((CumProf-1)*100,2)+","+NumToStr((ETop-1)
  *100,2)+","+NumToStr((EBot-1)*100,2)+","+NumToStr
  (TopInt,0)+","+NumToStr(BotInt,0)+","+NumToStr
  ((EDraw-1)*100,2)+NewLine;
    FileAppend(FName,TradeStr2);
  End;
```

　必要なデータをすべてエクセルまたはほかのスプレッドシートに書き出せば、それをまとめて、自分専用のパフォーマンスサマリーを作成できる。これを使えば、ほかのどんなプログラムのパフォーマンスサマリーよりも、自分のシステムについてはるかに多くの情報を得ることができる。これから、表2.1に似たパフォーマンスサマリーの一種だけを使って、分析を行う。

　パフォーマンスサマリーをこのようにひとつにまとめるには、スプレッドシート・プログラムに、次の公式を入力する。

　パーセンテージベースの平均利益は、C（X＋4）のセルに次の公式を入力する。

　　＝AVERAGE(F$2:FX)/100

Fは、各トレードの利益を保存した列を表す。Xは、行番号またはトレード数を表す。
　パーセンテージベースの標準偏差は、C（X＋5）のセルに次の公式を入力する。

　　＝STDEV(F$2:FX)/100

　勝ちトレードの回数は、F（X＋2）のセルに次の公式を入力する。

　　＝COUNTIF(F$2:FX,">0")

　最大の勝ちトレード（％）は、F（X＋3）のセルに次の公式を入力する。

　　＝MAX(F$2:FX)/100

　勝ちトレードの平均利益（％）は、F（X＋4）のセルに次の公式を入力する。

　　＝SUMIF(F$2:FX,">0")/COUNTIF(F$2:FX,">0")/100

表2.1　検証結果の例

総トレード数		150	勝ちトレード		92	61.33%	負けトレード	58	38.67%
プロフィット・ファクター		1.80	最大勝ちトレード	4.88	16,470		最大負けトレード	−5.74%	−19,373
平均損益	0.38%	1,269	平均勝ちトレード	1.38	4,667		平均負けトレード	−1.22%	−4,121
標準偏差	1.61%	5,421	累積利益	74.12	250,155		ドローダウン	−7.76%	−26,190

累積利益（％）は、F（X＋5）のセルに次の公式を入力する。

＝GX/100

Gは、累積利益を保存したコラムを示す。
負けトレードの回数は、I（X＋2）のセルに入力する。

＝COUNTIF(F$2:FX,"〈＝0")

最大の負けトレード（％）は、I（X＋3）のセルに次の公式を入力する。

＝MIN(F$2:FX)/100

負けトレードの平均損失（％）は、I（X＋4）のセルに次の公式を入力する。

＝SUMIF(F$2:FX,"〈＝0")/COUNTIF(F$2:FX,"〈＝0")/100

最大の負けトレード（％）は、I（X＋5）のセルに次の公式を入力する。

＝MIN(L$2:LX)/100

Lは、ドローダウンを保存したコラムを示す。
現在の金額ベースの平均トレードは、D（X＋4）のセルに次の公式を入力する。

＝C(X×4)×1350×250

現在のトレーディングレンジは1350ドルで、1ポイント当たりの金額は250ドル。

現在の金額ベースの標準偏差は、D（X＋5）のセルに次の公式を入力する。

＝C(X×5)×1350×250

トレード回数は、D（X＋2）のセルに次の公式を入力する。

＝F(X+2)＋I(X+2)

勝率は、G（X＋2）のセルに次の公式を入力する。

＝F(X+2)/D(X+2)

今日の最大の勝ちトレードの金額は、G（X＋3）のセルに次の公式を入力する。

＝F(X+3)×1350×250

今日の勝ちトレードの平均利益の金額は、G（X＋4）のセルに次の公式を入力する。

＝F(X+4)×1350×250

今日の累積利益の金額は、G（X＋5）のセルに次の公式を入力する。

＝F(X＋5)×1350×250

　負けトレードの割合は、J（X＋2）のセルに次の公式を入力する。

　＝I(X＋2)/D(X＋2)

　今日の最大の負けトレードの金額は、J（X＋3）のセルに次の公式を入力する。

　＝I(X＋3)×1350×250

　今日の負けトレードの平均損失の金額は、J（X＋4）のセルに次の公式を入力する。

　＝I(X＋4)×1350×250

　今日の最大ドローダウンの金額は、J（X＋5）のセルに次の公式を入力する。

　＝I(X＋5)×1350×250

　プロフィット・ファクターは、D（X＋3）のセルに次の公式を入力する。

　＝ABS((F(X＋2)×G(G＋4))/(I(X＋2)×J(X＋4)))

第3章

先物のデータ
Futures Contract Data

　第1章と第2章では、TradeStation（トレードステーション）のパフォーマンスサマリーから直接引き出すことのできるパフォーマンス指標を見てきた。そして、それらをスプレッドシート・プログラムに書き出してさらに分析を加えることで、より先見性のあるものにする方法について説明した。また、第2章では、先見性のある指標を実現するためには、金額ベースではなくパーセンテージベースで計算を行わなければならないことを結論づけた。

　商品先物のマーケットでトレードを行う場合、ヒストリカルデータに基づいてトレーディング戦略を検証するときに、先物の期限が短いという問題を第一に解決しなければならない。これを解決するために、個々のデータをつなぎ合わせてひとつの長い期間のデータとしてまとめる方法がいくつか考え出されている。この章では、これらの方法をひとつひとつ検証し、それぞれの長所と短所をかんがみて、適した使用方法を探っていく。前の章で説明したパーセンテージベースの計算を用いて、可能なかぎり先見性に富んだシステムレポートを作成する場合に、これは特に重要となってくる。

　先物をつなぐ方法として、つなぎ足、修正つなぎ足、および永久つなぎ足の3つがある。修正つなぎ足はさらに、ポイントベース修正つなぎ足と比率修正つなぎ足に分けられる。

つなぎ足

　つなぎ足では、ひとつの銘柄が納会した時点で、チャートを描くのをやめる。あるいは、妥当であると判断した時点で、チャートの線を次の限月に続ける。その時点から、その限月が指標となる。一般にその時点とは、新しい限月の建玉が古い限月の建玉を凌駕し、マーケット全体が次の限月へと切り替わっていくタイミングと一致する。しかし、多くのトレーダーは、月の特定の日付か、古い限月の残存期間が一定の日数となったときに乗り換えることを好む。新旧の限月に価格の差異がある場合でも、それは修正されない。

　この方法の主な利点は、時系列に修正が加えられないことにある。つまり、それぞれの時点において、指標となる限月が特定の時点でどのようにトレードされたかが、すべてのトレーディングの水準と価格の関係が損なわれることなく、実際のマーケットのままに正確に記録される。図3.1は、1987年の大暴落時のS&P500の12限月の動きを示したものである。10月2日の高値333ドルから、マーケットは152ポイント、すなわち3万8000ドル（152×250ドル）下げて、10月20日に安値181ドルを記録している。パーセンテージベースでは、マーケットの価格水準に対して45.6％（152÷333）の下落となる（これらの数値を記憶しておいてもらいたい）。

　このつなぎ足の欠点は、限月の乗り換え日にしばしば発生する価格の差異がシステムの検証結果に歪みをもたらすことにある。したがって、この方法は、引けまでにすべてのポジションを閉じるような、デイトレーダーや極めて短期のトレーディングを行う商品先物トレーダーには最適な方法である。第1章と第2章で提供したTradeStation用のコードを使うと、すべてのトレーディング結果を、個別に検証された限月からひとつのスプレッドシートに書き出して、容易に結合して分析を行うことができる。

図3.1 つなぎ足で見た1987年の大暴落（S&P500指数）

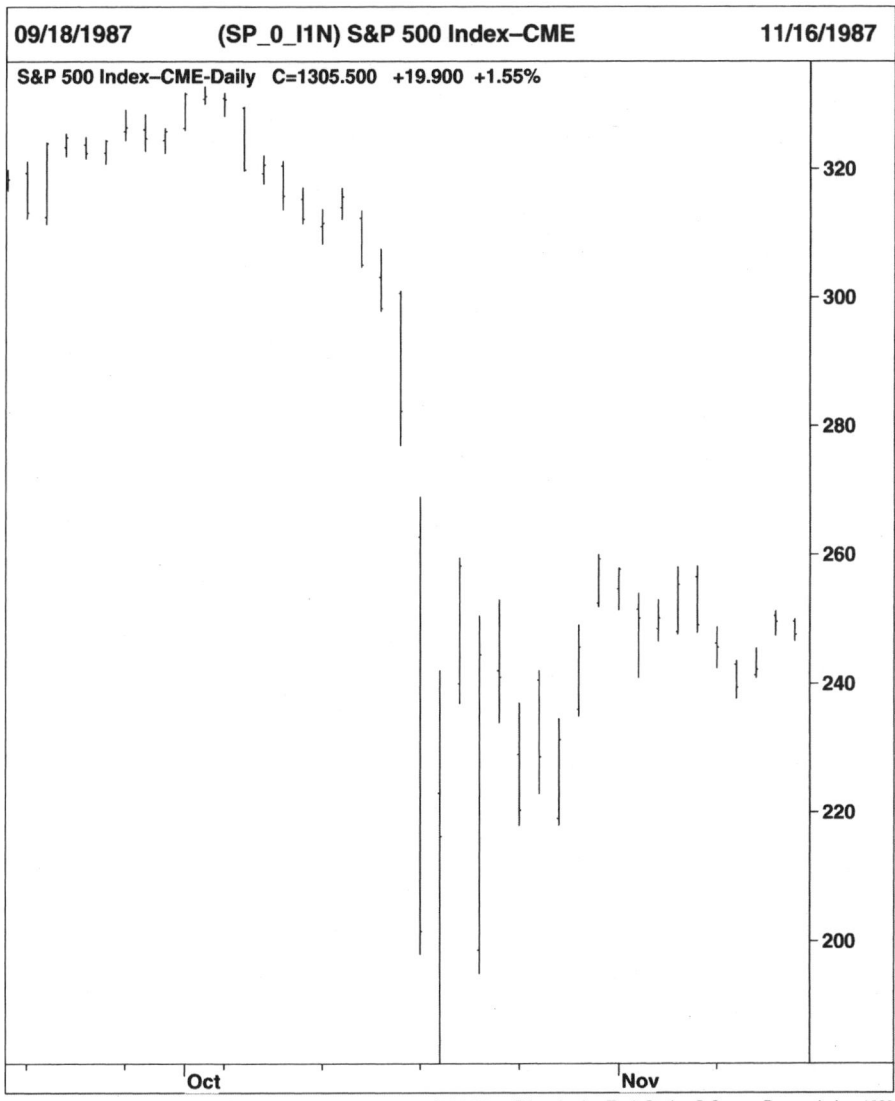

ポイントベース修正つなぎ足データ

　ほとんどのマーケットでは、長期にわたって割高あるいは割安な状態でトレードされることがよくある。S&P500を例として使い続けるなら、それは通常、割高でトレードされる。これは、乗り換えの当日に、新規の指標限月が旧限月に対して、通常はわずかに割高でトレードされることを意味している。この時点で建玉を持っていたとすると、ヒストリカルの利益検証の過程で、特定のトレードの結果にこの誤差が加えられるか差し引かれ、全期間を通じてこの誤差が積み上げられていく。つなぎ足によるヒストリカルのシステムの検証結果が持つこの問題を解決するために、ポイントベース修正つなぎ足が考え出された。

　新規の指標限月が、旧限月に対して割高な状態で取引されている場合は、乗り換えまでのヒストリカルの時系列全体が、その差異に応じて上方に修正される。例えばある乗り換え日に、新規限月の終値が1309.5で、旧限月の終値が1296.9、その前日終値が1318.6だったとする。この場合、時系列全体が乗り換えの時点で12.60ポイント（1309.5−1296.9）上方に修正され、旧限月の修正後の直近の終値は、1331.2（12.6+1318.6）となる。同様に、割安でトレードされている場合には、反対の操作を行うことになる。

　図3.2は、ポイントベース修正つなぎ足を用いた、1987年10月のマーケットの動きである。直近の乗り換えは、1999年9月であった。このチャートでは、10月2日の高値は567.35ドルで、10月20日の安値は415.35ドル、下げ幅は152ポイントとなっている。しかし、上方への修正によって、本来の下げ幅のパーセンテージ45.6%は、ここでは26.8%（152÷567.35）となっている。さらに、それぞれの乗り換えごとにすべての限月の数値が少しずつ、この場合は上方に移動し、パーセンテージベースの下げ幅はどんどん縮小する結果となる。

図3.2 ポイントベースのつなぎ足で見た1987年の大暴落（S&P500指数）

上昇（下降）トレンドのマーケットや割高（割安）なマーケットにおいて、ヒストリカルな動きの相対的な加重が継続的に減少（増加）することは、ポイントベース修正つなぎ足の大きな欠点である。例えば、ポイントベース修正つなぎ足で、下げ幅が26.8%であったとする。この数値を使って、実際の高値333ドルからの金額ベースの下落幅を計算すると、実際の下げ幅である3万8000ドルではなく、2万2311ドル（0.268×333×250）と算出されてしまう。このように、すべてのヒストリカルな動きの加重を一定に保つには、パーセンテージベースで扱わなければならない。同じ理由で、株式市場のボラティリティが長年にわたって増大し、トレードが困難となってきたと訴える人がいるが、このような人は自分の言っていることが理解できていないのである。そのとおり、金額ベースの、あるいはポイントベースのボラティリティは著しく増大している。しかし、それはマーケットの水準が上昇したことによる当然の帰結にすぎない。

　パーセンテージベースで見ると、実際には、ボラティリティはむしろいくらか低下している。これは図2.1～図2.3の、つなぎ足による最新のS&P500の月足チャートを見るとよく分かる。このチャートは、1985年から1999年までの期間を対象としており、並行して、月次の変動の絶対値を、金額ベースとパーセンテージベースで比較している。図2.1を見ると、価格のバーが直近になるほど上下に長くなっており、マーケットのボラティリティが高くなってトレードが次第に困難になっているように見える。しかし、これはマーケットの価格水準が高くなったことの結果にすぎず、適切に対応すれば問題とならない。

　あとの2つのチャートを横切る直線は、一次回帰線である。見て分かるとおり、ポイント変動の絶対値の回帰線は、月当たりで0近辺から30ポイント超まで、年々上昇している。これとは対照的に、パーセントベースの変動の絶対値を示す回帰線は、おおむね一定で（わずかに右肩下がり）、月当たりで3.5%程度となっている。すなわち、図

2.2にあるとおり、金額またはポイントベースのボラティリティは、確かに年を追うごとに著しく上昇している。しかし、パーセンテージベースのボラティリティは、1985年以降ほとんど一定で、実際には若干低下している。

トレーダーにとって、このことからすぐに導き出せる結論は何であろうか。前の章で説明したことを別にすると、銘記しておかなければならないのは、けっして金額またはポイントベースのストップロスを使ってはならないということである。次の例を検討してみよう。

TradeStation を使って、5000ドルの資金管理ストップロス（現在のマーケット水準1350ドルの約1.5％に相当）と1万ドルのトレイリング・ストップ（マーケットの現在の水準の約3％に相当）を設定し、標準のブレイクアウト・システムに追加した。1983年1月から1999年4月までのつなぎ足のS&P500のデータを使って、このシステムを検証した結果、1987年10月にストップとなるまでの期間に、55回（計197回のうち）のトレードを行った。この後、1990年10月に再びストップとなるまでの間に、35回のトレードを行い、1996年3月に再びストップとなった。しかし、それ以後はより頻繁にストップに引っかかるようになり、1996年12月から現在まで、33回のトレードのうち25回で、1998年7月から現在まででは、13回のトレードすべてがストップとなった。

比率修正つなぎ足データ

ポイントベース修正つなぎ足によるジレンマを解決する方法として、フューチャーズ誌の記事（『Data Pros and Cons』1998/6、『Truth Be Told』1999/1）が参考になるであろう。これらの記事では、つなぎ合わせた時系列データを修正する場合に、ポイントや金額よりもパーセンテージを使うべきであるとしている。パーセンテージを用いる

ことによって、実際の限月でトレードされたさまざまなマーケット水準で、この新しい時系列データを比較することができる。ただし、2つの時点におけるポイントまたは金額ベースの関係をそのまま維持するのではなく、パーセンテージベースの関係を維持することになる。この比較は、次の公式を使って行うことができる。

$$C_{inew} = C_{iold} \times (1 + (C - c) \div C)$$

C_{inew}＝iバー前の修正後価格
C_{iold}＝iバー前の修正前価格
C＝乗り換え日の新しい限月の終値
c＝乗り換え日の旧限月の終値

図3.3は、RAD（比率修正つなぎ足データ）による1987年10月の大暴落時のマーケットの動きである。直近の乗り換えは、1999年9月であった。この場合の10月2日の高値は486ドル、10月20日の安値は264.15ドルで、下げ幅は221.85ポイントとなっている。しかし、パーセンテージベースの下げ幅は再び45.6％（(486－264.15)×100÷486）となる。このポイントベースの下げ幅の拡大は、再三の乗り換えによる上方修正によるものである。重要なことは、パーセンテージベースの下げ幅が、実際の下げ幅と同じ45.6％となっていることである。

1987年の暴落以後、S&P500でより大きなポイントベースの暴落が起きるまでに、11年近くかかっている。これは、1998年の秋に起こり、大きなニュースとしてメディアが大々的に取り上げた。アナリストや市場関係者のなかには、これを1987年の暴落になぞらえて、それと同様の惨事であるか、少なくともそのような事態に発展するであろうと暗に示唆する者もいた。RADの利点を理解するために、この最近の

第3章●先物のデータ

図3.3 RADで見た1987年の大暴落（S&P500指数）

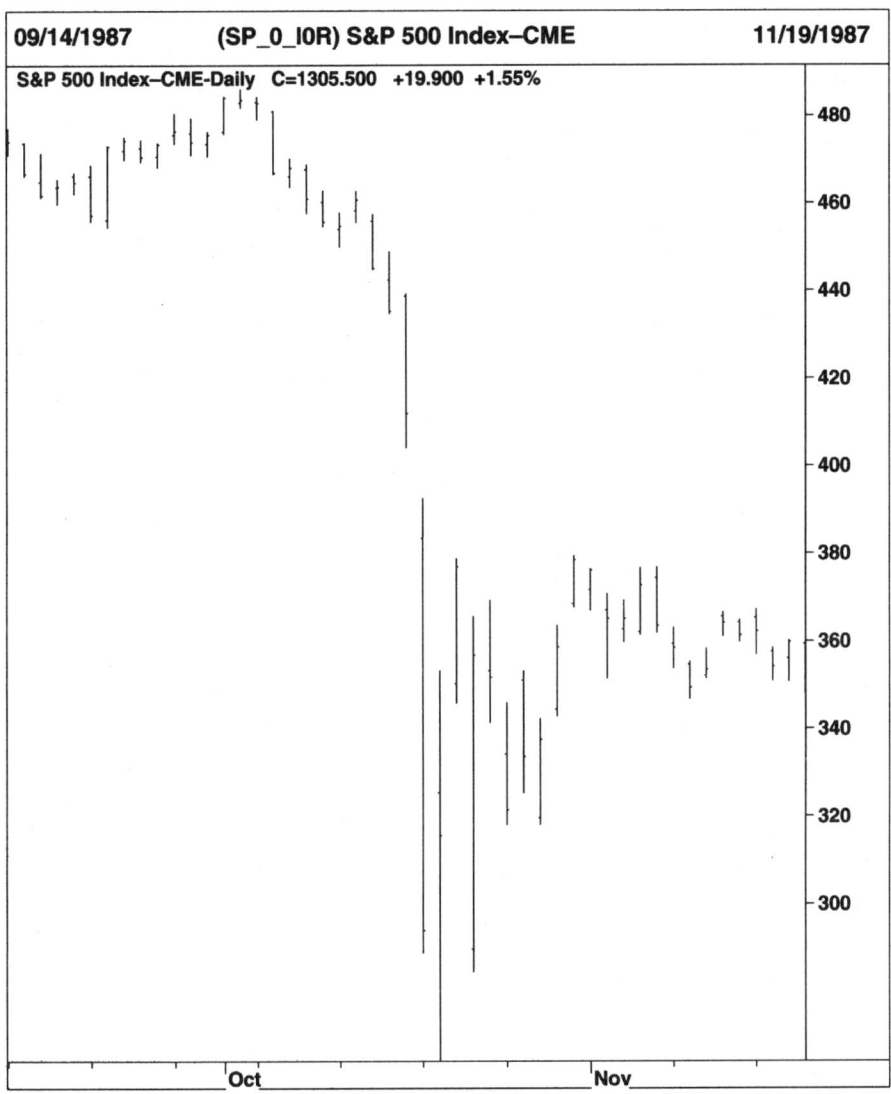

出来事を詳しく分析し、1987年の暴落（図2.1参照）との比較を行ってみる。前提として、1987年10月に、マーケットは152ポイント、3万8000ドル、45.6％下落した。1998年の秋には、マーケットは7月の高値1199.4ポイントから、10月の安値929ポイントまで、270.4ポイント（つなぎ足ベースで）下落した。この下げ幅は、金額ベースでは6万7600ドル（270.4×250ドル）の下落となり、1987年10月の暴落のおよそ2倍の下げ幅となる。しかし、パーセントベースでは、1998年の暴落はマーケットの水準に対して22.5％の下げにすぎず、1987年の半分にも満たない。実際のところ、1998年の暴落は、546.9ポイント、金額ベースで13万6725ドル下げて、652.5ポイントまで下落していなければ1987年の暴落には匹敵しない。

　このように、1987年の暴落は依然として近年最大の株式市場の下落である。システムを構築、分析して、堅牢で将来にわたって収益性の高いものにしたいのであれば、それを実現する方法はただひとつ、RADをこれまでの章で説明してきたパーセンテージベースのパフォーマンス指標と合わせて使うことである。そして、そのときに金額ベースのストップロスや利益目標を排除することを忘れてはならない。

　ここで、簡単なクイズを行ってみる。これまでの情報に基づき、1987年の暴落に匹敵するS&P500の金額ベースの下落は、次のどれか。現在のマーケットは、1350ポイント近辺である。

　A．3万8000ドル（152×250）
　B．2万3477ドル（0.282×333×250）
　C．5万4625ドル（218×250）
　D．上のいずれでもない
　「上のいずれでもない」場合、正しい答えは？

　正解は、上のいずれでもない。これまでに学んできたことに基づき、

1350ドルレベルでの最大の金額ベースの下落は、15万3900ドル（1350×250×0.456）である。さらに、1987年の下げ幅が45.6％で止まったからといって、それから先これ以上の下げはないとは言えない。自分が選んだソフトウエア会社や、システムベンダー、マーケットの権威者が最大のドローダウンはこれからやってくると言ったとしても、何ら驚くに値しない。そして、彼らはそれを計算する方法さえ知らないのである。

マルチマーケット・ポートフォリオ

　RADの利点は、マルチマーケット・ポートフォリオと組み合わせると、さらにはっきりする。マルチマーケット・ポートフォリオとそのトレーディング戦略の詳細は、第5部で説明する。ここでは、パーセンテージベースの計算がトレードの回数を考慮せず、結果として、ポートフォリオ内のマーケットをすべて同じ比重で扱うことを述べるにとどめる。例を挙げてみる。

　マーケットに常に参加する、標準的な20日ベースのブレイクアウト・システムを使って、日本円とS&P500のトレードを10年間行ったとする。その結果、日本円で71回、S&P500で79回のトレードを行った。図3.4は、個別のトレードと資産額の曲線を重ね合わせて、すべてのトレードを、ひとつの限月としてトレードしたかのように表したものである。要約すると、日本円のトレードは最終的に6万ドルの利益を、S&P500は2万ドルの利益を上げ、ポートフォリオ全体で8万ドルの利益となった。しかし、その結果を2つのマーケット間と、同時に現在のマーケットに関連づけて比較するには、それぞれのマーケットにおけるパーセンテージベースの動きを、現在のマーケット水準に換算して認識しなければならない。S&P500の1％の動きは、現在のマーケットで約3275ドルに相当するが、日本円では、1200ドルでしかない。

図3.4　1枚でトレードしたときのマルチマーケット・ポートフォリオ結果

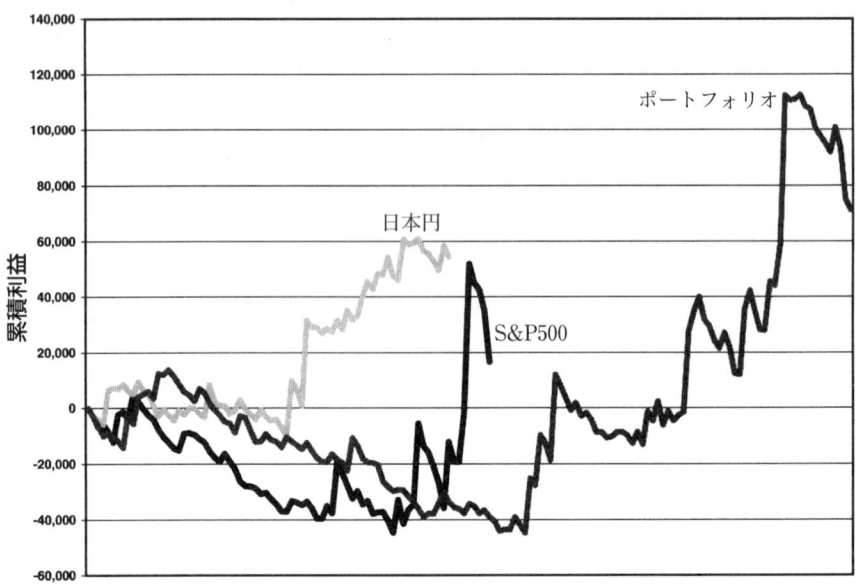

　したがって、すべてのトレードを現在のマーケット水準に置き換えるには、2枚のS&P500に対して、およそ5枚（3275÷1200）の日本円をトレードしなければならない。その場合の全体の利益は、約24万ドルとなる。
　ここで、そのような結果は仮定にすぎないのではないのかと疑問を持つむきもあろう。どのようにしたら、すべてのトレードを同一時点と考えられる同一のマーケットに置き換えることができるのか。いい質問である。そんなことは不可能である。つまりこれを逆に問いかけると、どんな方法を用いたしても現実にトレードを置き換えることができるのか、ということになる。もちろん、そんなことは不可能である。トレードはすべて既定の事実である。では、仮定として過去のト

レードを現在のマーケットに置き換えて、現在起きたとしたらどうなるかという手掛かりを得ることは、10年前にさかのぼって、マーケットの状況がどうだったかを知ることよりも無意味なことだろうか。私は、10年前に起こったことを知るよりも、今日のマーケットで起こり得ることを知ることのほうがはるかに有効であり、それにはだれもが同意すると考えている。

　それでもなお、2つのマーケットからの利益を互いに見合うようにして、総利益を8万ドルから24万ドルに引き上げるのは、いい考えのように思える。ただし、時間とともにこの関係が変化することを、上記の例では考慮していない。

　さらに前の章では、金額ベースの仮定の利益だけでトレーディング戦略を判断するのは、けっして有効な方法ではないことを見てきた。異なるマーケット間の金額ベースの動きと限月の関係は常に変化しているため、把握できるパーセンテージベースの（累積の）動きをチャートに統合しなければならない。その結果は、図3.5にあるように、日本円による約40％のポジションにとってプラス方向への動きと、S&P500による約25％のポジションにとってマイナスとなる動きがあり、合成すると、全体で何とか5％の利益となる（40％のプラスと25％のマイナスの動きを合成すると、ほぼ0になってしまうことを理解するには、まず、1に1.4［1＋0.4］を掛け、それに0.75［1－0.25］を掛ける。つまり、1＋40％－25％＝1×1.4×0.75＝1.05＝1×（1＋0.05）＝1＋5％となる）。

　このように、ひとつの限月ベースでは一見収益性が高そうに見えるポートフォリオでも、両方のマーケットに同じパーセントベースの加重を加えて合成し、詳細に見ていくと、ほとんど利益の出ないポートフォリオであることが分かる。

図3.5 パーセントベースによるマルチマーケット・ポートフォリオの複利のトレード結果

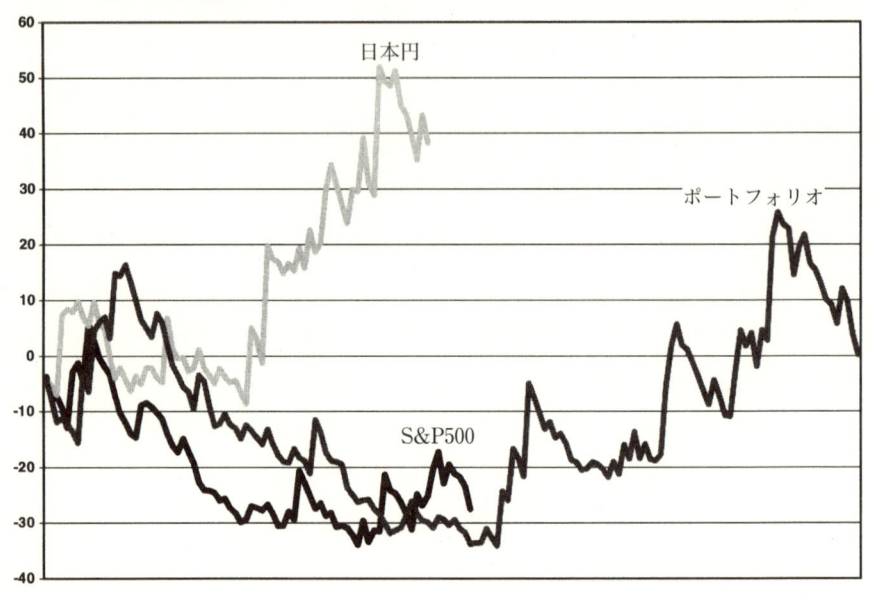

永久つなぎ足

　いくら修正つなぎ足が効果的であっても、どんな修正法も使えないような状況がある。そのような状況とは、2つのマーケットの動きを比較しなければならないときに、そのうちのひとつが他方よりも相対的にかなり強いマーケットの場合である。その理由は、いずれの銘柄も静止した状態にはなく、それぞれの銘柄が乗り換えのたびにその時点で再計算され、マーケット間のヒストリカルな関係は永久に変化し続けるからである。

　図3.6は、1984年12月時点のS&P500とTビルのレシオスプレッドで、ポイントベース修正つなぎ足を用いている。下に向かっている曲

第3章●先物のデータ

図3.6 ポイントベース修正つなぎ足を使用した2つのマーケットのスプレッド

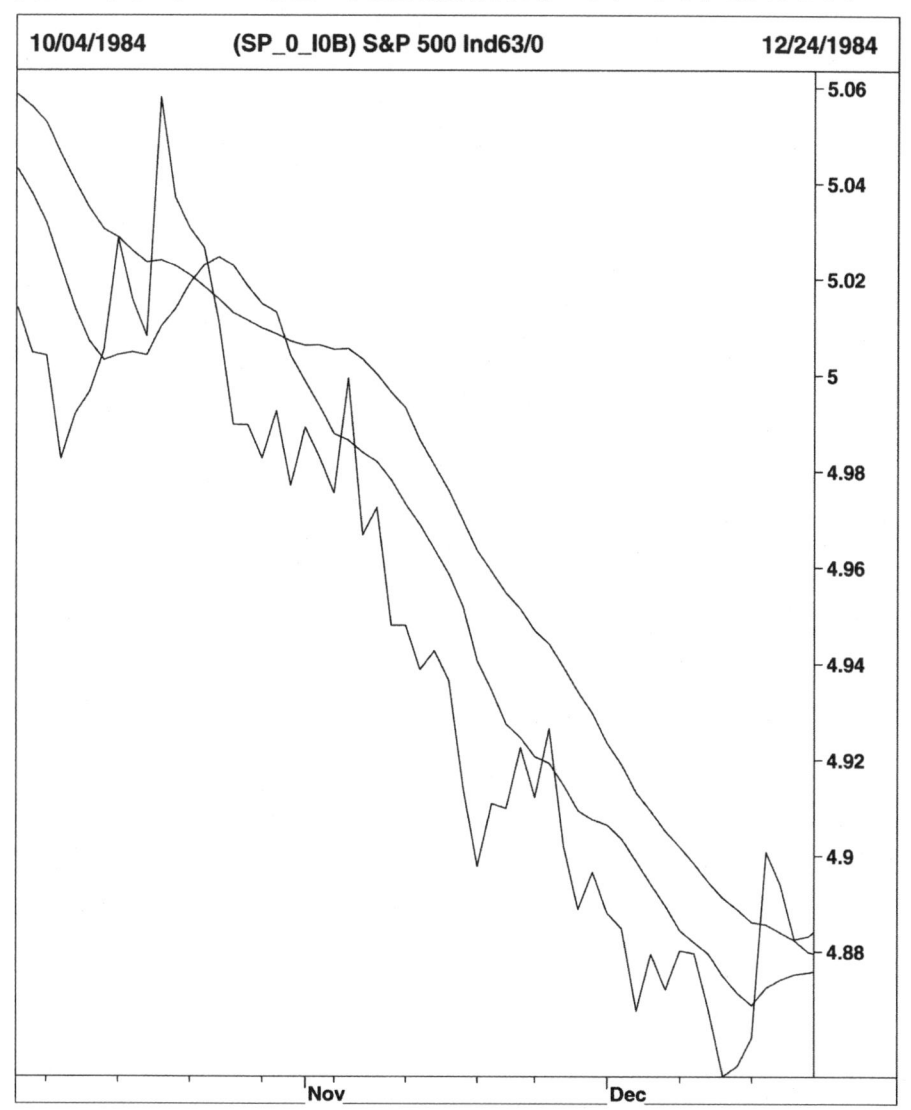

図3.7 実際の限月で見た2つのマーケットのスプレッド

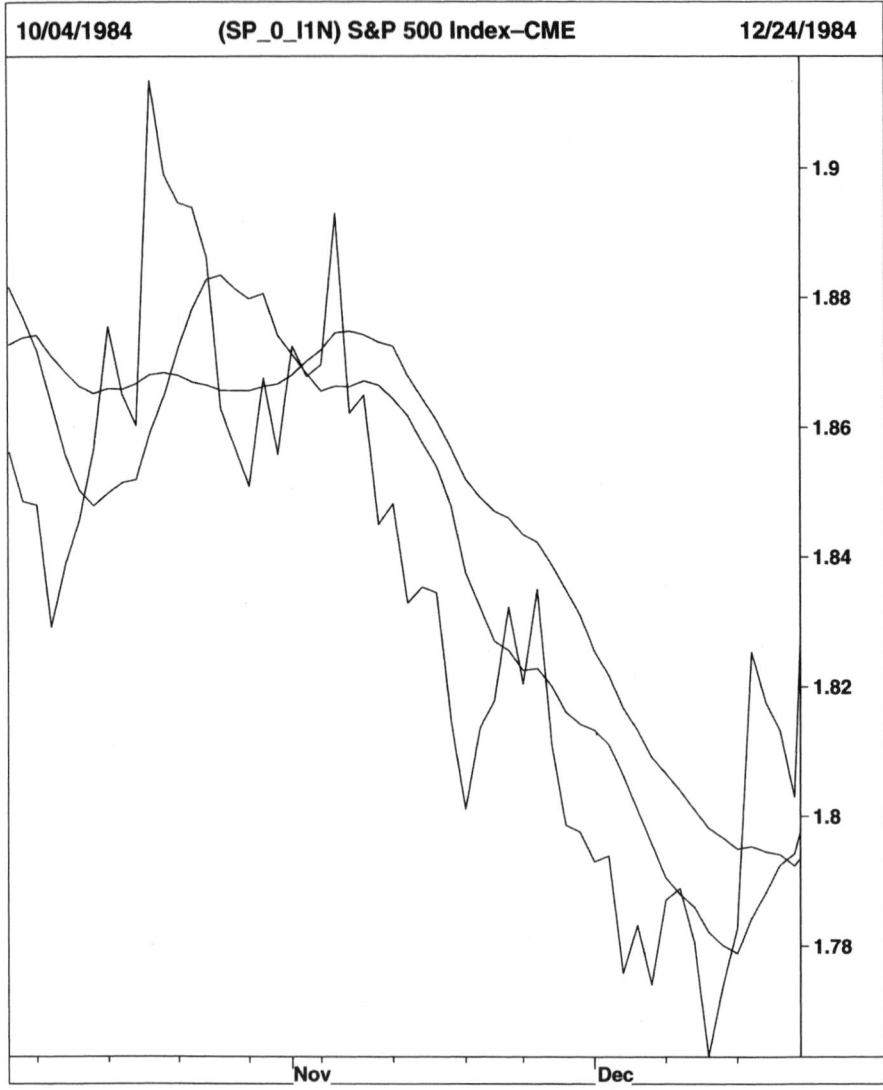

線は、短期と長期の移動平均線である。スプレッドのトレンドは下向きで、Tビルのパフォーマンスが株式をしのいでいるのが見てとれる。また、このケースでは、S&P500先物の売りポジションのトリガーとなっている。全体的には、だましのサインの少ないスムーズで順調なトレードで、S&P500先物の売りポジションで、手っとり早く稼げそうなところが多くあるように見える。ここで、図3.7を見てみよう。これは、1984年12月の同じマーケットの動きを、その時点で実際にトレードされた限月を通して見たものである。これは、トレーダーがその時点で実際に見たマーケットのスプレッドそのものである。今度のチャートは、もはや明確なものではなく、ぎこちない曲線でいくつかの順調なトレードがあるだけである。

ポイントベース修正つなぎ足では、極めてスムーズなトレードに見えたものが、実際にトレードされた元の限月を通して見ると、よりぎこちなく、リスクが高いものに見える。2つのチャートの違いは、修正つなぎ足のプロセスでレシオの計算を組み込むことに原因があり、これがヒストリカルデータをスムーズなものにしているからである。このことは、極めて誤解を招きやすいので、この問題点を知っていなければ、過去においてはうまく機能するように見えても、実際には有効に機能しないシステムを構築してしまう結果となる。さらに悪いことには、何よりも戦略の基礎となる前提条件が存在しないため、システムがまったく機能しないかもしれない。

この問題に対処するには、乗り換えの場合にも修正されない、いわゆる「永久つなぎ足」を導入しなければならない。永久つなぎ足では、一度計算されたヒストリカルデータは修正されない。2つの先物による永久つなぎ足は、次のようにして計算する。

まず、ある日数だけ先の日付で価格算定日を設定し、この日数を一定に保つ。次に、2つの先物の納会と価格算定日間の日数を計算する。価格算定日までの日数が一定であれば（すなわち、新規のバーごとに

1日分ずらす)、当日に対する2つの先物間の日数は、日々変更される。最後に、2つの先物に対する相対距離に、それぞれの価格を掛けて、その和を求める。それが、今日の永久価格となる。期近の限月ほど、加重が小さくなる。納会すると、価格は0となり、2番限が期近になり、3番限が2番限になる。

第1部の最後に
A Few Final Thoughts About Part 1

　第一部は、より有用なシステムを検証する指標についての詳しい説明と、マイクロソフト社のエクセルやロータス1-2-3などのスプレッドシート・プログラムを使って、分析を深めることが有効であるという理由から始めた。トレーディングシステムを正しく評価するには、マーケットや時間を問わず、すべてのトレードを等しい加重で扱う普遍的な指標を使うことが、何にも増して重要である。それには、正しい種類のデータを使うことも重要である。今まで見てきたように、すべてのデータを常に使用するわけではない。どのデータをどのような場合に使うかというノウハウが、堅牢で収益性の高いトレーディングシステムを構築するうえで不可欠なものとなる。

　以降の章では、すでに完成しているか稼働しているシステムや戦略を評価し、それが意図したとおりに機能するか確認する方法について詳しく説明していく。この評価プロセスに進む前に、2つのシステムが必要である。次のセクションでは、特定のタイプのマーケットの動きやトレーディング手法に適したシステムの構築を主に取り上げる。

システムのコンセプト
Part Two　System Concepts

　第2部の最初に、システムの構築を開始する前に、理解しておかなければならない、いくつかの重要なコンセプトについて説明する。しかし残念ながら、それで説明を終えるわけにはいかない。メカニカルなトレーディング戦略を統合しようとするときに、考えておかなければならないことがある。心理的側面は別にしても、使用するシステムが、トレーディングのスタイルやトレーダー個人の性格、資金に適しているかどうかはもちろん、さらにより技術的な問題についても、同様に答えを導き出さなければならない。トレーディングシステムを設計したり調査する前に、完成すべきことを理解しておく必要がある。

　トレーディングの方法論は、長期であるべきなのか短期であるべきなのか、あるいは日計りであるべきなのかを知らなければならない。そのシステムが特定のマーケット向きなのか、あるいは、幅広いマーケットで使用できるのかについても知らなければならない。マルチマーケット・システムの場合は、すべてのマーケットに最終結果が等しく影響力を持つようにするにはシステムをどう構築し検証すべきなのか。ある種のトレンドの動きを取り込むべきなのか。短期の動きを前もって定義したトレンドに取り込むべきなのか。あるいは、単独のマーケットでの裁定取引や、限月間取引のように根本的に異なる手法を駆使しようとしているのか。または、オプションを利用して、ボラテ

ィリティを売ったり買ったりするのか。それから、どのような資金管理戦略を用いるのか、またそれをいつ考慮するのか。

しかし、これらの必須の問題に対処する前に、たとえ答えが出なくても、少なくとも熟考して取り組まなければならない、基本的でより哲学的な性質の問題がある。短期とはどのくらいの期間を指し、長期とはどのくらいの期間を指すのか。高いとはどのくらいで、低いとはどのくらいなのか。実際には、これらの問いかけについての、一般的な出来合いの答えは存在しない。私にとっての長期は、あなたにとっては短期かもしれないし、人によってまったく異なるものだからである。あなたの答えが何であろうと、それはあなたにとっては正しく、他人にとっては正しくない。

答えを出す前に、参考となるいくつかのポイントがある。分や時間、日など通常のタイムユニットで短期や長期のマーケットの動きを測定しないのであれば、必要に応じて長い時間（通常の時間単位）を集約したバー（マーケットの時間単位）の数で測定しなければならないのか。それとも、短期や長期はシステムによって定義されなければならないのか。通常の時間単位やマーケットの時間単位で測定するかぎり、ブレイクアウト・システムでは常に長期とされるものが、天井と底をとらえるシステムでは、トレードの時間がどんなに長くても常に短期とみなされる。

トレーディングシステムおよびシステム開発者の間で広く議論されている問題を研究する前に、考慮しなければならないもうひとつの重要な点は、データの一部を処女データによるテストのためにとっておくことはいいことなのかということである。その答えは、システムと基礎となる前提条件によるが、多くの場合違いはないであろう。正しく構築されたシステムを使用する場合は、特定のマーケットに依然として存在する特殊な歪みに対してよりも、さまざまなマーケットや期間に有効に機能するように活用することに関心を払うのが通常である。

データを処女データによるテストのためにとっておくと、自分のシステムに対する信頼感を増すことができるかもしれないが、それによって、システムをさらに堅牢なものにするはずの貴重なデータが消耗してしまうことになる。どうするかの判断は自分で下すしかない。そうはいっても、多くの例では比較の意味で処女データを使う場合もある。何を選択したとしても、重要なことは、システムの検証や設計というものは、必然的にヒストリカルデータに基づかざるを得ないということである。その場合大切なことは、かけ離れたデータや評価指標をできるかぎり有効で先見性の高いものにすることである。

　システムの構築は容易なことではない。構築を始める前に、うまくいきそうな見込みを立てておいたほうがいい。例えば、1992年5月から1999年10月までの期間で、S&P500だけをおよそ5日（すべての日付をランダムに20回抽出し、複利利回りの平均を算出）ごとにトレードするものとする。もし、このトレードの日がすべて下落の日であれば、指数の71倍を得る。代わりに、同じだけの上昇を選択できた場合は、指数の何と161倍を得ることができる。このことから、基調をなすトレンド（ここ数年は明らかに上昇トレンド）に追随したほうが、はるかによいことが分かる。また、自分を律し、選び抜いた日だけにトレードを行えば、非常によい結果がもたらされる。デイトレーディングは、このように魅力的なものであることは明らかである。しかし、このような利益は価格の動きなしでは考えられないのも事実である。上記の例では、価格の動きが100％確かな場合であるが、これが50％であればどうなるか。その場合の期待利益率は、指数の0.25倍にまで低下し、買いポジションだけか、売りポジションだけの場合は、指数の0.11倍となる。

　同様に、長期保有のトレーディングを行い、バイ・アンド・ホールド戦略とパフォーマンスを比較する場合は、次のようになる。マーケットが下げることが100％確かな場合で、20日ごとにマーケットから

離れることで、指数の4.9倍の利益を上げることができる。マーケットがどちらに動くかが50％だけ確かな場合は、指数の0.96倍の利益となる。つまり、同じ期間を通じて、バイ・アンド・ホールド戦略よりもわずかに劣る結果となる。

　まとめると、短期トレーディングは、次の条件を満たせば非常に収益性が高いといえよう。トレーダーが冷静で、高い確率でトレードに勝つことができ、トレンドに逆らわないという条件である。基本的に、バイ・アンド・ホールド戦略というのは、ほんの数日間だけを避ければ利益を増加させることができるが、短期の早撃ちシステムほどではない。しかし、早撃ちシステムは、いい加減なものであれば、大きな損失を被るリスクを常に負っている。一度のかすり傷くらいでは致命傷にはならないが、上記の数字が示すように、何度も続けざまに損失を被ると致命的となる。したがって、リスクを回避したいと考える普通のトレーダーには、バイ・アンド・ホールド戦略による利益の一部以上のリスクを取ることなく、バイ・アンド・ホールドの４～６倍程度の利益が上がるような、長期のシステムが最も適している。では、これから、その両方のタイプのシステムを見ていくことにする。

第4章

天井と底をとらえる
Picking Tops and Bottoms

　短期トレーディングを行う場合、あるいは「天井と底をとらえ」ようとする場合、システムトレーダーの多くはまず、近年テクニカル分析の分野で多用されている多くのオシレーター系の指標を使おうとする。このような指標には、RSI（相対力指数）、ストキャスティック、モメンタム、ROC、MACD、プラスDMI、マイナスDMIなどがある。ほかにも数多くのものが存在するが、一般によく使われているのは以上のものである。これらは、マーケットの天井と底をとらえるのによい指標であると考えられている。これらの指標は、マーケットが買われ過ぎや売られ過ぎの領域の出入りはもちろん、マーケットの動きを「確認」しないでも、マーケットの動きを先取りしたり、予測したりできるとされているからである。しかし筆者は、読者がこれらの指標はヒストリカルのチャートでは有効であるが、現実のマーケットではほとんど役に立たないことに気づいているからこそ、本書を手にしたと考える。

　もし、これらの指標がすべて役に立たないのであれば、どのようにして短期トレーディングに利益機会を見いだせばいいのであろうか。トレーダーにとって、とりわけごく短期のトレーディングを行う場合にとって重要なことは、利益につながるデータを発見することであろう。まず何よりも、トレーディングを行うマーケットについて、深く

洞察しなければならない。そうすれば、マーケットの現在の状況とそれを測る指標について、より的確な判断を下すのに役立つであろう。しかし、そのためには、何を探し、それをどのように測るのかについて、前もって正確に知っておく必要がある。

すべてのマーケットで、同じように有効に機能するシステムを構築するには、使用するデータのタイプを決定しなければならない。通常のポイントベース修正つなぎ足では、過去のデータを使って、それぞれのマーケットで上げることのできる利益を推定することはできる。しかしこの構築方法では、あるマーケットからほかのマーケットへと情報をつなげることはできない。すべての動きに等しい加重を置き、計算に必要な入力値を引き出すには、パーセンテージベースの計算だけを使うことが、絶対に不可欠である。そして先物のトレーダーであれば、フューチャーズ誌掲載の新しく開発されたRAD（『Data Pros and Cons』1998/6，『Truth Be Told』1999/1）も使うべきであろう。トレンドのあるマーケットでは、価格変動の金額ベースの大きさは、マーケットの価格水準によって変わる。上昇トレンドにあるマーケットで、価格が堅調に上昇している場合、金額ベース、またはポイントベースの変動も同様に増大する。価格変動とマーケット水準の関係が変わらない場合は、マーケットがどの水準で取引されていても、パーセンテージベースの平均変動率も変わらない。これはまた、変化率（ROC）分析やパーセンテージベースのストップなど、どのタイプのパーセンテージベースの判断基準に基づいて作業を開始しても、すぐに必要となるものである。

ここでキーワードとして、「同じ収益性」の代わりに「同じ有効性」を使う。ヒストリカルデータを使って仮想トレードを行うシステム構築時と同じように、将来にわたっても有効に機能し続けるトレーディングシステムを構築するには、有効性の高いシステムと、収益性の高いシステムの違いをよく理解しておくこともまた、重要である。さら

に、以上のことを完全に理解したうえで、より重要なことは、収益性の高いシステムは必ず有効性の高いシステムでなければならないが、有効性の高いシステムが必ずしも収益性が高いとは限らない理由を理解することである。このカギとなるコンセプトは、本書を通じて繰り返し強調していく。

　有効性の高いシステムの収益性が高いかどうかは、そのシステム自体には関係がない。むしろ、マーケットの現在の水準とその金額ベースの水準に関係がある。例えば、S&P500の金額ベースの価格が、今日の250ドルからポイント当たり2.50ドル下落したとする。いったいどのくらいのS&P500のシステムが、将来にわたって、あるいはヒストリカルデータによる検証でも、利益を上げることができるのだろうか。おそらく、そう多くはないであろう。重要なのは、現実のマーケットの価格と変動は、システムがマーケットの価格変動をうまく捕捉できるかどうかには関係なく、取引所によって技術的に決められるものであるということだ。

　システム構築の過程では、実際の金額ベースの価格は関係ない。その代わりに、プロフィット・ファクター、パーセントによる変動、勝ちトレード回数などの一般的な指標を中心に扱うことになる。マーケット間で結果に大きな違いが出ないように、これらすべての指標の標準偏差に注目する。このように、有効に機能するシステム、すなわち優れたシステムとは、あらゆる市場環境において、大きな変動を可能なかぎり数多く捕捉できるシステムのことである。しかし、システムの収益性を高めるためには、捕捉した変動が価値をもつマーケットで、そのシステムが使用されなければならない。これはシステムそのものというよりも、現在のマーケットの取引水準とその金額ベースの水準に影響される。

　データとさまざまな測定方法から探し求めるものが明確になれば、次に自分が行いたいことを正確に把握しておく必要がある。すなわち、

基調をなす長期トレンドに従って同じ方向のトレードを行うのか、目先の動きをとらえるのかである。どちらのトレードを行うにしろ、転換点を予測して、指値注文で早めに仕掛けるか、あるいは多少安全策を取りつつ、先行する動きが本来の動きになるのを確認してストップ注文で仕掛けるのか、自分で決めなければならない。もっといえば、いったんポジションを取った後は、できるだけ長くそれを維持するのか、特定の価格にストップを置くのか、大きなマーケット変動の後でごく短期の売買を行って素早く勝ち逃げするのかを決めなければならない。

　この章では、利益の高いトレードを数多く生み出して優秀な成果を上げてくれそうな、いくつかのシステム案について詳細に考察していく。最初の2つは、マーケットに特化したデータマイニング・システムで、調査技術としてもシステムとしても、どんなマーケットであろうと完全に応用できるものであるが、ある特定のマーケットや関連するマーケットのグループの特性にのみ着目する。次のシステムは、独自に開発された指標で、ボリンジャーバンドとピボットポイントというパーセンテージベースの分析を統合したものとしては、おそらく最も優れたものであろう。最後のシステムは、統計上の小さな優位性を利用するもので、トレードを仕切るルールを見つけだす方法を実証するだけのものである。これは、すべてのマーケットで同じように機能し、小さなトレードや、時にはほとんど利益が出そうにないトレードからも、長期的に利益を生み出そうとするもので、私はブラックジャックと名付けた。これは、特にラルフ・ビンスのオプティマルfや定率資金管理法（第3部で、われわれのシステムすべてに応用できる、さまざまな手仕舞いについて説明する）のような、より高度な資金管理戦略と併用することで、有効に機能するように設計されている。

第5章

データマイニング
Data Mining

　今日のマーケットはどうなるのだろうか。われわれは毎日のように仲間のトレーダーや自分自身に、この平凡な質問を問いかける。そして、その日の夕方にはその答えをマーケットが出してくれる。何百回も何千回も問いかけ、その答えをじっくりと眺め、答えから何かを悟ることもあれば、この問いについてあれこれ思案して時間を無駄にするのはもうやめようと考えたりする。しかし、われわれは問いかけをやめることはなく、多かれ少なかれ予測は外れ、毎日マーケットに惑わされ続けるのである。

　ある日、マーケットの動きはまったく予測どおりだったが、ランチタイムのあとにちょっとした下げがあり、これがストップロスにかかって損を出してしまった。余談ではあるが、これは、だれもが覚えている、数年前の欧州通貨危機の影響が世界の資本市場に重くのしかかっていたころのTボンドの動きである。そして翌日、その同じマーケットが今までだれも経験したこともない動きをみせた。予言者ヨエルのように、1970年代に戻って穀物と畜産のマーケットでトレードを行い、そのときのとうもろこしのマーケットと似ていると分かっていなければ、予測できない動きであった。

　ここで強調しておきたいことは、次の点である。あるマーケットの動きを別のマーケットの動きと区別することは、極めて困難である。

マーケットの動きをとらえたと思ったら、その次の瞬間にはすべてが変わってしまって、ほとんど丸損の状態だけが残った。このような状況を想像してみてほしい。今日の株式のマーケットは、いつもとまったく同じように動くのか、あるいは最近のコーヒーマーケットか、1980年代の木材マーケットのような動きをみせるのか、本当に言い当てることができるだろうか。そして、コーヒーのように動くとして、現在の動きは、本当に現在のコーヒーの典型的な動きなのか、それはずっと続くものなのか。それぞれのマーケットやすべてのマーケットに特有で一貫した動きというものが、本当に存在するのか。これを発見するには、すべてのマーケットを注意深く調査しなければならないし、山ほどの問いを抱え込まなければならなくなる。

　典型的なトレンドというのは、どのくらい続くものなのか。典型的な修正とはどのようなものなのか。どの時点で、行きすぎた動きとみなすのか。同じ方向へ連続して動く、確実な日数の可能性はどのくらいか。そして最も重要なのは、この情報から何を得ることができ、すでにあるトレーディングツールにこの情報を導入することにどのようなメリットがあるのか、ということだ。これらは、高い確率で勝てるトレーディング機会を見いだすため、あるいは、少なくとも最悪のケースを免れるためにデータマイニングを開始するときに生じる、いくつもある問いにすぎない。

　例えば、マーケットの下降トレンドが4カ月間続いているが、あなたは、典型的な下降トレンドは2カ月しか続かないことを知っているとする。その場合、使用しているブレイクアウト・システムが売りポジションの追加を指示したからといって、それを実行するのは、おそらくいい考えではない。たとえシステムの指示がそうだとしても、マーケットはあるマーケットの典型的な動きから、別のマーケットの典型的な動きへと変化しているかもしれない。しかし、少なくとも長期的な統計値には従うべきである。あるいは、すでに売りポジションを

持っている場合は、システムの指示にかかわらず、ポジションを縮小していくのがいいであろう。または、すべての下げマーケットのうち、日ベースで2日以上続くのは22％だけであることが分かっていて、マーケットが2日以上下落した場合は、逆張りのトレーディングシステムを構築し、小さなポジションでマーケットの様子を探りながら、高い統計的確率に賭けて短い上昇トレンドを追いかけてみるのもひとつの方法であろう。同様に、すべての下げマーケットのうち月ベースで8％以上下落するのは9％だけだと知ってるのならば、マーケットが8％以上下落したときには直ちに買いポジションを取って、続く上げマーケットを取りにいくこともできる。

このような感触を得るには、表5.1から表5.3までの表をまとめて作成し、実験の糸口としてみるとよい。これらはすべて、1985年1月から1994年12月までと、1995年1月から1999年10月までの、S&P500のRADを使っている（括弧内のデータは、直近の1995年1月から1999年10月までのもので、処女データによる検証用である）。表5.1では、1985年1月1日から1994年12月31日までのS&P500の下落期間は、月ベースで平均1.35カ月、平均下落率で4.82％となっている。表5.2からは、日ベースですべての上昇マーケットのうち、25％が2週間以上継続し、すべての下落マーケットのうち、6％が3週間以上継続することが分かる。表5.3では、月ベースの振幅は上段見出しの括弧内の数字である。週ベースのデータでは、すべての上昇マーケットのうち、42％で3％以上の上げ幅となり、月ベースでは、46％で6％以上の上げ幅となっている。

表5.1から表5.3までを統合するには、データをテキストファイルに書き出し、マイクロソフト社のエクセルやその他のスプレッドシート・プログラムで開けるようにする必要がある。エクセルにデータを落として、まず次の公式を使って、終値のパーセンテージベースの変化を計算する。

表5.1 データマイニングの要約

	期間ごとの動き	動きの期間	動きの幅
日次データ			
すべての動き	0.68%	1.95	1.34%
上昇	0.69% (0.77%)	2.04 (2.17)	1.41% (1.68%)
下落	0.68% (0.71%)	1.86 (1.93)	1.26% (1.36%)
週次データ			
すべての動き	1.52%	1.97	2.99%
上昇	1.44% (1.78%)	2.29 (2.21)	3.30% (3.98%)
下落	1.64% (1.67%)	1.65 (1.52)	2.70% (2.52%)
月次データ			
すべての動き	3.32%	1.72	5.73%
上昇	3.22% (3.47%)	2.09 (3.31)	6.72% (11.93%)
下落	3.56% (3.50%)	1.35 (1.25)	4.82% (4.36%)

表5.2 ある長さの動きの期間

	1	>1	>2	>3
日次データ				
すべての動き	50%	50%	23%	11%
上昇	46% (43%)	54% (57%)	25% (33%)	13% (15%)
下落	53% (53%)	47% (47%)	22% (25%)	10% (12%)
週次データ				
すべての動き	50%	50%	25%	11%
上昇	41% (43%)	59% (57%)	33% (28%)	17% (15%)
下落	60% (67%)	40% (33%)	17% (13%)	6% (4%)
月次データ				
すべての動き	57%	43%	16%	6%
上昇	37% (38%)	63% (61%)	23% (46%)	9% (46%)
下落	76% (83%)	24% (17%)	9% (8%)	3% (0%)

表5.3 ある大きさの動きの割合

	1(2)%	>1(2)%	>2(4)%	>3(6)%	>4(8)%	>5(10)%
日次データ						
すべての動き	55%	45%	20%	9%	4%	2%
上昇	51% (42%)	49% (58%)	22% (28%)	11% (18%)	4% (11%)	2% (4%)
下落	59% (57%)	41% (43%)	18% (25%)	8% (11%)	4% (6%)	2% (3%)
週次データ						
すべての動き	26%	74%	53%	36%	25%	16%
上昇	23% (10%)	77% (90%)	61% (75%)	42% (59%)	28% (41%)	18% (24%)
下落	28% (28%)	72% (72%)	45% (43%)	31% (27%)	22% (21%)	14% (18%)
月次データ						
すべての動き	25%	75%	45%	35%	19%	12%
上昇	26% (0%)	74% (100%)	57% (92%)	46% (62%)	29% (46%)	17% (46%)
下落	24% (25%)	76% (75%)	32% (33%)	24% (17%)	9% (8%)	6% (8%)

　＝E3/E2

　Eは、データが保存されている列を表す。

　連続した動きの期間を計算するには、最初に、隣接する列で次の計算を行う。

　＝IF(OR(AND(F3〉1;F2〈1);AND(F3〈1;F2〉1));1;G2+1)

　そして、次の列で以下の計算を行う。

　＝IF(G3〉=G4;SIGN(F3-1)×G3;"")

最後に、最後の列で、次の公式を使ってパーセンテージベースの変動率を計算する。

＝IF(H3〈〉"";PRODUCT(INDEX(F:F;ROW()－ABS(H3)＋1; 1):INDEX(F:F;ROW();－1;"")

すべての計算を終了したら、次の公式をスプレッドシートの最下段に入力し、必要な数字を表に取り出す（下落の場合は、「〉」を「〈＝」に変更する）。
上昇の期間の合計を計算するには、次の公式を使う。

＝ABS(SUMIF(H$3:H4429;"〉0"))

上昇した動きの合計を計算するには、次の公式を使う。

＝ABS(COUNTIF(H$3:H4429;"〉0"))

上昇の平均期間を計算するには、次の公式を使う。

＝H4431/H4432

上昇の平均変動幅を計算するには、次の公式を使う。

＝SUMIF(I$3:I4429;"〉0")/COUTIF(I$3:I4429;"〉0")

上昇の各期間内の平均変動幅を計算するには、次の公式を使う。

＝((H4434＋1)^(1/H4433)－1)

上昇が2期間以上継続する確率を計算するには、次の公式を使う。

＝COUNTIF(H$3:H4429;">1")/H4432

上昇の変動幅が1％以上となる確率を計算するには、次の公式を使う。

＝COUNTIF(I$3:I4429;">0.01")/H4432

このような情報を利用する単純なトレーディングシステムを検証するには、例えば、下落した日があって、それが下落した週、さらには下落した月と続いているようだったら、直ちに買いポジションを取るシステムを構築できる。株式市場には本来右肩上がりの動きがあり、データマイニングの結果、上昇の期間が比較的長く継続することが分かっているため、売りポジションを取るための要件として、2日の上昇、2週の上昇、2カ月の上昇が必要となる。TradeStation（トレードステーション）のこの単純なシステム、ゴールドディガー(Gold Digger) Ⅰのコードは、次のようになる。

```
Condition1＝CloseM(1)>C and CloseW(1)>C and C[1]>C;
Condition2＝CloseM(2)<CloseM(1) and CloseM(1)<C and
CloseW(2)<CloseW(1) and CloseW(1)<C and C[2]<C[1] and C[1]<C;
If Condition1＝True and MarketPosition＝0 Then
 Buy("Go long") at open;
If C[2]<C[1] and C[1]<C Then
 ExitLong("Exit long") at close;
If Condition2＝True and MarketPosition＝0 Then
```

```
Sell("Go short")at open;
If C[1]>C Then
ExitShort("Exit short")at close;
```

　第1部で紹介したトレードごとの書き出し機能を使って、RAD（比率修正つなぎ足データ）の結果をスプレッドシート・プログラムに書き出し、さらに第1部で導き出したエクセルの公式を使って、表5.4と表5.5にあるようなパフォーマンスサマリーを作成できる。

　1985年1月1日から1994年12月31日までの期間で、ゴールドディガーⅠは251回のトレードをした。そのうちの64%のトレードで利益を上げることができ、1トレード当たりの平均利益は0.18%（現在のS&P500のマーケット水準1350で597ドルに相当する）であった。ドローダウンはごく小さく、標準偏差も満足のいく水準で、さらに検証を進めようという気にさせてくれるものである。

表5.4　ゴールドディガーⅠの結果(1985/1～1994/12)

総トレード数		251	勝ちトレード	15	63.35%	負けトレード	9	36.65%
プロフィット・ファクター		1.34	最大勝ちトレード	7.76	26,190	最大負けトレード	-19.12	-64,530
平均損益	0.18%	597	平均勝ちトレード	1.09	3,684	平均負けトレード	-1.40	-4,739
標準偏差	2.01%	6,799	累積利益	47.74	161,123	ドローダウン	-26.71	-90,146

表5.5　ゴールドディガーⅠの結果(1995/1～1999/10)

総トレード数		105	勝ちトレード	7	66.67%	負けトレード	3	33.33%
プロフィット・ファクター		2.27	最大勝ちトレード	3.45	11,644	最大負けトレード	-4.20	-14,175
平均損益	0.43%	1,467	平均勝ちトレード	1.16	3,928	平均負けトレード	-1.02	-3,456
標準偏差	1.40%	4,719	累積利益	56.10	189,338	ドローダウン	-7.20	-24,300

処女データを使って検証を行うと、平均利益は1467ドルに増加し、最大損失は4.20％（現在のマーケット水準で14.175ドル）に縮小した。絶対的に低い標準偏差と高い平均利益には、おおいに興味をそそられる。差し引いていないが、スリッページや手数料として75ドルが見込まれる。このシステムでは、1枚当たりのトレードで約1392ドル（1467ドル－75ドル）の利益が期待できることになる。表5.5では、ドローダウンが対象期間のデータを使った場合の27％弱から、処女データを使った場合は7％へと実質的に縮小している。しかし、ドローダウンと累積利益を正確なものとするために、直前の利益を含め、運用資金全額をトレードごとに再投資するという前提を取っている。第1部で触れたように、とりわけ将来のマーケットにおいては、これはほとんど不可能であり、株式市場において端株の売買が可能な場合のみ可能となる。しかし、こうすることによって、さまざまなシステムやマーケットを同じ条件で比較することが可能となり、さらに使用するシステムを、同じ期間でバイ・アンド・ホールド戦略と比較してどの程度の有効性があるか確認することができるようになる。

　検証の結果は悪くないのだが、ゴールドディガーⅠは、単にマーケットの統計上の特性を利用する単純なシステムを統合したものにすぎないことに留意することが重要である。この特殊なシステムでは、表5.1から表5.3にあるような統計上の特性で、直近の4年間の特性と最初の10年間を比較するには適さない。処女データと対象期間のデータを互いに比較してみると、日次と週次のデータの極めて小さな差異が、次第に積み重なって月次では大きな差異となっている。例えば、月次のデータを見ると、上昇マーケットの平均的な期間と幅は、2.09カ月と6.72％から、月ベースでは3.31カ月と11.93％になっている。さらに、一定の期間動きが継続する確率を示した表では、1994年までの上昇マーケットでは、上昇の動きが3カ月以上継続したのは、9％であった。しかし、1995年1月から1999年10月の期間では、同じ動きの確

率が46%となっている。

　同じ表の直近のデータの検証では、週ベースのデータから、1週以上継続する上昇の動きは、57%となっている。これは、1994年の年間での期間の数字を2％下回っている。このように、週ベースの連続上昇期間の数値が減少していても、月ベースの同じ数値は大幅に上昇しているのである。同じ現象が、一定の上昇幅が起こる可能性を示した表でも見受けられる。5％以上の上昇幅が起こる確率は、週ベースでは33%（18%から24%へ）の増加にすぎないものが、月ベースでは、10%以上の上昇が起こる確率が170%（17%から46%へ）も増加しているのである。

　これは、マーケットがその特性や様相を変化させるときには、その変化を大きな時間枠のなかのより短い時間枠で検出することは、困難であることを示唆している。あるいは、別の観点から見ると、たとえマーケットが長期変動の過程にあっても、短期の統計的特性には変化が現れず、ほとんど同じ状態にとどまるということである。これは、非常に重要な結論である。もしこれが正しければ、将来にわたって、検証期間と同じように機能するメカニカルなトレーディングシステムを構築する唯一の方法は、次のようになる。たとえ基調となるトレンドが長期のものであるように見えても、より短期の見通しに集中し、トレードの期間はおよそ1週間以内とし、ヒストリカルデータをシグナルとして使うことをできるかぎり避けるシステムを構築することである。

　これが正しいかどうかを検証するには、次に示すTradeStationのコードのように、元のシステムを修正して日次と週次のデータのみを扱うようにする。これは、上昇と下落の動きは区別しない。

Condition1＝CloseW(2)〉CloseW(1) and CloseW(1)〉C and C[2]〉C[1] and C[1]〉C;

Condition2=CloseW(2)〈CloseW(1) and CloseW(1)〈C and C[2]〈C[1] and C[1]〈C;
If Condition1=True and MarketPosition=0Then
　Buy("Go long")at open;
If C[2]〈C[1] and C[1]〈C Then
　ExitLong("Exit long")at close;
If Condition2=True and MarketPosition=0 Then
　Sell("Go short")at open;
If C[1]〉C Then
　ExitShort("Exit short")at close;

　このバージョンのシステムの結果は、表5.6で見ることができる。処女データによる検証では、107回のトレードがあり、そのうち、63％で利益を上げ、平均損益は0.31％（現在のマーケット水準で1045ドル）となっている。スリッページと手数料は考慮していないが、近未来のトレードについてこれを把握するのは簡単で、適当な額をトレードの平均金額から差し引けばよい。ゴールドディガーⅡはゴールドディガーⅠより単純なシステム（カーブフィッティングをしない）であるため、プロフィット・ファクターや勝率がわずかに低く、累積利益は大きく低下するなど、パフォーマンスでは劣っている。しかし、標準偏差が小さいので、より堅牢なシステムであるともいえる。ゴール

表5.6　ゴールドディガーⅡの結果(1995/1〜1999/10)

総トレード数		107	勝ちトレード	6	62.62%	負けトレード	4	37.38%
プロフィット・ファクター		1.98	最大勝ちトレード	7.31	24,671	最大負けトレード	-4.06	-13,703
平均損益	0.31%	1,045	平均勝ちトレード	1.00	3,364	平均負けトレード	-0.84	-2,840
標準偏差	1.38%	4,666	累積利益	37.84	127,710	ドローダウン	-7.26	-24,503

ドディガーIと比較して、平均利益やプロフィット・ファクターでわずかに劣るが、標準偏差が小さく、より対称的な特性（カーブフィッティングをしない）を持っているため、ゴールドディガーIIのほうが明らかにより望ましいシステムである。

しかしTradeStationのコードでは、買いポジションの手仕舞いの基準は連続2回の終値の上昇であるが、売りポジションの場合は終値で見て下げた場合は直ちに手仕舞いとなっている。マーケットは、常にわれわれが望むように動いてくれるわけではないため、ポジションを手仕舞いするシグナルが出る前に手痛い損失を被る場合もある。このようなことは例えば、マーケットが突然反対の方向に動き始めたときや、買いポジションの場合で1日おきに上昇した日と下落した日があり、下落した日の変動が上昇した日よりも大きかった場合に起きる。したがってこのシステムは、最大負けトレードと平均負けトレードの金額からも分かるように、適正に開発されたストップなしでは、依然として危険なものである（第3部ではストップと手仕舞いについてさらに考察する）。

データのより有効な活用

自分のシステムでできるかぎり少ないバーを使って、トレーディングをうまくこなしている場合は、それらのバーを最大限有効に活用すべきである。例えば、移動平均は通常時系列のなかの特定の価格を示しているにすぎず、実際にはそれぞれのバーがほかの3つの重要な価格を持っていることは考慮されない。つまり、終値の移動平均を計算するときには、始値、高値、安値はすべて無視されるのだ。通常の移動平均やボリンジャーバンド・タイプの指標を使って、トレーディングの機会を確認するということは、同時にその指標が長期間を通じていつでも比較できる状態にあるわけではないという問題をはらんでい

る。例として、現在のS&P500の価格1350ドルが、移動平均と標準偏差バンドのかなり下方の位置にあるとする。しかし、もしマーケットが同じ価格水準でトレードされていたとしても、2、3年違えば同じ状況にはならないかもしれない。その時点でのマーケットの動きがすべてを左右しているからだ。

　四本値のすべてを使用する指標を作れたら、素晴らしくはないだろうか。さかのぼる期間を75％に短縮し、さらに、トレードが行われた時期の違いやマーケットの価格水準の違いにかかわらず、すべての指標を互いに比較可能なものとするというのはどうであろう。

　上記のことを、1日のうちに出会う人の無作為標本からその身長を測定する統計調査と対比させてみる。1日の終わりに、最初に測定した人、最も高かった人、最も低かった人、最後に測定した人の身長をそれぞれ記録する。記録する順序は問わない。5日後には、統計上有意とみなされる最小数である20個の標本が得られる（この数値は、分野により大きく異なる。20という人もいれば30という人もいるし、100以上という人もいる。医学の分野では、1000近くが要求される。調査に十分な数のデータを常に持っているわけではないという事実は別にして、自分のお金を粗雑に扱っていけないという理由はない）。

　ここで例として、20人すべての平均身長が6フィートで、標準偏差が3インチだとする。1標準偏差の範囲内に、すべての測定対象者と将来測定される対象者の約68％が、2標準偏差の範囲内に約95％の対象者が含まれる。この情報を元に、出会ったすべての対象者を分類することができる。例えば、平均的な身長（5フィート9インチから6フィート3インチ）、低い身長（5フィート6インチから5フィート9インチ）、かなり低い身長（5フィート6インチ以下）、高い身長（6フィート3インチから6フィート6インチ）、かなり高い身長（6フィート6インチ以上）のように分類できる。すべての調査をこのように行った結果、調査が行われた場所によって、レベルにわずかな差が出た。

しかし、前回の情報は、それぞれの調査について将来の結果や翌日に起こり得ることを推測するうえで、少なくともある程度は役立っている。例えば、高い身長かかなり高い身長の人に出会う確率は、およそ16％（(1−0.68)×100/2）であるため、この２種類の人に続けて会う確率は、2.5％（0.16×0.16×100）となる。

同じような調査をマーケットで実行するには、マーケットが取引されている水準ではなく、価格変動の幅に着目することが重要である。それぞれの動きを、時期とマーケットが異なるほかのすべての動きと比較できるようにするには、現実のポイントベースまたは金額ベースの代わりにRAD（比率修正つなぎ足データ）を使って、パーセンテージベースの変動を一定に保つ必要がある。また、価格の水準ではなく動きを計算するには、個別の動きをベースとなる、あるいは基盤となるレベルに関連づけることも必要である。街角の身長測定との比較を続けると、身長を、被験者の立っている地面からではなく、海抜高度で測定することは無意味である。すなわち、意味のある比較を行うには、データを標準化しなければならない。人の身長を標準化する明確なレベルは、その人が立っている地面である。

マーケットにおける調査では、直近のバーの終値や直近のバーの平均値のような、動きを標準化するレベルがいくつかある。ここでは、個別の動きを直近のバーの終値に標準化することにする。身長の測定とマーケットの動きを測定することとの、もうひとつの違いは、絶対値とパーセンテージ値の使用である。あなたの身長が６フィートであれば、コロラド州ベールのスキー場でスキー板の上に立っていようと、ハワイでビーチタオルの上で寝そべっていようと、身長が６フィートであることに変わりはない。あなたが海面からどのくらいの高さかをパーセンテージで比較することは、ほとんど無意味である。しかしマーケットでは、1350ドルのレベルで取引されているときの２万ドルに相当する動きと、マーケットが250ドルで取引されているときの２万

ドルに相当する動きとでは、極めて大きな違いがある。前者の2万ドルの動きは、6％の変動にすぎないが、後者では同じ金額の動きが、30％を上回る変動となる。このように、マーケットの値動きを、ポイントや金額ベースではなくパーセンテージベースで測定することは、何よりも重要なことである。こうすることによって、マーケットや時期に関係なく、さまざまな値動きを比較することができるようになる。

　身長測定の例では、毎日4回の観察を行った。これと同じことを、マーケットでは、私が蛇行インディケーターと呼ぶものを使って、同様に行うことができる。次のTradeStationのコードは、すべての始値への値動き、高値への値動き、安値への値動き、終値への値動きを含む配列を作成し、計20個のデータを使って、5本のバーを作成する。

```
Input:VSStd(1);
Vars:SumVS(0),AvgVS(0),DiffVS(0),StdVS(0),SetArr(0),
SumArr(0),DiffArr(0),VSLow(0),VSMid(0),VSHigh(0),
FName(""),TradeStr1("");
Array:VS[20](0);
For SetArr=0 To 4 Begin
 VS[SetArr*4+0]=(O[SetArr]-C[SetArr+1])/C[SetArr+1];
 VS[SetArr*4+1]=(H[SetArr]-C[SetArr+1])/C[SetArr+1];
 VS[SetArr*4+2]=(L[SetArr]-C[SetArr+1])/C[SetArr+1];
 VS[SetArr*4+3]=(C[SetArr]-C[SetArr+1])/C[SetArr+1];
End;
For SumArr=0 To 19 Begin
 If SumArr=0 Then
  SumVS=0;
 SumVS=SumVS+VS[SumArr];
 If SumArr=19 Then
```

```
AvgVS=SumVS/20;
For DiffArr=0 To 19 Begin
 If DiffArr=0 Then
  DiffVS=0;
  DiffVS=DiffVS+Square(VS[DiffArr]-AvgVS);
 If DiffArr=19 Then
  StdVS=SquareRoot(DiffVS/20);
 End;
End;
VSLow=C*(1+(AvgVS-StdVS*VSStd));
VSMid=C*(1+AvgVS);
VSHigh=C*(1+(AvgVS+StdVS*VSStd));
Plot1(VSLow,"VSLow");
Plot2(VSMid,"VSMid");
Plot3(VSHigh,"VSHigh");
If CurrentBar=1 Then Begin
 FName="C:¥Temp¥"+LeftStr(GetSymbolName,2)+".csv";
 FileDelete(FName);
 TradeStr1="Date"+","+"Open"+","+"High"+","+"Low"
+","+"Close"+","+"VSLow"+","+"VSMid"+","+"
VSHigh"+NewLine;
 FileAppend(FName,TradeStr1);
End;
If CurrentBar>5 then Begin
 TradeStr1=NumToStr(Date,0)+","+NumToStr(Open,2)
+","+NumToStr(High,2)+","+NumToStr(Low,2)+","+
NumToStr(Close,2)+","+NumToStr(VSLow[1],2)+","+
NumToStr(VSMid[1],2)+","+NumToStr(VSHigh[1],2)+
```

NewLine;
　FileAppend(FName,TradeStr1);
　End;

　すべての値動きは、前回のバーの終値を基準として測定される。データが収集されると、コードは、データが直近の値動きに合わせて標準化される前に、値動きの平均値と標準偏差を計算する。計算が完了すると、それぞれのバーの値動きにほとんど影響を受けない指標が得られる。これを使って、終値のデータだけでデイトレーディングを行ったり、週次と日次のデータを併用して、週中のトレーディングを行うことができる。コードの最後の部分は、すべてのデータをテキストファイルに書き出す場合に必要な命令文で、エクセルなどのスプレッドシート・プログラムを使って、さらに分析を進めることができる。図5.1は、S&P500の直近の値動きのチャートで、このピボットポイントタイプの指標を示している。これから分かるように、蛇行インディケーターは、3つの線で構成されており、このうち上方線（高値に対して）と下方線（安値に対して）は、中間線（中値に対して）から1または2標準偏差分離れている。蛇行インディケーターは、すべてのマーケットでまったく同じように機能する。
　必要なデータをエクセルに取り込み、隣接する列に次の公式を入力して、買いの仕掛けレベル、買いリスクレベル（ストップロス）、買いの手仕舞いレベル、およびトレード結果を計算できる（隣の列で、逆の計算を行い、売りの場合の結果を求める）。

　＝IF(B2〈F2;B2;IF(D2〈F2;F2;""))，

　列Bは始値、列Fは下値レベル、列Dは安値を表す。

図5.1　データを最も分かりやすく示す蛇行インディケーター（S&P500）

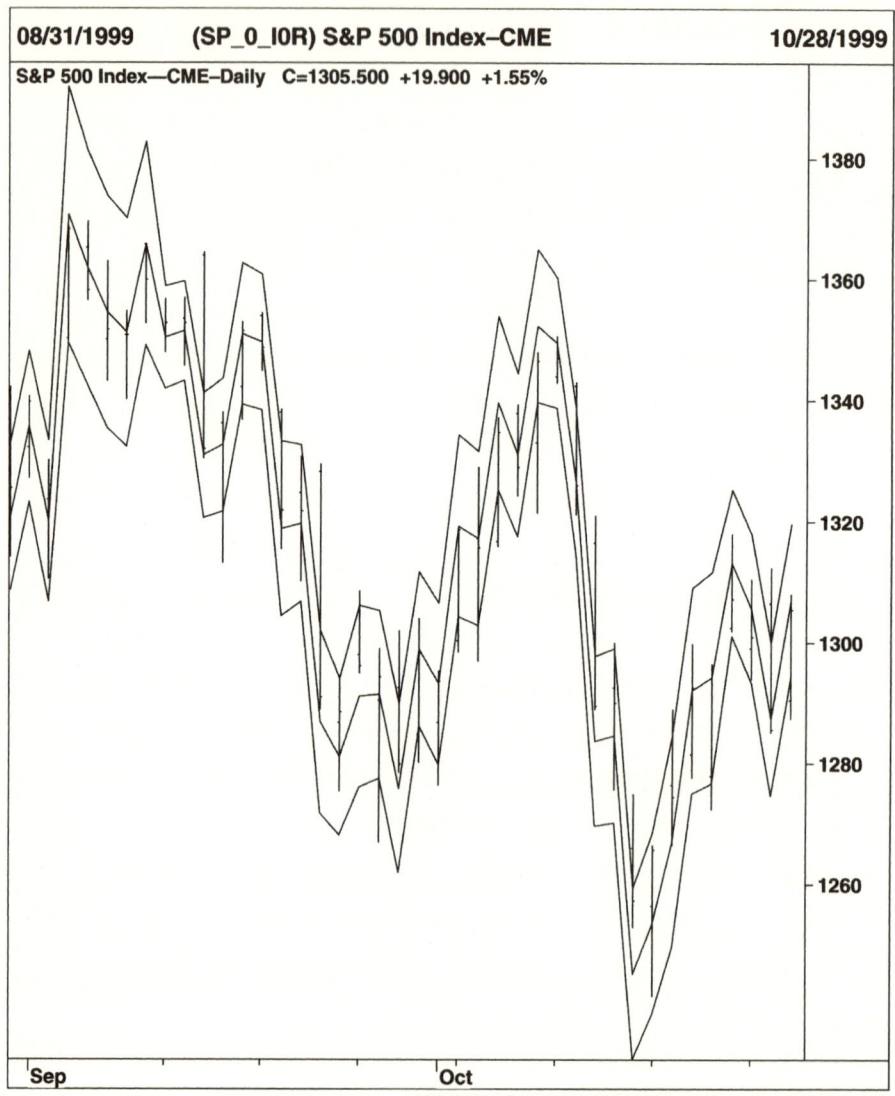

112

＝IF(I2〈〉"";I2＊(1-H$1212/100);"")

列Iは買いの仕掛けレベルを表し、セルH1212はリスクのパーセンテージ値を入力したセルを参照する。

＝IF(I2〈〉"";IF(D2〈J2;J2;IF(AND(C2〉H2;E2〈H2);H2;E2));"")

列Jは買いのリスクレベルを表し、列Cは高値、列Hは上値レベル、列Eは終値を表す。

＝IF(I2〈〉"";(K2-I2)/I2;"-")

列Kは買いの手仕舞いレベルを表す。

スプレッドシートの最下段に次の公式を入力し、トレードの総数、買いトレードの比率、1トレード当たりのパーセンテージベース平均損益、および金額ベース平均損益を計算する（ここでも逆の計算を行い、売りの場合の結果を求める）。

＝COUNTIF(L2:L1208;"〈〉-")

列Lはパーセンテージベースの各トレードの結果を表す。

＝COUNTIF(L2:L1208;"〉0")/L1210

＝SUMIF(L2:L1207;"〈〉-")/L1210

＝L1212＊1350＊250

取りたいパーセンテージリスクは、この場合セルH1212に入力する。
　この簡単なシステムは、始値が下値レベル（上値レベル）の下（上）であれば、直ちに買い（売り）ポジションをとり、マーケットが下値レベル（上値レベル）を割るときには下値レベルで買いポジションをとる。マーケットが反対の方向に一定のパーセンテージ分動いた場合は損切りを、マーケットが上値レベル（下値レベル）の上（下）に動き、その後終値に示されるように元に戻る動きをしたときは利食いをする。その日の引けで、すべてのトレードは仕切られる。これは、日次データに基づくデイトレーディングのシステムであり、マーケットの寄り付きでは、高値が来るのか安値がくるのかなど、何が起こるか予測がつかない。したがって、安全策を取りながら運用し、まず負けトレードを見つけだす必要がある。表5.7は、1995年1月から1999年10月までのS&P500先物におけるこのシステムのトレード結果を、買いと売りトレードに分けてまとめたものである。スリッページと手数料は考慮していない。各トレードのパーセンテージリスクは、0.75％であった。このバージョンの蛇行インディケーターの成績は、買いトレードの50％以上で利益を上げ、現在のマーケット換算で287ドルの平均利益となった。75ドルと見積もられるスリッページと手数料を差し引くと、買いサイドの平均利益は212ドルとなる。1枚ベー

表5.7　蛇行システムⅠのS&P500での結果

	買いトレード		売りトレード
トレード数	522	トレード数	459
勝率	52.30%	勝率	43.79%
平均損益(%)	0.09%	平均損益(%)	0.03%
平均損益($)	287.16	平均損益($)	112.81

表5.8　蛇行システムⅠのとうもろこしでの結果

買いトレード		売りトレード	
トレード数	439	トレード数	476
勝率	48.97%	勝率	44.75%
平均損益(%)	0.07%	平均損益(%)	0.07%
平均損益($)	6.88	平均損益($)	7.02

スのデイトレーディング・システムとしては、悪くない結果である。また、このシステムでは安全策を取って、ストップロスのレベルに到達したトレードはすべて損切りとみなしていることを考慮すると、最初に利益目標に到達したケースがあるかもしれないので、ここで示されている数字よりも高い勝率や平均利益を達成できる可能性は高いといえる。

　このケースでは、標準偏差を1に設定した。これによって、システムはかなり頻繁にトレードを行うようになる。標準偏差を2に設定すると、トレードの頻度は減少するが、成功する確率は高くなる。また、最も成功する確率の高いトレードは、寄り付き直後に仕掛けたものである。寄り付きがトリガーレベルより低（高）ければ、おそらく安値（高値）もその先にあるからである。すなわち、背の高い人2人に続けて出会う確率と同様に、起こる確率の低い事象が2つ続けて起こると、それはマーケットが反対方向に動く確率を高める。もっと正確にいえば、身長の高い人の例えを続けるなら、それは、背の高い人が払底してしまう確率を高めるのである。

　ここで、まったく同じ設定のまったく同じシステムを、とうもろこしのマーケットで使った場合について考察してみる。表5.8から分かるように、パーセンテージベースの平均損益と勝ちトレードの回数を見るかぎり、システムは極めて良好に機能しているように見える。

しかし、金額ベースの利益はさほど芳しいものではない。これは、優れたシステムであることと収益性の高いシステムであることは、まったく異なるからである。これは興味深い事実であり、同じシステムを異なるマーケットで使うべきかどうかという、果てしない議論が繰り返されることになる。この簡単な検証から得られる結論は、次のようになる。同じパーセンテージベースのシステムを、いくつかのマーケットで検証し、すべてのマーケットで同じように有効に機能することを確認する。そのうえで、パーセンテージベースの動きと金額ベースの利益が、同じように十分に高いマーケットでのみ使用する。身長測定の例えを続けるなら、身長を測定した人にできるだけ多くのズボンを売ろうとするなら、サイズとマーケットを選択することが、できるだけ多くのズボンを売るのに有効であるということになろう。

　これをトレーディングに置き換えると、このシステムはS&P500とまったく同じように、とうもろこしのマーケットでも2％の変動をすべてとらえているが、それだけでは、どちらのマーケットに対しても同じ収益性があるとはいえない。システムが高い収益性を備えているためには、そのシステムがとらえるように設計されている動きが、捕捉する価値のある動きであるようなマーケットで使用されなければならない。すべてのシステムが、コストをカバーするに十分な金額ベースの利益を生み出すことができるわけではないため、すべてのマーケットで有効に機能するシステムが、すべてのマーケットでトレーディングに使用できるわけではない。とうもろこしのケースでは、蛇行インディケーターは、収益を上げるには程遠い。しかし、だからといって蛇行インディケーターが出来の悪いシステムであるというわけではない。よく機能するシステムの収益性が高いかどうかということは、システムそのものとは関係がない。むしろ、マーケットが現在取引されている金額ベースの水準に関係があるのである。そしてすでに述べたように、これはシステムがマーケットの変動をうまくとらえること

ができるかどうかとはまったく無関係に、取引所によって技術的に決められるものである。

基本的な手仕舞いのテクニック

　ブラックジャック・システムの名前は、同じ名前の有名なラスベガスのカードゲームに由来している。ブラックジャックでは、長期的なオッズが自分に有利に働き、一貫した方法で胴元に勝つことができることを確認できるという点で、おそらく唯一の賭けゲームであろう。ブラックジャックでプレーするときは、いつホールドし、いつもう１枚カードを要求するか、いつ攻勢に出て、いつ守りに入るかを知ることが基本となる。こうしたことをうまくやるには、現在の場の構成を知り、現在の自分のオッズをディーラーと比較して分析することが必要となる。基本的なルールは、積極果敢に賭けていくことであるが、より大きいカードが場に残っているとき、特にディーラーのカードが大きいときは、小さいカードを伏せておく。これを実行する方法を熟知していれば、どんなカードが配られてきたとしても、長い目で見れば、勝者としてゲームを終えることができる。

　トレーディングシステムのブラックジャックでは、基本ルールがどんなものであろうと、基調となるトレンドに逆らわずにトレードし、手仕舞いのタイミングとその理由を正確に理解しているかぎり、すべてがトレードで利益を得るための方法に当てはまる。トレーダーは、必要最低限の資金を賭けて、トレード（手札）の平均損益をプラスに維持しようとするだろう。それが達成できれば、あとはできるかぎり頻繁に（多くの手札）、できるかぎり短期のトレードを行うだけである。したがって、基本ルールでは、できるかぎり多くのトレードを行えることが不可欠で、より重要なのは長期のトレードを行わないことである。

トレードを手仕舞いするには、異なる４つの前提があり、次のテクニックで仕切ることができる。この世で最高の手仕舞いルールとは、利益目標である。これがあれば、評価益が最大となった時点で、指値によって手仕舞うことができる。第２のテクニックは、トレイリング・ストップである。これは、評価益がある程度累積されたあとで、マーケットがポジションと逆の方向に動き始めたときに適用される。第３のテクニックは時間ベースのストップで、ほかのテクニックと組み合わせて用いられる。

　これらのテクニックを適用してトレードのトリガーとする場合、これをシステムとして設計する方法は、おそらくトレーダーの数だけ（さらにそれ以上）方法があるだろう。したがって、それに深入りする代わりに、このバージョンのブラックジャック・システムでは、非常に単純な天井と底をとらえるテクニックと、押しや戻りが小さくてトリガーにかからない場合に備えて、短期のブレイクアウト・システムを組み合わせることにした。第３部では、効果的なトレードの手仕舞いのテクニックと全般的なトレードの効率性について、詳細に説明する。そこでは、仕掛けのテクニックを、短期の優れた仕掛け方法であるランダム・エントリーに置き換え、リンダ・ブラッドフォード・ラシュキやトム・デマークの手法について研究する。

　最後に、トレンドフィルターがある。効率的市場仮説を信奉する学界やファンダメンタル・アナリストの間では、このようなものは長い間認められてこなかった。しかし、最近になって、彼らでさえもいわゆる「不規則性を伴うランダムウォーク」の存在を認め、研究せざるを得なくなってきた。数十年来、この不規則性は、さまざまな期間の移動平均を使って、テクニカル分析で測定されてきた。検証期間中ずっと持ちこたえることのできる最もシンプルなトレンドフィルターは、おそらく200日移動平均であろう。これは、ブラックジャック・システムをできるだけ簡単なものにするために使用する。より洗練された

長期のテクニックについて詳しく調べたければ、ネルソン・フリーバーグの研究に注目すべきである。

　システムを統合する前に、自分たちが達成しようとしていることと、その結果としてシステムにどう取り組むのかについても知っておくことが必要となる。あなたが、製造の最終ラインにいる品質管理者である場合を想像してほしい。あなたの報酬（最終的な期待利益）は、あなたと使用している設備（システム）が生産できる製品の数（トレードの数）と、すべての製品の平均値からのばらつきの幅（低い標準偏差）にかかっている。ひとつの製品を検査したあとで次の製品をライン上に置くやり方で、この生産ラインを可能なかぎり迅速に稼働させたいが、検査にかける時間が長くなると当然報酬額も少なくなってしまう。

　不完全な製品は、間違いなく能率を下げてしまう。時間を無駄にすることなく、それを後ろに投げて、すぐにラインを空けて次の製品を置けるようにする。次の製品はぴったり平均値どおりだった。しかし、確認のためこの製品の検査に前回よりも時間をかけてしまった。実際にそれを知らなければ、この平均的な製品に対して平均的な時間ですんだはずだ。

　3番目の製品はさらに厄介だ。これは金のなる木としての性能を備えており、見ている間にもその性能はさらに高まっていく。平均的な製品の少なくとも3倍は高性能だ。そこで何をすべきか。これをさらに強力なものにしていくのか、あるいは製品の数を増やすためにラインを空けるべきなのか。ところが、その性能がまったく突然に低下し、あなたはパニックに陥った。その製品をラインから外したのは、性能が平均の2倍に低下してからだった。このときの問題点は、この製品について通常の3倍もの時間を費やしてしまったことである。ここで何が起こるだろうか。個々の製品から最大限の利益を得ようとして、不慣れな領域に首を突っこむと、えてしてパニックに陥るものである。

そして、得られた結果の標準偏差を大きくしてしまい、生産数が落ち込み、結果的には最終的な利益を減らしてしまうことになる。

しかし、ちょっと待ってほしい。大儲けはどうなったのだろうか。古い格言で、利益はそのまま伸ばせという言葉を知っているだろうか。この忠告は、折に触れて思い出すとよい。しかし、トレーディングには価格というものがある。価格はトレーダーが見失った平均値の軌跡である。本当の大儲けとはめったにあるものではなく、ごくまれなものである。そのほとんどが一見大儲けのように見えて実は、混乱させられるだけで終わってしまうものだ。大儲けの幻想から身を引くことで、自分の精神と資金を自由にトレードに振り向けられるようになる。そして、平均的なトレードを積み重ねて大きな利益を得て、同時にほかのマーケットでトレードしてみたり、やめたりできるようになる。

トレーディングに話を戻してみよう。トレーディングシステムを可能なかぎり堅牢で収益性の高いものにするには、個別のトレードをすべてできるだけ均一なものにしなければならない。時にはトレードを中断してしまったせいで、むざむざ利益を少なくしてしまうことがあるかもしれない。しかし、中断することで、時間と資金をほかの平均的なトレードに振り向けることができる。平均的なトレードについては対処方法を熟知しており、パニックに陥ることもなく、結果的にはそれが利益を押し上げることになるのである。

では、これは正確にはどういうことなのだろうか。利益が均一で標準偏差が小さく、かつ収益性の高いトレードを生み出すような、信頼性の高いシステムを構築するには、どんな時期のどんなマーケットにおいても、システムが同じように有効に機能することが何よりも重要である。これは、単独のマーケットでしかトレードを行わない場合でも当てはまる。なぜならば、そのマーケットの性格が、いつほかのマーケットのような性格に変質するか分からないからである。したがって、もしこのようなことが起きた場合は、自分のシステムが（最低

限)新しいマーケット環境のもとでも、けっして制御不能に陥らないことを前もって確認しておかなければならない。

　このように、基本となる前提条件がそのマーケット固有のものでない場合は、自分のシステムが最低限の収益力を持っているか、また、たとえそれがパーセンテージベースでわずかなものであっても、なるべく数多くのマーケットで収益力を保持しているように、常に確認しなければならない。これは、あなたのブラックジャックの技量がゲーム参加者の人数やトランプのシャッフルの方法や、ディーラー、ホテル名などの、どのような外部要因からも無関係であることと同じである。

　このシステムでは、1985年1月から1999年10月までの期間で、14のマーケットのデータを使用した。内訳は、コーヒー、銅、とうもろこし、綿花、CRB指数、ドイツ・マルク、ユーロ・ドル、円、原油、生牛、天然ガス、オレンジジュース、Tボンド、Tビルである。

　パーセンテージベースでのトレードの平均損益を高めるには、できるだけ多くの収益性の高そうなトレードを発掘しなければならないが、標準偏差は最小限に抑えなければならない。第1部で紹介したコードをシステムの最後に追加する前に、コードに修正を加えれば、適切なデータをテキストファイルに書き出し、さらにエクセルで分析を行うことができるようになる。ブラックジャックシステム用のTradeStationのコードは、次のようになる。

```
Inputs:BarNo(0),SL(0),PT(0),MP(0);
Vars:Trigger(0),BSLevel(0),TotTr(0),ExpVar(0),Prof(0),
TotProf(0),TradeStr1("");
{*****Filters*****}
Trigger=Average(C,200);
{*****Retracement Entry*****}
```

If C>Trigger and MarketPosition=0 and (L<XAverage(L,6) or L Crosses above XAverage(L,6)) and C Crosses above XAverage(C,6) and H<XAverage(H,6) Then Begin
  Buy("Buy Support") at C;
  BSLevel=C;
End;
If C<Trigger and MarketPosition=0 and (H>XAverage(H,6) or H Crosses below XAverage(H,6)) and C Crosses below XAverage(C,6) and L>XAverage(L,6) Then Begin
  Sell("Sell Resist.") at C;
  BSLevel=C;
End;
{ * * * * * Breakout Entry * * * * * }
If C>Trigger and MarketPosition=0 and H Crosses above XAverage(H,6) and C Crosses above XAverage(C,6) Then Begin
  Buy("Buy Break") at C;
  BSLevel=C;
End;
If C<Trigger and MarketPosition=0 and L Crosses below XAverage(L,6) and C Crosses below XAverage(C,6) Then Begin
  Sell("Sell Break") at C;
  BSLevel=C;
End;
{ * * * * * Exit techniques * * * * * }
If BarsSinceEntry>=BarNo and BarNo<>0 Then Begin
  ExitLong("Long time") at C;
  ExitShort("Short time") at C;
End;

```
If SL<>0 Then Begin
  ExitLong("Long loss")tomorrow at BSLevel*(1+SL*0.01) Stop;
  ExitShort("Short loss")tomorrow at BSLevel*(1-SL*0.01) Stop;
End;
If PT<>0 Then Begin
  ExitLong("Long profit")tomorrow at BSLevel*(1+PT*0.01) Limit;
  ExitShort("Short profit")tomorrow at BSLevel*(1-PT*0.01) Limit;
End;
If TS<>0 Then Begin
  If C>BSLevel*(1+MP*0.01)Then
  ExitLong("Long stop")tomorrow at BSLevel*(1+MP*0.01) Stop;
  If C<BSLevel*(1-MP*0.01)Then
  ExitShort("Short stop")tomorrow at BSLevel*(1-MP*0.01) Stop;
End;
```

このコードから分かるように、これまでの入力値はすべて0で表されている。これは、それらの数値をひとつずつ有効にしたいからである。まずは、最適なトレードの長さを見つけださなければならない。それには、次のコードをシステムの最後に追加する。

```
TotTr=TotalTrades;
If TotTr>TotTr[1]Then Begin
```

```
  Prof=PositionProfit(1)/(EntryPrice(1)*BigPointValue);
  TotProf=TotProf+Prof;
End;
If LastBarOnChart Then Begin
  ExpVar=BarNo;
  TotProf=TotProf/TotalTrades;
  TradeStr1=LeftStr(GetSymbolName,2)+","+NumToStr
  (ExpVar,2)+","+NumToStr(TotProf*100,2)+","+
  NumToStr(Percentprofit,2)+NewLine;
  FileAppend("D:¥Temp¥BJ.cvs",TradeStr1);
End;
```

これが完了したら、次はTradeStationのプロセスの最適化を行う。TradeStationで検証を行うたびに、必要なデータをテキストファイルに書き出し、エクセルでさらに分析を行う。TradeStationの最適化レポートは無視する。エクセルでは、まずデータを並べ替え、トレード日数ごとに分ける。そして、次の公式を各グループの最下段に入力する。

すべてのマーケットで、トレード期間ごとのパーセンテージベースの平均損益を計算するには、次の公式を使う。

=AVERAGE(C1:C14)

列Cは、特定のマーケットとトレード期間を表す。

すべてのマーケットで、特定のトレード期間におけるパーセンテージベースの利益の標準偏差を計算するには、次の公式を使う。

表5.9　ブラックジャックⅠトレーディングシステムのトレード日数に関する結果

	トレード日数						
	2	3	4	5	6	7	8
平均損益	0.05	0.04	0.01	0.04	0.00	0.03	0.05
標準偏差	0.10	0.13	0.16	0.18	0.21	0.26	0.25
レシオ	0.51	0.32	0.08	0.22	−0.01	0.13	0.21
勝率	52.99	51.64	52.30	53.30	53.12	52.91	52.82
標準偏差	4.32	4.08	3.91	3.70	4.28	4.37	4.23
レシオ	12.27	12.64	13.38	14.39	12.40	12.12	12.49
	9	10	11	12	13	14	15
平均損益	0.08	0.20	0.17	0.10	0.11	0.14	0.15
標準偏差	0.38	0.36	0.35	0.35	0.30	0.24	0.32
レシオ	0.21	0.56	0.50	0.29	0.36	0.58	0.45
勝率	54.04	53.96	54.12	53.61	53.32	53.21	53.54
標準偏差	3.89	4.79	4.78	5.01	5.96	5.15	5.05
レシオ	13.91	11.28	11.31	10.70	8.94	10.34	10.60

＝STDEV(C1:C14)

　平均損益とトレーディング結果の標準偏差のレシオを計算するには、次の公式を使う。

＝E14/E15

　セルE14は平均損益を、セルE15は標準偏差を表す。
　すべてのマーケットで、特定のトレード期間における勝率を計算するには、次の公式を使う。

=AVERAGE(D1:D14)

　列Dは、特定のマーケットの特定のトレード期間における勝率を表す。
　すべてのマーケットで、特定のトレード期間における勝ちトレードの標準偏差を計算するには、次の公式を使う。

=STDEV(D1:D14)

　勝率とトレーディング結果の標準偏差のレシオを計算するには、次の公式を使う。

=F14/F15

　セルF14は勝率を、セルF15は標準偏差を表す。

　解釈を容易にするためにひとつの表にまとめると、その結果は表5.9に似たものになる。これは、ある特定の日数で発動される、時間ベースのストップのデータを示している。このケースでは、高い平均利益と高い勝率を探している。重要な変数とその標準偏差との比が高いほど、堅牢なシステムとなる。
　表5.9では、平均利益とその標準偏差のレシオが、14日間のトレード期間で最大となっている。しかし、リスクとリターンの関係から見ると、10日から11日のトレード期間のほうがより優れているようである。特に、勝率とその標準偏差の数値は、14日のものよりわずかながら優れている。最大トレード期間を10日か11日に設定すると、ほかのストップを追加した場合に、実際の平均トレード期間はさらに短くなってしまう。したがって、時間ベースのストップを若干変更し、トレ

表5.10　ブラックジャックⅠトレーディングシステムの利益目標に関する結果

	利益目標(パーセント)					
	5	5.5	6	6.5	7	7.5
平均損益	0.10	0.09	0.10	0.08	0.10	0.13
標準偏差	0.48	0.45	0.45	0.49	0.47	0.46
レシオ	0.20	0.21	0.23	0.17	0.21	0.27
勝率	55.91	55.41	55.10	54.41	54.21	54.14
標準偏差	4.06	3.97	4.07	4.32	4.55	4.63
レシオ	13.77	13.97	13.54	12.59	11.92	11.69
	8	8.5	9	9.5	10	10.5
平均損益	0.13	0.13	0.13	0.15	0.13	0.13
標準偏差	0.43	0.43	0.45	0.43	0.41	0.42
レシオ	0.30	0.31	0.29	0.36	0.33	0.32
勝率	54.05	53.90	53.72	53.64	53.55	53.47
標準偏差	4.69	4.71	4.90	4.99	4.91	4.99
レシオ	11.52	11.44	10.96	10.75	10.91	10.72

ード期間が11日を超えた場合に発動される極めて幅の狭いトレイリング・ストップとした。トレード期間があまりにも長くなった場合、われわれの利益目標によりトレードを手仕舞うことになる。TradeStation での時間ベースのトレイリング・ストップのコードは、次のようになる。

```
IfBarsSinceEntry>=BarNo Then Begin
  ExitLong("Long time")tomorrow at C Stop;
  ExitShort("Short time")tomorrow at C Stop;
End;
```

表5.11　ブラックジャックⅠトレーディングシステムの最小利益に関する結果

	最小利益目標(パーセント)				
	0.5	1	1.5	2	2.5
平均損益	0.16	0.17	0.14	0.16	0.11
標準偏差	0.23	0.26	0.25	0.25	0.33
レシオ	0.69	0.65	0.54	0.61	0.33
勝率	69.39	65.47	62.35	60.58	58.86
標準偏差	5.73	5.84	5.81	5.02	4.21
レシオ	12.10	11.20	10.73	12.07	13.98
	3	3.5	4	4.5	5
平均損益	0.12	0.11	0.14	0.13	0.12
標準偏差	0.35	0.40	0.41	0.43	0.40
レシオ	0.33	0.28	0.33	0.30	0.30
勝率	57.21	56.43	55.52	55.17	54.69
標準偏差	3.86	3.83	3.98	4.04	4.18
レシオ	14.83	14.72	13.93	13.66	13.08

　トレードの期間が11日となった場合に作動する時間ベースのトレイリング・ストップといっしょに、その時点で利益目標が設定される。TradeStation　のコードの書き出し機能のところで、「ExpVar＝BarNo」の行を、「ExpVar＝PT」に変更する。この利益目標は、最も極端なトレードを捕捉するためだけのものであることに留意する必要がある。ブラックジャックシステムの背後にある考え方は、すべてのトレードをできるかぎり均一に保つことであって、過大な利益を求めているわけではない。このケースでは、目標を5から10％の間に定めた。表5.10に、その結果を示した。

　表5.10では、平均損益とその標準偏差のレシオが、利益目標が9.5％のときに最も良好な数値となっている。ほかの数値も、システムが

表5.12　ブラックジャックⅠトレーディングシステムのストップロスに関する結果

	ストップロス（パーセント）				
	0.50	0.75	1.00	1.25	1.50
平均損益	0.17	0.18	0.18	0.17	0.15
標準偏差	0.14	0.14	0.16	0.16	0.15
レシオ	1.27	1.24	1.18	1.08	1.00
勝率	33.40	38.93	43.57	46.88	49.25
標準偏差	11.04	9.35	7.92	6.93	6.73
レシオ	3.02	4.16	5.50	6.76	7.32
	1.75	2.00	2.25	2.50	2.75
平均損益	0.13	0.13	0.14	0.16	0.16
標準偏差	0.12	0.15	0.15	0.17	0.16
レシオ	1.03	0.84	0.95	0.94	1.01
勝率	51.37	53.35	55.24	56.79	57.97
標準偏差	6.50	5.99	5.53	5.54	4.93
レシオ	7.90	8.90	9.99	10.25	11.77

堅牢であることを示すかなり高い数値を示しており、最適化のレベルが多少変更されても、優秀な結果を収めるはずである。われわれはこのシステムに9.5％の利益目標を設定することに決定した。

　時間ベースのトレイリング・ストップと利益目標といっしょに、最小利益ストップとストップロスを用いて同じ投資行動が繰り返される。われわれは最小利益ストップを、利益ゼロから利益目標の半分の間に置こうとしているが、これは、0から5％の間となる。表5.11は、その場合における結果である。

　表5.11では、最小許容利益が高いほど、トレードの平均損益が低い結果となっているが、不確実性を示す平均利益とその標準偏差のレシオは高くなっている。確かに、かなり低い最小許容利益を選択したほ

うがよさそうに見える。最小許容利益を低くすることで平均損益が低くなったとしても、高い勝率が期待できる。このシステムでは、最小許容利益を1％とすることに決定した。

最後に、ストップロスについてはできるかぎり堅実に設定したいが、同時にトレードの初期の段階では多少のロスも許容させたい。ストップロスを0.5から2.5％の間で設定した場合の数値を見てほしい。表5.12でそれが分かる。

表5.12を見ると、極めて重要なことがすぐに発見できる。平均損益とその標準偏差のレシオは、ほとんどのケースで1を超えている（重要な変数とその標準偏差のレシオの数値が高いほど、堅牢なシステムである）。

ここでは68％の確率で、平均損益がプラスになるといえる。例えば、ストップロスを0.5％とした場合、平均損益が0.17％で標準偏差は0.14％となっている。これは、68％の確率で、平均損益の実際の値が0.03から0.31％の間に存在していることを示している。さらに表5.12からは、ストップロスを設定したあとで、結果に対する不確実性（標準偏差で示される）が減少し、同時にきついストップロスによって平均期待利益がいくらか増加していることが分かる。しかし、その代償として、勝率も低下している。同じ理由によって、ストップロスをはるかに遠くに設定することで、勝率が上昇するのも分かる。しかし、これはプロフィット・ファクターの悪化をもたらす。そこで、ストップを間隔の中間点の1.5％に置けば、この2つの現象の適当な妥協点が見いだせそうである。これがあくまでも妥協にすぎないことは、実際に検証したマーケットでは、1.5％のストップで最高の成果を収めたマーケットが存在しないことからも分かる。

すべての手仕舞いルールが適用されたら、次はいよいよ、それぞれのマーケットで、どのようなパフォーマンスが期待できるのかを見ていくことにする。表5.13は、それぞれのマーケットでのパーセンテー

表5.13 ブラックジャックⅠトレーディングシステムのマーケットに関する結果

マーケット	平均損益	金額ベース	勝率
オレンジジュース	0.21	28.69	46.20
銅	0.18	36.24	44.26
生牛	0.30	80.78	55.64
日本円	0.01	13.97	48.50
とうもろこし	0.13	13.48	48.17
Tボンド	0.22	243.93	58.48
ユーロ・ドル	0.04	82.52	60.13
天然ガス	0.37	119.40	37.13
ドイツ・マルク	−0.13	−88.68	49.38
コーヒー	0.28	99.89	40.97
CRB指数	−0.01	−7.73	52.02
綿花	0.11	29.74	47.96
Tビル	0.02	51.70	56.71
原油	0.33	76.55	43.93
全マーケット	0.15	—	49.25
S&P500	0.18	579.14	52.86

ジベースの平均損益とその金額ベースの数値である。

　これから分かるように、15のマーケットのほとんどで、パーセンテージベースの平均損益は、トレードに値するほどの金額ベースの利益を上げていない。ブラックジャックⅠは、すべてのマーケットで有効に機能しているが、だからといってすべてのマーケットで使えるわけではない。必ずしもすべてのシステムが、コストを吸収するだけの十分な利益を上げられるわけではないからである。しかし、これはブラックジャックⅠが不良なシステムであるということではない。事実、検証したすべてのマーケットのなかで、トレードを行うに値する成績を収めているのは、辛うじてではあるがTボンドのマーケットだけである。その他の天然ガス、コーヒー、生牛、ユーロドル、原油では、

損失を被るほどではないが、ブローカーの懐を潤す程度の利益しか上げていない。しかし、これはこのモデルがこれらのマーケットでは機能しないということではなく、単に現在のマーケットの価格がスリッページと手数料を差し引いたあとに十分な利益が残るような水準にないということにすぎない。したがって、有効に機能するシステムが必ずしも収益性の高いモデルとはならないのである。

　今回の検証ではS&P500をあえて選ばなかった。これは最もよくトレードされるマーケットであるため、処女データのサンプルによる検証のために取っておきたかったからである。表5.13の最下段で、このモデルがS&P500のマーケットでどのような成績を残すかがうかがえる。これから分かるように、かなり良好な結果を残しており、パーセンテージベースの平均損益は0.18%、金額ベースの利益はスリッページと手数料控除前の現在の価格水準で579ドルとなっている。これは極めて興味深い結果である。TradeStation やその他のパッケージがこの数値を計算すると、約387ドルとなるからである。繰り返しになるが、この理由は、これらのパッケージが計算するのはトレードの期待値ではなく、実績値であるからである。つまり、上昇トレンドにあるマーケットでは、ヒストリカルの数値は常に（確実に作動するモデルでは）現在のマーケットの数値より低いものとなるのである。

　別の観点からすると、再び繰り返すことになるが、システムを構築する過程で、検証結果からスリッページと手数料分を調整しない理由は、マーケットの動きをほとんど搾り取るような可能なかぎり効率的なシステムを、可能なかぎり少ない制約（ルール）で構築したいことにある。構築の過程でスリッページと手数料を考慮してしまうと、最適化が完全なものにならず、実際のトレードで使用すると信頼性に欠けるシステムとなってしまう。理想をいえば、実際のマーケットでトレードを行い、利益がコストに十分見合うと判断できるまで、スリッページと手数料は考慮しないのが望ましい。

表5.14　ブラックジャックの結果（1985/1～1999/10）

総トレード数		280	勝ちトレード	148	52.86%	負けトレード	132	47.14%
プロフィット・ファクター		1.25	最大勝ちトレード	9.50%	30,991	最大負けトレード	-2.23%	-7,275
平均損益	0.18%	581	平均勝ちトレード	1.69%	5,521	平均負けトレード	-1.52%	-4,958
標準偏差	2.02%	6,594	累積利益	55.38%	180,662	ドローダウン	-31.47%	-102,662

　ここで、表5.14にあるように、ブラックジャックがS&P500でどのようにトレードを行ったのか、第1部で紹介した書き出し機能を使って、詳細に検討していくことにする。S&P500の1985年1月から1999年10月までのデータを使って検証した結果、ブラックジャックは280回のトレードを行った。その平均損益は、現在のマーケット水準に換算して581ドルであるが、1万2000ドルを超えるドローダウンがあり、これではブラックジャックは実用に堪えるとはいい難い。

　しかし、TradeStationではこのドローダウンの金額は、1枚当たり4万3695ドルである。なぜ、このような違いが出るのであろうか。これは、このドローダウンが発生したときのマーケットの水準が、現在よりもはるかに低く、結果として金額ベースの変動も小さかったことによる。パーセンテージベースの変動幅はほぼ一定であるため、この一連のトレードをパーセンテージベースで測定し、現在のマーケット水準に換算して金額を算出することができる。だから「最大のドローダウンは、これからやってくる」というのは、当たり前のことなのである。しかし、この数値はすべてのトレードが現在のマーケット水準で行われ、すべての損益が再投資されるという前提で算出されたものであることを忘れてはならない。したがって、この数値を使って、自分のシステムをほかの既製のシステムや、資金運用を任せようと考えているCTA（商品投資顧問）の成績と比較することはできない。ただし、システム構築プロセスの過程での研究目的には使用できる。

このように、ブラックジャックはほかのどんなテクニカル分析やシステムトレーディングパッケージから得られる数値よりも、はるかに優れているのである。

ここで、あなたはこう考えるかもしれない。「確かにそのとおりだとしても、すべてのトレードが、今日からもう一度繰り返されるのだろうか」。あなたが、古い方法でトレードを行っているならば、マーケットは、レベルについてはあなたが前提としているレベルで、動きについては前提としている動きで、価格については前提としている価格で繰り返すともいえるし、繰り返さないともいえる。どちらもあり得ないのであれば、自身にこう問いかけてみてほしい。「自分がより興味を持って知りたいのは、ヒストリカルベースでの損益なのか、あるいは今日の利益がどのくらいになりそうかの感触を得るために、自分の結果を先見性のあるものにする方法を知りたいのか」

それでもなお、現在のバージョンのブラックジャックを、トレードで使用するには困難が伴う。しかし、落胆することはない。この例より優れたブラックジャックと同類のシステムの構築方法を、以降の章で説明する。

第6章

トレードすべきか、しないべきか
Trade or Not to Trade

　あるシステムがほかのマーケットでは有効に機能するが、特定のマーケットでのトレードには適さない場合、マーケットのボラティリティと実行可能なトレーディング方法を考慮するときにリスクが見合うものであれば、自分が興味を持っているマーケットで実際にそのシステムがどの程度の有効性を持つのかを知りたくなる。トレーディングの期間が1～2週間を超えない短期のトレーディングのシステムでは、これは特に興味深いものとなる。通貨や指数、金利などの多くのマーケットと比較して、ほとんどの農産物のマーケットでは、1週間の金額ベースの値動きはごく小さいものであることが分かっている。

　表6.1は、パーセンテージベースでの週で見た真のレンジの半分が、ほかのマーケットの現在の価格水準に換算して、どのくらいになるかを示したものである。例としてコーヒーを挙げると、最近10年間と昨年の週間の真のレンジの半分は、それぞれ1343ドルと1453ドルとなっている。1％の値動きは、金額ベースでは359ドルに相当するため、コーヒーのマーケットでは、1459ドルの値動きが4.05％の変動となる。一番右側の比較ボラティリティの列の値が大きいほど、ほかのマーケットと比較して、そのマーケットのパーセンテージベースのボラティリティが大きいことになる。

　この表のいくつかのマーケットをさらに詳しく見ていくと、興味深

表6.1 週でみた真のレンジの平均の半額(AWTR, 1%の動き, 比較ボラティリティ)

マーケット	10年	5年	1年	1%	比較ボラティリティ
大豆油	203	206	272	98	2.78
ココア	231	200	278	87	3.20
カナダ・ドル	345	369	447	680	0.66
コーヒー	1,343	1,512	1,453	359	4.05
銅	452	490	492	199	2.47
とうもろこし	187	208	218	100	2.18
綿花	502	499	570	267	2.13
CRB指数	825	828	1,063	1,020	1.04
原油	703	708	859	229	3.75
ドル・インデックス	866	781	825	992	0.83
ユーロ・ドル	204	173	139	2,347	0.06
飼育牛	473	573	526	398	1.32
金	339	310	393	294	1.34
灯油	776	763	941	257	3.66
日本円	1,425	1,617	1,825	1,206	1.51
生豚	413	478	780	186	4.19
生牛	345	391	385	272	1.42
木材	714	756	650	251	2.59
地方債	840	884	745	1,087	0.69
天然ガス	—	1,628	1,542	322	4.79
日経平均	—	1,723	1,645	874	1.88
オート麦	148	149	135	55	2.45
オレンジジュース	409	428	476	134	3.55
ポークベリー	982	1,045	1,311	248	5.29
S&P500	4,767	5,387	6,390	3,264	1.96
銀	614	641	616	261	2.36
大豆	444	477	574	241	2.38
大豆ミール	299	347	406	147	2.76
砂糖	213	209	325	77	4.22
Tビル	192	171	162	2,374	0.07
Tボンド	1,037	1,046	1,030	1,115	0.92
Tノート	680	676	659	1,084	0.61
ガソリン	818	836	979	268	3.65
小麦	280	316	321	128	2.51

いことが発見できる。基本的に、ともろこし、小麦、大豆など、天候の影響を大きく受けるすべてのマーケット(米国の農産物マーケットのように)では、比較ボラティリティがかなり大きくなっている。コーヒー、天然ガス、オレンジジュースなどの、より天候に左右される度合いの高いマーケット(伝統的に投機性の高いマーケット)では、比較ボラティリティもまたより高くなっている。

一方で、マクロ経済の影響を受ける通貨や金利のマーケットは、総

じて比較ボラティリティが極めて低く、多くの場合1以下となっている。これらのマーケットでは週間の真のレンジの半分が1％を超えることはほとんどないことを意味する。マーケット水準や価格水準が十分な高さでない場合に、こんな低いボラティリティでは、はたして短期トレーディングのシステムで利益を上げることができるのか疑問である。ところが幸いなことに、ほとんどのマクロのマーケットは、実際にトレードを行うことが可能なマーケットなのである。

しかし、十分にボラティリティの高いマーケットでも、金額ベースの値動きが十分な大きさでなければ、トレードを行うことは困難である。例えば、プロフィット・ファクターが2.2で、55％のトレードで利益を生み出す短期トレーディングシステムを使用する場合を考えてみよう。最高のケースで、マーケットの平均値幅の半分の勝ちトレードの平均利益を得ることができる。これまでに、流動性が極めて高く、適度のボラティリティを持つTボンドのマーケットだけでトレードを行い、1トレード当たり294ドル（スリッページと手数料として75ドルを控除）の平均利益を得た。ここで、このシステムを使って、オレンジジュースのようなよりボラティリティの高いマーケットでトレードを行いたいと考えた。プロフィット・ファクターが2.2で、勝ちトレードの平均利益が476ドル（表6.1を参照）の場合、負けトレードの平均損失は216ドル（476ドル／2.2）となる。勝率が55％の場合、20回のトレードでは、3292ドル（11×476ドル－9×216ドル）の利益となり、1トレード当たりでは、平均165ドル（3292ドル／20）の利益となる。さらに75ドルのスリッページと手数料分を差し引くと、1トレード当たりの平均利益は90ドルまで低下し、Tボンドの場合の3分の1以下となる。1週間の間に、このような機会が1、2回しかないことを考えると、週当たり100ドル弱の利益のために、あえてすべてを失うようなリスクを冒す価値があるとは考えられない。

第7章

トレンドに従う
Following the Trend

　前の各章では、短期のトレーディングが極めて収益性の高いものであることを見てきた。しかし同時に、マーケットが自分の期待している動きと違った動きをするときは、単純な短期トレーディングは極めてリスクの高いものとなる。必ずしもすべてのマーケットで、短期間のうちに金額ベースで十分な平均損益を上げられるわけではないからである。そのようなマーケットでトレードを行う唯一の方法は、トレードの回数を減らし、1回のトレードの期間を長くして、トレードするに値する水準まで1トレード当たりの金額を引き上げることである。

　前の章では、トレードを分類する方法と、長期と短期を構成するものが何であるかについて説明してきた。マーケットにおける時間単位（バー）を、可能なかぎり短期にしようとするのは、いい考えかもしれない。標準の時間単位（日）を使用する長期のシステムを設計する場合、システムを構築し調査している間は、週（場合によっては月）ベースのデータを使用すべきであり、そうすれば可能なかぎり少ないデータ数を扱えばよいことになる。表7.1から分かるように、そのシステムで最適な時間単位の数が明確になったあとでは、その数字から離れるほど、結果も悪化する。

　表7.1は、20日ブレイクアウト・システムによる、1983年6月から1999年8月までのS&P500の1トレード当たりの平均損益である。ど

表7.1　トレード期間と信頼性の比較

	トレード日数					
	10	20	30	40	50	60
平均損益パーセント	0.152	0.462	0.854	0.886	1.293	1.304
標準偏差	2.033	2.822	3.368	3.842	4.913	4.982
レシオ	0.075	0.164	0.254	0.231	0.263	0.262
1日当たり利益	0.015	0.023	0.028	0.022	0.026	0.022
	トレード週数					
	2	4	6	8	10	12
平均損益パーセント	0.366	0.818	1.086	1.205	1.468	1.780
標準偏差	2.136	2.651	3.433	3.559	4.571	4.746
レシオ	0.171	0.309	0.316	0.339	0.321	0.375
1週当たり利益	0.183	0.205	0.181	0.151	0.147	0.148
1日当たり利益	0.037	0.041	0.036	0.030	0.029	0.030

んな場合でも、すべてのトレードは、ある一定の日数（週）継続されている。この表の上段からは、トレードの期間が長いほど、平均利益も高いのが分かる。しかし、平均損益が高くなるのに伴って、個々の結果の標準偏差も大きくなっており、不確実性も同時に高くなっている。これは、平均損益と標準偏差のレシオで示される。しかし、レシオが上昇しているかぎり、標準偏差の上昇以上に平均損益が増加しており、リスクが減少しているのが分かる。この場合、50日以上のトレードでレシオが頭打ちとなり、それ以上の長期トレードにはあまり利益があがらないことを示している。これは、1日当たりの平均利益が30日を超えた辺りから減少していることからも確認できる。同様に下段の週ベースの数値を見ていくと、より重要なことが分かる。週ベースのデータを対応する日ベースのデータと比較すると、平均利益と標

準偏差から見た収益性とリスクで、週ベースのほうがより優れた結果を残している。そこで、次で説明する長期システムで、週ベースと日ベースの両方を扱ってみることにする。

移動平均

　多くの書籍や記事で、移動平均が取り上げられているが、そのほとんどは、移動平均を「基本的なクロスシグナル」として扱っている。クロスシグナルは、価格がひとつまたは複数の移動平均とクロスするか、より長期の移動平均にクロスする短期の移動平均によって形成される（短期の移動平均は、長期の移動平均より少ないデータ数、または短い参照期間の平均値を算出している）。このような基本的なシステムでは、ヒストリカルデータを使って検証を行うと、ほとんどの場合素晴らしい結果が得られることが多いが、実際のトレードや未知のデータで使ってみると、その結果はかなり見劣りするものである。これに対処するために、反発の動きや2つ目のクロスがあった場合にだけトレードを行うように、実際の売買のシグナルにフィルターをかけてみたり、別の移動平均やその他さまざまな指標を追加したりと、多くの試みがなされている。

　別の戦略としては、マーケットがボックス圏にある場合は移動平均モデルを徹底的に排除し、トレンドが出ている場合のみ使用するという方法が考えられる。これはアイデアとしては優れているが、問題は、マーケットをトレンドが出ている状態とボックス圏にとどまっている状態とに区別する唯一の方法が、結果論に頼るしかないことである。現実のリアルタイムのトレーディングで、この恩恵に浴することができる者はまずいないであろう。したがって、長期間安定して機能する長期のトレーディングシステムを構築する場合は、システムに十分な余裕を持たせて、不利な状況のもとに何度もとどまることがないよう

にする必要がある。

　移動平均に関しては、ディレクショナルスロープ法（directional slope method）のほうが基本的なクロス法よりも優れている。例として、マーケットが荒っぽいことで有名なCRB指数で100日移動平均を使ってみることにする。1986年5月から1999年10月までの間に、終値と移動平均のクロスが214回あったが、マーケットがその1日か2日後に方向を転換したのは160回にすぎなかった。日本円のようなトレンドで動くマーケットでは、1972年5月から1999年10月の間に184回のクロスがあり、そのうちの127回が転換点となった。200日移動平均では、CRB指数で122回のクロスのうち、転換したのが82回、円では170回のクロスのうち92回の転換となった。これは何を意味するのか。トレンドが長く続くマーケットでは、移動平均のトレンドに追随するのが合理的であると仮定するなら、クロスではなく移動平均の傾きをトリガーとすることで、だましのシグナルを大幅に減らすことができることになる。

　しかし、これですべてではない。円では、200日移動平均のクロスの回数が100日移動平均の方向転換の回数を上回っていることに注目する必要がある。ディレクショナルスロープ法では、より最新で、より少数のデータを使用してシステムを構築し、同じ効果を得ることができる。例えば、CRB指数では、200日移動平均を用いた場合の勝率を、クロス法の16％から、ディレクショナルスロープ法では33％に、100日移動平均では10％から33％に引き上げることができた。円では、200日移動平均で17％から36％に、100日移動平均で31％から40％に、それぞれ引き上げることができた。

　移動平均に関してよく使われるもうひとつのテクニックに、短期と長期の2つの移動平均を使用する方法がある。これは、短期の移動平均が長期の移動平均にクロスした時点でトレードを行う方法で、価格が短期の移動平均にクロスした場合にのみ、トレードを手仕舞いする。

ディレクショナルスロープ法の場合は、長期の移動平均の傾きをトレードを仕掛けるシグナル（仕掛けの移動平均）とし、短期の移動平均の傾きをトレードを手仕舞いするシグナル（手仕舞いの移動平均）とすることで、同じ効果が得られる。この2つが互いに相反する場合は、何もしない。同じことを別の方法で行うには、ひとつの移動平均（または一組の移動平均）を買いサイドに、もうひとつの移動平均（または一組の移動平均）を売りサイドに使用する。これは、株式市場のような自然な右肩上がりのトレンドが存在するマーケットで用いるには、良い方法であろう。このような組み合わせを検証する場合、両方のサイドを2つの個別のマーケットとして扱い、2つのシステムとしてトレードを行うことに留意する必要がある。システムがそれぞれ反対の方向に動くときは、トレードを行わないか、ごく小さいポジションにとどめるべきである。

　ここで、2つの移動平均で構成されるディレクショナルスロープを使って、モデルを統合してみることにする。この移動平均は、売りサイドでも買いサイドでも同じように機能し、またできるかぎり数多くのマーケットで有効に機能することを目指す。また、システムを検証する場合には、使用するバーの数をできるだけ少なくしたほうがうまくいくという原則に基づき、週ベースのデータを使用して、200日移動平均の代わりに40期間の移動平均を使って統合する。コードの終わりに、プロフィット・ファクター、勝率やマーケット滞在期間の書き出し機能を追加し、さらに現在の移動平均の組み合わせも書き出せるようにした。このシステムの TradeStation（トレードステーション）のコードは、次のようになる。

```
Input:EntryMA(10),ExitMA(5);
Vars:EntryVal(0),ExitVal(0),PFactor(0),WTrades(0),TotBars(0),TradeStr1("");
```

```
EntryVal=Average(Close,EntryMA);
ExitVal=Average(Close, ExitMA);
Condition1=EntryVal>EntryVal[1];
Condition2=ExitVal>ExitVal[1];
If Condition1=True and Condition2=True Then
  Buy at Close;
If Condition1=False and Condition2=False Then
  Sell at Close;
If Condition2=False Then
  ExitLong at Close;
If Condition2=True Then
  ExitShort at Close;
If LastBarOnChart Then Begin
  PFactor=GrossProfit/-GrossLoss;
  WTrades=NumWinTrades*100/TotalTrades;
  TotBars=(TotalBarsLosTrades+TotalBarsWinTrades)*100/BarNumber;
  TradeStr1=LeftStr(GetSymbolName,2)+","+NumToStr(EntryMA,0)+","+NumToStr(ExitMA,0)+","+NumToStr(PFactor,2)+","+NumToStr(WTrades,2)+","+NumToStr(TotBars,0)+NewLine;
  FileAppend("D:\Temp\MaDirect.txt",TradeStr1);
End;
```

　このモデルでは、1979年1月から1994年10月の期間で、16のマーケットにおけるすべての移動平均の組み合わせを検証した。残りのデータは処女データによる検証のために取っておいた。検証した16のマーケットの内訳はTボンド、生牛、日本円、とうもろこし、カナダ・ド

ル、原油、ドル・インデックス、木材、オレンジジュース、S&P500、銅、ユーロ・ドル、CRB指数、綿花、金、コーヒーである。スリッページと手数料は考慮していない。データは、通常のポイントベース修正つなぎ足を使って統合している。すべてのデータをエクセルに取り込み、面チャートのベースとしてマトリックスを作成した。これによって、データを視覚的に検討し、将来にわたって耐用性のある堅牢で信頼性の高い移動平均を探すことができる。

　最初に、データの並べ替え機能を使って、まず仕掛けの移動平均、次に手仕舞いの移動平均の順で並べ替えを行う。そして、2つの隣接する列に次の公式を入力し、スプレッドシートの最下段まで連続コピーする。

　それぞれの移動平均の組み合わせにおける平均プロフィット・ファクターを計算するには、次の公式を使う。

　＝IF(C17〈〉C18;AVERAGE(D2:D17);"")

　列Cは手仕舞いの移動平均を、列Dは各移動平均の組み合わせとマーケットのプロフィット・ファクターを表す。

　プロフィット・ファクターとその標準偏差のレシオを計算するには、次の公式を使う。

　＝IF(G2〈〉"";G2/STDEV(D2:D17);"")

　列Gは、上で計算した平均プロフィット・ファクターを表す。

　＝INDEX(B:B;2+((ROW()-2)*16))

　列Bは、仕掛けの移動平均を表す。数値16は、16のマーケットを検

証したことによる。

=INDEX(C:C;2+((ROW()-2)*16))
=INDEX(G:G;2+((ROW()-2)*16))
=INDEX(H:H;2+((ROW()-2)*16))

列Hは、プロフィット・ファクターとその標準偏差のレシオを表す。

これが完了すると、隣接する列の一番上のセルを空白にし、続く行に0から11の数値を入力する。そして、次の列の一番上の行から、続く列に0から11の数値を入力し、図7.1のようなマトリックスを作る。

図7.1は、TradeStationから必要なデータをスプレッドシートに取り込み、提示した公式を使って作成したマトリックスの例である。セルQ2には、次の公式を入力し、セルAA2まで連続コピーする。

=INDEX($K:$K;2+(P1*1))

図7.1 さまざまな移動平均の組み合わせによる平均プロフィット・ファクター

O	P	Q	R	S	T	U	V	W	X	Y	Z	AA
		0	1	2	3	4	5	6	7	8	9	10	11
0		5	6	7	8	9	10	11	12	13	14	15
1	10	1.65	1.60	1.78	1.76	1.67	1.60	1.63	1.76	1.75	1.75	1.82
2	11	1.68	1.66	1.77	1.77	1.67	1.67	1.57	1.76	1.77	1.72	1.80
3	12	1.66	1.66	1.82	1.83	1.69	1.69	1.78	1.72	1.82	1.72	1.77
4	13	1.70	1.67	1.86	1.85	1.70	1.71	1.77	1.88	1.70	1.75	1.75
5	14	1.66	1.65	1.81	1.85	1.72	1.77	1.73	1.80	1.81	1.67	1.79
6	15	1.67	1.67	1.85	1.87	1.70	1.77	1.76	1.83	1.81	1.78	1.69
7	16	1.67	1.68	1.85	1.93	1.79	1.85	1.83	1.93	1.85	1.79	1.78
8	17	1.70	1.70	1.85	1.89	1.77	1.84	1.85	1.95	1.88	1.85	1.83
9	18	1.72	1.68	1.88	1.91	1.75	1.83	1.84	1.93	1.86	1.82	1.80
10	19	1.63	1.72	1.90	1.95	1.76	1.87	1.86	1.96	1.85	1.84	1.90
11	20	1.62	1.68	1.90	1.91	1.70	1.80	1.80	1.85	1.76	1.74	1.75

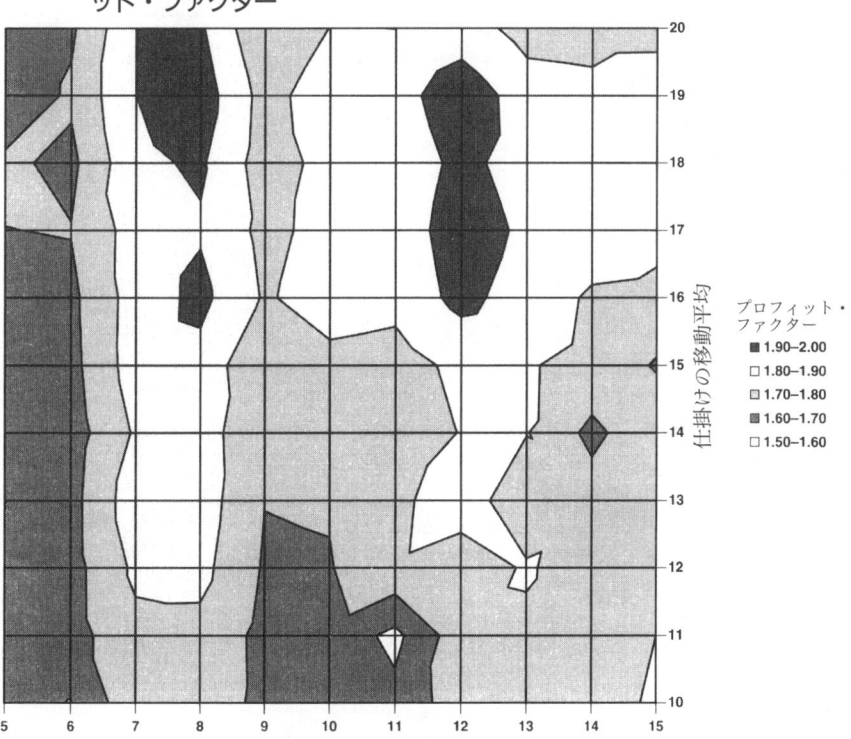

図7.2 さまざまな移動平均の組み合わせによる平均プロフィット・ファクター

列Kは、手仕舞いの移動平均を表し、セルP1は、数値ゼロを表す。セルP3に、次の公式を入力し、セルP13まで連続コピーする。

＝INDEX(J:J;2＋(O2＊11))

列Jは、仕掛けの移動平均を表し、セルO2は、数値ゼロを表す。

最後に、セルQ3に次の公式を入力し、セルAA13まで連続コピーし、図7.1のマトリックスを完成させる。

＝OFFSET(L1;($O2＊$AA$1)＋Q$1;0)

列Lは、平均プロフィット・ファクターを表す。

このマトリックスが用意できると、図7.2のような面チャートを簡単に作成できる。この面チャートは、すべてのマーケットについて、システムを構成している移動平均の期間ごとに、平均プロフィット・ファクターがどのように分布しているかを表したものである。プロフィット・ファクターの高いものほど、優れたシステムである。勝ちトレードの回数やトレードの経過時間についても、同様のチャートを作成できる。さらに、上記の各指標についての標準偏差は、現時点ではシステムの堅牢性を測る別の指標であるが、これについてもチャートを作成できる。

図7.2では、仕掛けの移動平均が16から20バーの領域で、かつ手仕舞いの移動平均が10バー以上のほとんどの領域と7から8バーの領域で、最も高いプロフィット・ファクターが存在している。最も収益性が高いのは、手仕舞いの移動平均が8バーと12バーの場合である。しかし、図7.3では、プロフィット・ファクターとその標準偏差のレシオが最も高いのは、手仕舞いの移動平均が8バーで、仕掛けの移動平均が12バー前後か18バーのときである。プロフィット・ファクターとその標準偏差のレシオは、システムの堅牢性の指標である。この数値が高いほど、より堅牢なシステムである。したがって、最も堅牢な組み合わせは、手仕舞いの移動平均が8バーで、仕掛けの移動平均が12または18バーとなる。このように、2つのチャートを合わせて判断す

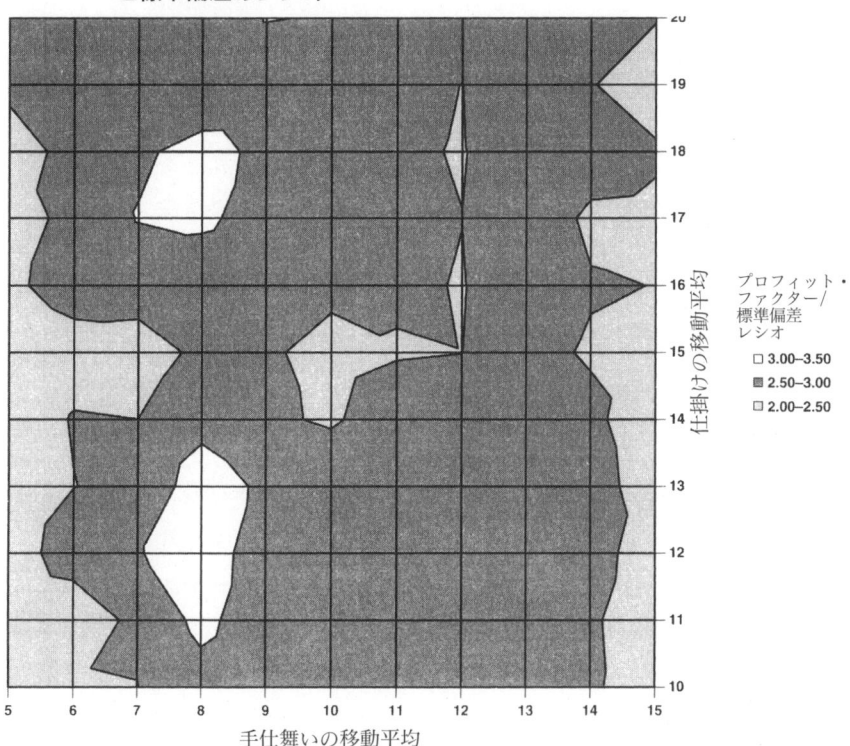

図7.3　システムの堅牢性を示す平均プロフィット・ファクターと標準偏差のレシオ

プロフィット・ファクター/標準偏差レシオ
- ☐ 3.00–3.50
- ■ 2.50–3.00
- ☐ 2.00–2.50

縦軸：仕掛けの移動平均
横軸：手仕舞いの移動平均

ると、18バーの仕掛けの移動平均と、8バーの手仕舞いの移動平均を使用するという結論になる。

　もうひとつの方法は、例えば、それぞれのマーケットの上位10位あるいはすべてのマーケットの上位200位のなかで特定の移動平均の組み合わせがどのくらい検出されるかを計算することである。仕掛けの移動平均を例として計算してみると、図7.4では、14から20バーのす

べての仕掛けの移動平均が、それぞれ15回以上、上位200位に入っており、16バーの移動平均が27回で最多となっている。この計算によって、結論をさらに絞り込んで、18バーの仕掛けの移動平均が最も堅牢で、将来の耐用性が高いということができる。

図7.5は、このテクニックのさらなる例で、今回は勝率の列で並べ替えを行い、上位200位のなかにどの手仕舞いの移動平均が多く含まれているかを調べたものである。この図から分かるように、勝ちトレードの回数を増やすことに関心があるのであれば、6から10バーの領域の手仕舞いの移動平均を使うべきである。8バーの移動平均の27回が、最も優秀だった。

表7.2と表7.3は、18バーの仕掛けの移動平均と8バーの手仕舞いの移動平均のディレクショナルスロープ・システムによる、それぞれのマーケットにおける対象期間のデータと処女データの結果を示している。対象期間では、平均プロフィット・ファクターは1.91となっている。プロフィット・ファクターとその標準偏差のレシオは3.13、標準偏差は0.61（1.91/3.13）で、68％の確率で実際の平均プロフィット・ファクターが1.30以上（1.91－0.61）となることを示している。処女データでは、平均プロフィット・ファクターは2.09であった。プロフィット・ファクターとその標準偏差のレシオは0.73、標準偏差は2.86（2.09/0.73）で、すでに明らかなように、68％の確率で実際の平均プロフィット・ファクターが1以上となることを示している。このように、処女データによるプロフィット・ファクターが、対象期間の数値を若干上回っている。ただし、これは、処女データのプロフィット・ファクターと標準偏差のレシオが小さいことに起因しており、この値が小さいということは、システムが堅牢性で劣ることを意味する。

しかし、システムの堅牢性が劣っているからといって、システムが機能しないというわけではなく、依然としてマーケットの適切な動き

第7章●トレンドに従う

図7.4　仕掛け移動平均の期間の差によるプロフィット・ファクターで見たトレード上位200位

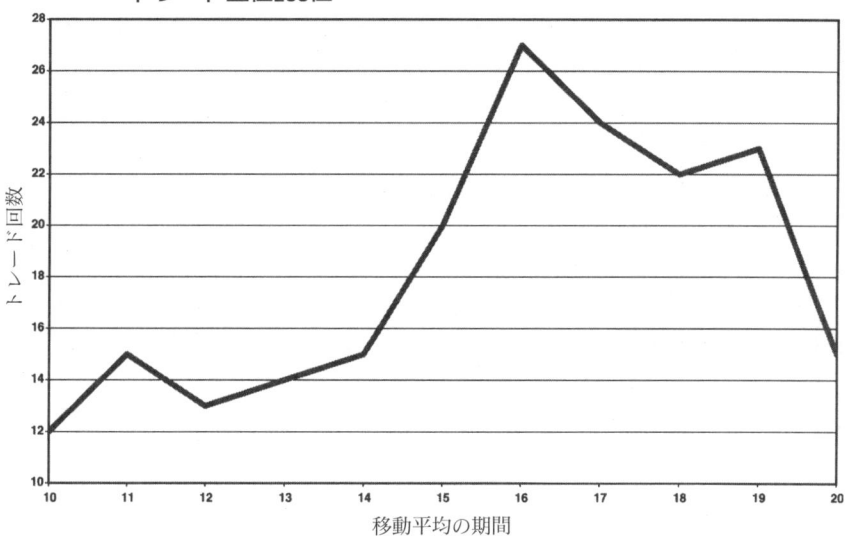

図7.5　手仕舞い移動平均の期間の差による勝率が上位200位に含まれる回数

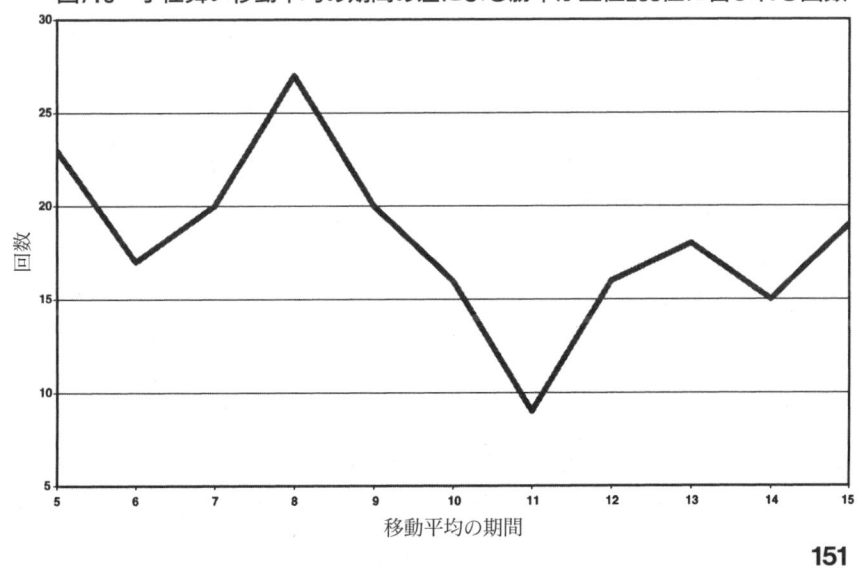

151

表7.2 ディレクショナルスロープ・システムの結果 I (1979/1〜1994/10)

マーケット	仕掛けの移動平均	手仕舞い移動平均	プロフィット・ファクター	勝率	建玉期間の割合
とうもろこし	18	8	2.06	36.99	77.00
カナダ・ドル	18	8	1.29	46.25	77.00
原油	18	8	2.73	54.35	77.00
CRB指数	18	8	1.02	33.33	72.00
綿花	18	8	2.28	45.71	81.00
ドル・インデックス	18	8	2.07	42.86	76.00
ユーロ・ドル	18	8	2.94	48.00	76.00
金	18	8	1.85	42.11	76.00
銅	18	8	1.70	35.29	77.00
日本円	18	8	2.28	54.84	78.00
コーヒー	18	8	2.59	41.03	77.00
木材	18	8	1.99	42.86	76.00
生牛	18	8	1.48	35.71	79.00
オレンジジュース	18	8	1.96	44.16	78.00
S&P500	18	8	0.63	33.33	81.00
Tボンド	18	8	1.73	45.83	77.00
平均			1.91	42.67	77.19
レシオ			3.13	6.43	36.68

表7.3 ディレクショナルスロープ・システムの結果 II (1994/10〜1999/10)

マーケット	仕掛けの移動平均	手仕舞い移動平均	プロフィット・ファクター	勝率	建玉期間の割合
とうもろこし	18	8	12.16	69.23	75
カナダ・ドル	18	8	1.19	40	76
原油	18	8	2.61	52.17	80
CRB指数	18	8	2.5	40	71
綿花	18	8	0.79	25.93	80
ドル・インデックス	18	8	0.87	28.57	73
ユーロ・ドル	18	8	0.58	37.5	74
金	18	8	1.72	47.62	80
銅	18	8	0.85	26.92	85
日本円	18	8	4.37	66.67	76
コーヒー	18	8	0.92	25	83
木材	18	8	1.36	52.38	76
生牛	18	8	1.13	45.45	74
オレンジジュース	18	8	0.38	24.14	83
S&P500	18	8	0.72	40.91	82
Tボンド	18	8	1.23	41.67	78
平均			2.09	41.51	77.88
レシオ			0.73	2.98	18.93

をとらえることができることに変わりはない。しかし、現実にはそのような単純な動きは存在しない。これを判断するひとつの方法は、対象期間と処女データ期間のすべてのマーケットについて、平均プロフィット・ファクターとその標準偏差のレシオに注目することである。しかしこのレシオは示されていないので、ただ私の言うことを信じてもらうしかない。ただしプロフィット・ファクターについては、対象期間で1.77、処女データ期間で1.73となっている。これは大した違いではないが、プロフィット・ファクターとその標準偏差のレシオが対象期間で2.63なのに対して、処女データ期間では1.07でしかないのは興味深い事実である。これは18/8バーの組み合わせの堅牢性が低下したことだけによるものではなく、このトレンドフォロー法（そしてたぶんすべてのトレンドフォロー法）のロジック全体によるものである。

　もうひとつの解釈として、処女データ期間で、ほとんどのマーケットでは十分に強力なトレンドが存在しなかったが、一部のマーケットではかなり強いトレンドが存在していたのではないかという解釈が成り立つ。この場合の結果は、より高いプロフィット・ファクターとして現れるが、同時に標準偏差もより一層高くなる。これを表7.3で見ると、とうもろこしと日本円の、とりわけ、とうもろこしのプロフィット・ファクターが極めて高いことが分かる。ほかのほとんどのマーケットでは、プロフィット・ファクターが1以下と、現実のトレーディングではスリッページと手数料をカバーできるような水準にはないことから分かるように、損失となっている。

　このように、システムは依然としてマーケットの適切な動きをとらえることができているようであるが、ほとんどのマーケットで、これらのトレンドは十分な強さを持ったものではなかったのである。それでもなお、平均プロフィット・ファクターが2以上であることが示すように、処女データ期間では利益を上げることができた。これは非常に優れた数字を残したいくつかのマーケットのおかげである。このト

図7.6 処女データ期間におけるさまざまな移動平均の組み合わせによる平均プロフィット・ファクター

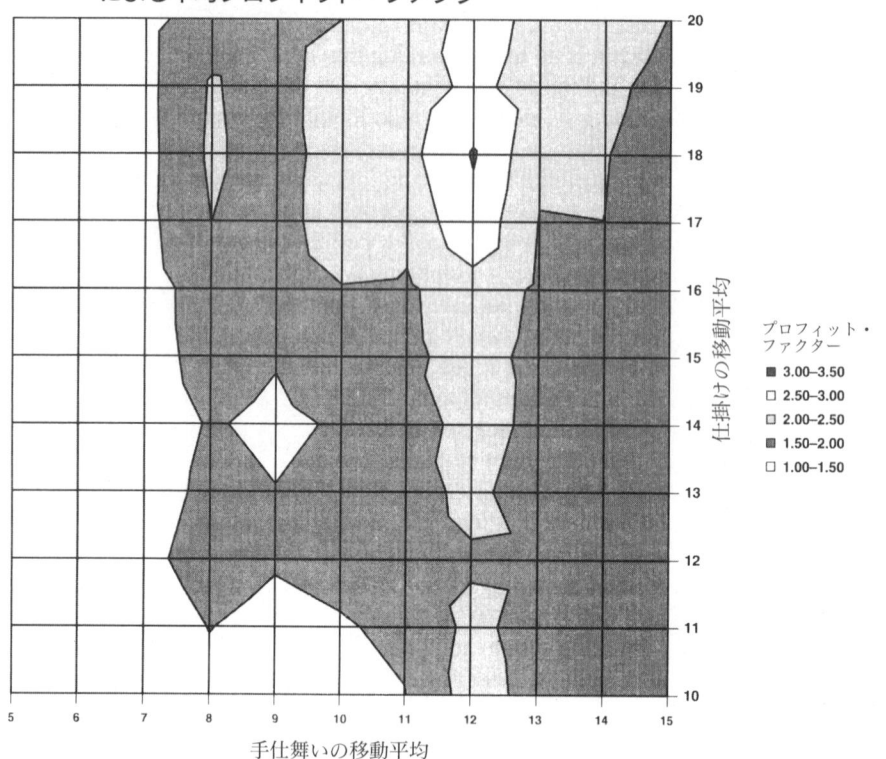

プロフィット・ファクター
- ■ 3.00–3.50
- □ 2.50–3.00
- □ 2.00–2.50
- ■ 1.50–2.00
- □ 1.00–1.50

縦軸：仕掛けの移動平均
横軸：手仕舞いの移動平均

レードは、いささか荒っぽいものであった。

また、図7.3では、トレンドの強さが不十分だったが、すべて消滅してしまったわけではないことが読み取れる。これは、勝率が対象期間の43％から処女データ期間の42％とわずかの低下にとどまっており、取引手法全体（非掲載）の18/8バーの設定では同じく40％から39％への低下にとどまっているという事実から、判断できる。しかし一方で、

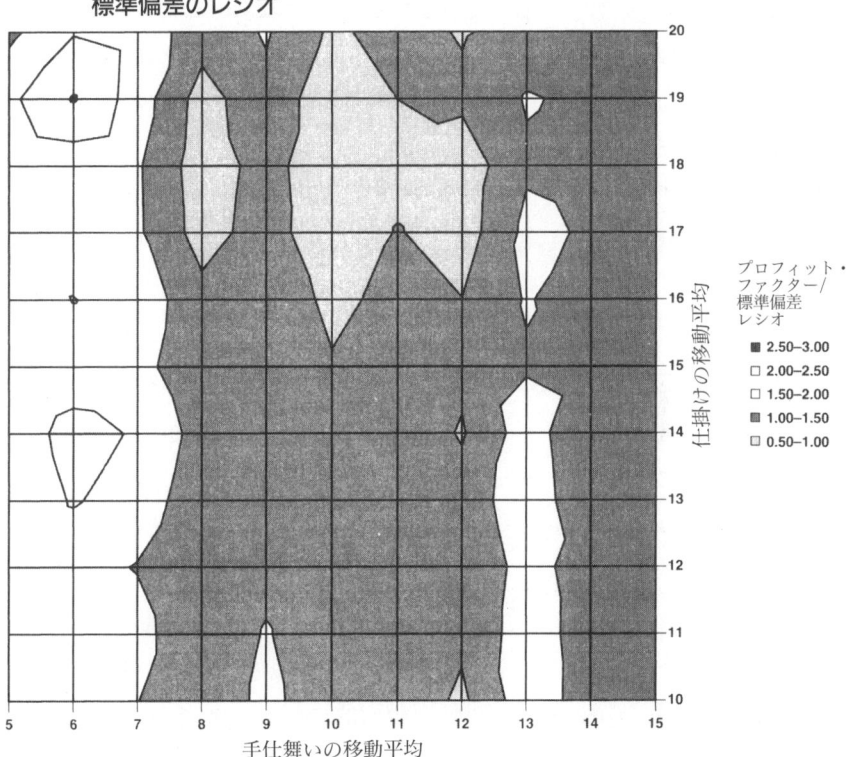

図7.7　処女データ期間における平均プロフィット・ファクターと標準偏差のレシオ

凡例：
プロフィット・ファクター／標準偏差レシオ
- ■ 2.50–3.00
- □ 2.00–2.50
- □ 1.50–2.00
- ■ 1.00–1.50
- □ 0.50–1.00

縦軸：仕掛けの移動平均
横軸：手仕舞いの移動平均

処女データ期間の標準偏差がより高く、少数のマーケットがほかの埋め合わせをしている事実を裏づけている。

　このことは、図7.6と図7.7でも観察できる。図7.6と図7.7は、データの期間が1994年10月から1999年10月であること以外は、図7.2および図7.3と同じものである。図7.2と図7.6の大きな違いは、処女データ期間におけるプロフィット・ファクターがより不均一となっている

155

ことである。図7.6では、少数のマーケットの利益が図7.2のものよりさらに大きく、小規模の損失を取り戻し、ほかのマーケットでは平均期待利益は下回っている。これは、図7.3と図7.7の違いを観察すれば裏づけられる。

　対象期間のチャートと処女データ期間のチャートを比較することで分かる別の興味深い事実は、12バーの手仕舞いの移動平均が両期間を通じて良好な結果を残していることである。したがって、18/12バーの移動平均による組み合わせも、詳しく調べてみる価値がある。これが有効であると判明すれば、18/8バーの組み合わせでも同じことがいえるはずである。すなわち、少数のマーケットが大きな利益を上げ、全体の平均プロフィット・ファクターを押し上げる。しかし、ほかのすべてのマーケットは、まったく利益がないか、わずかの利益しか上げていないため、結果的に安定性に欠けることになる（標準偏差が高くなる）。

　しかし、4つのチャートすべてを検討すると、これが最も興味深い結果というわけではない。より注目に値するのが、6バーの手仕舞いの移動平均を囲む領域で、堅牢性が相対的に高いことである。図7.2と図7.3では、全体の領域で、プロフィット・ファクターがおよそ1.6から1.9、レシオが2.0から3.0となっている。図7.6と図7.7でも、プロフィット・ファクターがおよそ1.0から2.0、レシオが1.5から2.5とあまり変わらないことを考慮すると、何が何でも最高値というのではないが、十分に満足のいく水準である。これらの数値は、18/8と18/12バーの組み合わせのものよりも若干劣るであろうが、期間を通じて相対的に堅牢性が高いことを考慮すると、この領域は注目に値する。

　18/8と18/12バーの組み合わせについては、処女データ期間では有効に機能せず、安定性にも欠けているが、それだけでこれらの組み合わせが長期間の使用に堪えないということにはならない。単に、最近のマーケットの多くでは有効に機能しないというだけのことである。

多くのトレンドフォロー系のシステムでは、その唯一の目的とは、少数の大きな勝ちトレードをとらえることにあり、それによってトレンドの強さが不十分な場合の数多くの負けトレードを埋め合わせるのである。これこそまさに、処女データ期間で見られる状況である。

ダイナミック・ブレイクアウト・システム

　80年代の半ばに、リチャード・デニスとビル・エックハートが「タートル・トレーダーズ」（リチャード・デニスによって訓練された大志を抱いた若きトレーダーの集団。デニスがシンガポールの亀の養殖場を訪れたとき、亀を育てるようにトレーダーを育成することを決心したところからグループ名をタートルズにした）で大成功を収めて以来、ブレイクアウト・システムは多くのトレーダーの関心をとらえている。その概念は簡単なもので、けっして天井と底を取りにいかないということである。マーケットが上昇していれば買い、下落していれば売る。天井で売ったり、底で買ったりしようとせず、実際にはその逆を行うのである。すなわち、マーケットが直近のn日の間の最も高い高値を超えたら買う、マーケットが直近のn日の間の最も安い安値を更新したら売るのである。基本的なシステムでは、トレーダーは常にポジションを取っていることになる。上昇トレンドを見込んでいるときは買いポジションを、下落トレンドを見込んでいるときは売りポジションを取る。

　この基本システムは、ほかのシステムと個別に使用したり、組み合わせたりして、システムにいくつか改良を加えることで、より洗練されたものにすることができる。そのような方法には、それぞれに異なる参照期間を設定して、買いサイドと売りサイドを個別に扱ったり、トレードの手仕舞いを処理するための参照期間を個別のものに分ける方法がある。こうすることによって、マーケットが値固めの段階で、

横ばいや方向性のはっきりしない状態にあるときでも対応できるようにするのである。別の手段として、動的な参照期間を導入し、マーケットのボラティリティの変化に対応させる方法がある。さらにもうひとつの方法は、参照期間を固定して、ボラティリティ・ファクターをブレイクアウトレベルに追加する方法である。例えば、直近n日間の高値にボラティリティを掛けるのである。

このようなボラティリティ対応型のシステムは、ダイナミック・ブレイクアウト・システムと呼ばれるもので、1996年から1998年にかけてフューチャーズ誌で特集記事として取り上げられた。このダイナミック・ブレイクアウト・システム（Dynamic Breakout System）、略してDBSシステムの背後にあるロジックは、次のようなものである。ボラティリティが比較的高いマーケットでは、「だまし」の方向転換や予想以上に大きい修正の動きによって、「だまし」のブレイクアウトが増える。ゆえに、ボラティリティ・ファクターが参照期間を延長することにより、「早すぎるタイミング」でポジションを取ったり閉じたりすることを起こりにくくする。参照期間が20から60日の間で変動するDBSシステムのための TradeStation のコードは、次のようになる。

```
Inputs:MaxLB(60),MinLB(20);
Vars:HistVol(0),YestHistVol(0),DeltaHistVol(0),EntryLB(0),ExitLB(0),
YestEntryLB(0);
YestHistVol=HistVol;
HistVol=StdDev(C,30);
DeltaHistVol=(HistVol-YestHistVol)/HistVol;
If CurrentBar=1 Then
  EntryLB=20;
```

```
YestEntryLB=EntryLB;
EntryLB=YestEntryLB*(1+DeltaHistVol);
EntryLB=MaxList(EntryLB,MinLB);
EntryLB=MinList(EntryLB,MaxLB);
ExitLB=EntryLB*0.5;
Buy Tomorrow at Highest(High,EntryLB)Stop;
Sell Tomorrow at Lowest(Low,EntryLB)Stop;
ExitLong Tomorrow at Lowest(Low,ExitLB)Stop;
ExitShort Tomorrow at Highest(High,ExitLB)Stop;
```

　このコード(このバージョンを1aとする)では、特定の時間内で、手仕舞いの参照期間が、仕掛けの参照期間の常に半分となっている。このバージョンの問題点は、変動参照期間が常に意図したとおりに機能するとは限らないことにある。例として、1986年6月から1999年10月の期間のCRB指数と、1972年5月から1999年10月の期間の日本円でトレードを行ってみた。このケースで、変動参照期間を20日の固定参照期間に代えた場合、双方のマーケットで実際に行われたトレードの回数に、若干の減少が見られた。CRB指数では、変動参照期間での125回のトレードが、固定参照期間では112回に、日本円では191回が181回にそれぞれ減少した。幸いなことに、少なくとも日本円では、変動参照期間ではより高い利益を上げた。20日固定参照期間の46％に対して、変動参照期間は52％であった。しかし、CRB指数の利益は、固定参照期間の28％に対して、変動参照期間では26％であった。このように、この研究ではまず、システムの背後にあるロジックの矛盾点が明らかになり、次に、結論が出せない結果となった。

　このシステムのもうひとつの欠点は、参照期間が長くなると、マーケットがどちらかの方向に動き始めたときに、マーケットの現状に即したストップが適用されず、むしろマーケットから乖離したストップ

が適用されてしまうリスクが増大することである。また、マーケットでトレンドが発生したときには、通常そのトレンドの方向にボラティリティが増大するが、これは好ましい動きである。ボラティリティには、ポジションに有利に働く好ましいボラティリティと、不利に働く好ましくないボラティリティがある。この現象の実例が、1998年10月7日の日本円のマーケットで起こった。このとき、円がおよそ1万ドル相当の値動きで動意づき、続く数日間で上昇し、最終的に1万4500ドル相当の上昇をみせた。

　図7.8は、通常のポイントベースの修正つなぎ足から見た場合、DBSシステムのブレイクアウトとトレードの手仕舞いレベルに、この動きがどのような影響を与えたかを示している。マーケットが動き始めた10月7日に、0.822（上方の実線）でシステムは買いシグナルを出し、ストップロスを0.781（下方の点線）に置いた。1枚当たりの損切り額は5125ドルである。数日のうちにマーケットのボラティリティが上昇し、参照期間が最大の60日に延長された。その結果、ストップロスが0.764に引き下げられ、買い時点から見た損切り額は7250ドル、もしくは10月13日の終値0.891ドルから見た損切り額は1万5875ドルとなった。

　このストップロスの矛盾を解消する方法として、仕掛けと同じロジックを、手仕舞いにも適用する方法が考えられる。すなわち、ボラティリティが高いということは、不安定なマーケットとリスク増大の兆候であり、トレードの仕掛けを困難なものにしてしまう（トレードの手仕舞いは、それを意図すれば容易になる）が、同じ論法で、たやすくトレードを手仕舞い（トレードの継続がより困難となる）してはどうか。この理論を支持するのであれば、TradeStation のDBSシステムのコードを、次のように書き換えてみる。

Inputs:MaxEntryLB(60),MinEntryLB(20),MaxExitLB(30),

図7.8　日本円におけるDBSシステム

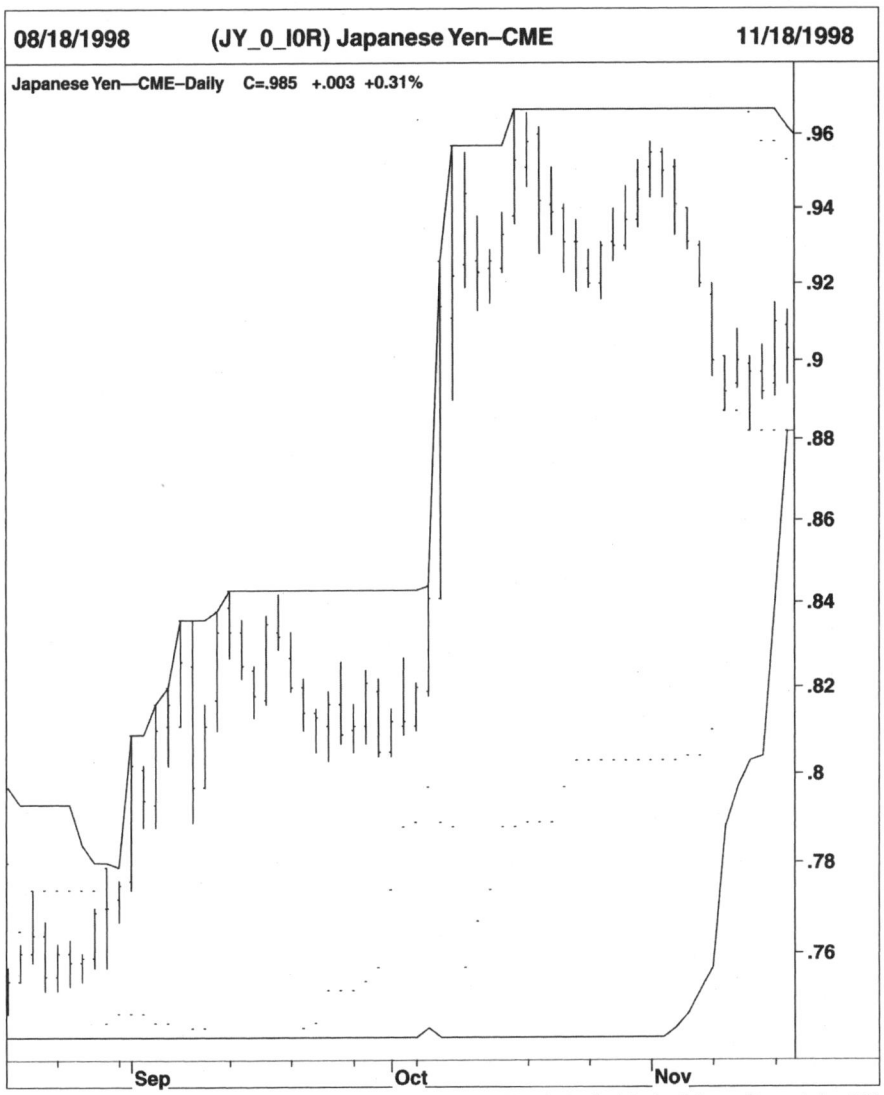

MinExitLB(10);
Vars:HistVol(0),YestHistVol(0),DeltaHistVol(0),EntryLB(0),ExitLB(0),YestEntryLB(0),YestExitLB(0);
YestHistVol=HistVol;
HistVol=StdDev(C,30);
DeltaHistVol=(HistVol-YestHistVol)/HistVol;
If CurrentBar=1 Then
 EntryLB=20;
YestEntryLB=EntryLB;
EntryLB=YestEntryLB*(1+DeltaHistVol);
EntryLB=MaxList(EntryLB,MinEntryLB);
EntryLB=MinList(EntryLB,MaxEntryLB);
YestExitLB=ExitLB;
ExitLB=YestExitLB*(1-DeltaHistVol);
ExitLB=MinList(ExitLB,MaxExitLB);
ExitLB=MaxList(ExitLB,MinExitLB);
Buy Tomorrow at Highest(High,EntryLB)Stop;
Sell Tomorrow at Lowest(Low,EntryLB)Stop;
ExitLong Tomorrow at Lowest(Low,ExitLB)Stop;
ExitShort Tomorrow at Highest(High,ExitLB)Stop;

　このバージョンのコード（バージョン１ｂ）では、仕掛けの参照期間が、手仕舞いのものよりも短いケースが再び見受けられる。これは、単純なポジションの解消と同様、ストップ・アンド・リバーサル（途転）の状況が見られることを意味する。最初のシステムでは、トレードの仕掛けの参照期間が、常に手仕舞いのものよりも長かったが、おそらく、この現象は、このシステムの動的特性が最初のものよりわず

かに高いことによるものと考えられる。

　このケースでは、1972年5月から1999年10月までの期間の日本円の場合で201回のトレードを行い、そのうちの53％で利益を上げた。CRB指数では、1986年6月から1999年10月までの期間で114回のトレードを行い、そのうちの31％で利益を上げた。確かに、これらの余計なトレードのいくらかは、より早期のポジションの解消のおかげで、システムが再度同じ方向へのポジションを取りやすくなるという事実で説明できる。それにもかかわらず、期待する結果と比較した場合に、この結果は納得のいくものではないため、依然として疑問は残る。ヒストリカルボラティリティを使って、トレード回数を削減し勝率を上げる方法は存在しないのだろうか。

　このバージョンでは、ボラティリティで参照期間を変更することによって、トレードの実際のトリガーレベルを、暗黙のうちに変更しているだけである。これをより直接的に行うには、トレードのトリガーを、ボラティリティではっきりと変更する。これを、次の Trade Station のコード（バージョン2ａ）で試みた。

```
Inputs:VolMethod(1),VolFactor(0.5);
Vars:HistVol(0),HalfHistVol(0),LongEntry(0),ShortEntry(0),LongExit(0),ShortExit(0);
If VolMethod>0 Then
 HistVol=StdDev(C,30)*VolFactor
Else
 HistVol=AvgTrueRange(30)*VolFactor;
HalfHistVol=HistVol*0.5;
LongEntry=Highest(High,20)+HistVol;
ShortEntry=Lowest(Low,20)-HistVol;
LongExit=Lowest(Low,20)-HalfHistVol;
```

ShortExit＝Highest(High,20)＋HalfHistVol;
Buy Tomorrow at LongEntry Stop;
Sell Tomorrow at ShortEntry Stop;
ExitLong Tomorrow at LongExit Stop;
ExitShort Tomorrow at ShortExit Stop;

　このシステムでは、30日ヒストリカルボラティリティの半分を、ブレイクアウトレベルに追加した。ただし、手仕舞いには4分の1だけの追加とし、手仕舞いよりも、仕掛けをより起こりにくいものにした。このようにしてシステムの感度を下げて、早すぎるポジションの手仕舞いを防いでいるが、ボラティリティがあまりにも高い場合には、ポジションが中立になるようにしている。実質的に同じ効果を生み出す方法として、標準偏差で測定されるすべてのヒストリカルボラティリティ・ファクターを、期間中の実際の値幅に置き換える方法がある。これには、上記のコードで VolMethod にゼロを入力すればよい。
　ボラティリティが高いときに、システムにトレードを容易に手仕舞いさせるようにするには、買いポジションの場合はプラスの符号をマイナスに、売りポジションの場合は（バージョン2b）マイナスの符号をプラスに変えるだけでいい。これによってシステムは、マーケットが重要なサポート（レジスタンス）ラインと考えられる参照期間中の最安値（最高値）に下落（上昇）する前に、トレードを手仕舞いする。
　ここで、これらすべてのシステムが、1980年1月から1999年10月までの16のマーケットからなるポートフォリオでどのように機能したかを見ていく。16のマーケットの内訳は、S&P500、銅、原油、生牛、綿花、ユーロ・ドル、カナダ・ドル、日本円、金、木材、オレンジジュース、とうもろこし、コーヒー、ドル・インデックス、CRB指数、Tボンドである。ここではパーセンテージベースの計算や関係につい

表7.4 さまざまなDBSシステムの統計値

バージョン	プロフィット・ファクター	レシオ	トレード数	レシオ	勝率	レシオ(%)	建玉期間の割合	レシオ
Ver 1a	1.46	2.74	145	7.39	37.24	5.64	79	28.29
Ver 1b	1.36	3.52	140	7.89	40.90	8.16	80	33.65
Ver 2a (HV)	1.36	2.64	100	7.10	39.21	5.72	88	27.67
Ver 2b (HV)	1.38	2.65	116	7.48	40.02	6.54	76	15.95
Ver 2a (ATR)	1.35	2.71	107	6.78	39.24	5.73	90	42.50
Ver 2b (ATR)	1.36	2.92	119	7.49	39.36	.39	81	21.58

ては関心がないため、ポイントベースの修正つなぎ足を用いる。システムの最適化が不完全なものになることを避けるため、スリッページと手数料は考慮しない。プロフィット・ファクター、勝率、トレードの期間については、第1部で紹介した書き出し機能を使った。

　表7.4は、最初のシステム（バージョン1a）が、確かに最高のプロフィット・ファクターを記録したことを示している。ただし、それはバージョン1bより高い標準偏差という代償を支払っている。これは、プロフィット・ファクターとその標準偏差のレシオを示す最初の列から分かる。このレシオが高いほど、システムが各マーケット間で均一な動きをとったことになる。例として、プロフィット・ファクターが1.46でレシオが2.74のバージョン1aでは、68%の確率で1以上（1.46－1.46/2.74＝0.93）のプロフィット・ファクターが期待できる。バージョン1b（1.36－1.36/3.52＝0.97）でも同じことが期待できるが、この2つから選択するとなると、バージョン1bのほうが、安定性が高く、優れているといえる。興味深いことに、すべてのバージョンで、トレード期間以外のすべての項目で、bシステムのほうがaシステムよりも高いレシオを記録している。さらに、最も重要な指標であるプロフィット・ファクターと勝率で、バージョン2bが良い結果を残している。つまり、ほとんどの場合、バージョンbのシステム

が収益性の面で優れているだけでなく、さまざまなマーケットで比較した場合の堅牢性においても優れているのである。
　ここで、表7.5と表7.6で、バージョン1bが個々のマーケットでどのような結果を収めたのかを、詳しく調べてみる。ここでは、第1部で開発したトレードごとの書き出し機能を使用する。そのためには、RAD（比率修正つなぎ足データ）に変換する必要がある。このバージョンの書き出し機能のコードは、次のようになる。

```
Vars:FileName(""),TotTr(0),Prof(0),TradeStr2("");
If CurrentBar=1 Then Begin
 FileName="D:¥Temp¥"+LeftStr(GetSymbolName,2)+
 ".txt";
 FileDelete(FileName);
 TradeStr2="Position"+","+"Profit"+NewLine;
 FileAppend(FileName,TradeStr2);
End;
TotTr=TotalTrades;
If TotTr>TotTr[1]Then Begin
 Prof=1+PositionProfit(1)/(EntryPrice(1)*BigPointValue);
 TradeStr2=NumToStr(MarketPosition(1),0)+","+
 NumToStr((Prof-1)*100,2)+NewLine;
 FileAppend(FileName,TradeStr2);
End;
If LastBarOnChart Then Begin
 TradeStr2=NumToStT(Close,4)+","+NumToStr(BigPoint
 Value,2)+NewLine;
 FileAppend(FileName,TradeStr2);
End;
```

表7.5　DBSシステムバージョン1bの統計値

マーケット	プロフィット・ファクター	トレード数	勝率	建玉期間の割合
カナダ・ドル	1.03	152	38.82	78
コーヒー	1.47	155	39.35	79
銅	0.90	158	39.87	80
とうもろこし	1.72	144	42.36	81
綿花	1.27	148	35.14	84
CRB指数	0.65	114	30.70	78
原油	1.56	117	47.01	82
ドル・インデックス	1.60	95	44.21	83
ユーロ・ドル	1.78	127	46.46	83
金	1.53	141	43.26	80
日本円	2.05	144	50.00	78
生牛	0.83	157	35.03	79
木材	1.38	147	40.14	78
オレンジジュース	1.62	152	41.45	79
S&P500	1.00	139	36.69	78
Tボンド	1.33	146	43.84	85

　表7.5では、多くのトレンドフォロー系のブレイクアウトタイプシステムと同様、このバージョンのDBSシステムが、ごく一部のマーケットでのみ有効に機能し、ほかの多くではよくて損益ゼロか、警戒すべきほどではないにしても損失を出している。ここで、はたしてこれらのマーケットが、ポートフォリオに組み入れるに値するのだろうかという疑問がわいてくる。表7.6では、この現象をより詳細に示している。この表からは、ほとんどマーケットにおいて、パーセンテージベースの平均損失が相当なものとなっているのが分かる。例えば、銅ではトレードを中止するまでに4.25％の損失を出している。

　さらに、バージョン１ｂのシステムが、２つの異なる期間でどのよ

表7.6 DBSシステム、バージョン1bの統計値

マーケット	平均損益 (%)	平均損益 ($)	利益の平均 (%)	利益の平均 ($)	損失の平均 (%)	損失の平均 ($)
カナダ・ドル	0.04	26	1.61	1,092	−0.80	−545
コーヒー	1.51	541	13.46	4,830	−5.76	−2,065
銅	−0.34	−67	5.91	1,178	−4.25	−848
とうもろこし	1.00	100	7.47	749	−3.48	−349
綿花	0.72	194	8.76	,340	−3.81	−1,017
CRB指数	−0.52	−532	2.74	2,793	−1.78	−1,814
原油	2.38	545	10.74	2,463	−5.40	−1,239
ドル・インデックス	0.67	663	3.13	3,100	−1.44	−1,427
ユーロ・ドル	0.09	208	0.59	1,378	−0.29	−677
金	0.59	175	5.53	1,628	−2.98	−876
日本円	1.02	1,225	4.30	5,188	−1.90	−2,294
生牛	0.01	3	3.89	1,057	−2.64	−716
木材	0.37	93	9.43	2,368	−5.09	−1,277
オレンジジュース	1.21	162	8.64	1,156	−4.43	−592
S&P500	−0.33	−1,093	3.94	12,848	−2.78	−9,060
Tボンド	0.23	255	3.81	4,250	−2.24	−2,499

うに機能したかを調べてみる。また、ディレクショナルスロープ・システムに関する前章での結論に、何らかの確認や追加があった場合は、それについても調べることにする。このケースでは、1980年1月から1989年10月までの期間（表7.7）と、1990年1月から1999年10月までの期間（表7.8）を対象とする。表7.7からは、このバージョンのDBSシステムがほとんどのマーケットで利益を上げているが、プロフィット・ファクターはいくらか低いことが分かる。また、さまざまな先物を使用したため、プロフィット・ファクターが最初の観察結果と多少異なっている点に注目したい。ここでは、比率修正つなぎ足を使用しており、勝ちトレードと負けトレードの加重平均でプロフィッ

第7章●トレンドに従う

表7.7　バージョン1bの結果(1980/1～1989/10)

マーケット	プロフィット・ファクター	トレード数	勝率	建玉期間の割合
カナダ・ドル	1.01	78	37.18	79
コーヒー	1.66	76	39.47	79
銅	0.71	80	37.5	82
とうもろこし	1.65	71	42.25	84
綿花	1.32	68	36.76	86
CRB指数	0.84	25	28	74
原油	2.31	40	55	84
ドル・インデックス	1.04	28	35.71	82
ユーロ・ドル	1.91	41	51.22	82
金	1.48	68	42.65	77
日本円	2.44	71	56.34	78
生牛	0.97	70	40	77
木材	1.38	70	40	81
オレンジジュース	2.41	69	49.28	81
S&P500	1.25	56	39.29	75
Tボンド	1.35	73	42.47	85
平均	1.48	61.50	42.07	80.38
レシオ	2.71	3.44	5.62	22.60

表7.8　バージョン1bの結果(1990/1～1999/10)

マーケット	プロフィット・ファクター	トレード数	勝率	建玉期間の割合
カナダ・ドル	0.95	72	38.89	75
コーヒー	1.33	76	39.47	78
銅	1.11	74	41.89	76
とうもろこし	1.9	68	45.59	76
綿花	1.16	75	36	83
CRB指数	0.57	83	33.73	78
原油	1.24	74	43.24	80
ドル・インデックス	2.37	58	51.72	80
ユーロ・ドル	3.12	38	60.53	85
金	1.53	70	44.29	81
日本円	1.83	69	43.48	77
生牛	0.62	81	32.1	80
木材	1.39	73	39.73	75
オレンジジュース	0.85	80	33.75	76
S&P500	0.92	79	34.18	79
Tボンド	1.44	66	46.97	83
平均	1.40	71.00	41.60	78.88
レシオ	2.11	6.57	5.58	25.84

ト・ファクターを計算している。表7.8から分かるように、最初の10年の結果はあまり芳しくない。

　ディレクショナルスロープ・システムがそうだったように、このバージョンのDBSシステムは、最近10年間はそれ以前と同じようには機能しないようである。これは、例えば、２つの期間の平均プロフィット・ファクターが、最近のものほどわずかであるが低く、標準偏差も高くなっていることからも分かる。ほかのすべての数値についても、最近のもののほうが悪くなっている。例として勝ちトレードの数を挙げてみると、その数値はわずかに低下しているだけであるが、トレードの長さとトレード回数の列を見ると、収益性が低下しているのがあらためて確認できる。通常は、プロフィット・ファクターが上昇するとトレード数が減少し、同時にトレードの時間が長くなる。次のセクションで、これらの数値を向上させることができれば面白いことになる。

　ディレクショナルスロープ・システムと比較すると、勝率がほぼ同じで標準偏差も低いにもかかわらず、プロフィット・ファクターもまた著しく低いものとなっている。これは興味深い事実で、どのようなシステムを使用しても、結局は代償を支払わなければならないことを示唆している。つまり、ひとつのパフォーマンス指標を向上させるには、必ずほかの指標で妥協しなければならないのである。

　DBSシステムとディレクショナルスロープ・システムには、どちらも固定のストップレベルが存在しない。ただし、ディレクショナルスロープ・システムには、ストップレベル自体が存在しないが、DBSシステムでは、動的なストップレベルがある。しかし、バージョン１ｂでは、このレベルは、マーケットの現状から乖離するというリスクを冒しており、このシステムが固定比率資金管理を使ってトレードすることを困難なものにしている。この議論をすると、このセクションの最初のタートルズに話を戻さなければならない。なぜならば、

タートルズでは、いつ、何をトレードするかよりも、どのくらいのポジションでトレードするかのほうがはるかに重要だからである。どんなマーケットであっても、ボラティリティが高いときとドローダウンが発生したときには、ポジションを縮小し、次の大きな動きに備えて資金の温存を図ることが、タートルズの核心となっている。

標準偏差ブレイクアウト

　ボリンジャーバンドは、最も融通性に富んだ指標のひとつである。短期のオシレーター系のシステムでも長期のブレイクアウト系のシステムでも使用できるし、買われ過ぎや売られ過ぎの指標にもなる。この指標を計算するには、まずある期間の移動平均を算出する。次に、同じ期間の標準偏差の数値を、平均値に足して上方バンド、平均値から差し引いて下方バンドとする。長期のブレイクアウト・システムでは、移動平均と標準偏差の計算のための妥当な参照期間は、おおよそ50日から100日の間となることが、経験則から分かっている。短期のシステムの場合は、およそ20日から40日の間である。図7.9のように、ボリンジャーバンドは、通常は価格の動きと並行してチャート上に描かれる。図7.9を見ると、価格がバンドを突き抜けている箇所があるが、それは必ずしも価格がバンドのなかに戻ってくることを意味しているわけではない。これは重要なことである。実際には、ボリンジャーバンドは、ブレイクアウト・システムの優れた基盤となることが多い。ボリンジャーバンド用のTradeStationのコードは、次のようになる。

```
Inputs:BandLen(60),NoStDev(2);
Vars:BandDevi(0),MidBand(0),UpBand(0),LoBand(0);
BandDevi=StdDev(Close,BandLen)*NoStDev;
```

図7.9 ドイツ・マルクにおけるボリンジャーバンド

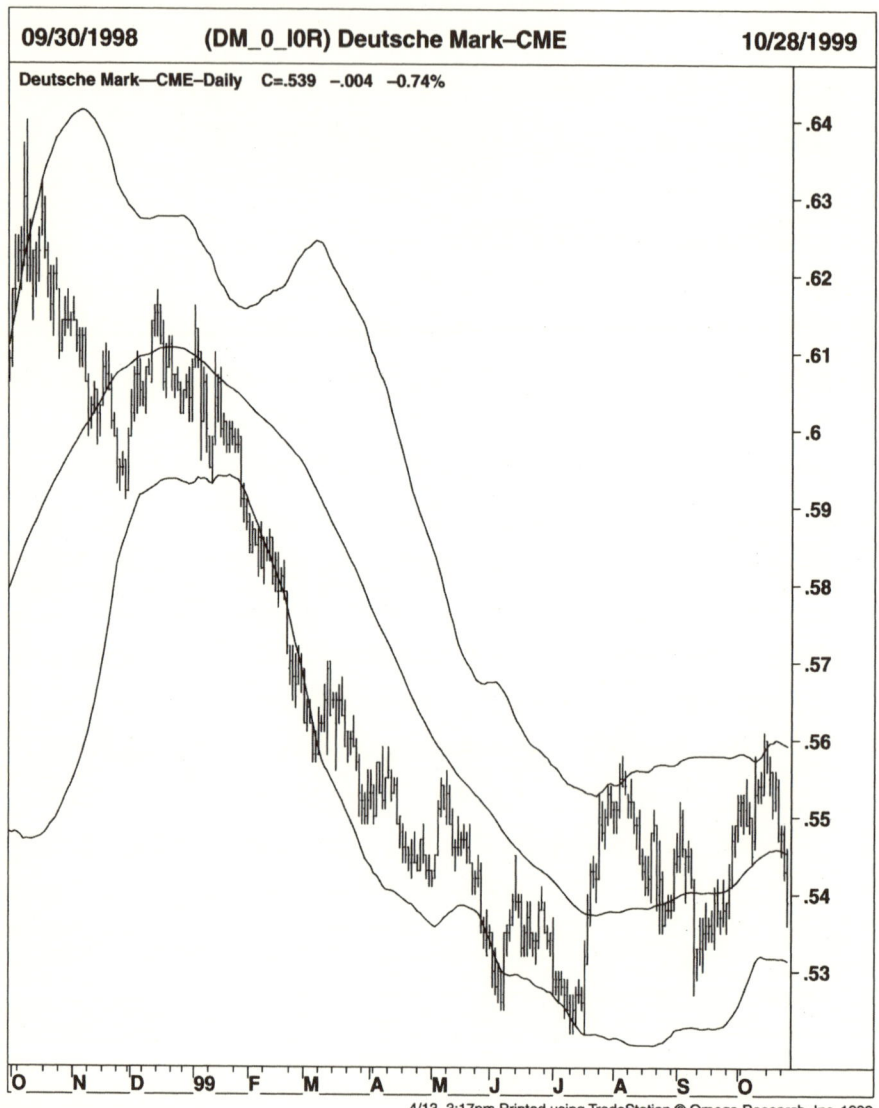

```
MidBand=Average(Close,BandLen);
UpBand=MidBand+BandDevi;
LoBand=MidBand-BandDevi;
Plot1(MidBand,"MidBand");
Plot2(UpBand,"UpBand");
Plot3(LoBand,"LoBand");
```

　価格がバンドに到達し、トレンドのなかでバンドに沿って推移し始めたときは、何が起こっているかを正確に把握することは困難である。このようなケースでは、代わりに標準化オシレーターを使用して、上方バンドと下方バンドを、例えば100と0に固定してもいいであろう。これは、基調となるトレンドに対する短期の動きをとらえたい場合に、役に立つ方法である。この例を図7.10に示した。チャートは図7.9と同じものであるが、ボリンジャーバンド・オシレーターを下段に追加した。このオシレーターのコードは、次のようになる。

```
Inputs:BandLen(60),NoStDev(2);
Vars:BandDevi(0),MidBand(0),UpBand(0),LoBand(0),BandPos(0);
BandDevi=StdDev(Close,BandLen)*NoStDev;
MidBand=Average(Close,BandLen);
UpBand=MidBand+BandDevi;
LoBand=MidBand-BandDevi;
BandPos=(AvgPrice-LoBand)*100/(UpBand-LoBand);
Plot1(BandPos,"Position");
Plot2(100,"UpBand");
Plot3(0,"LoBand");
```

図7.10 オシレーターとしてのボリンジャーバンド

図7.11 RSIより反応の早いボリンジャーバンド

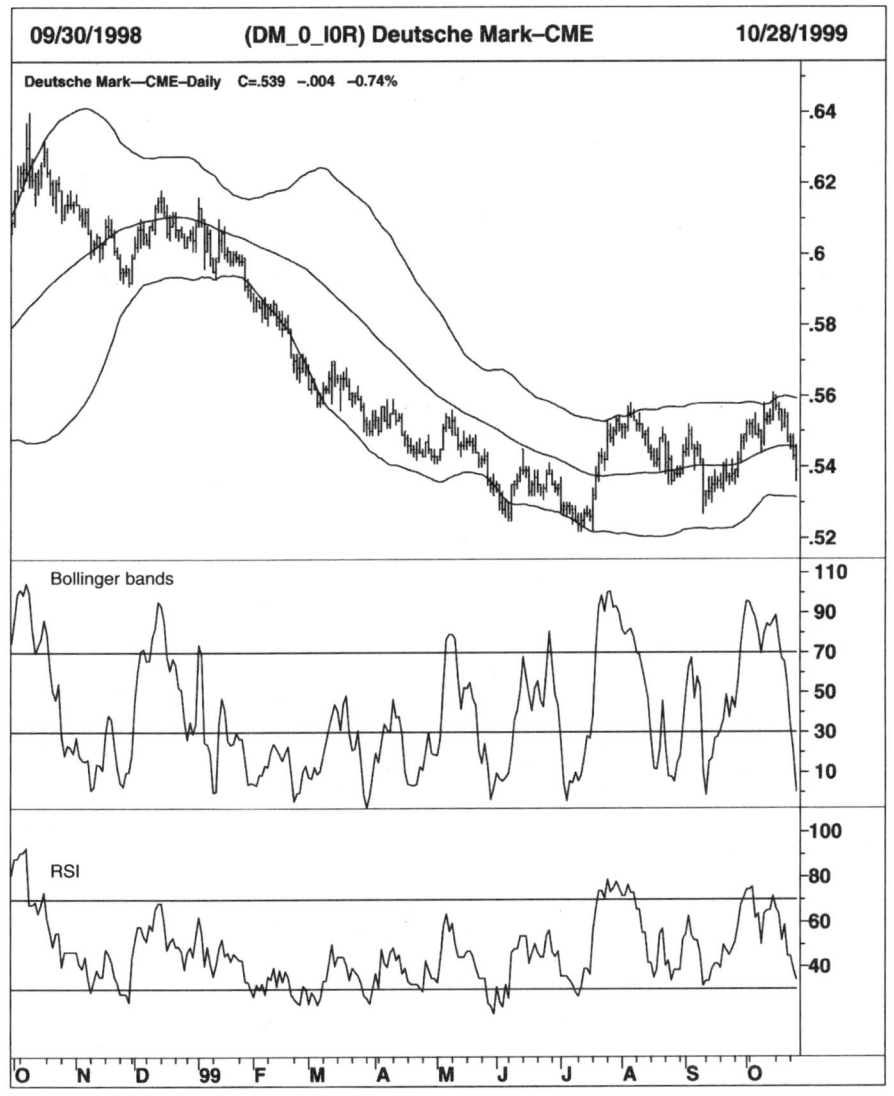

ボリンジャーバンドをオシレーターとして使用した場合には、比較的長期の参照期間でありながら直近の動きを素早くとらえるという興味深い現象が見られる。これは、もっと多くのデータを考慮に入れることができることを意味するが、また、例えば通常のRSI（相対力指数）やストキャスティックを使えば、同じ効果が得られるということでもある。あるいは、同じ量のデータを使用して、より素早い反応を示す指標を作成することもできる。図7.11では、20日のボリンジャーバンドと10日のオシレーターの上に、同じマーケットの同じ値動きのチャートを描いたものである。ここでは、ボリンジャーバンド・オシレーターの上方バンドと下方バンドを、それぞれ70と30に設定している。

　ほかの多くの指標と比較した場合、ボリンジャーバンドにはいくつかの利点があるが、同時に共通する欠点も持っている。特に、蛇行インディケーターについて議論するときに強調しなければならないことがある。それは、同じマーケットを異なる時間帯で比較するときや、異なるマーケットを同じ時間帯で比較する場合は、それぞれの読み取り値を比較することはできないのである。

　ボリンジャーバンドをトレーディングシステムで使用する場合には、もうひとつ欠点がある。それは、基本的なブレイクアウト・システムに比べて、ボラティリティを2倍に勘案してしまうことである。例えば、比較的高いヒストリカル・ボラティリティの比較的広いトレーディングレンジのなかで、現在はポジションを取っていないとする。すでに、通常の最高値／最安値によるブレイクアウト・システムでは、その仕掛けたレベルからマーケットの動きが離れているため、トレードを仕掛けにくい状況になっている。しかし、ボリンジャーバンドによるシステムでは、ボラティリティが高いため、最高値や最安値からかなり離れた位置に、上方バンドと下方バンドまでの距離を追加しなければならない。さらに、多くのブレイクアウト・システムと同様、

ほとんどのボリンジャーバンド・システムでは、トレードを仕掛けるときにのみボラティリティを考慮するが、手仕舞いするときには考慮しない。トレードを手仕舞いするときには、通常は中間バンド（多くの場合単純移動平均線）のクロスのみを使う。

しかし、ここでは、通常よりもトレードの仕掛けを抑えた長期システムを使うことにする。TradeStation のコードは、次のようになる。

```
Inputs:BandLen(60);
Vars:UpBand(0),LoBand(0);
UpBand=XAverage(High,BandLen)+2*StdDev
(High,BandLen);
LoBand=XAverage(Low,BandLen)-2*StdDev
(Low,BandLen);
Buy tomorrow at UpBand Stop;
Sell tomorrow at LoBand Stop;
ExitLong tomorrow at XAverage(Low,BandLen)Stop;
ExitShort tomorrow at XAverage(High,BandLen)Stop;
```

このコードから分かるように、上方バンドでは終値を高値に置き換え、下方バンドでは終値を安値に置き換えている。また、トレードの手仕舞いを若干抑えるために、買いポジションでは終値を安値に、売りポジションでは終値を高値に、それぞれ置き換えている。そして、トレードの仕掛けや手仕舞いがいくらか抑制されたことによる影響を補正するため、通常の移動平均を指数移動平均に変更している。こうした元のシステムに対する細かな修正があいまって、どうにもならないトレードを除去し、最後まで追随すれば利益が生じるような勢いのシグナルだけをとらえるようなシステムとなることを期待する。参照期間は60日に設定されており、最適化は行っていない。最も堅牢な設

表7.9 長期ボリンジャーバンドシステム(1980/1～1992/12)

マーケット	プロフィット・ファクター	トレード数	勝率	建玉期間の割合
ドイツ・マルク	3.62	34	61.76	59
原油	5.41	23	73.91	61
木材	1.21	46	32.61	53
銅	2.29	37	40.54	52
金	1.67	43	41.86	55
ドル・インデックス	3.92	17	64.71	54
生牛	1.32	34	38.24	44
Tボンド	1.94	33	45.45	52
綿花	2.32	39	43.59	59
日本円	3.01	40	60	62
天然ガス	10.28	6	66.67	82
小麦	2.37	38	34.21	53
ラフライス	12.65	15	66.67	59
材木	3.41	33	60.61	62
コーヒー	3.3	34	47.06	50
日経平均	2.42	6	50	63

定を見つけだすために、ディレクショナルスロープで異なる移動平均の組み合わせを書き出して、面チャートで表したのと同様のテクニックを使うことができる。

　このモデルは、1980年1月から1992年12月までの期間のデータで検証を行った。いくつかのストップをセクション3に、数種類のフィルターをセクション4に追加したあとで、1993年1月から1999年10月までの期間のデータを、比較サンプルとしてとっておいた。検証した16のマーケットの内訳は、ドイツ・マルク、原油、木材、銅、金、ドル・インデックス、生牛、Tボンド、綿花、日本円、天然ガス、小麦、日経平均先物、コーヒー、Tビル、ラフライスである。通常のポイントベース修正つなぎ足を使用しているため、プロフィット・ファクタ

ー、トレード日数、勝率の書き出し機能を、上記のコードに追加し、スプレッドシート・プログラムでさらに分析を進めることができるようにした。表7.9は、その結果である。スリッページと手数料は考慮していない。

　表7.9から分かるように、このバージョンのボリンジャーバンド・システムは、ほとんどのマーケットで高いプロフィット・ファクターと勝率を記録し、トレード期間の比率がかなり低いなど、いくつかの良好な特性を備えている。事実、表7.9では、すべてのマーケットで利益を上げており、プロフィット・ファクターは、多くのマーケットで1を大きく上回っている。元のシステムに施した修正が功を奏し、平均プロフィット・ファクターは、3.82となっている。長期のシステムでも、勝率の平均が51.74％となっており、ほとんどのマーケットで非常に高い勝率を記録している。

第2部の最後に
A Few Final Thoughts About Part 2

　第2部では、いくつかの基礎的なトレーディングシステムを構築した。続くセクションでは、これらのシステムをさらに進化させ、検証を続けていく。すべてのシステムは基本的なものであるが、ルールは最小限にとどめてあり、さまざまなタイプのマーケットの動きを探り出すことが可能であることを見てきた。また、さまざまなマーケットや過去に検証したことのないマーケットにおいても、将来にわたって有効に機能するようなトレーディングシステムを構築できることも見てきた。

　事実、堅牢なシステムを構築するカギとなるのは、システムをできるかぎりシンプルなものとし、同時にさまざまなマーケットで有効に機能することを確認することである。繰り返しになるが、ここでのキーワードは、「有効性」であって「収益性」ではない。有効に機能するシステムで利益を上げるには、そのシステムでとらえるように設計されている動きが、金額的に十分価値のあるマーケットで使用する必要がある。いつも有効に機能するとは限らないが、そうだからといって、そのシステムに欠陥があるというわけではない。

　第3部に進む前に、ここでいくつかの質問を出して、思索のヒントとさせてもらいたい。カーブフィッティングを測定する方法があるだろうか。結果が優れているほど、カーブフィッティングが機能したと

いえるだろうか、また、ルールが多ければ、カーブフィッティングはうまく機能するのだろうか。例えば、数千のルールを備えたシステムの構築がちょうど完了したところだとする。このシステムは、S&P500の日次のヒストリカルの動きを、すべて完璧にとらえることができる。これがカーブフィッティング・システムであることは、疑うまでもない。しかし、もしすべてのルールを反対にしたらどうなるか。言い換えれば、すべてのルールにひとつずつルールを追加して、2倍にするのである。このシステムによるヒストリカルの結果はどうなるか。おそらく惨憺たるものになるだろう。では、2番目のシステムは最初のものに比べて、多少なりともカーブフィッティングが働いたといえるのだろうか。

　ここで、カーブフィッティングの程度を測る方法を提案してみたい。トレードしてみたいマーケットをひとつ、あるいは複数選び、システムで捕捉したいすべてのマーケットの動きを自分で拾い出し、それらを理想的な資産曲線として一列に並べる。そしてシステムを構築し、理想的な結果を模倣するために、ルールを追加したり削除したりする。施したすべての変更について、相関係数を測定することにより理想とする曲線と、観察して得られた曲線との差異を測定する。相関性を高めようとするあまり、ルールを追加しなければならなくなるのは、賢明な方法ではない。ルールを削減して相関性を高めることができれば、それにこしたことはない。

　筆者自身これを実行したかと聞かれれば、答えは、ノーである。しかし、ここに私がルールにすべきであると考えているものがある。イコール（＝）、大なり（〈）、小なり（〉）の記号を使わなければならないときは、いつもルールを定式化している。この場合の秘訣は、これらすべての記号を最小限に、できれば全体で5以下にすることである。今まで見てきたように、記号を構成するものに忠実であろうとすれば、これは非常に難しいことである。

第3部では、いくつかのストップを追加して大きな損失を防いで利益を確定させ、それぞれのシステムのパフォーマンスを向上させることができないかを調べることにする。システムに追加したルールは、すべてカーブフィッティングを意図したものであろうが、ストップの追加とトレードの手仕舞いテクニックの追加は必要悪であり、カーブフィッティングよりも現実的な方法を重視すべきである。このように考えることはできないだろうか。買いポジションを取っていてマーケットが逆に動くと損失を被ることになる。お金を失うことはとにかく賢いことではない。ましてやそれがシステム的にとなれば、なおさらだ。

手仕舞い
Part Three　Getting Out

　システムで実現したいことについての基本的な考え方と、どのような動きをとらえたいのかが明確になれば、次はさまざまなタイプのストップとトレードの手仕舞い方法の実験である。もし望むのなら、これまでのセクションで出てきたような基本的なシステムを、仕掛けのルール専用として検証することもできる。基本的なシステムは、買いポジションや売りポジションを取るタイミングや、中立に戻すタイミングを示してくれる。いうまでもなく、売りポジションを取るということは、すでに取っている買いポジションの解消を意味する。しかし、程度の差こそあれ、本質的に基本的なシステムとは、高い確率でトレーディング機会を示してくれる一連の仕掛けのシグナルで構成されている。成功を収めたトレーダーの多くがこう語っている。「マーケットにはだれでも入れる。しかし、結局のところ成功するためのポイントとは、常に損失を上回る利益を上げて、マーケットから出ることである」

　ほとんどの場合、トレードを仕掛けることよりも、手仕舞いすることのほうがはるかに重要であるといえよう。したがって、トレードの仕掛けの方法から作業を始めることは、最良の方法であるとはいえない。もちろん、すでに優れた仕掛けのテクニックを確立しているが、手仕舞いのテクニックについては再検討していない場合もあろう。そ

の場合は、手仕舞いについての検証を行うか、パフォーマンスのさらなる向上を目指して手仕舞いのテクニックを追加するか「だけ」の問題である。

　しかし、ストップと手仕舞いのテクニックから取りかかり、その後で手仕舞いの基準とトレードの前提に適合するシンプルな仕掛けのテクニックを構築するほうがいい場合もある。ただし、これは、最初のものよりも優れた仕掛けのテクニックをあとから発見できる場合が多いためで、さまざまな仕掛けのテクニックを調べようとする作業が時間の無駄であるということを意味するものではない。これを確認するには、以前の状態で仕掛けのテクニックを検証しておく必要がある。

　第4部では、数種類の「フィルタリング」のテクニックを追加して、プロセスを進めていく。フィルターによって、可能なかぎり効果的にマーケットから離れることができるようになる。そこで使用するのは、手仕舞いのテクニックを検証し構築したあとの、もともとのトリガーや修正されたトリガーだけである。必然的に、そして、好むと好まざるとにかかわらず、フィルターと仕掛けのテクニックは、マーケットをある程度予測するものとなる。一方、マーケットを予想してはいけないのが手仕舞いのテクニックで、その段階でポジションが期待に応えてくれそうか、取引口座を台無しにしたりしないかどうかを示すのみである。手仕舞いのテクニックが優れていれば、仕掛けとフィルタリングのテクニックを、損益の帳尻に影響を及ぼすことなく、可能なかぎり活用できるようになる。標準的な作業の手順は、次のようになる。

- ●基本的、安定的で堅牢な仕掛けのシグナルから始め、ひとつの仕掛けのシグナルにひとつのポジション（買い、売り、中立）とする。また、ほかのポジションへの仕掛けのシグナルを手仕舞いとして使用する。

- ●適切な独立した手仕舞いのシグナルを追加し、リスクとリターン

の最適化を図る。
●必要に応じて、仕掛けのテクニックを変更したり、フィルターを追加して、確率の低いトレードを排除する。

第8章
効率的なトレード
Efficient Trades

　ここでのテーマは、トレードの効率を最大限に向上させることである。このコンセプトは、RINAシステムにより広く知られるようになった。高度に洗練されたシステムの TradeStation（トレードステーション）のパフォーマンスサマリーでは、仕掛けと手仕舞い、およびトレード全体の効率性について、オメガリサーチによるRINAシステムに似た感触を得ることができる。

　TradeStation の計算は、最初の指標と出発点として使うには、機能的ではあるが、調査をさらに広げて、テクニックをより最適化された確率の高いものにするには、TradeStation のパフォーマンスサマリーはもはや十分なものではない。TradeStation は相変わらずすべての動きを金額ベースで計算し、パーセンテージベースの計算は行わない。このような効率性の分析では、数値を見るだけであればそれでもかまわないが、それ以上のことには使えない。ここで、TradeStation のコードがどのようになっているか見てみよう。

買いトレード用
全体効率＝（手仕舞い価格－仕掛けた価格）÷（高値－安値）
仕掛け効率＝（高値－仕掛けた価格）÷（高値－安値）
手仕舞い効率＝（手仕舞い価格－安値）÷（高値－安値）

売りトレード用
全体効率＝（仕掛けた価格－手仕舞い価格）÷（高値－安値）
仕掛け効率＝（仕掛けた価格－安値）÷（高値－安値）
手仕舞い効率＝（高値－手仕舞い価格）÷（高値－安値）

全トレード用
平均全体効率＝全体効率性の合計÷トレード数
平均仕掛け効率＝仕掛け時効率性の合計÷トレード数
平均手仕舞い効率＝手仕舞い時効率性の合計÷トレード数

　図8.1は、ある買いトレードを示している。このケースでは、1350ドルで買いを仕掛け、1380ドルで手仕舞いするまでの間に、1330ドルの安値と1390ドルの高値があった。これらの数値を上記の公式に代入すると、仕掛け効率は67％、手仕舞い効率は83％、全体効率は50％となる。これを売りトレードに当てはめてみると、仕掛け効率は33％、手仕舞い効率は17％、全体効率は－50％となる。
　しかしこの売りのケースは、最初にプラスの利益からスタートし、その後は、当初の損失を取り返す前にマイナスに転じている。ここでは、トレードの仕掛けも手仕舞いもうまくいっているが、中間の部分で失敗している。しかし、これはパフォーマンスサマリーには反映されない。したがって、トレードを細かく区分して考察することの重要性や、第1部で触れたようにドローダウンを区分して分析することの重要性が分からないままで終わってしまう。第1部では、ドローダウンを、STD（スタートトレード・ドローダウン）、ETD（エンドトレード・ドローダウン）、CTD（クローズドトレード・ドローダウン）、そしてTED（トータルエクィティ・ドローダウン）に分けて考察することを説明した。ほとんどすべてのトレードは、3つの主要部

図8.1　買いトレード

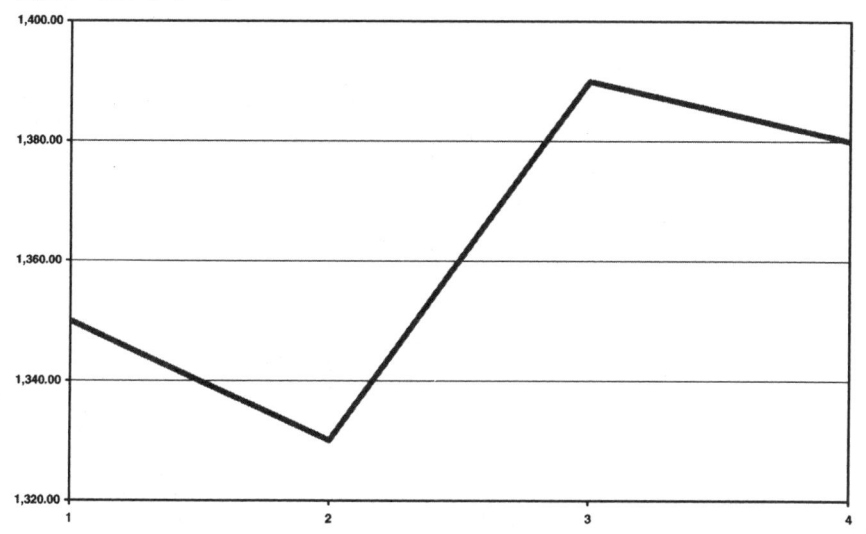

分に分けることができる。まず、安値を付けにいくSTD。次に利益を上げる局面で高値を取りにいく動き。そして、トレードを手仕舞いして、最終的な損益が確定するETDである。

　この最後の結論は極めて重要である。しかしそれは、これらの効率性の計算が観察するのには適しているが、研究するのには適していないということの理由ではない。すべての数値は、トレードの高値と安値からの距離をパーセンテージか、レシオで表している。レシオであるため、異なるマーケットや時間枠との比較には有効である。しかし、これを使って異なるトレードの仕掛けや手仕舞いのテクニックを追加しようとしたりするには、すべての価格の変化とパーセンテージの変化を考慮しなければならない。

　例えば、このシステムにストップロスを追加する場合は、ストップ

ロスを金額ベースではなく、パーセンテージベースで計算しなければならない。今まで説明してきたように、すべてのトレードの影響力を均一にして、トレンドが強く出るマーケットやさまざまな水準のマーケットでも、ストップが適用できるようにするためである。これには、RAD（比率修正つなぎ足データ）を使用して、限月の乗り換えを、価格ではなくパーセンテージベースで統合する必要がある。

ドローダウン

ドローダウンとは、何という響きだろうか。この興味をそそる命題には、実に多くのことが語られている。しかし、ドローダウンがシステムの検証結果の変数としてあまりにも過大評価されていることに、トレーダーの多くが気づいていない。現実問題として、ドローダウンは無視できるものでもないし、徹底的に調査しなければならないものであるが、その前に自分が何を行っていて、何を調査しているのかを理解しておく必要がある。ひとつ例を挙げると、推定最大ドローダウンには、トレードに必要な資金額や問題のあるシステムでトレードを行うときの心理的な裏づけがあるかどうかについての、貴重な情報が含まれている。しかし残念ながら、ほとんどの場合、システムの検証から得られる情報は十分なものではない。数値は金額ベースのものであり、損失を被った時間帯やマーケットとは関連がないからである。

この段階では、ドローダウンがマーケットの状況から切り離されていることはとりあえず無視する。システム設計者のほとんどは、システムを構築したり評価する場合に、総資産トータルエクイティ・ドローダウン（TED）だけに注目するという、もうひとつの重大な間違いを犯す。これは、トレーディング口座開設時と口座を閉じたときの資産額を使って算出されたものである。例えば、ある時点で、ポジションを一切持たない状態で直近のトレードが3000ドルの利益を上げ、

資産額が9000ドルと最高額を更新した。しかし、そのトレードを手仕舞いするときには、含み益を含めた最高資産額からは1000ドルの減少が発生していた。

　ほとんどの分析パッケージでは、このトレーディングの結果として、最終的に3000ドルの資産額の増加があったが、直近の資産最高額からは1000ドルのマイナスとなっているととらえる。さらに、次のトレードが負けトレードとなり、4500ドルの損失で損切りした場合、その結果は資産額が4500ドルで、ドローダウンが5500ドルとなる。次のトレードでは5000ドルの利益を上げるものの、最初は1000ドルの逆行で始まったため、トータルで6500ドルの落ち込みとなった。その後、建玉中のポジションの含み益から1500ドルをはき出し、現在のトータルエクイティ・ドローダウンは1500ドルとなっている。図8.2は、この一連のトレードを示している。

　しかし、これらの数値を注意深く観察すると、3つの異なるドローダウンで見ていることに気づく。ポイント3では、そのトレードを手仕舞いする前に、あとどのくらいの含み益が必要かを示すETD（エンドトレード・ドローダウン）で見ている。ポイント4では、CTD（クローズドトレード・ドローダウン）に注目している。これは、トレード中の動きを無視して仕掛けと手仕舞いのポイントだけを見る。ポイント5では、仕掛けからどれだけの含み損が発生しているかを示すSTD（スタートトレード・ドローダウン）を見ている。ポイント7では再度、エンドトレード・ドローダウンで見ている。

　もちろん、すべてのドローダウンを最小限に抑えたいのはいうまでもない。しかし、全体のドローダウンの数値（TED）だけを調べ、それを闇雲に何とかしようとしているときは、入力するパラメータを変更してシステムに変更を加えようとすることが実際には何かを変えようとしており、本当は何をしようとしているのか、まったく理解してはいないのである。

図8.2 さまざまなタイプのドローダウン

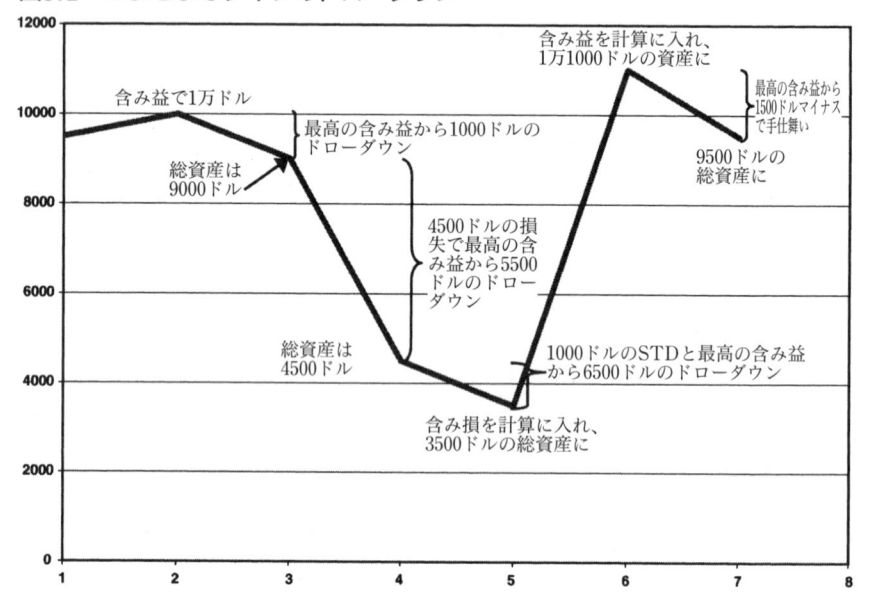

- 含み益で1万ドル
- 総資産は9000ドル
- 最高の含み益から1000ドルのドローダウン
- 4500ドルの損失で最高の含み益から5500ドルのドローダウン
- 総資産は4500ドル
- 含み損を計算に入れ、3500ドルの総資産に
- 含み益を計算に入れ、1万1000ドルの資産に
- 1000ドルのSTDと最高の含み益から6500ドルのドローダウン
- 最高の含み益から1500ドルマイナスで手仕舞い
- 9500ドルの総資産に

　確かに、最近のシステム開発者や市場アナリストのなかには、さまざまな形でこの問題を提起している者もいる。しかし、私の知るかぎり、マーケットとシステムを適切に科学的な方法で検証する方法に関して、この問題を提起している者はいない。このような分析を行っているアナリストとして、テクニカル・アナリシス・オブ・ストック・アンド・コモディティーズ誌のテクニカル分析エディターのジョン・スイーニーがいる。彼の著書『キャンペーン・トレーディング(Campaign Trading)』と『マキシマム・アドバース・エクスカージョン(Maximum Adverse Excursion)』では、最大逆行幅(Maximum Adverse Excursion)と最大順行幅(Maximum Favorable Excursion)の概念を取り上げている。最近では、RINA

システムのデビッド・スタンダールが、この問題をさらに深く研究し、トレードの効率性を計算する方法も開発している。

オメガリサーチ社の TradeStation のバージョン2000iでは、トレードの効率性分析がシステムに実装され、レポートも最適化されている。しかし、それが本当に必要なもので、そこから何が得られるのかについては、依然として疑問のままである。さらに、それが必要だとしても、それをうまく活用するにはどうしたらいいかという疑問も残っている。

任意のどの時点においても、TEDは、STD、ETD、CTDから成っており、TEDを理解するにはSTD、ETD、CTDについての理解が不可欠である。

どのようなタイプの仕掛けのテクニックを使っているかによって、トレードの多くが本来のコースをたどる前にSTDを経験するかどうかが決まってくる。これは特に、短期の高値と安値を取りにいくシステムで指値注文をする場合についていえることである。この場合、STDを回避する唯一の方法は、絶対的な高値か安値でトレードを仕掛ける以外にない。しかし、実際にはそのようなことがどのくらい実行できるだろうか。

例として、デイトレーディング用の蛇行システムのコードを単純化して、寄り付きで買ってトレードに入るようにしてみた。寄り付きでVS Midレベルの下でトレードを仕掛け、その日の引けまで1日中ポジションを維持した。STDは、トレードを仕掛けたポイント（始値）とその日の安値との距離となる。図8.3は、X軸にSTDを、トレードの結果をY軸にしたチャートである。このチャートから、STD/MAEが3％以上で何とかプラスとなったトレードは、ひとつしかないことが分かる。STD/MAEが2％以上のトレードのほとんどは失敗に終わっているが、STD/MAEが1％以下の場合は、かなりのトレードが利益を上げている。しかし、この特定のケースでは安値が高

図8.3 日中蛇行システムにおけるSTD/MAEと最終損益の関係

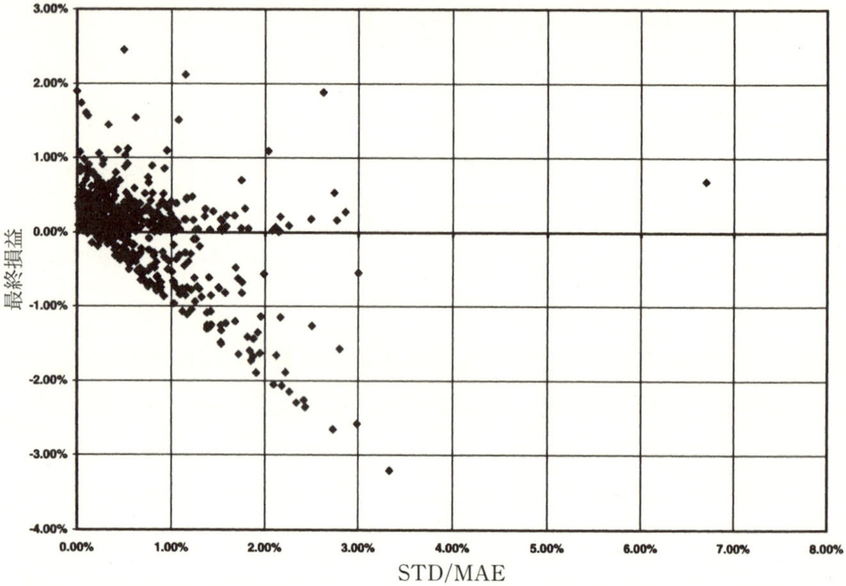

(散布図:横軸 STD/MAE 0.00%〜8.00%、縦軸 最終損益 -4.00%〜3.00%)

　値の前に来ると仮定しており、実際には常にそうなるわけではない。
　長期のブレイクアウト・システムで参照期間の最高値か最安値をストップ注文で仕掛けた場合に、しばしばSTDを経験する。たいていこのレベルは、マーケットのレジスタンスやサポートレベルと一致する。このレベルを試しトレードを仕掛けたあと、最終的な突破によって期待される本来のトレンドの動きに入る前に、通常はもう1回修正を入れることが多い。しかし、ほかのシステムでは、自然なオーダーを入れるための特定のレベルが完全に欠落していることもある。われわれのディレクショナルスロープ・システム(トレードの仕掛けは、移動平均のクロスではなく傾きに依存している)では、STDが極めて重要であると感じている。このシステムでは、トレードのトリガー

第8章●効率的なトレード

図8.4　日本円におけるディレクショナルスロープ・システム

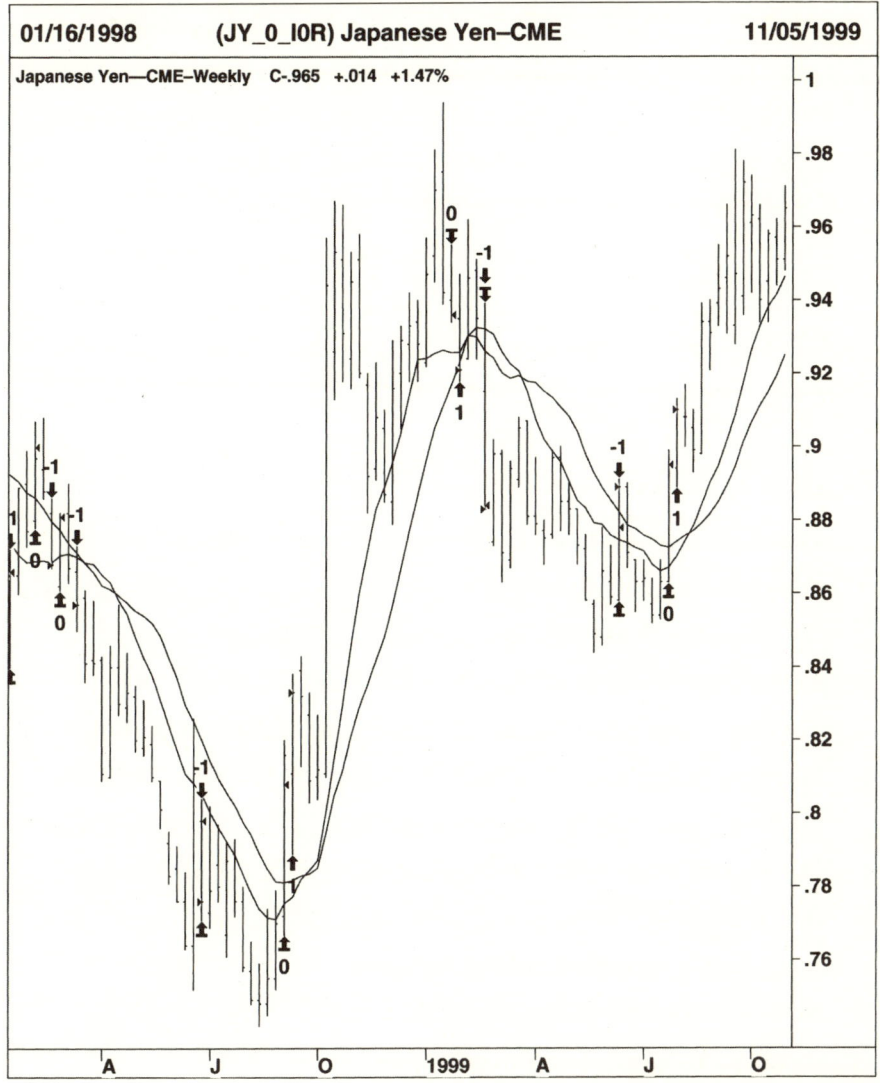

となる実際のレベルがまったく存在しないだけでなく、手仕舞いのルールもまったく定義されていないからである。図8.4は、価格水準や移動平均のレベルと、なぜトリガーが発動されたかということの間に、何の関連性もないことを示している（このセクションでは、18バーの仕掛けの移動平均と12バーの手仕舞いの移動平均を使っている）。

　さまざまなマーケットや期間で機能するSTD/MAEとETD/MFEのレベルを探し出すには、すべての調査をRADで行う必要がある。ディレクショナルスロープ・システムに必要なデータをスプレッドシート・プログラムに書き出すには、次のTradeStationのコードを使用する。

```
Input:EntryMA(18),ExitMA(12);
Vars:EntryAvg(0),ExitAvg(0),LongEntry(0),ShortEntry(0),
LongExit(0),ShortExit(0),LongEntryDate(0),ShortEntryDate
(0),LongExitDate(0),ShortExitDate(0),LongEntryBar(0),
ShortEntryBar(0),LongExitBar(0),ShortExitBar(0),MP(0),
TotTr(0),LowestLow(Low),HighestHigh(High),HighToLow
(0),LowToHigh(0),PosProf(0),MAE(0),MFE(0),MFEBar
(0),PrelMAEfe(0),MAEfe(0),FTE(0),ETD(0),BarsForTrade
(0),PriceForEntry(0),PriceForExit(0),DateForEntry(0),
DateForExit(0),TradeStr1(""),TradeStr2(""),TradeStr3("");
EntryAvg=Average(Close,EntryMA);
ExitAvg=Average(Close,ExitMA);
Condition1=EntryAvg>EntryAvg[1];
Condition2=ExitAvg>ExitAvg[1];
If MarketPosition<>1 Then Begin
  LongEntry=Close;
  LongEntryDate=Date;
```

```
    LongEntryBar=BarNumber;
End;
If MarketPosition<>-1 Then Begin
    ShortEntry=Close;
    ShortEntryDate=Date;
    ShortEntryBar=BarNumber;
End;
If MarketPosition=1 Then Begin
    LongExit=Close;
    LongExitDate=Date;
    LongExitBar=BarNumber;
End;
If MarketPosition=-1 Then Begin
    ShortExit=Close;
    ShortExitDate=Date;
    ShortExitBar=BarNumber;
End;
If Condition1=True and Condition2=True and MarketPosition
=0 Then
    Buy at Close;
If Condition1=False and Condition2=False and
MarketPosition=0 Then
    Sell at Close;
If Condition2=False Then
    ExitLong at Close;
If Condition2=True Then
    ExitShort at Close;
MP=MarketPosition;
```

```
TotTr=TotalTrades;
If MarketPosition=1 Then Begin
 If BarsSinceEntry=1 Then Begin
  LowestLow=LongEntry;
  HighestHigh=LongEntry;
  HighToLow=0;
  TradeStr2=NumToStr(PosProf,4);
  MAE=0;
  MFE=0;
  MFEBar=BarNumber;
  MAEfe=0;
 End;
 PosProf=(Close-LongEntry)/LongEntry;
 TradeStr2=TradeStr2+","+NumToStr(PosProf,4);
 If Low<LowestLow Then Begin
  LowestLow=Low;
  MAE=(LowestLow-LongEntry)/LongEntry;
 End;
 If High>HighestHigh Then Begin
  HighestHigh=High;
  MFE=(HighestHigh-LongEntry)/LongEntry;
  MFEBar=BarNumber;
  HighToLow=Lowest(Low,(MFEBar - MaxList(MFEBar[1],
  LongEntryBar)));
  PrelMAEfe=(HighToLow-HighestHigh[1])/HighestHigh[1];
  If PrelMAEfe <MAEfe Then
   MAEfe=PrelMAEfe;
 End;
```

```
End;
If MarketPosition=-1 Then Begin
 If BarsSinceEntry=1 Then Begin
  LowestLow=ShortEntry;
  HighestHigh=ShortEntry;
  LowToHigh=0;
  TradeStr2=NumToStr(PosProf,4);
  MAE=0;
  MFE=0;
  MFEBar=BarNumber;
  MAEfe=0;
 End;
 PosProf=(ShortEntry-Close)/ShortEntry;
 TradeStr2=TradeStr2+","+NumToStr(PosProf,4);
 If High>HighestHigh Then Begin
  HighestHigh=High;
  MAE=(ShortEntry-HighestHigh)/ShortEntry;
 End;
 If Low<LowestLow Then Begin
  LowestLow=Low;
  MFE=(ShortEntry-LowestLow)/ShortEntry;
  MFEBar=BarNumber;
  LowToHigh=Highest(High,(MFEBar - MaxList(MFEBar[1],
  ShortEntryBar)));
  PrelMAEfe=(LowestLow[1]-LowToHigh)/LowestLow[1];
  If PrelMAEfe <MAEfe Then
   MAEfe=PrelMAEfe;
 End;
```

End;
If TotTr⟩TotTr[1]Then Begin
 If MP[1]=1 Then Begin
  PriceForEntry=LongEntry[1];
  PriceForExit=LongExit[1];
  FTE=(PriceForExit-PriceForEntry)/PriceForEntry;
  ETD=(PriceForExit-HighestHigh[1])/Highesthigh[1];
  DateForEntry=LongEntryDate[1];
  DateForExit=LongExitDate[1];
  BarsForTrade=LongExitBar[1]-LongEntryBar[1];
  If MAEfe[1]⟩(PriceForExit - HighestHigh[1])/HighestHigh[1] Then
     MAEfe=(PriceForExit-HighestHigh[1])/HighestHigh[1];
  End;
 If MP[1]=-1 Then Begin
  PriceForEntry=ShortEntry[1];
  PriceForExit=ShortExit[1];
  FTE=(PriceForEntry-PriceForExit)/PriceForEntry;
  ETD=(LowestLow[1]-PriceForExit)/LowestLow[1];
  DateForEntry=ShortEntryDate[1];
  DateForExit=ShortExitDate[1];
  BarsForTrade=ShortExitBar[1]-ShortEntryBar[1];
  If MAEfe[1]⟩(LowestLow[1]- PriceForExit)/LowestLow[1] Then
     MAEfe=(LowestLow[1]-PriceForExit)/LowestLow[1];
  End;
 If FTE⟨MAE[1]Then
  MAE=FTEElseMAE=MAE[1];

```
If FTE>MFE[1]Then
 MFE=FTE Else MFE=MFE[1];
 TradeStr1=LeftStr(GetSymbolName,2)+","+NumToStr
(MP[1],0)+","+NumToStr(DateForEntry,0)+","+
NumToStr(PriceForEntry,4)+","+NumToStr(DateForExit,
0)+","+NumToStr(PriceForExit,4)+","+NumToStr(MAE,
4)+","+NumToStr(MFE,4)+","+NumToStr(FTE,4)+","+
NumToStr(ETD,4)+","+NumToStr(MAEfe,4)+","+
NumToStr(BarsForTrade,0);
 TradeStr3=TradeStr1+","+TradeStr2[1]+NewLine;
 FileAppend("D:¥Temp¥DSS.csv",TradeStr3);
 End;
```

　残念ながら、私がけっして優秀なプログラマーでないことが上記のコードから分かってしまうだろう。しかし、コードが長くなるのは、TradeStation のプログラムの欠点によるものである。ポジションとその仕掛けの価格を登録し、トレードにおけるバーの数をカウントする仕様だからである。TradeStation は、トレードの最初のバーが完結するまでポジションが建玉中であるかどうかを考慮しない。結果として、トレードのバーの数は正確に計算されない。例として、次のコードをいずれかのマーケットに適用してみる。

```
Buy at Close;
ExitLong("Loss")tomorrow at EntryPrice*0.98stop;
ExitLong("Profit")tomorrow at EntryPrice*1.02limit;
```

　この結果、TradeStation は常に次のバーの始値でトレードを手仕舞いしてしまう。しかし、コードを次のように変更するとどうなるか。

```
Buy at Open;
ExitLong("Loss")tomorrow at EntryPrice*0.98stop;
ExitLong("Profit")tomorrow at EntryPrice*1.02limit;
```

　この結果、TradeStation は、それぞれのトレードを同じ始値で仕掛けと手仕舞い実行し、一連のゼロバー、ゼロ利益トレードを生み出した。これらは、パフォーマンスサマリーでは、勝ちトレードとしてカウントされている。ほかの人にとってどうかは分からないが、筆者にとって勝ちトレードとは、利益を上げて手仕舞いしたトレードのことであって、それ以外はすべて負けトレードである。これに対処するひとつの方法として、次のようにコードを書き換えた。

```
Buy at close;
If BarsSinceEntry>=1 Then Begin
  ExitLong("Loss")tomorrow at EntryPrice*0.98stop;
  ExitLong("Profit")tomorrow at EntryPrice*1.02limit;
End;
```

　しかし、今度は TradeStation は、トレードを記録する前に単純にバーをスキップするようになってしまった。そして、バーが3本になるまで（仕掛けのバーを1本目とする）トレードを手仕舞いしなくなり、これは大引けではなく、寄り付きでトレードを仕掛けるように変更しても変わらなかった。そして、BarsSinceEntry 関数の設定を0か0以上にすると、システムが作動しなくなる。
　同じ流れの別の例として、あなたがバー内のブレイクアウトポイントでトレードを仕掛けたとする。同じバーの終値が示すようにマーケットがどれだけ逆に動こうとも、その日の大引けや同じバーのなかで

はトレードを手仕舞うことはできない（これが、デイトレーディングのすべての調査を、TradeStationではなくエクセルで行うことにした理由である）。

　筆者にとって、エクセルのスプレッドシートを使うのは、すべてを正確に計算するという目的のためである。しかし、マイクロソフト社はけっして認めないが、エクセルは公式があまりにも複雑なときはときどき計算の流れを見失って、誤った答えを返してくることがある。結局のところ、ここで扱うのは自分の（あなたの）お金であり、すべてが適切に機能するようにしなければならない。不幸にしてそのようなことが起こった場合は、その問題を解明しなければならない。このようにして、膨大な量の余分なコードができてしまったが、これらは、さらなる間違いやロジックの誤りを引き起こすことにもなりかねない。要は、今現在あるものを使え、ということだ。

　スプレッドシート・プログラムでは、図8.3や図8.5のような散布図を作成し、STDを最終損益と比較することが容易に可能となる。STDに必要なデータを引き出すには、MAEの場合と同じテクニックが必要となるかもしれないが、この2つのテクニックは同じではないことを理解しておくことが重要である。どちらのテクニックも、RINAシステムの仕掛けの効率性とは異なっている。この違いは、STDが主として仕掛けのテクニックを調整するのに対して、MAEがストップロスのような特定の手仕舞いのテクニックを調整することにある。MAEとSTDは、併用すると仕掛けの効率性を向上させることができる。

　また、有効に機能するシステムでは、すべての部分が介在してより大きな全体を構成するため、「主に」という言葉に注意する必要がある。多くの場合、2つのものを区別することは難しいものである。重要なのは、少なくともその違いを認識し、自分が実現しようとしていることを正確に理解しておくことである。ここでは、自分のお金がか

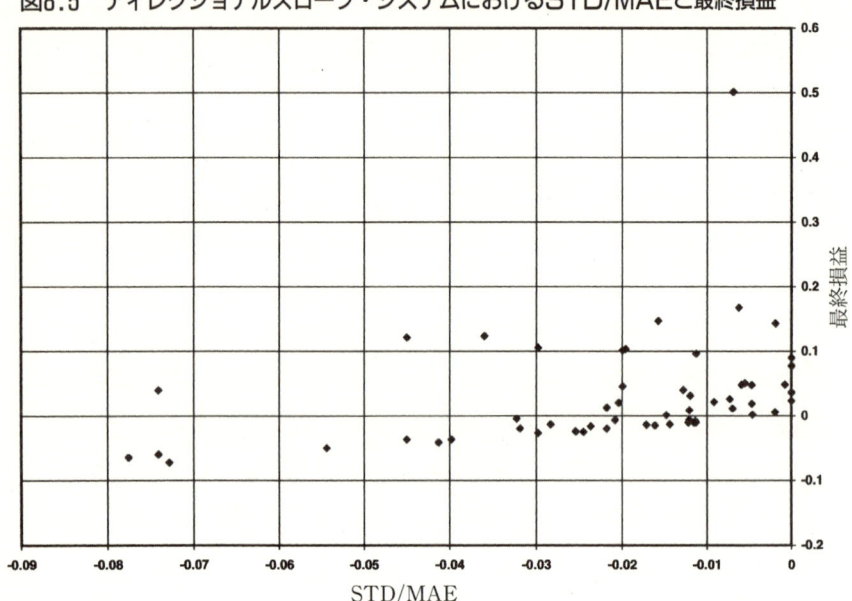

図8.5　ディレクショナルスロープ・システムにおけるSTD/MAEと最終損益

かっているのだから。

　図8.5は、日本円のマーケットでトレードしたディレクショナルスロープ・システムのSTD/MAEを示している。このチャートでは、STD/MAEが4％以上のすべてのトレードのうち、失敗に終わらなかったのは2つだけであることが分かる。STD/MAEが2％以下のトレードは、ほとんど成功している。

　蛇行システムの場合、手仕舞いのテクニックを最適化し、その他の必要な手順をすべて行ったことを確認すれば、あとは2、3のバーを待ってトレードを仕掛けるか、ボラティリティが高ければ寄り付きですぐにトレードを仕掛けるだけである。ディレクショナルスロープ・システムの場合は、マーケットの押しや戻りを待ち、仕掛けの移動平均がブレイクスルーのレベルに達するような価格帯でトレードを仕掛けるのも、ひとつの方法である。

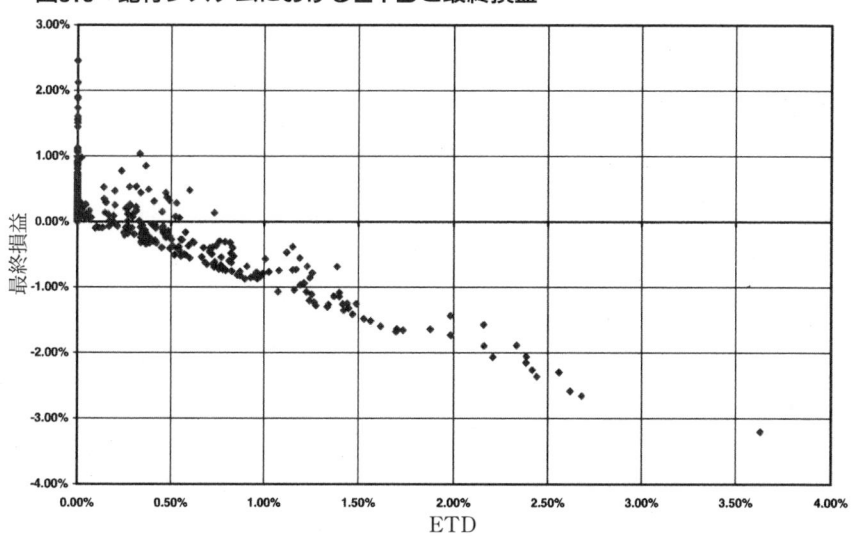

図8.6　蛇行システムにおけるETDと最終損益

　基本的に必要な情報を引き出す方法は同じであるが、STDがMAEと同じでないように、ETDも最大順行幅（MFE）と同じではない。MFEは建玉の最大含み利益である。ETDは、MFEと手仕舞いポイントでの差であり、マーケットが反転してシステムが手仕舞いのシグナルを出すまでに失った利益である。したがって、MFEと最終的な利益は、投資金額とトレードされた枚数によって最大化される。一方、ETDはトレイリング・ストップや、時間ベースストップ、利益目標ストップなど、さまざまなタイプの手仕舞いテクニックと指値を使用することで最小化できる。あらゆるETDを完全に回避する唯一の方法は、資産曲線の頂点で指値によってすべてのトレードを手仕舞いすることである。図8.6は、ETDと単純化された蛇行システムの最終損益の関係を、図8.7は、MFEとディレクショナルスロープ・システムの最終損益の関係を示している。図8.6から、ETDが0.5％を超えると、1％以上の損失となることが多いのが分かる。これは、トレード

図8.7 ディレクショナルスロープ・システムにおけるMFEと最終損益

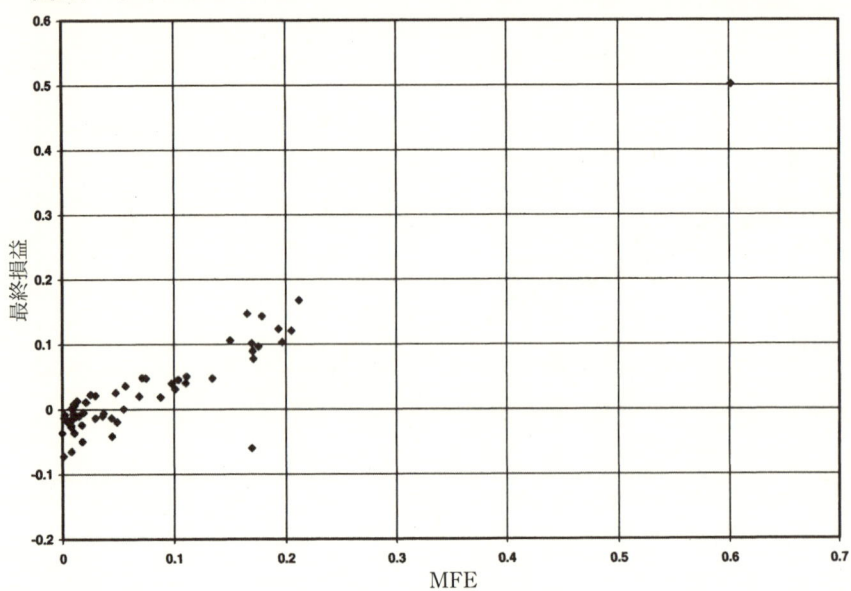

図8.8 蛇行システムにおけるMFEとETD

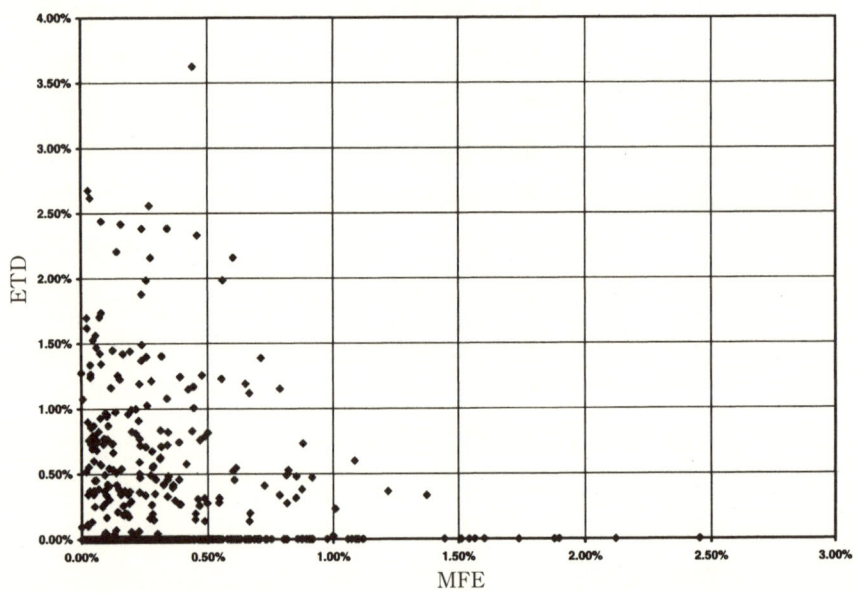

を仕掛けた直後からマーケットが逆に動いたときに起こり、STDとETDの数値が同じになる。適切なレベル（ETDを小さくするように）に置かれたストップロスやトレイリング・ストップ、より保守的な仕掛けのテクニック（STDを小さくする）によって、これらの損失はかなり小さくすることができる。

　図8.7は、日本円のマーケットでトレードを行ったディレクショナルスロープ・システムのMFEに関連する最終損益を示している。およそ5％以上のMFEが出るまでは、含み益をすべて吐き出さないかぎりシステムは手仕舞いのシグナルを出さないことが分かる。図8.6と図8.7を見ると、図8.6からの情報に対処するのは、そんなに難しいことではない。間違いなく、ディレクショナルスロープ・システムで5％水準の利益を上げるには、何らかの手段を講じなければならないが、それにはどうすればいいのだろうか。それには、最終損益の代わりに、ETDをMFEに関連づけて注目しなければならない。これを、図8.9と図8.10にまとめた。

　この蛇行システムの修正バージョンは、指値でトレードを仕切る動的利益目標によって運用されているため、MFEが高いほどETDは低くくなる。しかし図8.8では、MFEが0.5％を超えるすべてのトレードのうち、いくつかはETDがMFEの値を上回っている。プロフィットプロテクションかブレイクイーブン・ストップの導入で、これらの損失は回避できる。

　多くの長期トレンドフォロー型システムと同様、ディレクショナルスロープ・システムでは、トレードを手仕舞いする前に含み益のいくばくかを実質的に放棄しているといえる。図8.9では、2つのトレードでMFEが20％を超えたが、その利益の3分の1を失うまで終了できなかったことを示している。ここでETDはマイナス表示となっていることに注意してほしい。

　CTD（クローズドトレード・ドローダウン）は、損失を出したす

図8.9 ディレクショナルスロープ・システムにおけるMFEとETD

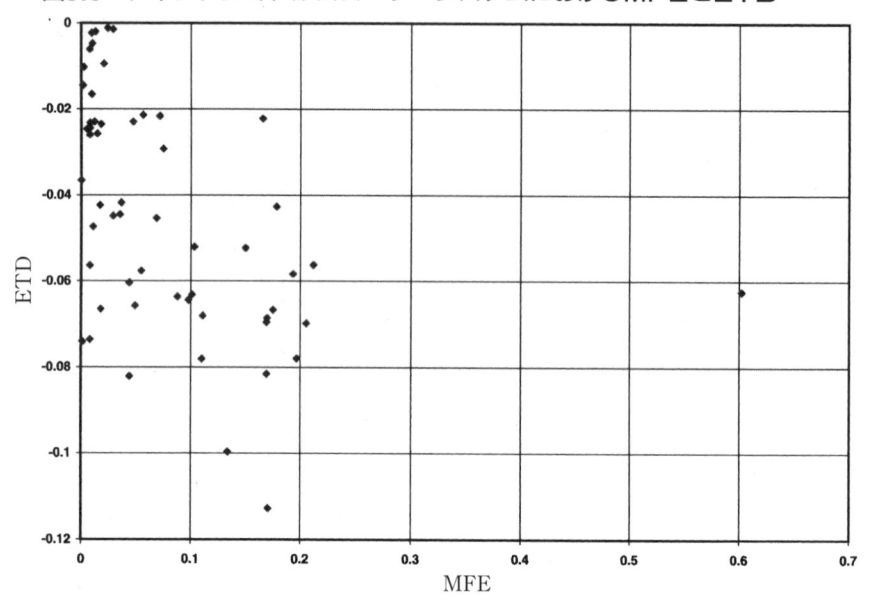

べてのトレードごとに経験するドローダウンである。CTDとTEDを区別することもまた重要である。特に、含み益のある程度を失うまでトレードを手仕舞いできない長期トレンドフォロー型のシステムでは、この違いは非常に大きい。多くの場合、CTDはSTDと同様に、オーバーライディング・フィルターを使ってトレードの回数を制限して調整しなければならない。仕掛けのシグナルのうち、勝ちトレードとなる可能性の高いセットアップや長期的状況のみを通過させる。特に長期のトレンドフォロー型のシステムでは、CTDはETDの関数になり得る。これは、トレイリング・ストップのような適切な手仕舞いテクニックに適合することを意味している。CTDについての感触を得るには、すべてのトレードを、勝ちトレードと負けトレードに分けて、最終損益とSTD/MAEのチャートと、最終損益とMFEのチャートを作成してみるといい。図8.10では、失敗に終わったディレクショナル

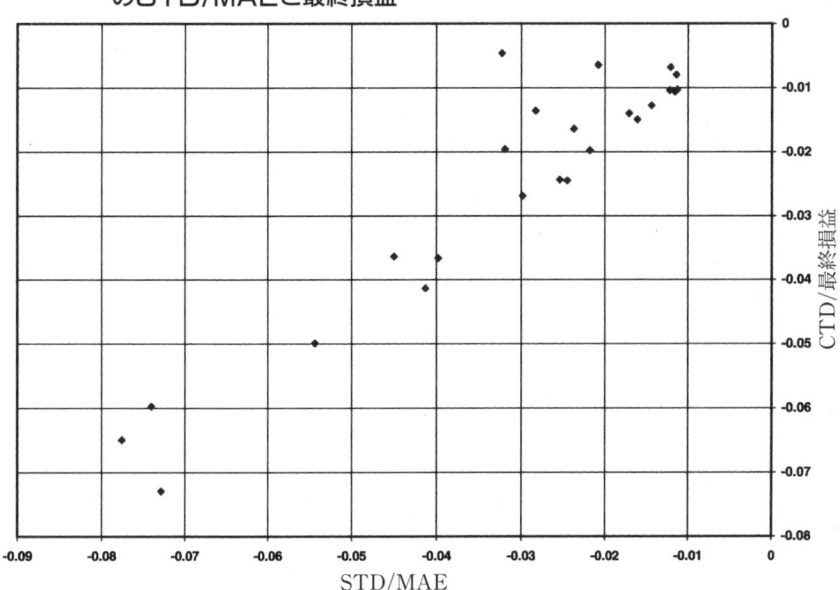

図8.10 ディレクショナルスロープ・システムにおける全負けトレードのSTD/MAEと最終損益

スロープ・システムでのトレードのうち、2、3のトレードでCTD/最終損益とSTD/MAEに大きな違いが出ている。これは、トレードがうまくいかなかった場合は、そのほとんどが一瞬のうちに失敗してしまったことを示している。図8.11は、勝ちトレードの場合の最終損益とSTD/MAEの関係を示しているが、負けトレードの場合ほど明確ではない。これは、CTDをコントロールするには、CTDを勝ちトレードとは切り離して分析し、余計な情報を加えたせいで分析が混乱しないようにするのが重要であることを示している。

図8.10と図8.11では、すべての勝ちトレードについて、STDが2％を超えているのは6つのトレードだけで、さらにそのうちの3つだけが10％を上回る利益を記録しているのが分かる。反対の領域では、STDが2％を超える負けトレードが16あり、そのうちのほとんどで2％以上の損失となっている。実際のところ、トレードで失敗した場

図8.11 ディレクショナルスロープ・システムにおける全勝ちトレードのSTD/MAEと最終損益

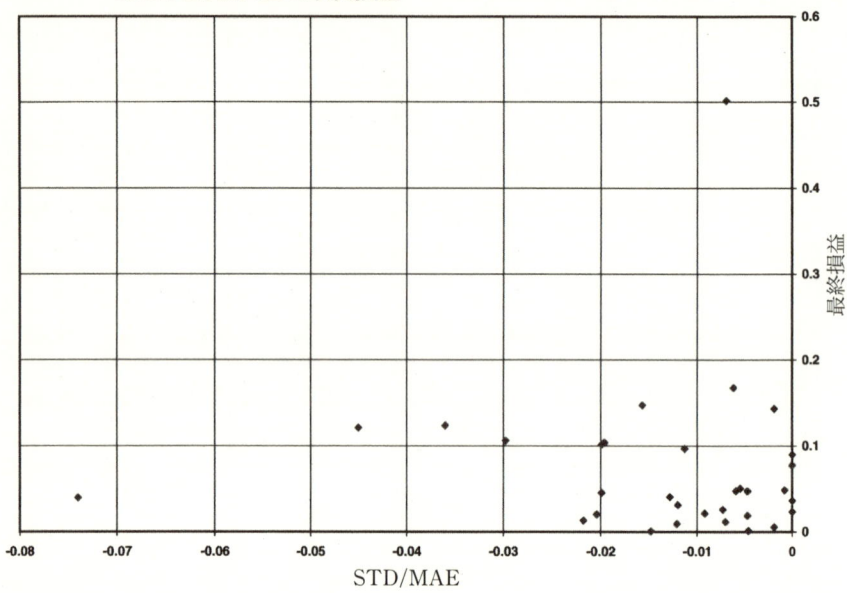

合は、たいていはその最大損失かそれに近い状態でトレードを手仕舞いすることになるものである。

　同じことが、図8.12と図8.13でも見られる。ここでは、CTDを対象としており、蛇行システムの最終損益をSTD/MAEとの関連で示している。図8.12からは、負けトレードのうち、最終損益/CTDがSTD/MAEと大きく違っているのは数えるほどしかないのが分かる。これは、トレードがうまくいかなかった場合は、そのほとんどが一瞬のうちに失敗してしまったことを示している。図8.13では、短期の蛇行システムが、長期のディレクショナルスロープ・システムと実はよく似ていることが再び見てとれる。勝ちトレードとそのSTD/MAEとの関係が、負けトレードの場合ほど明確ではない。これは、CTDをコントロールするには、CTDを勝ちトレードとは切り離して分析し、余計な情報を加えたせいで分析が混乱しないようにするのが重要

図8.12　蛇行システムにおけるSTD/MAEとCTD

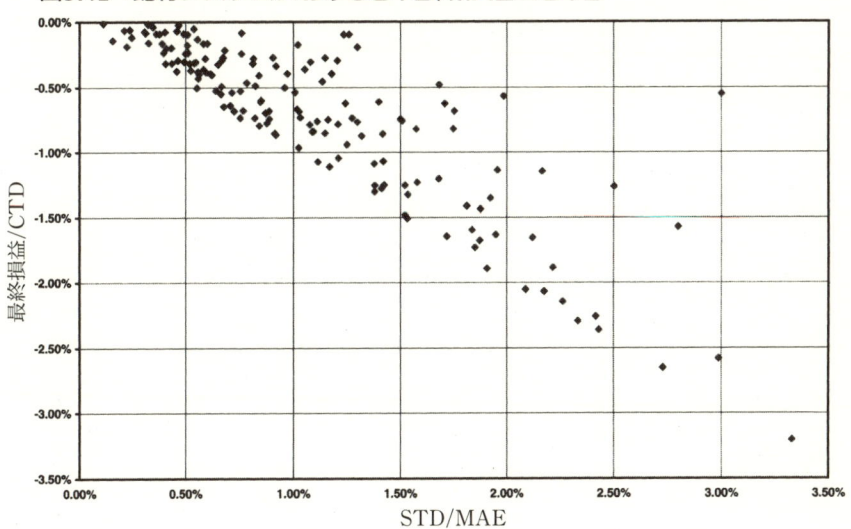

図8.13　蛇行システムにおける全勝ちトレードのSTD/MAEと最終損益

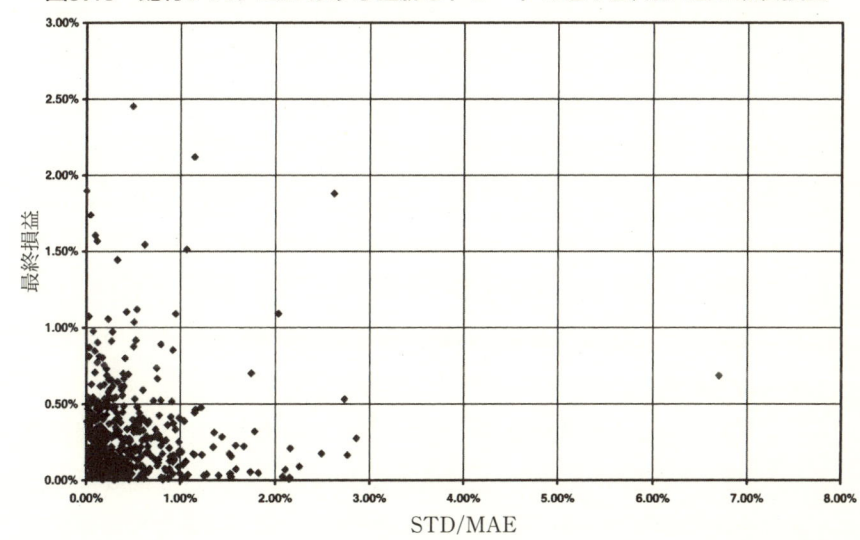

図8.14　ディレクショナルスロープ・システムにおけるMFEとCTD

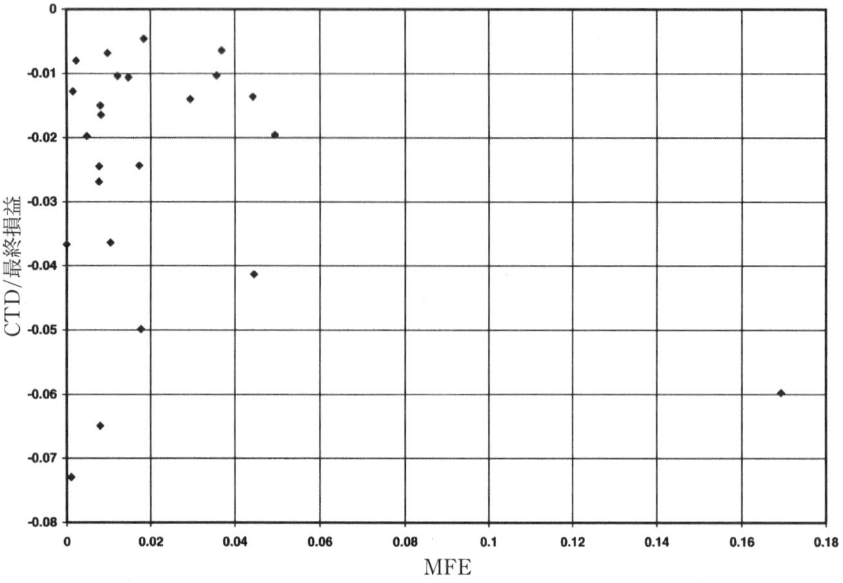

であることを示している。

　図8.12と図8.13からは、STDが2％を超えるトレードのうちで、0.5％以上の利益を上げているものはほとんど存在せず、わずかにひとつのトレードが2％の利益となっているのが分かる。一方で、STDが1％以上で最終損失が1％を超えるトレードはたくさんある。そして、ディレクショナルスロープ・システムの場合と同様に、これらのトレードの多くはトレードの最大損失の近辺で仕切っている。ここで問題は、トレードを行ってもうまくいかない状況とはどんなもので、トレードを仕掛ける前に対処することができないのだろうかということである。

　ディレクショナルスロープ・システムにおけるトレードの最終損益を、MFEと比較してみると、5％か、それに近い逆行の動きがあるまで手仕舞わないトレードが少数あるのが分かる。これは明らかに吐

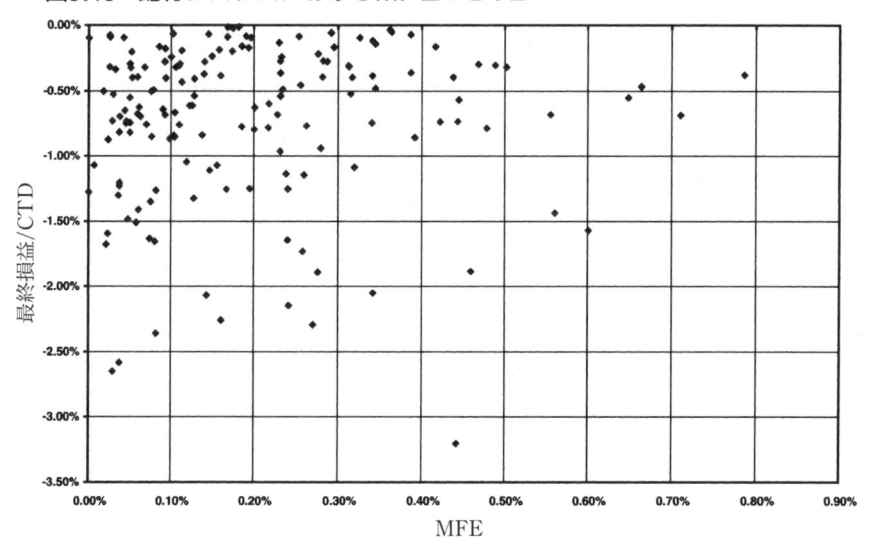

図8.15　蛇行システムにおけるMFEとCTD

き出しすぎであり、何らかのトレイリング・ストップの追加を検討したほうがいいかもしれない。図8.14では、ディレクショナルスロープ・システムにおける合計24の負けトレードのうち、17のトレードのMFEが2％以下であったことが分かる。有効なフィルターを使えば、これらのトレードの多くは、損失を帳消しにできるであろう。繰り返すが、これはほとんどの負けトレードが仕掛けた直後からうまくいかなかったことを示している。トレンドがマーケットを支配しているときに、それが持続するものであれば利益が出ることを示している。また、MFEが大きくなると、最終損失も小さくなる。

　同じことが、図8.15の蛇行システムについてもいえる。ここでは利益でスタートするものの、終値で手仕舞う前に1.5％以上の逆行を許しているトレードが結構多い。さらに、MFEが0.2％に届かなかった負けトレードが多数ある。前者のケースでは、何らかのストップロス

を追加することで損失をある程度防ぐことができる。後者の場合はある種のフィルタによって、多くのトレードを避けられるだろう。繰り返しになるが、MFEが大きいほど最終損失は小さくなる。また、デイトレーディングであっても長期トレーディングであっても、トレンドがマーケットを支配しているときは、トレーディングの期間の長短に関係なく安定した利益を上げることができる。

　トレードの推移を要約して示すもうひとつの方法は、STD/MAE、MFE、ETD／最終損益を実際のトレードと同じ順序でチャートに表すことである。図8.16は、ディレクショナルスロープ・システムにおけるトレードの推移を示している。ここでは、最初のポイントから離れるほど、トレードが分散しており、トレードの結果の標準偏差は大きくなると考えるのが妥当である。したがって、ディレクショナルスロープ・システムでは、ほとんどのMFEは、STDが発生したあとで出てくると考えるのが理に適っている。しかし、これが常に正しいというわけではない。MFEを記録したすべてのトレードが、その前にMAEを経験しているわけではないからである。しかし、図8.16のケースでは、ディレクショナルスロープ・システムで日本円をトレードした場合の平均的なトレードではトレードを仕掛けた直後にマーケットがおよそ2％（中間線）逆行し、そのあとで本来の方向に戻り、約7.5％のMFEを記録しているのが分かる。しかし、その時点から再びMFEが下落し始め、最終利益が3％付近でトレードを手仕舞いしている。これは、含み益のピークから約50％の減少となる。

　同じ現象が、図8.17でも見られる。ここでは、蛇行システムによるトレードの推移を示している。ここでも、最初のポイントから離れるほど、トレードが分散していくと考えるのが妥当である。この結果は、蛇行システムによるものではないように見えるが、その原因は、STDとETDをより厳密に解釈したことによるものである。図8.17では、平均的なトレードが仕掛けた直後に約0.6％逆方向に動き、その

第8章●効率的なトレード

図8.16　ディレクショナルスロープ・システムにおけるトレードの推移

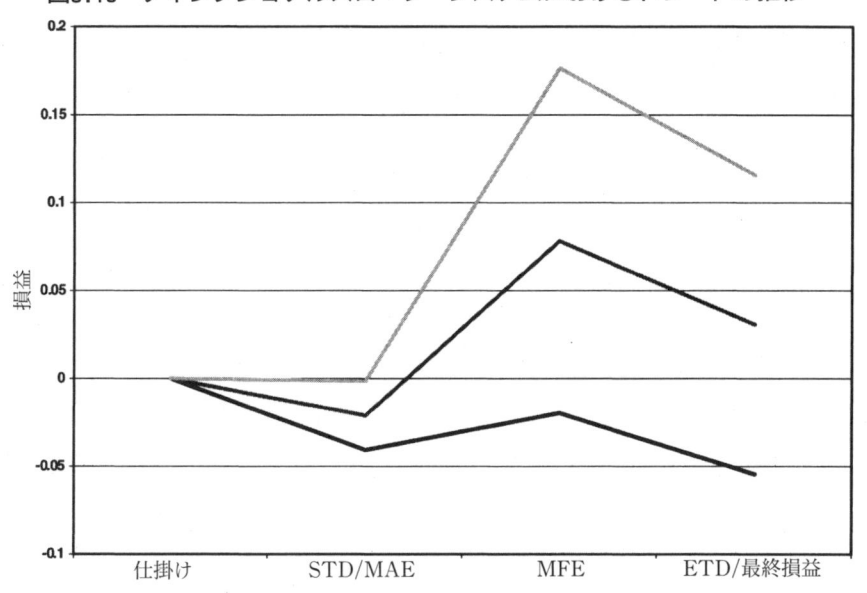

図8.17　蛇行システムにおけるトレードの推移

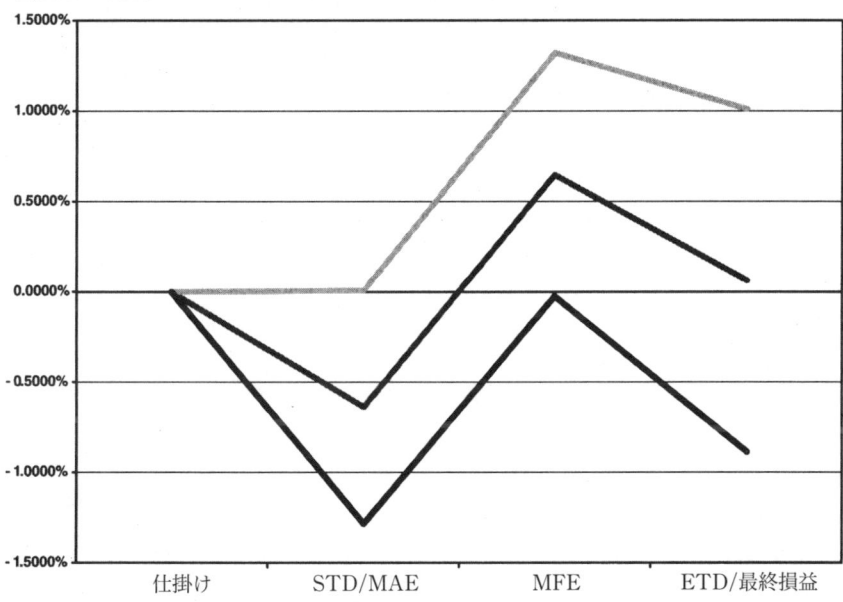

後、本来の方向に戻って約0.6％のMFEを記録し、0.1％の最終利益を上げた。しかし、これは大まかな動きである。デイトレーディングの標準偏差がいつもこのとおりに動くとは限らないことに注意しよう。なぜなら、トレードを仕掛けたポイントから離れれば離れるほど、標準偏差の開き（上方と下方の線）はどんどん大きくなっていく傾向にあるからで、このチャートではそれは表れていない。

それでも、それぞれのポイントを標準偏差の幅で個別に調べていくと、ストップをどこに置けばいいのかという問題について、解決の糸口が得られる。例えば、ディレクショナルスロープ・システムの場合に、68％の確率ですべてのトレードが、STD/MAEが－3.7％から0％、MFEが－2％から17％、最終損益が－5.5％から11.5％となる。この基準から外れたトレードは、良くも悪くも受け入れがたいものだといえる。第2部で、あまりにもうまくいきすぎるトレードは必ずしもいいことではないということがあったのを思い出してほしい。スイーニーのMAEとMFEを研究する次の章で、これらのトレードを処理する別の方法として、同じようにトレードの推移を表すものを詳しく説明する。古い格言にある「最悪のドローダウンはこれからやって来る」というのは、遅かれ早かれそのとおりになるものであるが、やるべきことをきちんとやっておけば、明日真っ先に起こるというものでもない。

第9章

スイーニーのMAE（最大逆行幅）とMFE（最大順行幅）
Sweeney's MAE/MFE

　次のことを考えてもらいたい。あなたのトレーディングスタイルは、西部劇の早撃ちガンマンと身を潜めて機会をうかがうスナイパーのどちらに似ているか。自分のトレードが向かおうとしている先にあるのは、夕陽のなかを馬に跨がって去っていく姿なのか、真昼の薄汚れた通りに倒れている姿なのか。生き残るためには、いつ手を引き、いつ仕掛けるかを知っておかなければならない。

　ガンマンにとってもスナイパーにとっても、弾道を計算できれば圧倒的に優位に立つことができる。これは、一瞬の決断が要求される銃撃戦ではほとんど不可能であるが、金融市場では、ターゲットに応じてトレードの軌跡を予測することができる。

　最初にやらなければならないことは、ターゲットの場所と自分の過去のパフォーマンスを探し出すことである。それには、自分のトレードの母集団についての深い洞察と、個々のトレードについての詳細な検討が必要である。それを行うことで、トレードの間にあるいくつかの共通点があるのを発見できる。しかし、すべてのトレードはそれぞれに独自の特性があり、成功と失敗の違いを特徴づけている。これらの特性はすべて、図9.1にあるように、スイーニーのMAE（最大逆行幅）とMFE（最大順行幅）のテクニックを使ってトレードを行うことで、見つけだすことができる。この章では、スイーニーの優れた

図9.1 日本円における2つのトレードのMAEとMFEの水準

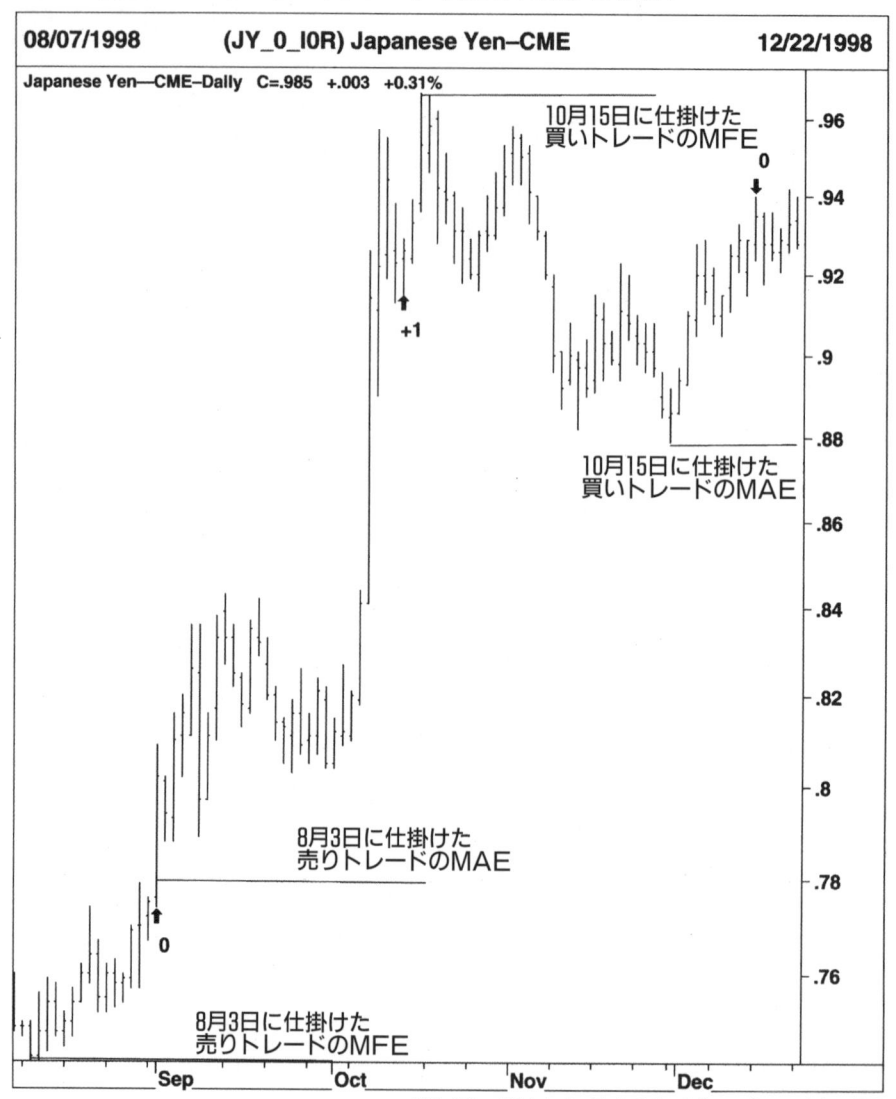

研究を解明し、そのより効果的な使い方を探っていく。

　MAEは、ポジションに対する日中の最大のマイナスの動きとして定義され、トレード中のポジションの最大損失（含み損）に一致する。MAEでは、それがトレードの仕掛けた直後に発生したのか、トレードの利益をすべて吐き出して損益がマイナスに転じたあとの手仕舞い直前に発生したのかは考慮されない。MFEは、ポジションの最大のプラスの動きとして定義され、トレード中のポジションの最大利益（含み益）に一致する。MFEもまた、それがトレードの初期の段階で発生したのか、あるいは利益を確保した状態で手仕舞い直前に発生したのかは考慮されない。例えば、図9.1では、MAEのあとに発生したMFEと、売りトレードで発生したMAEが、どちらもトレードの手仕舞いポイントと重なっている。買いトレードについて今まで議論してきた別のドローダウンを見てみると、仕掛けのポイントとMAEの水準の差が事実上STD（スタートトレード・ドローダウン）となっており、何らかのフィルターの追加によって、完全に防ぐことができそうなものである。しかし、一度トレードを仕掛けると、MFEに続く逆行の動きはトレイリング・ストップかストップロスでないと止めることはできない。MAEとMFEのテクニックを使えば、高確率の手仕舞いテクニックを用いるシステムを検証でき、加えて、その手仕舞いテクニックをいつトレードに追加するのが妥当なのか、さらには、トレンドに逆行するトレードに対して一度出されたシグナルを取り消すのが妥当であるかまでも検証することができる。

　補足として、またMAEとMFEの分析を始めるに当たって、トレードの全期間とその推移について詳しく研究していく（希望があれば、一種の弾道分析も行う）。これによって、トレードがMAE/MFE分析によって設定された境界線内に収まっているかどうかで、使用するシステムのトレーディングに追加するルールを検証することができる。例えていえば、多少時代がかってはいるが、MAE/MFEの値を射撃

場の飛び出してくる標的に例えると、MAEは倒すべき悪人で、MFEは撃ってはならない「善良な市民」といったところか。

　弾道分析は、誤って市民を撃ってしまったり、まったく逆の方向を撃ってしまった場合に弾丸（トレード）を空中で停止させたり、視界にとらえた悪人のいるほうへ、無駄に連続して弾を撃ち込むのをキャンセルするのに役立つ。さらに、各ポジションの資産カーブは、価格の推移の動きをそのまま反映したものであるが、弾道分析によって、現在進行している価格の動きを過去の似たような状況と比較することが可能となる。テクニカル分析を、過去の価格の動きが将来も繰り返されるという前提で研究するものだとすると、これは実行可能なもののなかで、実践的で最も有効な究極の手段ではないか。必要なデータ全体をスプレッドシートに書き出すには、前章のコードを引き続き使用する。

　このコードを、第２部のディレクショナルスロープ・システムで、1980年１月から1999年10月までの期間のすべてのマーケットに適用してみた。検証したマーケットは、Ｔボンド、生牛、日本円、とうもろこし、カナダ・ドル、原油、ドル・インデックス、木材、オレンジジュース、S&P500、銅、ユーロ・ドル、CRB指数、綿花、金、コーヒーである。この作業領域を保存している場合は、通常のポイントベース修正つなぎ足を、RAD（比率修正つなぎ足データ）に変換しなければならない。さらに、前回と同様に、結果が最適化されなくなるのを避けるため、スリッページと手数料は控除しない。

　このケースでは、すべてのマーケットのすべてのトレード（勝ちトレード、負けトレード、買いトレード、売りトレード）の調査から始め、次に勝ちと負けトレードに分けて分析を行う。スプレッドシート・プログラムでは、３つのコピーを作成する。また、短期と長期のトレードに分けて検証したい場合は、個別のコピーを作成することを勧める。スプレッドシートからのデータを使って、図9.2のようなチャ

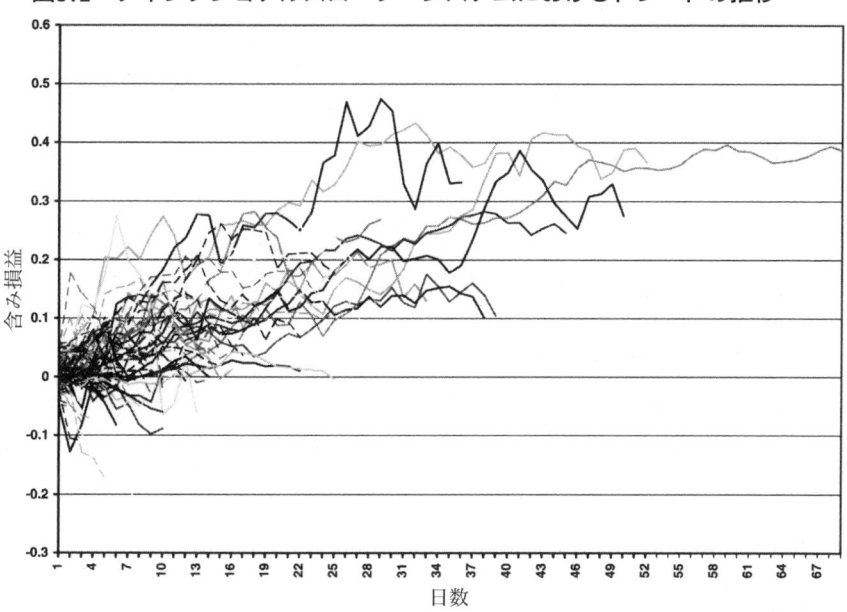

図9.2　ディレクショナルスロープ・システムにおけるトレードの推移

ートを作成することができる。これは、トレードの一連の推移を示している。

　各マーケットのすべてのトレードを互いにチャートに重ねるのは、あまり意味のあることではなく、乱雑にしか見えないものであるが、ここでは、勝ちトレードと負けトレードについて、その違いを見いだすことができる。例えば、負けトレードのトレード期間に短いものが多く、勝ちトレードにはより長いものが多いといったことが、簡単に分かる。また、期間の長いトレードほど上方へのバイアスが見られる。この傾向を容易に見分けるために、図9.3で分布の全体にトレンドラインを追加した。すでにいくつかの傾向と、「勝ちトレードは、損益がプラスの領域で約18から30前後のバーがあり、ほとんどのトレード

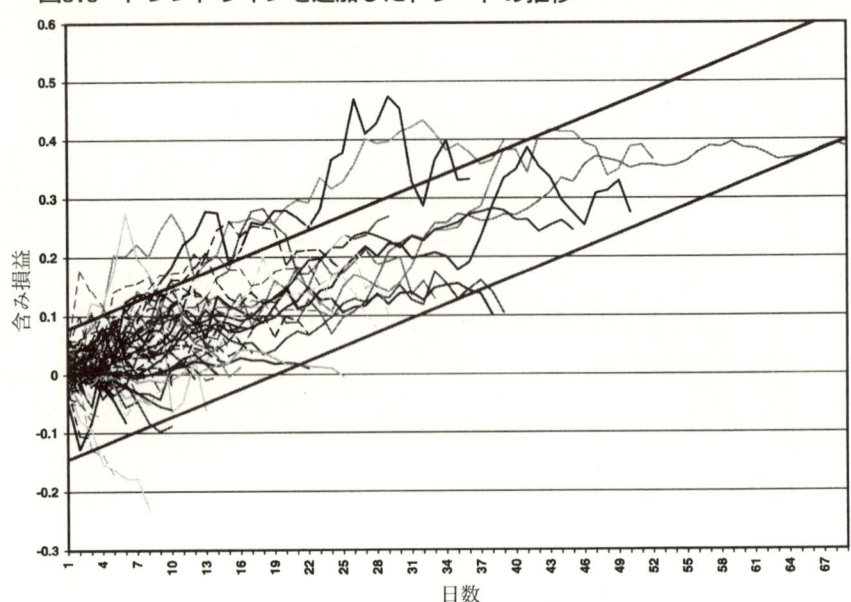

図9.3 トレンドラインを追加したトレードの推移

が10％から30％程度の利益を上げる」というような基本的なガイドラインを見てきたが、これだけでは「精神論に頼るトレード」ではなくシステマティックでメカニカルなルールを公式化するには必ずしも十分なものではない。

そのためには、物事を単純化する必要がある。最初に、それぞれのバーの平均のパーセンテージベースの動きと標準偏差を計算する。スプレッドシートの最下段に次の公式を入力し、継続中のトレードがあるかぎり、右に追加していく。

＝AVERAGE(H1:H1240)

図9.4 プラス（上方の蛇行線）とマイナス（下方の蛇行線）の標準偏差ラインを追加した平均トレードの推移（中間の蛇行線）

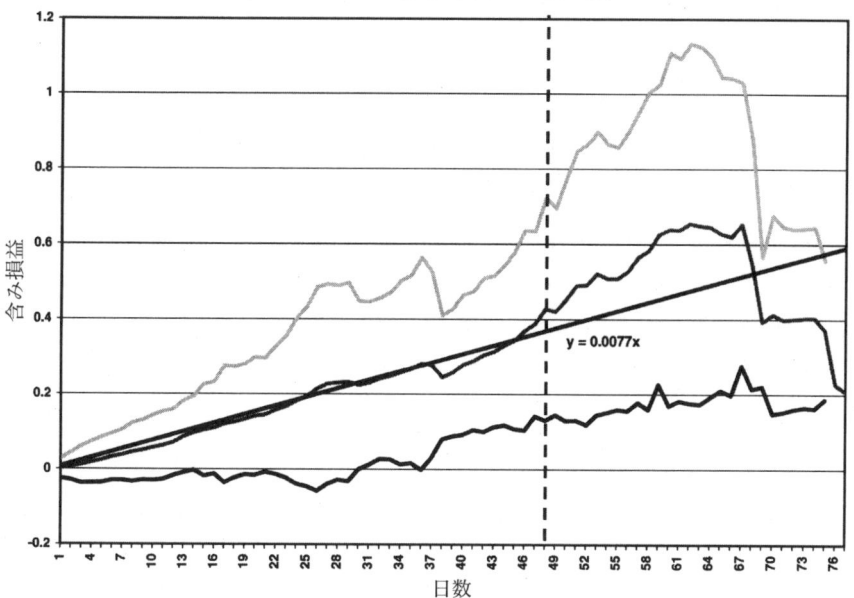

Hは、バーのパーセンテージベースの動きを格納した列を示す。

＝H1246＋STDEV（H1:H1240）
＝H1246－STDEV（H1:H1240）

これが完了すると、図9.4のようなチャートを作成できる。このチャートは、平均的なトレード（中間の蛇行線）と、プラス（上方の蛇行線）の標準偏差とマイナス（下方の蛇行線）の標準偏差とのラインに囲まれた領域を示している。すべてのトレードのうち、68％がこの領域内に含まれる。さらに、トレードの平均について最小二乗法による回帰線を追加することもできる。ほとんど無意味な無数のラインを

観察する代わりに、4本のラインを抜き出してより簡単に解釈とルールの作成を行うことにする。

　トレードを仕掛けた地点から離れるに従い、多くのトレードが仕切られてしまう。しかし、トレードの数が少なくなるほど、そこから得られる結果の信頼性も低くなる。縦に引いた破線は、継続中のトレードが20未満となるポイントである。このケースでは、バーが48となったポイントである。このチャートには、トレード平均の回帰線（中間の直線）を追加している。このラインの回帰式は、$0.0074X$である。これは、トレードの平均の数値が1日につき0.74％増加することを意味している。

　このようなチャートによって、「平均線を下から上にクロスしたら、そのトレードは平均を上回る成績を上げるつつあり、増し玉したほうがよい」、あるいは「上方の標準偏差境界線を下から上にクロスしたら、そのトレードは、かえって危険なので利食いを行ったほうがいい」のようなガイドラインを定義できる。また、すべてのトレードを成功と失敗に分けると、ルール作成についてのより確かな感触が得られる。図9.5は、どうにもらちがあかなかった平均的な負けトレードの推移を表している。破線は、14バーのポイントで、その日以後では20未満のトレードが継続中であるが、統計上の結論を得るには少なすぎる数である。少なくともこの時点で、トレードが利益を出していなければ、資金をほかに振り向けたほうがいいであろう。

　このチャートから分かるように、負けトレードのうち、2％を超える含み益を記録したものはほとんどない。また、すべてのトレードのうち、およそ16％（$(1-0.68) \div 2$）が、7％を超える含み益を上げている。これは、バー16近辺の上方の1標準偏差ラインで示されている。さらに、図9.4と図9.5は、「バー14までに利益を出せなかったら、そのトレードはおそらく失敗であり、見切ったほうがいい」というガイドラインを示唆している。

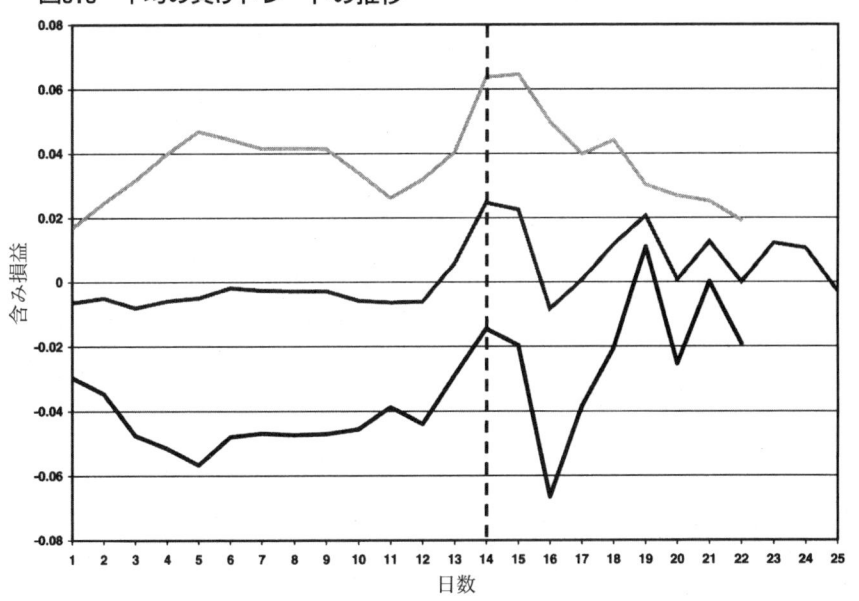

図9.5　平均の負けトレードの推移

　図9.4はまた、前の章で見てきた典型的なトレードではMFEの前にMAEが起こることを裏づけている。これが、ディレクショナルスロープ・システムにおける1240回のすべてのトレードで、どのように現れているかを、図9.6に見ることができる。ここではさらに、「MAEが7.5％（MAEの1標準偏差領域以下）のトレードは、平均に遠く及ばず失敗に終わる」といったガイドラインが得られる。標準偏差の幅は、トレードの手仕舞いポイントでのものがMFEポイントでのものより狭くなる。これは、トレードの手仕舞いポイントでは、多くの負けトレードが早期に終了するのに対して、トレードの最初にMFEを伴う勝ちトレードでは、ほとんどの場合トレード期間が長くなるからである。多くのトレードで、仕掛けのポイントからの距離が短いた

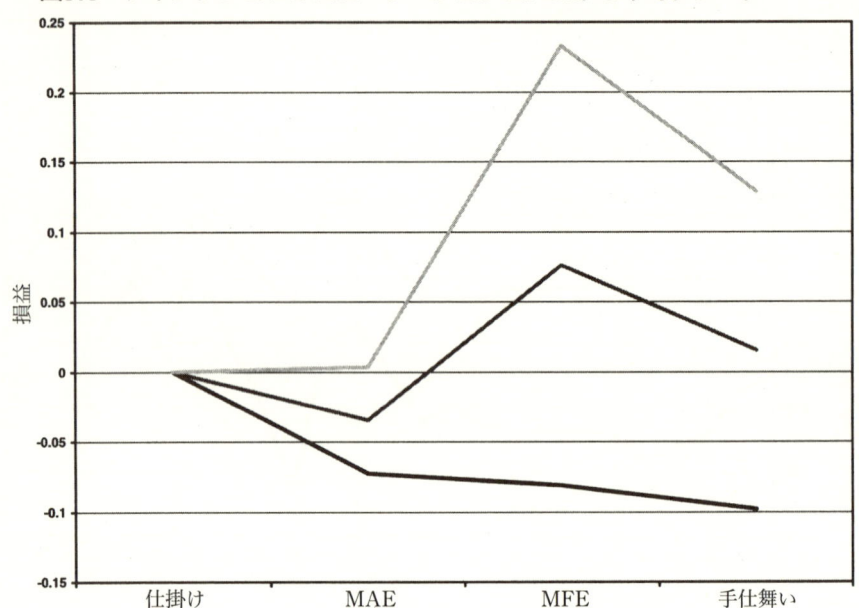

図9.6 ディレクショナルスロープ・システムにおける平均トレード

め、結果の分散の度合いも大きくない。分析を絞り込んでいくと、各トレードの全期間を３つのラインと４つのポイントに要約できる。

　図9.7と図9.8からは、勝ちトレードと負けトレードの間の明確な違いが見てとれる。これらは、図9.3と同じものを対象としているが、ここでは、勝ちトレードと負けトレードを分けている。これらのチャートを比較した場合の最も明確な違いは、負けトレードがどの方向へも向かわないのに対して、勝ちトレードでは、上方への明確なバイアスが見られ、負けトレードが上下している水準からはるかに高く離れていくトレードが多い。事実、どちらかの方向にはっきりと向かう負けトレードはほとんど存在せず、損益がプラスの領域に辛うじてとどまっているトレードでも、トレードの終盤では瞬時にマイナス方向へ

第9章●スイーニーのMAE(最大逆行幅)とMFE(最大順行幅)

図9.7　負けトレードの推移

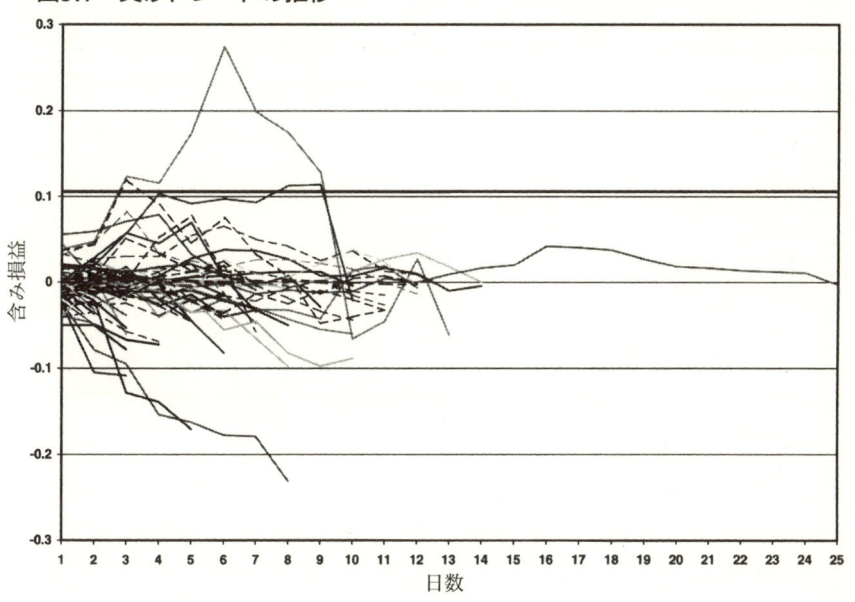

図9.8　勝ちトレードの推移

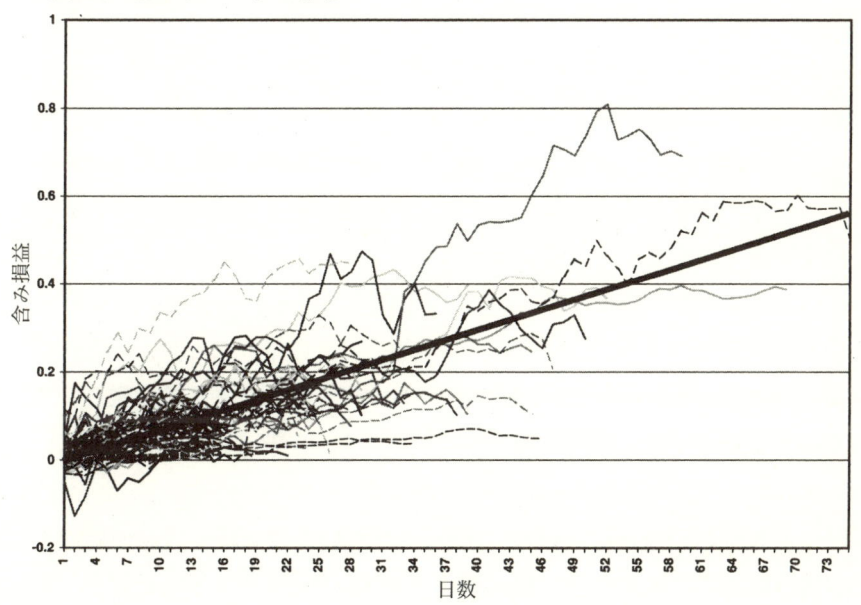

図9.9 ディレクショナルスロープ・システムにおける16のマーケットの
MAEと最終損益

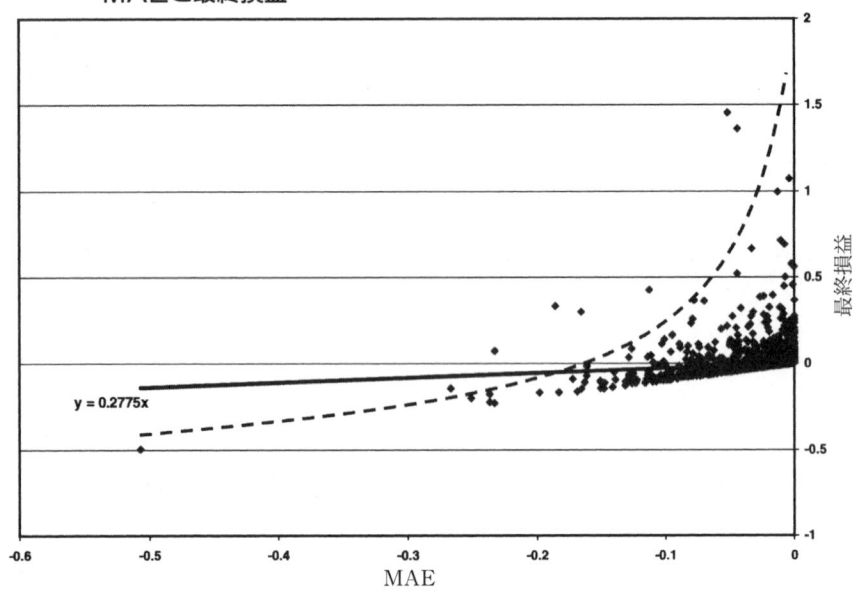

と動いてしまう。勝ちトレードでは、保ち合いのあと素早くプラスの方向へ向かうケースが多い。ただし、システムがトレードの手仕舞いを指示する前に逆の動きが始まり、含み益の多くを吐き出してしまうトレードがあまりにも多いのも事実である。もうひとつの大きな違いは、トレードの長さである。ほとんどの勝ちトレードが30以上のバーを記録しているが、負けトレードの場合はその半分にも満たない。基本的に勝ちトレードでは、通常仕掛けた直後からうまく波に乗り、そのままかなり長い期間順調に展開していく。一方、負けトレードは、最初からどうにもならないものである。

　MAE/MFE分析の目的は、経験に基づいて最も確率の高い傾向を発見し、ストップや手仕舞いポイントなしでもトレードの結果を予測

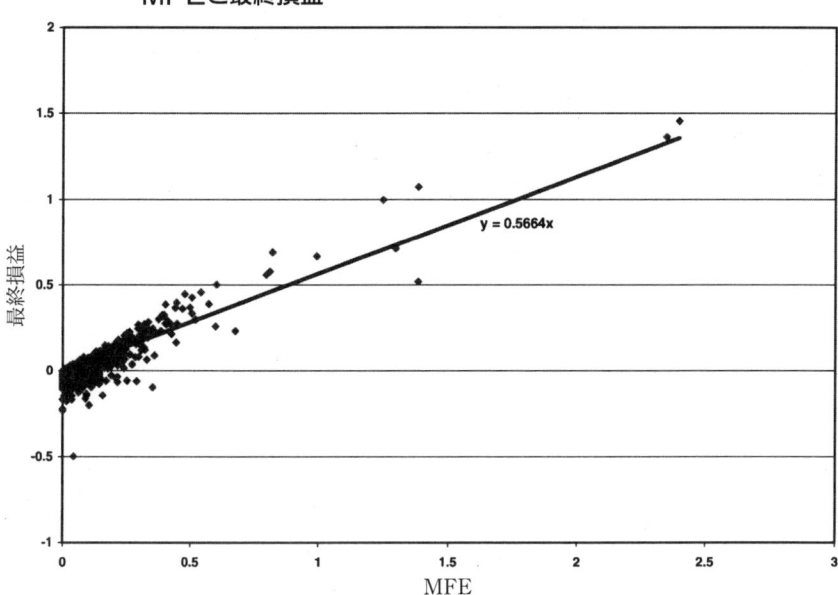

図9.10 ディレクショナルスロープ・システムにおける16のマーケットの
MFEと最終損益

$y = 0.5664x$

できるようにすることである。そのためには、前の章でドローダウンについて行ったようなさまざまな分析をここでも行う必要がある。ディレクショナルスロープ・システムについては、図9.9と図9.10のように、16のマーケットにおけるすべてのトレード（総計1240トレード）の最終損益を、各トレードのMAEとMFEに関して分析したものとなる。図9.9では、このMAE分析についての最小二乗法による回帰線によって、MAEが大きくなるほどトレードの損失も大きくなることが分かる。しかし、正確な関係は指数関数的な破線で示される。すなわち、MAEがある一定の水準以下にあるかぎり、トレードが成功する確率が高くなる。図9.10の最小二乗法による回帰線では、MFEが大きいほど利益も大きくなることが分かる。さらに、回帰式

からは、最終損益がMFEの約57％の額となることが分かる。これはすなわち、ディレクショナルスロープ・システムでは、トレードを手仕舞うまでに、最大含み益の40～50％程度の落ち込みがあることを示している。含み益をもっと多く確保する方法はないのだろうか。

図9.9からは、MAEが10％を超えたトレードのうち、最終的に利益を上げたものはほんのわずかしかないことが分かる。ストップロスを10％に設定すると、これらのトレードはすべて10％の損失になってしまう。負けトレードの累積損失が、勝ちトレードの累積利益を上回る正確なポイントは、すべての勝ちトレードの利益からストップロスに掛かったトレードの損失を引けば計算できる。ストップロスを厳しくすると、この値はゼロ以下となり、負けトレードの累積損失がすべての勝ちトレードの累積利益を上回ってしまう。このように、ストップを厳しくしてももはや何も得るものはない。これには、次の公式をスプレッドシートの最下段に入力する。

　　＝SUMIF(G$1:G$1240;"〈=-0.005";I$I:I$1240)/
　　　　COUNTIF(G$1:G$1240;"〈=-0.005")

列GはMAEの数値を、列Iは最終損益の額を示す。

これは数学的に計算された数値であることに注意を要する。負けトレードが勝ちトレードを上回ったポイントのMAEの値を計算するだけでは十分ではない（このケースでは、MAEが1.5％以上のポイントとなる）。次のステップは、これらのトレードがストップとなったときに起こったことと、ストップにならなかったときに起こったことの違いを計算することである。ストップとなったトレードは明らかにMAEのレベルでストップとなっており、これらのすべてのトレードの平均損益もMAEのレベルと一致している。このように、特定の

表9.1　ディレクショナルスロープ・システムにおける16のマーケットのMAE
　　　レベルと元の損益と結果の差

MAE	元の損益	差
−0.50%	0.84%	1.34 points
−1.00%	0.25%	1.25 points
−1.50%	−0.24%	1.26 points
−2.00%	−0.56%	1.44 points
−2.50%	−0.95%	1.55 points
−3.00%	−1.05%	1.95 points
−3.50%	−1.54%	1.96 points
−4.00%	−1.66%	2.34 points
−4.50%	−2.47%	2.03 points
−5.00%	−3.07%	1.93 points
−5.50%	−3.75%	1.75 points
−6.00%	−3.94%	2.06 points
−6.50%	−4.08%	2.42 points
−7.00%	−4.16%	2.84 points
−7.50%	−4.65%	2.85 points
−8.00%	−5.29%	2.71 points
−8.50%	−6.12%	2.38 points
−9.00%	−6.53%	2.47 points
−9.50%	−6.69%	2.81 points
−10.00%	−6.74%	3.26 points

MAEレベルでの結果の違いを計算するには、上記の公式を次のように変更する。

=SUMIF(G$1:G$1240;"〈=-0.005";I$I:I$1240)/
　　COUNTIF(G$1:G$1240;"〈=-0.005")+0.005

この方法を使って、表9.1のような表を作成し、あるMAEに対応するすべてのトレードの平均損益の違いを、トレードがストップとなったかどうかで示すことができる。

これらの数値がそろうと、あるMAEのレベルに対応するすべての
トレードの元の最終損益と、同じトレードがそのレベルでストップし
たと仮定した場合の最終損益を比較することができる。例えば、すべ
てのトレードについて最低3％のMAEで数学的に平均損益を計算す
ると、－1.05％となるが、そのレベルでストップにすると、平均損益
は－3.0％となる。このように、3％のストップロスがあったほうが
ストップロスがない場合よりも悪い結果をもたらす。しかし、表9.1
から分かるように、このケースではストップロスをどこに置こうが、
ストップロスを使わなかった場合よりも悪い結果となる。一般に、
MAEが大きいほど、ストップを使った場合のパーセンテージポイン
トの差が、使わなかった場合よりも大きくなっているのは興味深い結
果である。
　そしてこれがこのゲームの性格である。最悪のシナリオのケースで
発生する損失の大きさを正確に知ることで、システムによるトレード
結果の標準偏差を小さくし、特定のトレードに対しうまくいきそうな
感触と信頼性を増加させることができる。それによる代償は、トレー
ドの期間が長くなれば、累積利益が小さくなる可能性が高くなるとい
うことである。
　表9.2では、反対側の領域でも同様のことが該当することが分かる。
すなわち、利益がある一定のレベルに達したところで利食いを行うこ
とによって、ここでも結果の標準偏差を小さくすることができ、シス
テムの「リスクを軽減」できる。その代償は、利益目標をどの水準に
おいても、より長いトレードの期間に対して、累積利益が小さくなる
可能性が高くなることである。
　「だから何なんだ」と疑問も持つ人がいるかもしれない。重要なの
は、結果の標準偏差を小さくして、同時に含み益と最終損益のレシオ
も小さくすることで、自分のポートフォリオでいくつかのトレードを
行うときに、オプティマルｆや固定比率トレーディング戦略に従って、

表9.2 ディレクショナルスロープ・システムにおける16のマーケットのMFEレベルと元の損益と結果の差

MFE	元の損益	差
0.05	8.08%	3.08 points
0.10	12.93%	2.93 points
0.15	18.72%	3.72 points
0.20	23.98%	3.98 points
0.25	30.93%	5.93 points
0.30	36.45%	6.45 points
0.35	43.62%	8.62 points
0.40	50.34%	10.34 points
0.45	60.44%	15.44 points
0.50	63.98%	13.98 points
0.55	71.44%	16.44 points
0.60	77.94%	17.94 points
0.65	80.47%	15.47 points
0.70	86.19%	16.19 points
0.75	86.19%	11.19 points
0.80	89.53%	9.53 points
0.85	97.00%	12.00 points
0.90	97.00%	7.00 points
0.95	97.00%	2.00 points
1.00	102.05%	2.05 points

より積極的に行動することができることである。

　そこで、どうしてもストップを置かなければならない場合、どこに置けばいいのか。この質問に対する答えは、現在作業を行っている特定のシステムでのさまざまなストップや利益目標におけるリスクとリターンの関係をどう評価するかにのみかかっている。このケースでは、できるかぎり「過去にさかのぼって」、4％のストップロスと60％の利益目標を設定した。これは単純に、この水準が（無理でない範囲内で）、表9.1と表9.2から分かるように、長期的には最も損失が大きいレベルだからである。これはまた、システムに固定比率資金管理戦略

を適用した場合、これらのレベルが最も利益の大きい水準となることを意味している。

MAE/MFEを超えて

ストップロスと利益目標を設定すれば、次はトレイリング・ストップである。ここでは、各トレードの直近のFE（favorable excursion）からのMAE（最大逆行幅）を発見したい。これは、MFE（最大順行幅）ポイントである必要はない。MFEは、直近のFE（順行幅）である場合が多く、トレードを手仕舞う前のETD（エンドトレード・ドローダウン）に先行するが、反対方向への最大の落ち込みに先行したMAEで、トレードが手仕舞いに至らなかったものでもよい。このポイントをMAEfeと呼ぶことにする。

MAEfeの難しさは、MAEfe（少なくともこの分析上のことではない）が起こる前のマーケットがトレードされていた水準が分からないことである。したがって、有意義な結果を得るためには、利益目標とストップロスを検証する方法とは別のやり方をする必要がある。ここでは、MAEfeとすべてのトレードについての平均MFEの比較を行い、次に、MAEfeがETDであったと仮定した場合の理論値を計算した。基本的なエクセルの公式は、ストップロスと利益目標のものと同じである。その結果は、表9.3に見ることができる。

表9.3では、MAEfeが4％で理論上の利益が最低となっている。このレベルにトレイリング・ストップを置いた場合、推論が間違っていなければ、ストップロスで手仕舞ったトレードすべての平均損益は、7％をわずかに下回るはずである。4％以上の落ち込みがなかったトレードはすべて、以前と同様、同じ額の利益を生み出すであろう。

ブレイクアウトで最初のトレードを仕掛けたポイントが重要なレジスタンスレベル（サポートレベル）として機能する直近の高値（安

表9.3 ディレクショナルスロープ・システムにおける16のマーケットの
MAEfeレベルと平均MFEレベルと理論上の利益

MAEfe	平均MFE	損益
−2.50%	9.78%	7.04%
−3.00%	10.28%	6.98%
−3.50%	10.85%	6.97%
−4.00%	11.39%	6.94%
−4.50%	12.02%	6.98%
−5.00%	12.66%	7.03%
−5.50%	13.34%	7.10%
−6.00%	13.71%	6.89%
−6.50%	14.31%	6.88%
−7.00%	14.86%	6.82%
−7.50%	15.33%	6.68%
−8.00%	16.02%	6.74%
−8.50%	16.96%	7.02%
−9.00%	17.24%	6.69%
−9.50%	18.06%	6.84%
−10.00%	19.24%	7.32%
−10.50%	20.14%	7.53%
−11.00%	20.92%	7.62%
−11.50%	21.51%	7.54%
−12.00%	22.08%	7.43%

値）と一致すると仮定すると、直近のFEから４％のトレイリング・ストップは、対称的な観点からストップロスや一般的なマーケットの動きと比較すると意味のあることである。また、ストップロスとトレイリング・ストップはどちらも２番目に悪いレベルが８％に近い水準で、これは基調となっているトレンドの方向にマーケットが高値や安値を更新したあとで、平均すると４％（またはその倍数）の押しや戻しがあるという理論を再確認しているようにも見える。

　トレード結果の標準偏差を低くする別の方法は、時間ベースのストップを使用して、今まで議論してきたストップを補完することである。最初に最も近いレジスタンスレベルまたはサポートレベルを突破した

表9.4 ディレクショナルスロープ・システムにおける16のマーケットのトレード日数と含み益とETDとの差

トレード日数	含み益	ETD	差
2	0.17%	−5.74%	−5.58 points
4	1.16%	−7.20%	−6.04 points
6	2.43%	−7.78%	−5.34 points
8	3.75%	−7.94%	−4.18 points
10	5.07%	−8.11%	−3.04 points
12	6.31%	−8.22%	−1.91 points
14	8.59%	−8.24%	0.35 points
16	10.36%	−8.20%	2.16 points
18	11.98%	−7.90%	4.08 points
20	13.25%	−7.96%	5.29 points
22	14.42%	−8.06%	6.35 points
24	16.66%	−8.20%	8.46 points
26	19.37%	−8.59%	10.79 points
28	22.67%	−8.91%	13.76 points
30	23.16%	−8.66%	14.50 points
32	22.90%	−9.04%	13.86 points
34	24.83%	−9.28%	15.55 points
36	26.66%	−9.55%	17.10 points
38	27.78%	−8.60%	19.18 points
40	25.74%	−8.11%	17.63 points

マーケットの場合は一方向へと動き出すシグナルで、そこから動かない場合は反転の徴候であるというのが正しければ、初期のストップロスを補完する形で、規定のバー数の間に一定の利益を上げられなかった場合にトリガーとなる時間ベースのストップを導入するのはいい考えかもしれない。

表9.4は、トレードの最終予想損益を計算するために予想ETDを考慮する場合、平均的なトレードが将来小さな利益で終了するためには、8.59%の含み益が必要であることを示している。平均的なトレードでは、この含み益は14バーで達成されている。

この発見は、すでに議論してきたことに加え、時間ベースのストップをこのバーに導入することを補強するものである。すなわち、このバーのあとでトレードがマイナスにとどまるか、転じた場合は、引成注文でトレードを手仕舞う。われわれの関心事は、バー14のあとの最終損益がプラスになることである。バー14における平均含み益は8.59％であるが、この水準を下回っていても損益がマイナスにならないかぎりトレードを継続する。

　もうひとつのトレードの手仕舞い方法は、時間ベースのストップを利益目標の補完として使い、トレードの集合全体を効率化し、すべてのトレード結果の標準偏差をより低くすることである。また、トレードを長く持ちすぎたときは、元のシステムでは含み益の大部分を失ってからでないとトレードを手仕舞いできなかった。この問題を調査するために、ストップロスと利益目標で使用したのと同じ戦略を用いて、表9.5に表した。

　表9.5では、40バー以上継続したトレードのすべての平均含み益が25.74％であるが、最終損益は31.96％であることが分かる。当然のことながら、マーケットにはただのものはない。すべてのトレードの期間を短縮すると、一連のトレードの結果も小さくなる。個別の結果の確実性を増し、標準偏差を低く抑えようとすると、期待できる最終利益も小さくなる。

　最後に、時間ベースのストップは、トレイリング・ストップのテクニックにも応用できる。その方法のひとつとして、図9.4のようなチャートの利用が挙げられる。例えば、現在のトレードが最小二乗法による回帰線で示される予想水準のように順調な場合、ストップを設定していない基本システムからの回帰線をトレイリング・ストップとして使うことができる。トレードの経過が平均以下であるが、まだどのストップにも引っかからない場合は、通常のトレイリング・ストップを使用する。あるいは、いくつかのテクニックを組み合わせて使用す

表9.5 ディレクショナルスロープ・システムにおける16のマーケットのトレード日数と最終損益とETDとの差

トレード日数	最終損益	含み益	差
12	8.84%	6.31%	−2.53 points
14	11.35%	8.59%	−2.76 points
16	12.69%	0.36%	−2.33 points
18	14.30%	11.98%	−2.32 points
20	15.94%	13.25%	−2.69 points
22	17.67%	14.42%	−3.25 points
24	19.94%	16.66%	−3.28 points
26	22.73%	19.37%	−3.35 points
28	24.70%	22.67%	−2.03 points
30	25.18%	23.16%	−2.02 points
32	27.69%	22.90%	−4.79 points
34	28.63%	24.83%	−3.79 points
36	31.08%	26.66%	−4.43 points
38	27.97%	26.66%	−1.31 points
40	31.96%	25.74%	−6.22 points
42	33.96%	28.90%	−5.06 points
44	35.84%	31.37%	−4.47 points
46	37.50%	34.26%	−3.24 points
48	42.98%	38.81%	−4.18 points
50	44.33%	42.00%	−2.33 points

ることも考えられる。例えば、トレイリング・ストップの範囲を超えた逆行があるトレードはすべて手仕舞いとするが、元の未修正のトレードのように、逆行が回帰線の下で推移する場合のみ継続するなどである。ストップロスを使う場合は、バー14で行ったように時間ベースのストップを導入し、これらのストップに十分な余裕を持たせるよう配慮しなければならない。そうしなければ、トレイリング・ストップは、トレードの初期の最も不安定な段階で早々にトレードを手仕舞いさせてしまうであろう。

　ここで、元のディレクショナルスロープ・システムと、このセクシ

ョンで発見したことの比較を行ってみる。修正するシステムのルールと対応するTradeStationのコードは、次のようになる。

- 18バーの平均が上昇／下降した場合に、買い／売りを入れる。
- マーケットが逆方向に4％動いた段階で手仕舞いとする。
- バー14本以上で、マーケットがマイナス領域となった場合、多少の損失が出るか損益ゼロとなった時点で手仕舞いする。
- バー14本以上で、マーケットが逆方向に4％動くか、元の平均トレードの回帰線を下回った場合、トレイリング・ストップで手仕舞いする。
- マーケットが60％以上動いた場合、利益目標で手仕舞いする。
- トレードがバー40本以上継続した場合、利食いする。
- 12バーの平均が方向転換した場合、ポジションを中立にする。

追加した手仕舞いテクニックのTradeStationのコードは、次のようになる。

```
If MarketPosition=1 Then Begin
 ExitLong at EntryPrice*1.60Limit;
 If BarsSinceEntry>=40 Then
  ExitLong at Close;
 If BarsSinceEntry>=14 Then Begin
  If Highest(High,BarsSinceEntry)*0.96<EntryPrice*(1+0.0074*BarsSinceEntry)Then
   ExitLong at Highest(High,BarsSinceEntry)*0.96Stop;
  ExitLong at EntryPrice Stop;
 End;
 ExitLong at EntryPrice*0.96Stop;
End;
```

```
If MarketPosition=-1 Then Begin
 ExitShort at EntryPrice*0.40Limit;
 If BarsSinceEntry>=40 Then
  ExitShort at Close;
 If BarsSinceEntry>=14 Then Begin
If Lowest(Low,BarsSinceEntry)*1.04>EntryPrice*(1-0.0074
*BarsSinceEntry)Then
   ExitShort at Lowest(Low,BarsSinceEntry)*1.04Stop;
  ExitShort at EntryPrice Stop;
 End;
 ExitShort at EntryPrice*1.04Stop;
End;
```

このコードには、第1部のトレードごとの書き出し機能が必要である。TradeStationのパフォーマンスサマリーにはもはや頼ることはできないので、RAD（比率修正つなぎ足データ）を使用している。

最後に（TradeStationのもうひとつの性質によって）、スプレッドシート・プログラムのうち、手動で修正しなければならないトレードがある。これは、トレードの状況が瞬時に、そして急速に悪化したときにTradeStationの指示よりも早くトレードを仕切らなければならない場合である。また、合理的と思える寄り付きのギャップのせいで4％を超える損失を被るようなトレードがたまにあるが、そのトレードに対して有効な結果を、不注意によって変更してしまうリスクを冒している。さらに、累積利益、直近の高値、ドローダウンを再計算する必要もある。この場合、5％以上の損失はすべて誤りとして、4％以内に修正している。ここで多少のごまかしを行っており、本来はもっと慎重な調査が必要なのはいうまでもないが、今は詳細を詰めていくだけの余裕がない。

エクセルで累積利益を再計算するには、次の公式を累積利益の列の最上段のセルに入力する。

セルG2で、

＝M2

セルG3で、

＝((1+G2/100)＊(1+F3/100)-1)＊100

次に、シートの最下段までドラッグし、列のすべてのセルを埋める。
資産最高額を再計算するには、次の公式を入力する。
セルH2で、

＝MAX(G2,0)

セルH3で、

＝MAX(H2,G3)

次に、シートの最下段までドラッグし、列のすべてのセルを埋める。
ドローダウンを再計算するには、セルL2に次の公式を入力する。

＝((1+G2/100)/(1+H3/100)-1)＊100

次に、シートの最下段までドラッグし、列のすべてのセルを埋める。
エクセルで書き出しと計算を行ったら、それぞれのマーケットを表

表9.6　銅の結果の例

手仕舞いテクニック追加前（元のシステム）								
総トレード数		96	勝ちトレード	37	38.54%	負けトレード	59	61.46%
プロフィット・ファクター		1.60	最大勝ちトレード	71.36%	13,692.20	最大負けトレード	-16.84%	-3,231.18
平均損益	1.49%	286.05	平均勝ちトレード	10.32%	1,980.46	平均負けトレード	-4.05%	-776.54
標準偏差	12.67%	2,429.91	累積利益	128.72%	24,698.15	ドローダウン	-43.02%	-8,254.46

表9.7　銅の結果の例

手仕舞いテクニック追加後（修正後のシステム）								
総トレード数		113	勝ちトレード	46	40.71%	負けトレード	67	59.29%
プロフィット・ファクター		2.01	最大勝ちトレード	60.00%	11,512.50	最大負けトレード	-4.69%	-899.89
平均損益	1.76%	337.90	平均勝ちトレード	8.62%	1,653.17	平均負けトレード	-2.95%	-565.11
標準偏差	9.96%	1,944.14	累積利益	363.64%	69,772.90	ドローダウン	-40.88%	-7,843.57

　9.6や表9.7のような表にまとめたり、表9.8や表9.9のように、重要な指標を合成したりできる。表9.10は、各マーケットの違いをまとめたものである。

　表9.6では、元のシステムで、銅のプロフィット・ファクターが1.60となっている。最大利益は71.4%で、現在の市場価格に換算して1万3692ドルである。最大損失は16.8%で、市場価格に換算して-3231ドルとなっている。表9.7では、修正後のシステムで、勝ちトレードと負けトレードの平均損益について計算し、市場価格に換算した銅のプロフィット・ファクターが2.01となっている。最大利益は60%（利益目標による）で、市場価格に換算して1万1513ドルである。最大損失は4.7%（ストップロスによる）で、市場価格に換算して-900

表9.8 元のシステムの全マーケットの結果

マーケット	手仕舞いテクニック追加前(元のシステム)			
	プロフィット・ファクター	平均損益	2標準偏差	ドローダウン
とうもろこし	2.43	285.7	62,254.95	−3,604.93
S&P500	1.01	31.63	37,680.83	−136,839.38
オレンジジュース	1.58	218.63	3,126.66	−6,671.28
生牛	1.34	149.33	3,285.72	−8,007.16
木材	2.20	816.09	7,019.19	−14,383.49
コーヒー	2.00	1,443.41	19,797.92	−22,991.64
日本円	3.88	3,462.79	19,158.31	−11,891.25
銅	1.60	286.05	4,859.82	−8,254.46
金	1.51	243.21	4,174.29	−9,413.32
ユーロ・ドル	1.74	239.40	3,375.29	−5,953.72
ドル・インデックス	2.22	1,004.14	7,502.97	−7,436.68
綿花	2.47	681.00	5,227.15	−4,309.28
CRB指数	0.70	−390.33	7,135.96	−38,390.04
原油	2.46	584.00	5,540.84	−6,996.26
カナダ・ドル	1.59	194.31	2,617.40	−4,331.60
Tボンド	1.34	521.24	10,826.72	−37,845.11

ドルとなっている。

　表9.8からは、元のシステムのプロフィット・ファクターが、ひとつの例外を除きすべてのマーケットで、1以上となっているのが分かる。しかし、プロフィット・ファクターが高いからといって、必ずしもそのマーケットがトレードを行うに値するとは限らない。それには、現在の市場価格に換算した平均トレードの額と適当な額のスリッページと手数料を考慮しなければならない。パフォーマンスが低下した場合の余裕を見込んで、マーケットが落ち込んで平均トレードの額が減少した場合でもシステムの収益性を維持するためには、概算でスリッページと手数料を控除したあとの金額が最低でもスリッページと手数

表9.9　修正後のシステムの全マーケットの結果

マーケット	手仕舞いテクニック追加後（修正後のシステム）			
	プロフィット・ファクター	平均損益	2標準偏差	ドローダウン
とうもろこし	2.62	266.72	2,036.38	−2,384.17
S&P500	0.67	−1,947.59	26,215.82	−177,550.12
オレンジジュース	2.04	234.21	2,346.97	−3,544.32
生牛	1.23	93.94	2,707.90	−6,913.48
木材	2.38	758.44	6,289.95	−11,438.38
コーヒー	2.08	917.67	10,271.95	−15,742.83
日本円	2.72	2,000.98	11,427.63	−8,938.80
銅	2.01	337.90	3,822.28	−7,843.57
金	1.54	248.07	3,882.21	−10,208.43
ユーロ・ドル	1.74	238.78	3,373.71	−6,416.68
ドル・インデックス	2.00	829.42	7,282.08	−8,200.28
綿花	2.02	462.77	4,669.08	−6,965.14
CRB指数	0.78	−258.75	5,991.32	−33,982.87
原油	4.21	1,363.21	7,898.06	−5,875.78
カナダ・ドル	1.36	116.00	2,204.25	−5,551.04
Tボンド	1.28	399.42	9,802.15	−28,461.80

料の2倍である必要がある。スリッページと手数料を75ドルとして計算すると、表9.8で11、表9.9では12のマーケットがトレード可能という結果が出た。表9.8では、S&P500、オレンジジュース、生牛、CRB指数、カナダ・ドルの5つのマーケットが基準から外れた。さらにそのうちの3つのマーケットは、手仕舞いのテクニックを追加すると、プロフィット・ファクターと平均トレードの額がさらに低下した。最も注目すべき点は、オレンジジュースがトレードできないマーケットからトレード可能なマーケットに変わったことである。

　元のシステムでトレードが可能な残りの11のマーケットのうち6つのマーケットは、修正後のシステムでプロフィット・ファクターが向

上したが、平均トレードの額が増加したのは3つだけであった。このことは本質的に修正後のシステムでの1枚当たりの利益は元のシステムよりも小さいが、同時にトレードのコストも小さくなることを示している。また、修正後のシステムによる平均トレードだけに注目するのは必ずしも意味のあることではなく、むしろ、標準偏差を比較すべきである。このケースでは、16のうちの15のマーケットでより低い標準偏差を記録し、システムがより安定し、トレードのリスクが小さくなったことを示している。ドローダウンもほとんどのケースで著しく減少している。

　表9.10では、修正後のシステムでトレードが可能な12のマーケット（オレンジジュースを含む）のうち、とうもろこし、オレンジジュース、木材、銅、ユーロ・ドル、原油、Tボンドの7つのマーケットで、平均トレードと標準偏差の間にプラスの相関関係が見られた。最後にドローダウンであるが、同じく12のマーケットのうち、とうもろこし、オレンジジュース、木材、コーヒー、日本円、銅、原油、Tボンドの8つのマーケットで低下が認められた。これはすなわち、修正後のシステムではトレードのコストが低下し、同時にトレードの結果についての確実性が増し、さらにありがたいことにはドローダウンの減少も期待できることを意味している。マーケットの回復は平均トレード額の低下につながるが、それでもなお、それ以外のメリットによって、トレード期間全体を通じてより高い利益を望むことができる。これは、より安定性の高いシステムのおかげで、固定比率資金管理を使ってより積極的にトレードを行うことができるからである。

　最後に、これはあくまでもサンプルのシステムであることと、今までに説明してきた手仕舞いのテクニックのすべてを使っていることに留意してほしい。これは、最適解ではない可能性があり、手仕舞いのテクニックを減らすことでもっと良い結果が得られるかもしれない。このケース（そして以降のすべてのケース）では、すべての手仕舞い

表9.10 手仕舞いテクニック追加前と後の差

マーケット	プロフィット・ファクター	平均損益	2標準偏差	ドローダウン	改善した数
とうもろこし	7.92%	−6.66%	−9.69%	−33.86%	3
S&P500	−33.35%	−6257.25%	−30.43%	29.75%	1
オレンジジュース	29.11%	7.13%	−24.94%	−46.87%	4
生牛	−8.70%	−37.09%	−17.59%	−13.66%	2
木材	8.59%	−7.06%	−10.39%	−20.48%	3
コーヒー	4.03%	−36.42%	−48.12%	−31.53%	3
日本円	−29.99%	−42.21%	−40.35%	−24.83%	2
銅	25.58%	18.13%	−21.35%	−4.98%	4
金	1.68%	2.00%	−7.00%	8.45%	3
ユーロ・ドル	0.47%	−0.26%	−0.05%	7.78%	2
ドル・インデックス	−10.11%	−17.40%	−2.94%	10.27%	1
綿花	−18.19%	−32.05%	−10.68%	61.63%	1
CRB指数	11.48%	−33.71%	−16.04%	−11.48%	3
原油	71.19%	133.43%	42.54%	−16.02%	3
カナダ・ドル	−14.68%	−40.30%	−15.78%	28.15%	1
Tボンド	−4.11%	−23.37%	−9.46%	−24.79%	2
改善した数	9	4	15	10	—

　テクニックを元のシステムの結果に直接追加していく。システムの統計上の特質は、システムに加えるひとつひとつの修正によって変化するものであり、これは必ずしもベストの方法ではない。むしろ、一度にひとつの手仕舞いテクニックだけを検証し、システムを元に戻してから次のテクニックを検証するほうがいいかもしれない。あるいは、ここで行ったように、先に修正システムを設定し、一度にひとつのテクニックを修正するか除外して、作業を逆にさかのぼっていく方法も考えられる。また、このシステムやその他の長期システムを検証する場合に、TradeStationには好ましくないさまざまな「特性」があるため、TradeStationのコードに修正を加え、エクセルのスプレッ

シートに単純化を行った。これは、結果を多少希薄化してしまうことになるかもしれない。

第10章
長期の手仕舞い
テクニックの追加
Adding Long-term Exits

　利益を確定したり、損失を確定するにはいくつかの方法があるが、極めて科学的な方法としてジョン・スイーニーのMAE（最大逆行幅）とMFE（最大順行幅）がある。たとえこの方法を使っても、正しい理解と使用法なしには、悲惨な結果を生むことになる。本書を通じて強調しているように、最も重要なことは、何を測定しようとしているのか、それで何を行おうとしているのかを正しく理解し確認することである。以降の章では、今まで学んできたことをまとめて、今まで作業を進めてきた2つの長期システムに応用してみる。実際にやってみると、それが最適な解決方法ではないと気づいたり、ここで説明した手仕舞いテクニックをいくつか除外するとより良い結果を得ることができるのが分かるかもしれない。使用するシステムに何をさせたいのかを、よく心にとめておくことが大切である。例えば、長期のトレンドフォロー型のシステムを構築したい場合は、システムがそれぞれのトレードを余裕を持って扱うように設定し、誤って短期システムにしてしまわないようにしなければならない。

　MAE/MFEのテクニックでは、予想よりも良好な傾向を持つトレードを追加することも可能となる。ただし、筆者を三流のシステム開発者と呼びたくなるかもしれないが、完璧な堅牢性と安定性を備えて結果を出してくれるシステムにはいまだ出合ったことがない。したが

って、本書ではこのテクニックについては触れないことにする。

　未調査の別のテクニックで、トレードである一定の額まで損失がでたら、元のシステムを外してしまうという方法がある。しかしこのようなテクニックには、そのメリットの裏でシステムをカーブフィッティングにかぎりなく近づけてしまうという問題があると考えている。それはルールを単純なものに公式化している場合に明白となる。例えば、最初にシステムに一方向へのトレードを仕掛けようとすると、それはシステムにかなり特殊な要求をすることになる。次に、マーケットを規定の時間枠のなかで一定の金額まで逆の方向に動かせようとすると、もうひとつの特殊な要求を加えることになる。すべての手仕舞いテクニックやリスクレベルを考慮して、さらにもうひとつかふたつの基準を追加し、マーケットにある種の動きをさせたり、あるいはさせなかったりして、マーケットを規定することになり、自分の気がすむまで延々と繰り返すことになりかねない。

ダイナミック・ブレイクアウト・システム

　第2部では、トレードの手仕舞いに関して、ボラティリティに対して「逆」の関係を持つバージョン1bに決定するまでに、さまざまなバージョンのダイナミック・ブレイクアウト・システム（DBSシステム）を説明してきた。この手仕舞いのテクニックは、ヒストリカル・ボラティリティが上昇してきたときに、仕切りのための参照期間を短くすることであった。基本となる推論は、高いボラティリティは高いリスクの徴候であり、トレードの仕掛けがより困難となり、トレードの継続もまた困難となることである（望むならば手仕舞いは容易となる）。

　この章では、バージョン1bのシステムを、第2部と同じ16のマーケットに適用し、ジョン・スイーニーのMAE/MFEの手法による新

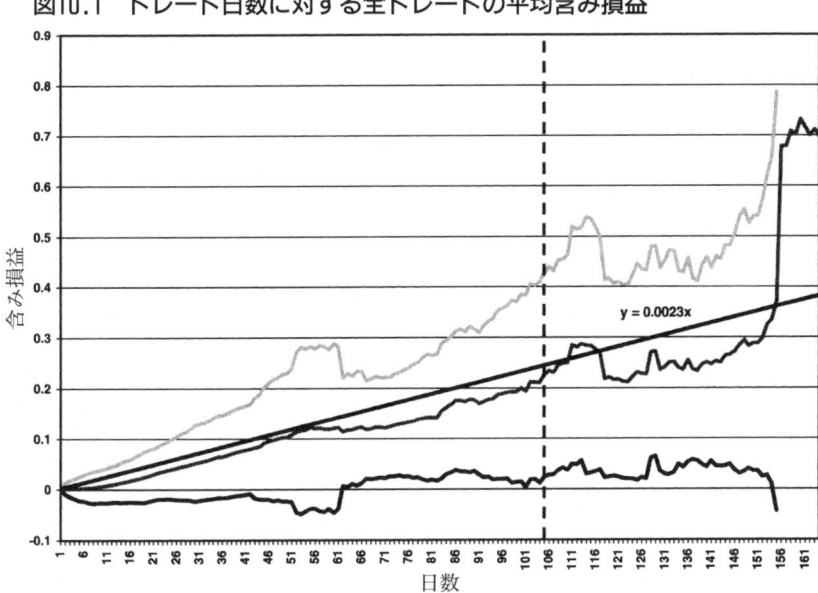

図10.1 トレード日数に対する全トレードの平均含み損益

$y = 0.0023x$

表10.1 DBSシステムにおける16のマーケットのMAEレベルと元の利益とその差

MAE	元の利益	差
−0.50%	−0.92%	−0.42 points
−1.00%	−1.35%	−0.35 points
−1.50%	−1.98%	−0.48 points
−2.00%	−2.64%	−0.64 points
−2.50%	−3.43%	−0.93 points
−3.00%	−4.20%	−1.20 points
−3.50%	−4.67%	−1.17 points
−4.00%	−5.29%	−1.29 points
−4.50%	−5.89%	−1.39 points
−5.00%	−6.58%	−1.58 points
−5.50%	−7.27%	−1.77 points
−6.00%	−7.76%	−1.76 points
−6.50%	−8.46%	−1.96 points
−7.00%	−9.00%	−2.00 points
−7.50%	−9.65%	−2.15 points
−8.00%	−10.08%	−2.08 points
−8.50%	−10.39%	−1.89 points
−9.00%	−11.08%	−2.08 points
−9.50%	−11.71%	−2.21 points
−10.00%	−12.56%	−2.56 points

しい発見に基づいて、ストップや手仕舞いテクニックの追加で、パフォーマンスを向上させることができないかどうか検証を行う。対象期間は、1980年1月から1999年10月までである。このシステムを選んだもうひとつの理由は、元のシステムが標準偏差ブレイクアウト・システムと似ているからである。ディレクショナルスロープ・システムと同様、DBSシステムでも TradeStation（トレードステーション）からエクセルへの書き出し機能が不可欠となる。

図10.1は、トレードのバーの数に対する平均含み益を示している。あまり意味のない無数のラインに注目する代わりに、結果を4つのラインにまとめて解釈とルールの作成を容易にした。このチャートから、平均損益がバーごとに0.23％上昇するのが分かる。破線の右側では継続中のトレードは20以下で、統計上の結論を導くには少なすぎる。

最初に検証したのは、MAEに対するストップロス、MAEfeに対するトレイリング・ストップ、図10.1からの最小二乗法による回帰線である。ストップロスやトレイリング・ストップを置く最も合理的なポイントを発見するには、表10.1と表10.2のような表を作成してまとめてみる。表10.1はDBSシステムのこのバージョンのものであるが、ここからは、ストップロスをどのレベルに置いても効果があることが分かる。実際にMAEが大きくなると、ストップを特定のレベルに置くことでかなりの効果が得られる。ここではマーケットの非効率性を発見しようとしているが、それを示すような局所極小値が見当たらないため、最も合理的なポイントにストップを置かなければならない。

表10.3ではストップロスの場合と同じことが、基本的にはトレイリング・ストップにも該当することが分かる。このケースでは、MAEfeの数値が大きいほど特定のレベルのストップの効果が小さくなる。マーケットの非効率性を示す局所極小値が存在しないため、ここでも最も合理的なポイントにストップを置かなければならない。システムをシンプルにするために、ストップロスとトレイリング・スト

表10.2　DBSシステムにおける16のマーケットのMAEfeレベルと平均MFEと元の損益

MAEfe	平均MFE	損益
−2.50%	6.68%	4.02%
−3.00%	7.08%	3.87%
−3.50%	7.51%	3.75%
−4.00%	8.02%	3.70%
−4.50%	8.53%	3.65%
−5.00%	8.98%	3.54%
−5.50%	9.44%	3.42%
−6.00%	9.75%	3.17%
−6.50%	10.07%	2.91%
−7.00%	10.49%	2.75%
−7.50%	10.84%	2.52%
−8.00%	11.01%	2.13%
−8.50%	11.59%	2.11%
−9.00%	11.83%	1.76%
−9.50%	12.11%	1.46%
−10.00%	12.49%	1.24%
−10.50%	12.49%	0.68%
−11.00%	13.13%	0.69%
−11.50%	13.53%	0.47%
−12.00%	14.29%	0.58%

ップを4％のレベルに置くことにした。トレイリング・ストップは同時に時間ベースのブレイクイーブン・ストップとして機能し、含み益が図10.1の回帰線を下回ったときのみに発動される。トレードを手仕舞いする前に、この逆行がどのくらいの深さとなるかは正確には分からないが、回帰線を下回らないかぎり、トレードは平均以上の状態にあり、継続するだけの価値があることは確かである。

　期待利益を分析するもうひとつの方法は、特定のバーにおける平均含み益に注目し、トレードが長く継続した場合の予想ETD（エンドトレード・ドローダウン）を差し引くことである。これは、表10.3で

表10.3　DBSシステムにおける16のマーケットのトレード日数と含み損益とETDとの差

トレード日数	最終損益	含み損益	差
2	0.12%	−5.31%	−5.19 points
4	0.26%	−5.33%	−5.07 points
6	0.38%	−5.33%	−4.94 points
8	0.65%	−5.36%	−4.71 points
10	0.97%	−5.32%	−4.35 points
12	1.34%	−5.30%	−3.97 points
14	1.72%	−5.31%	−3.59 points
16	2.14%	−5.28%	−3.13 points
18	2.69%	−5.30%	−2.61 points
20	3.25%	−5.31%	−2.07 points
22	3.75%	−5.27%	−1.52 points
24	4.21%	−5.28%	−1.08 points
26	4.61%	−5.36%	−0.75 points
28	5.15%	−5.38%	−0.23 points
30	5.54%	−5.48%	0.06 points
32	6.13%	−5.52%	0.61 points
34	6.48%	−5.58%	0.90 points
36	7.02%	−5.59%	1.44 points
38	7.50%	−5.67%	1.83 points
40	7.92%	−5.61%	2.31 points

示されている。ここでは30バー以降にならないと、最終損益はプラスにならないことが分かる。図10.1と表10.3で得られた情報から、3番目の手仕舞いルールを公式化することができる。30バー以降でトレードの含み益がマイナスとなったら、引成注文で手仕舞いするというものである。

表10.4は、利益目標をどこに置いても効果はないことが分かる。しかし、ディレクショナルスロープ・システムにおけるストップロスと利益目標の場合と同じ推論を用いると、「ベスト」の水準は35％から40％であろう。これは、仕掛けのレベルにあまりにも近すぎるので、

表10.4　DBSシステムにおける16のマーケットのMFEレベルと元の損益との差

MFE	元の損益	差
5.00%	6.14%	1.14 points
10.00%	11.61%	1.61 points
15.00%	16.27%	1.27 points
20.00%	22.86%	2.86 points
25.00%	28.20%	3.20 points
30.00%	35.08%	5.08 points
35.00%	44.54%	9.54 points
40.00%	48.30%	8.30 points
45.00%	51.77%	6.77 points
50.00%	53.96%	3.96 points
55.00%	55.96%	0.96 points
60.00%	61.49%	1.49 points
65.00%	70.85%	5.85 points
70.00%	78.62%	8.62 points
75.00%	81.24%	6.24 points
80.00%	81.24%	1.24 points
85.00%	95.07%	10.07 points
90.00%	95.07%	5.07 points
95.00%	95.07%	0.07 points
100.00%	150.62%	50.62 points

次点の「ベスト」である70％を選択するかもしれない。すなわち、含み益が70％を超えると直ちに指値で手仕舞うということである。この目的は、すべてのトレードをできるだけ効率化し、標準偏差を可能なかぎり低く抑えることにある。標準偏差を低く抑えることによって、システム全体のリスクを減少し、固定比率資金管理のなかでより多くの銘柄で積極的にトレードを行うことができるようになる。このように、利益目標ストップで失うものを、より積極的なトレードで取り返すことを願うのだ。

　同じ効果を得るもうひとつの方法は、時間ベースのストップである。

表10.5　DBSシステムにおける16のマーケットのトレード日数と最終損益と含み損益との差

トレード日数	最終損益	含み損益	差
30	5.56%	5.54%	–0.02 points
35	6.70%	6.74%	0.03 points
40	7.97%	7.92%	–0.05 points
45	9.62%	9.73%	0.10 points
50	10.74%	11.32%	0.58 points
55	11.72%	12.12%	0.41 points
60	12.43%	11.38%	–1.05 points
65	12.56%	11.84%	–0.73 points
70	12.91%	12.36%	–0.55 points
75	13.91%	13.42%	–0.49 points
80	14.43%	14.12%	–0.31 points
85	16.95%	17.56%	0.61 points
90	16.66%	17.29%	0.63 points
95	18.52%	19.12%	0.60 points
100	18.35%	21.25%	2.90 points
105	22.76%	23.05%	0.29 points
110	27.06%	28.14%	1.07 points
115	28.67%	26.91%	–1.75 points
120	24.36%	21.29%	–3.07 points
125	24.36%	22.70%	–1.66 points

　利益目標の場合と同様に、表10.5では、DBSシステムで最悪のポイントとして2つの異なるトレード期間が存在していることが分かる。最初のものは50バーのあとで、次は100バーのあとである。ここでは、再びある種のマーケットの動きの対称性が示されている。利益目標と同じ推論を使い、仕掛けのポイントに近すぎるストップを避けて、100バーのポイントにストップを置くことにした。しかし、これはまったく結果論の推測であり、デモンストレーションのためにこれらのストップを使ってみただけのことである。
　このような訳で、DBSシステムのための手仕舞いレベルは、次の

表10.6　日本円マーケットの結果

手仕舞いテクニック追加前(元のシステム)							
総トレード数		140	勝ちトレード	65	46.43%	負けトレード	75	53.57%
プロフィット・ファクター		2.00	最大勝ちトレード	21.50%	25,262.50	最大負けトレード	−5.71%	−6,709.25
平均損益	1.00%	1,173.83	平均勝ちトレード	4.31%	5,060.09	平均負けトレード	−1.87%	−2,194.27
標準偏差	4.41%	5,178.98	累積利益	254.60%	299,155.00	ドローダウン	−12.04%	−14,147.00

ようになる。

- マーケットが逆方向に４％動いた場合、損切りを行う。
- 30バー以降で、マーケットの損益がマイナスとなった場合に、多少の損失が出るかブレイクイーブンとなった時点で手仕舞う。
- 30バー以降で、マーケットが逆方向に４％以上動いて、元の平均トレードの回帰線を下回った場合、トレイリング・ストップで手仕舞う。
- 含み益が70％を超えた場合、指値で手仕舞う。
- 100バーを超えた場合、利益確定で手仕舞う。

エクセルでデータの書き出しと計算を行ったら、すべてのマーケットについて表10.6と表10.7のような表を作成できる。また、表10.8と

表10.7　日本円マーケットの結果

手仕舞いテクニック追加後(修正後のシステム)							
総トレード数		143	勝ちトレード	66	46.15%	負けトレード	77	53.85%
プロフィット・ファクター		2.21	最大勝ちトレード	17.59%	20,668	最大負けトレード	−4.20%	−4,935
平均損益	1.05%	1,236	平均勝ちトレード	4.17%	4,898	平均負けトレード	−1.62%	−1,902
標準偏差	4.13%	4,848	累積利益	298.86%	351,159	ドローダウン	−11.66%	−13,701

表10.8 全マーケットの結果

マーケット	手仕舞いテクニック追加前(元のシステム)			
	プロフィット・ファクター	平均損益	2標準偏差	ドローダウン
とうもろこし	1.51	113.34	1,549.46	−2,865.10
S&P500	0.80	−1,220.96	29,455.57	−166,159.78
オレンジジュース	1.50	173.24	2,808.58	−9,319.17
生牛	1.06	26.23	2,388.86	−9,217.80
木材	1.07	55.70	5,022.72	−16,904.45
コーヒー	1.44	509.15	11,095.92	−16,446.50
日本円	2.00	1,173.83	10,357.98	−14,147.00
銅	0.91	−46.29	2,705.02	−12,075.74
金	1.34	174.87	3,470.76	−9,157.20
ユーロ・ドル	1.61	226.78	3,057.64	−8,576.59
ドル・インデックス	2.04	737.82	5,972.58	−9,281.08
綿花	1.27	178.81	5,137.79	−14,027.04
CRB指数	0.59	−517.88	5,032.53	−56,549.59
原油	1.84	569.80	5,974.32	−10,282.72
カナダ・ドル	1.09	28.86	1,931.03	−7,990.00
Tボンド	1.11	161.90	8,898.80	−30,230.08

表10.9のように、重要な指標を合成することもできる。最後に、表10.10ではそれぞれのマーケットの違いを要約している。表10.6では、元のシステムで、日本円のプロフィット・ファクターが2.00となっている。最大の勝ちトレードは21.5%、市場価格換算で2万5263ドルである。最大の負けトレードは5.71%、市場価格換算で−6709ドルである。表10.7では、修正後のシステムで、勝ちトレードの平均利益比率と負けトレードの平均損失比率を計算し、市場価格に換算した日本円のプロフィット・ファクターが2.21となっている。最大の勝ちトレードは17.6%、市場価格換算で2万668ドル、最大の負けトレードは4.20%、市場価格換算で−4935ドルとなっている。

表10.9　全マーケットの結果

マーケット	手仕舞いテクニック追加後(修正後のシステム)			
	プロフィット・ファクター	平均損益	2標準偏差	ドローダウン
とうもろこし	1.38	82.76	1,431.65	−3,203.35
S&P500	0.83	−886.14	26,848.42	−167,873.90
オレンジジュース	1.49	141.62	2,442.96	−8,684.48
生牛	1.02	7.54	2,289.34	−10,738.53
木材	1.13	74.29	3,581.20	−12,035.95
コーヒー	1.01	10.65	4,635.90	−23,150.08
日本円	2.21	1,236.13	9,696.50	−13,700.98
銅	0.94	−25.61	2,249.53	−10,131.14
金	1.45	194.71	2,964.58	−8,556.81
ユーロ・ドル	1.69	248.93	3,018.58	−8,578.04
ドル・インデックス	2.10	702.19	5,733.17	−7,862.49
綿花	1.24	131.13	3,843.48	−10,841.46
CRB指数	0.60	−502.97	5,123.84	−56,819.25
原油	2.23	544.72	4,662.18	−7,504.91
カナダ・ドル	1.12	40.08	1,938.18	−7,202.11
Tボンド	1.24	332.91	8,688.05	−25,087.24

　表10.8からは、ディレクショナルスロープ・システムと比較して、DBSシステムではプロフィット・ファクターが著しく低いマーケットが存在し、また平均トレードの額が小さく、スリッページと手数料を控除した場合、トレードが可能にならないマーケットもいくつかあることが分かる。元のシステムによる16のマーケットのうち、3つ(S&P500、銅、CRB指数)を除くすべてのマーケットで、プロフィット・ファクターが1を超えていた。しかし、特定のマーケットでシステムの収益性を高めるには、平均トレードの額も高くなければならない。現在のトレードされている水準とポイントの水準によるが、安全のために余裕をみて、さらに将来の平均トレードの額の低下の可能

性も考慮すると、予想されるコストを控除したあとの平均トレードの額は、概算でコストの２倍でなければならない。例えば、予想されるスリッページと手数料が75ドルだとすると、トレードの総額は225ドルでなければならない。このバージョンのDBSシステムは、元のシステムでも修正後のシステムでも、概算上５つのマーケットでトレード可能である。

　表10.9では、ストップを追加したあとのプロフィット・ファクターと平均トレードの変化は、大きいものではないことが分かる。しかし、トレードの標準偏差とドローダウンに注目すると、ポートフォリオ全体で著しく改善している。

　別の観点からすると、マーケット自体の収益性は高くないが、適切な資金管理戦略を適用することによって、マーケットのポートフォリオはトレードが可能となることは特筆に値する。適切な資金管理戦略の効果によって、あるマーケットでうまくいかない場合でも、ほかのマーケットで十分な利益を上げることで、将来そのマーケットで利益が上がるようになるまで資産額の増加を維持できる。商品先物のヒストリカルデータで検証した結果、このような傾向が短期金利、木材、生牛、貴金属で見られた。

　表10.10では、検証を行った16のマーケットのうち、10のマーケットでドローダウンを減少させ、14のマーケットで標準偏差を低下させることができた。また、すべてのマーケットのうち、ひとつのカテゴリーだけでパフォーマンスの向上が見られたマーケットが４つ、３つのカテゴリーでパフォーマンスが向上したマーケットが９つあった。さらに、検証したすべてのマーケットのうち、６つのマーケットで手仕舞いテクニックの追加により平均トレードが向上し、14のマーケットで標準偏差を低下させることができた。これらは、すべて好ましい結果で、システムの安定性が向上し、トレードが容易になったことを示している。それは手仕舞いテクニックを追加したあとで、11のマー

表10.10 手仕舞いテクニック追加前と後の差

マーケット	差				
	プロフィット・ファクター	平均損益	2標準偏差	ドローダウン	改善した数
とうもろこし	-8.31%	-26.98%	-7.60%	11.81%	1
S&P500	4.47%	-27.42%	-8.85%	1.03%	2
オレンジジュース	-0.04%	-18.25%	-13.02%	-6.81%	2
生牛	-4.29%	-71.23%	-4.17%	16.50%	1
木材	5.79%	33.38%	-28.70%	-28.80%	4
コーヒー	-29.65%	-97.91%	-58.22%	40.76%	1
日本円	10.41%	5.31%	-6.39%	-3.15%	4
銅	3.46%	-44.68%	-16.84%	-16.10%	3
金	7.61%	11.34%	-14.58%	-6.56%	4
ユーロ・ドル	5.14%	9.77%	-1.28%	0.02%	3
ドル・インデックス	2.81%	-4.83%	-4.01%	-15.28%	3
綿花	-2.33%	-26.67%	-25.19%	-22.71%	2
CRB指数	0.90%	-2.88%	1.81%	0.48%	1
原油	21.16%	-4.40%	-21.96%	-27.01%	3
カナダ・ドル	3.34%	38.90%	0.37%	-9.86%	3
Tボンド	11.90%	105.63%	-2.37%	-17.01%	4
改善した数	11	6	14	10	―

ケットでプロフィット・ファクターが向上したことからも確認できる。これは、トレードのコストが著しく低下したことを意味している。

このシステムは、全体的にはディレクショナルスロープ・システムより収益性で劣っており、平均トレードも期待したほど向上しなかった。しかし、トレードの効率化に関しては、ストップが有効に機能しており、適切な資金管理戦略と合わせてより積極的なトレードが可能となった。また、パフォーマンスを改善する別の方法はDBSシステムのバージョンを１ａに戻して個々のトレードを余裕を持って処理し、利益目標と時間ベースストップ以外のさまざまなタイプのストップを適用することかもしれない。

標準偏差ブレイクアウト・システム

　短期のシステムに進み、さらに最良のトレードの手仕舞い方法を検証する前に、より長期のシステムを精密な方法で試してみたい。前の章で説明したように、標準偏差ブレイクアウト・システム（SDBシステム）は元のダイナミック・ブレイクアウト・システム（バージョン１a）に似ているが、いくつか特徴的な性質がある。これはシステムのポートフォリオに適したベースを構成したり、トレンドフォローや逆張りのトレードを行う短期システムのようなほかのシステムに分散を行う場合の仕掛けのポイントとして適している。

　このシステムの大きな特徴は信じ難いほどの堅牢性があり、指標やブレイクアウトレベルの参照期間にほとんど影響されずに、さまざまなマーケットで高い収益性を維持することである。理想的なレベルから劣るシステムでは、相対的に勝ちトレードの数が少なくなるものである。しかし、プロフェッショナルなトレーダーは、そんなことには関心が薄く、システムがトレードを行ったマーケットのポートフォリオで利益を上げた月数に興味を持っている。そして、基本的なダイナミック・ブレイクアウト・システムでは、損失を短期間で切って利益額を伸ばし、通常、かなり短い回復期間（資産最高額を更新するのに要する期間）で、およそ70％の月で利益を出す。われわれの目的は、参照期間が60バーのシステムを構築することで、この期間が非常に有効であるということ以外に特別な理由はない。この決定を行うに当たって、最適化は行っていない。

　RADを使って、1980年１月から1992年10月までの期間のデータに基づいて16のマーケットでトレードを行った。その内訳は、原油、Tボンド、Tビル、ラフライス、日経平均、天然ガス、生牛、木材、コーヒー、銅、金、ドル・インデックス、日本円、ドイツ・マルク（ユーロの代替）、綿花、小麦である。TradeStation からエクセルへの

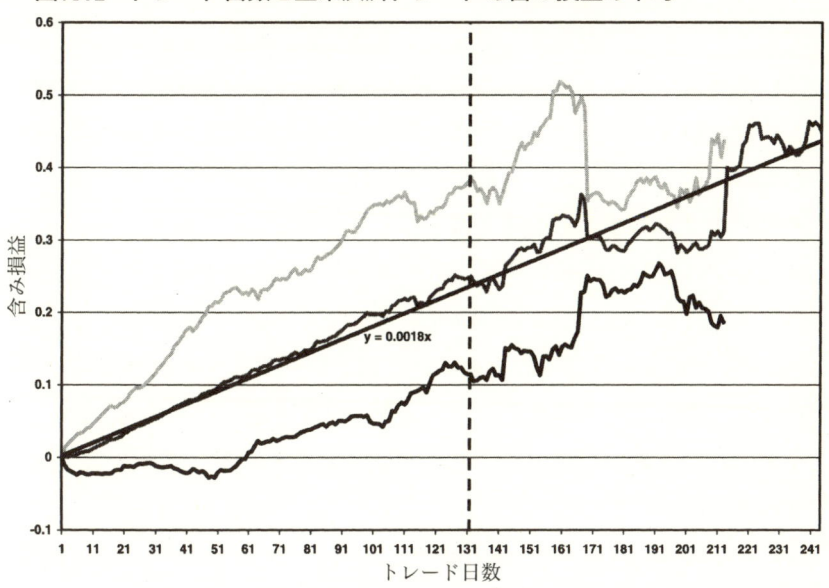

図10.2 トレード日数と全未決済トレードの含み損益の平均

書き出し機能は、ディレクショナルスロープ・システムの場合と同様、ダイナミック・ブレイクアウト・システムでも必須である。1992年11月から1999年10月までの期間のデータは、処女データ期間としてあとのセクションで使用する。図10.2は、例外的に150バーまで順調に経過した平均トレードの含み益の推移を表し、バーごとに含み益が0.18％ずつ増加していることを示している。この発見は、あとでトレイリング・ストップを追加するときに利用する。破線は、継続中のトレードが20ドル以下となるポイントを示している。これは、132バーのポイントである。見て分かるとおり、これを超えるトレードはごくわずかしかない。

　このシステムの欠点のひとつは、手仕舞いポイントを移動平均に依

存していることである。移動平均では、手仕舞いのシグナルが出るまでに、マーケットが大きく動いてしまうことがある。これはトレードの仕掛けのポイントでは特に重要な点である。その時点でシステムが示す最大損失は、2、3日後には変わっている可能性があり、固定比率資金管理を用いてトレードを行う場合に、トレードすべき枚数と、そのリスクの大きさを正確に知ることはできないのである。

したがって、パーセンテージベースのデータに基づいて、システムのストップロスのレベルを検証することが極めて重要となる。表10.11は、MAEが5.5％以上のすべてのトレードの平均最終損益が－1.90％であることを示している。ストップロスをこのレベルに置くと、全体のパフォーマンスは3.60％低下する結果となる。MAEが2％のすべてのトレードについては、パフォーマンスの低下は0.99％となる。また、2％のMAEは局所極小値となっており、その両側に高い数値が並んでいる。一方で、5.5％のMAEのレベルは局所極大値となっており、その両側に低い数値が並んでいる。さらに調査を進めていくうえでの前提として、当然の結論ながら、ここでは2％のストップを選択するべきであろう。しかし、トレーディングでは、望むと望まざるにかかわらず、すべてについてメリットとデメリットの間にトレードオフの関係があることを説明してきたが、それに従って、ここではストップを5.5％とすることに決定した。その理由は、そこがストップを置くべきでない最も明確なポイントに見えるからであり、1枚ベースのトレードで失うかもしれないものを適切な資金管理のもとで取り戻す期待をこめている。さらに、最も分かりきった解決方法が、長期的に見て必ずしもベストであるとは限らず、結局は元のままとなる場合もある。

表10.12は、MAEfeが、MFEの水準からの最後の落ち込みであるETDに一致すると仮定すれば、MAEfeが大きいほど期待利益も大きいことを示している。このため、トレイリング・ストップは使わない

表10.11 SDBシステムにおける16のマーケットのMAEレベルと元の損益との差異

MAE	元の損益	差
−0.50%	−1.00%	1.50 points
−1.00%	−0.52%	1.52 points
−1.50%	−0.23%	1.27 points
−2.00%	−1.01%	0.99 points
−2.50%	−1.17%	1.33 points
−3.00%	−1.52%	1.48 points
−3.50%	−1.89%	1.61 points
−4.00%	−2.40%	1.60 points
−4.50%	−2.45%	2.05 points
−5.00%	−2.24%	2.77 points
−5.50%	−1.90%	3.60 points
−6.00%	−3.38%	2.62 points
−6.50%	−2.64%	3.86 points
−7.00%	−4.16%	2.84 points
−7.50%	−4.73%	2.77 points
−8.00%	−4.15%	3.85 points
−8.50%	−3.53%	4.97 points
−9.00%	−8.02%	0.98 points
−9.50%	−7.65%	1.85 points
−10.00%	−12.57%	−2.57 points

ほうが良い結果が期待できそうである。しかし、自分たちのテクニックを活用したいため、これほどの大きな落ち込みは、結果的に平均トレードの回帰線のダウンサイドへのブレイクスルーにつながるという前提のもとに、とりあえず5.5％のレベルにトレイリング・ストップを置くことに決めた。

ETDが予想されるため、利益が出たままでトレードを手仕舞いさせるには、一定の額の含み益が蓄積されていることが必要となる。時間ベースのストップについては、表10.13で、40バー以上継続したすべてのトレードの40バーにおける平均損益が7.74％となっているが、

表10.12　SDBシステムにおける16のマーケットのMAEfeレベルと平均MFEと理論上の利益

MAEfe	平均MFE	損益
−2.50%	9.96%	7.21%
−3.00%	10.47%	7.15%
−3.50%	11.11%	7.22%
−4.00%	11.79%	7.32%
−4.50%	12.68%	7.61%
−5.00%	13.44%	7.77%
−5.50%	14.07%	7.80%
−6.00%	14.65%	7.77%
−6.50%	15.52%	8.01%
−7.00%	16.42%	8.27%
−7.50%	17.35%	8.55%
−8.00%	18.65%	9.16%
−8.50%	20.06%	9.85%
−9.00%	20.81%	9.94%
−9.50%	21.50%	9.96%
−10.00%	22.86%	10.58%
−10.50%	23.15%	10.22%
−11.00%	24.39%	10.71%
−11.50%	26.12%	11.62%
−12.00%	27.05%	11.80%

長く継続しているこのトレードを手仕舞うまでに、平均で7.63％にまで減少しているのが分かる。したがって、このバーまでは、利益が出ているままでトレードを仕切ることは期待できない。そこで、ETDが予想されるため、より状況が悪化するしかないという前提で、このポイントで利益を上げていないトレードをすべて手仕舞うことにした。

　反対の領域では、トレードが長期化することは望まない。含み益が大きくなるほど、そこからの落ち込みも同じように大きくなり、とても優れているとはいえない最終結果に終わる可能性が高くなるからである。標準偏差ブレイクアウト・システムでは、手仕舞いのシグナル

表10.13　SDBシステムにおける16のマーケットのトレード日数と含み損益とETDとの差

トレード日数	最終損益	含み損益	差
12	1.56%	−6.91%	−5.35 points
14	2.01%	−6.92%	−4.91 points
16	2.42%	−6.97%	−4.55 points
18	2.64%	−7.02%	−4.38 points
20	3.23%	−7.10%	−3.87 points
22	3.81%	−7.21%	−3.41 points
24	4.29%	−7.28%	−2.98 points
26	4.49%	−7.44%	−2.95 points
28	4.89%	−7.47%	−2.59 points
30	5.26%	−7.53%	−2.27 points
32	5.72%	−7.60%	−1.88 points
34	6.30%	−7.61%	−1.30 points
36	6.88%	−7.60%	−0.72 points
38	7.24%	−7.63%	−0.40 points
40	7.74%	−7.63%	0.11 points
42	7.86%	−7.62%	0.24 points
44	8.25%	−7.69%	0.55 points
46	8.83%	−7.76%	1.07 points
48	9.13%	−7.83%	1.30 points
50	9.68%	−7.70%	1.98 points

が出るまでに、利益の相当部分を失うという好ましくない傾向があるため、こうしたことは十分に起こり得る。これは表10.14で、例えば、MFEが60%以上のすべてのトレードが平均で45.63%の利益しか上げていないことからも分かる。標準偏差ブレイクアウト・システムでは、利益目標をどこに置いても良好な結果が得られるようである。われわれの推論のベースとなるような局所極大値や極小値は、後づけでも存在しないため、だまされたと思って利益目標を75%とした。これは、25%のパフォーマンスの向上となる（これらのシステムは、デモンストレーション用に使用することに注意）。

表10.14 SDBシステムにおける16のマーケットのMFEレベルと元の損益との差

MFE	元の損益	差
5.00%	7.34%	2.34 points
10.00%	12.03%	2.03 points
15.00%	16.16%	1.16 points
20.00%	20.02%	0.02 points
25.00%	24.88%	−0.12 points
30.00%	32.25%	2.25 points
35.00%	34.60%	−0.40 points
40.00%	37.65%	−2.35 points
45.00%	41.65%	−3.35 points
50.00%	42.97%	−7.03 points
55.00%	45.63%	−9.37 points
60.00%	45.63%	−14.37 points
65.00%	47.10%	−17.90 points
70.00%	47.52%	−22.48 points
75.00%	49.42%	−25.58 points
80.00%	49.42%	−30.58 points
85.00%	45.69%	−39.31 points
90.00%	45.69%	−44.31 points
95.00%	49.41%	−45.59 points
100.00%	49.41%	−50.59 points

　さらに、このシステムと大差ない前章の標準偏差ブレイクアウト・システムとの違いについて注目しなければならない。標準偏差ブレイクアウト・システムでは、一見ストップロスとトレイリング・ストップを誤用しているように見えるが、利益目標はうまく使っている。同じように機能する２つのトレンドフォロー型の戦略を使っていながら、標準偏差ブレイクアウト・システムで発見したこととは、まったく逆である。自分のシステムを統合するときには、これらすべての微妙な点を考慮し、それらが自分の要求どおりに機能しているか確認する必要がある。これは各自で行うしかない。ここではただそれを提示し、

表10.15 SDBシステムにおける16のマーケットのトレード日数と最終損益と含み損益との差異

トレード日数	最終利益	含み損益	差
55	10.92%	10.93%	0.02 points
60	11.90%	11.51%	−0.39 points
65	12.36%	12.62%	0.26 points
70	13.00%	13.44%	0.43 points
75	13.87%	14.49%	0.62 points
80	14.21%	14.85%	0.64 points
85	15.35%	16.12%	0.77 points
90	16.50%	17.57%	1.07 points
95	17.71%	18.76%	1.04 points
100	18.10%	19.75%	1.65 points
105	18.71%	20.05%	1.34 points
110	20.41%	21.93%	1.52 points
115	20.37%	21.34%	0.97 points
120	22.78%	23.00%	0.22 points
125	23.09%	24.46%	1.37 points
130	23.81%	24.69%	0.88 points
135	23.47%	23.71%	0.24 points
140	23.43%	23.16%	−0.27 points
145	27.17%	28.02%	0.85 points
150	27.17%	28.99%	1.82 points

参考のためにサンプルとして使うだけである。

　勝ちトレードをあまり長く引っ張りすぎないためには、すべての勝ちトレードをある一定のバーで何があっても手仕舞いさせる必要がある。長くなりすぎたトレードは、システム全体の結果の標準偏差が大きくなるだけでなく、システムが手仕舞いの指示を出すまでに、含み益のかなりの部分を失う可能性が高くなってしまう。したがって、利益が出ているすべてのトレードを、一定のバーを経過したあとで手仕舞いするのはいい考えである。この結論を出すために、特定のバーの含み益と長く継続したトレードすべての平均最終損益の比較を行って

表10.16　小麦マーケットの結果

手仕舞いテクニック追加前（元のシステム）								
総トレード数		3	勝ちトレード	15	39.47%	負けトレード	23	60.53%
プロフィット・ファクター		1.6	最大勝ちトレード	31.11%	6,762.54	最大負けトレード	−7.59%	−1,649.88
平均損益	1.27%	276.5	平均勝ちトレード	8.09%	1,759.29	平均負けトレード	−3.18%	−690.40
標準偏差	7.73%	1,678.7	累積利益	46.50%	10,107.94	ドローダウン	−25.76%	−5,599.58

みた。このケースでは、表10.15で、105日の前後である種の局所極大値が見受けられるため、最長トレード期間を105日とした。

提起されたすべての手仕舞いレベルを配置すると、標準偏差ブレイクアウト・システムの手仕舞いテクニックは、次のようになる。

- マーケットが逆方向に5.5%動いた場合に、損切りする。
- 40バー以降で、損益がマイナスとなったら、多少の損失が出るか損益ゼロとなった時点で手仕舞う。
- 40バー以降で、マーケットが逆方向に5.5%以上動いて、元の平均トレードの回帰線を下回った場合、トレイリング・ストップで手仕舞う。
- 含み益が75%を超えた場合、指値で手仕舞う。
- 105バーを超えた場合、利益確定で手仕舞う。

表10.17　小麦マーケットの結果

手仕舞いテクニック追加後（修正後のシステム）								
総トレード数		3	勝ちトレード	16	41.03%	負けトレード	23	58.97%
プロフィット・ファクター		1.8	最大勝ちトレード	32.13%	6,665.05	最大負けトレード	−5.50%	−1,140.92
平均損益	1.48%	307.3	平均勝ちトレード	7.84%	1,626.46	平均負けトレード	−2.94%	−610.23
標準偏差	7.52%	1,559.5	累積利益	61.39%	12,734.93	ドローダウン	−23.06%	−4,784.24

表10.16と表10.17は、手仕舞いポイントを付けた場合と外した場合の小麦の理論上のトレード結果である。手仕舞いポイントがない場合の小麦のプロフィット・ファクターは1.16で、1トレード当たりの平均損益は1.27％、現在の市場価格に換算して277ドルである。手仕舞いポイントがある場合はプロフィット・ファクターが1.85で、1トレード当たりの平均損益は1.248％、現在の市場価格に換算して307ドルとなっている。表10.16と表10.17は、手仕舞いポイントの追加によって、ドローダウンと標準偏差がともに低下しているという好ましい結果を示している。修正後のシステムでは、最大の勝ちトレードは32.13％、市場価格換算で6665ドルとなっている。最大の負けトレードは5.50％（ストップロスにより）、市場価格換算で－1141ドルとなっている。

　表10.18から、標準偏差ブレイクアウト・システムの堅牢性の高さが分かる。ここでは、プロフィット・ファクターが1未満のマーケットが存在せず、平均トレードの額が1トレード当たりの予想コストである75ドルの3倍未満のマーケットも存在しない。ラフライスや天然ガスのように、プロフィット・ファクターが10を超えるという驚くべき結果を残したマーケットもある。

　表10.19では、手仕舞いポイントが追加されたことで、すべてのマーケットでプロフィット・ファクターが1を超えたが、残念ながら、個別のトレードの安全性の向上と引き換えに、ほとんどのマーケットで平均トレードの額が低下してしまった。しかし、ひどい結果に終わったマーケットもなく、全体的な結果としては、すべての手仕舞いポイントを追加して、システムを「汚した」あとでも、標準偏差ブレイクアウト・システムの安定性を確認するものとなった。興味深いことに、このシステムで平均トレードとプロフィット・ファクターが高いマーケットは、どのようなトレンドフォロー型のシステムでもおおむね良好な結果を残している。Tボンド、日経平均、日本円、小麦で、

表10.18　全マーケットの結果

マーケット	手仕舞いテクニック追加前(元のシステム)			
	プロフィット・ファクター	平均損益	2標準偏差	ドローダウン
原油	3.08	987.94	5,524.19	−4,275.06
Tボンド	1.23	378.11	10,932.67	−28,771.85
Tビル	2.65	917.62	6,513.73	−5,750.25
ラフライス	10.07	1,678.34	6,042.87	−2,181.27
日経平均	2.16	2,847.55	20,787.00	−6,747.19
天然ガス	17.11	2,200.72	4,964.46	−546.27
生牛	1.45	228.30	3,596.36	−7,212.76
木材	1.49	333.37	5,089.97	−6,816.53
コーヒー	2.95	639.42	3,918.96	−3,958.94
日本円	2.29	1,675.54	14,463.96	−11,781.00
銅	1.89	535.64	5,825.51	−6,583.29
金	1.85	662.89	5,732.22	−7,241.86
ドル・インデックス	2.51	1,444.03	7,693.95	−4,357.46
ドイツ・マルク(ユーロ)	3.11	1,818.71	9,699.02	−8,303.75
綿花	2.35	755.11	5,557.00	−4,430.03
小麦	1.66	276.58	3,357.54	−5,599.78

　ドイツ・マルクは平均トレードだけが高くなる。また、原油と綿花では、プロフィット・ファクターが高くなる。表10.20からは、最低3つのカテゴリーでパフォーマンスを向上させたマーケットが6つあるのが分かる。しかし、7つのマーケットでは、向上したカテゴリーはひとつかゼロである。どのカテゴリーでもパフォーマンスが向上しなかったのは、天然ガスであるが、それでも手仕舞いポイントの有無にかかわらず、十分に高い利益を上げている。検証した16のマーケットのうち、標準偏差を低下させることができたのが13、ドローダウンを低下させることができたのが8であった。残念ながら、プロフィット・ファクターと平均トレードは、期待したほど向上しなかった。

表10.19　全マーケットの結果

マーケット	手仕舞いテクニック追加後（修正後のシステム）			
	プロフィット・ファクター	平均損益	2標準偏差	ドローダウン
原油	3.44	747.03	4,182.98	−1,803.36
Tボンド	1.29	440.87	10,925.97	−19,886.70
Tビル	2.15	676.68	6,451.11	−5,626.32
ラフライス	1.26	125.77	3,042.76	−5,176.72
日経平均	4.09	6,118.78	24,009.93	−4,904.47
天然ガス	6.98	1,557.54	6,441.10	−1,041.45
生牛	1.09	48.38	3,018.49	−8,610.89
木材	1.42	267.40	4,768.68	−5,572.99
コーヒー	1.25	87.68	2,458.44	−4,157.51
日本円	2.41	1,711.84	12,882.49	−10,575.98
銅	1.15	96.01	4,049.64	−6,919.10
金	1.27	248.28	5,376.98	−8,558.86
ドル・インデックス	2.43	1,447.94	8,019.24	−4,357.46
ドイツ・マルク（ユーロ）	2.96	1,829.22	9,472.23	−12,074.73
綿花	2.72	670.49	4,529.95	−3,890.78
小麦	1.85	307.38	3,119.04	−4,784.24

　結果として、標準偏差ブレイクアウト・システムは、ダイナミック・ブレイクアウト・システムの場合と同じ結論に達した。すなわち、平均トレードの額は期待したほど向上しなかったが、8つのマーケットでドローダウンが低下し、13のマーケットで標準偏差が低下したことから明らかなように、トレードの効率化に関しては手仕舞いポイントが有効に機能することが分かった。このことから、適切な資金管理戦略を併用すればより積極的なトレードが可能となり、さまざまなタイプのストップや手仕舞いレベルを検証しつつ、参照期間やブレイクアウト期間を最適化していくことで、パフォーマンスのさらなる向上が期待できるようになった。

表10.20　手仕舞いテクニック追加前と後の差

	差				
マーケット	プロフィット・ファクター	平均損益	2標準偏差	ドローダウン	改善した数
原油	11.49%	−24.39%	−24.28%	−57.82%	3
Tボンド	4.68%	16.60%	−0.06%	−30.88%	4
Tビル	−18.76%	−26.26%	−0.96%	−2.16%	2
ラフライス	−87.45%	−92.51%	−49.65%	137.33%	1
日経平均	89.12%	114.88%	15.50%	−27.31%	3
天然ガス	−59.20%	−29.23%	29.74%	90.65%	0
生牛	−24.96%	−78.81%	−16.07%	19.38%	1
木材	−4.77%	−19.79%	6.31%	−18.24%	2
コーヒー	−57.55%	−86.29%	−37.27%	5.02%	1
日本円	4.95%	2.17%	−10.93%	−10.23%	4
銅	−39.40%	−82.08%	−30.48%	5.10%	1
金	−31.25%	−62.55%	−6.20%	18.19%	1
ドル・インデックス	−3.24%	0.27%	4.23%	0.00%	1
ドイツ・マルク(ユーロ)	−4.80%	0.58%	−2.34%	45.41%	2
綿花	15.70%	−11.21%	−18.48%	−12.17%	3
小麦	11.57%	11.14%	−7.10%	−14.56%	4
改善した数	6	4	13	8	―

第11章

ランダムな仕掛けの
ポイント

Working with random Entries

　われわれの短期システムでは、若干異なるアプローチを試みている。ここでは記述統計学の世界に足を踏み入れ、システムの構築だけでなく、マーケットの分析全般に利用できる有用な新しい測定の方法を取り入れた。

　記述統計学では、第２部の蛇行システムの身長測定のように、ある事象が生起する可能性を推定し、利用する。つまり「通常の環境下で、身長が正規分布に従うという前提のもとで、次に遭遇する人物の身長が極めて高い確率は2.27％であり、極めて身長の高い人物に２人続けて遭遇する確率は、0.05％である」といえるようになる。これで、確率変数ディレクトリを平均値と標準偏差に関連づけることができる。

　ここまで、トレード結果について平均損益や標準偏差などの統計的測定方法を使用するときは、１トレード当たりのパーセンテージ利益などの変数が正規分布に従っており、統計上、確率変数として独立しているという仮定に立っていた。この仮定の優れている点は、よく知られた釣り鐘状の正規分布が理解しやすいものであると同時に、それ自体が正規分布に近いほかの変数を近似させるのに役立つことにある。図11.1は、そのような分散の例である。

　ただし、図11.2に示すように、変数がランダムであるためには、正規分布である必要はない。このチャートは、単にエクセルの乱数機能

図11.1　正規分布の釣鐘状分布曲線

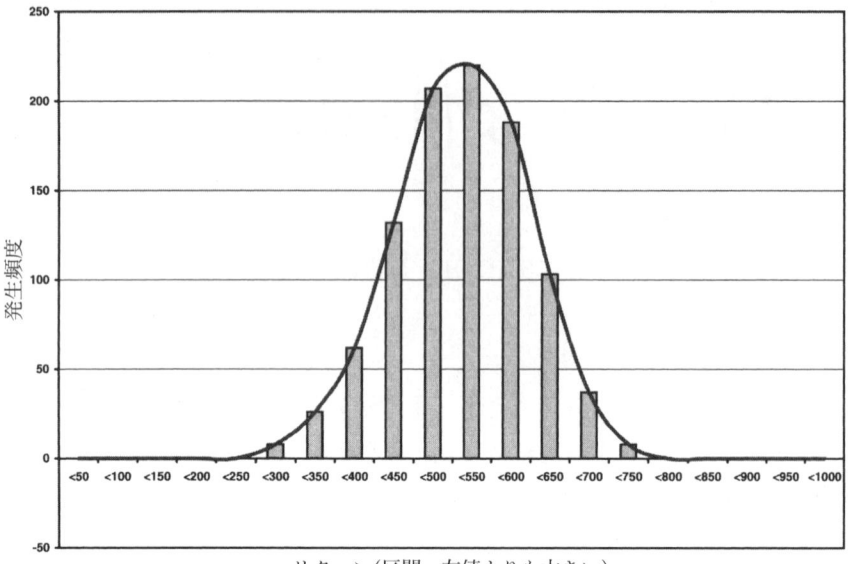

[グラフ: 横軸「リターン(区間、左値よりも大きい)」、縦軸「発生頻度」、<50から<1000までの区間で釣鐘状の分布を示す]

を使って作成したものである。一方で、図11.1は、図11.2の確率変数の10期間の平均から作成した。たいていの場合、ほかの確率変数（図11.1）の平均である図11.2のような確率変数は、元の確率変数の分布状態にかかわらず、正規分布に近い分布状態となる。

　しかし、正規分布は、図11.1よりもかなり高くて狭かったり、広くて低かったりする。重要なことは、その分布が、ある数値がほかの数値よりも頻繁に出現するようなシングルモードで、平均値の左右に対称に分布していることである。正規分布では、平均値から1標準偏差以内にすべての標本の68.27％が、2標準偏差以内に95.46％が、3標準偏差以内に99.73％が分布している。サンプルの標準偏差を計算するには、エクセルで標準偏差の公式を使う。

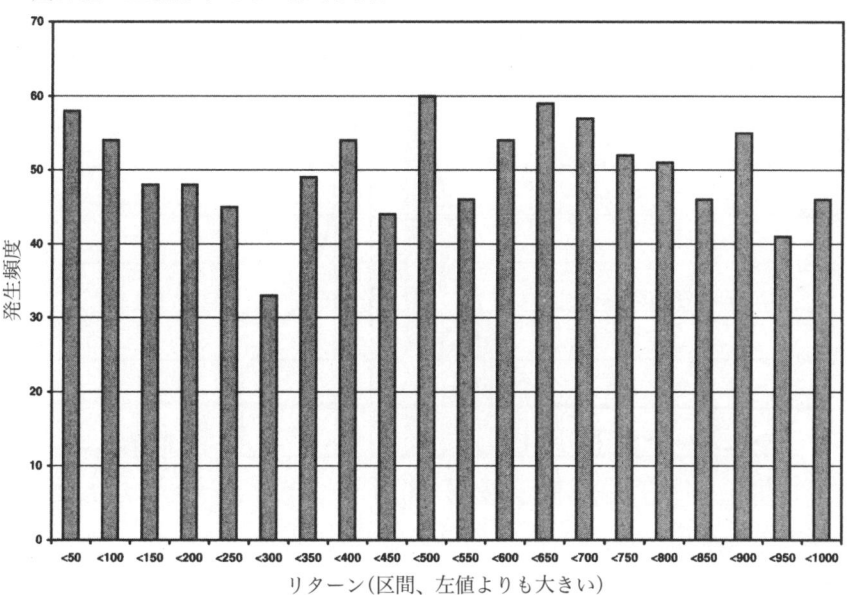

第11章●ランダムな仕掛けのポイント

図11.2　正規分布でない確率変数

　マーケットが正規分布に従わないことは明白であるにもかかわらず、ほとんどのアナリストたちがマーケットのリターンを計算する場合に、長い間正規分布を使ってきた。これは、図11.3の、1982年4月から1999年10月の期間のS&P500指数の日次のリターンに見ることができる。

　図11.3から分かるように、このカーブは左右対称ではなく、図11.1のような正規分布に比べて末端部分が厚い。正規分布よりも分布範囲が比較的狭く中央に集まっていて、末端部分が厚ければ、その分布は「急尖的」であるという。その逆であれば、「緩尖的」という。変数の尖度を計算するには、エクセルの尖度関数を使用する。このケースのS&P500の日次のリターンの分布の尖度は、56である。プラスの値は

図11.3　平均値が中央値よりも小さく左方に歪んだ(負の歪度)の確率変数

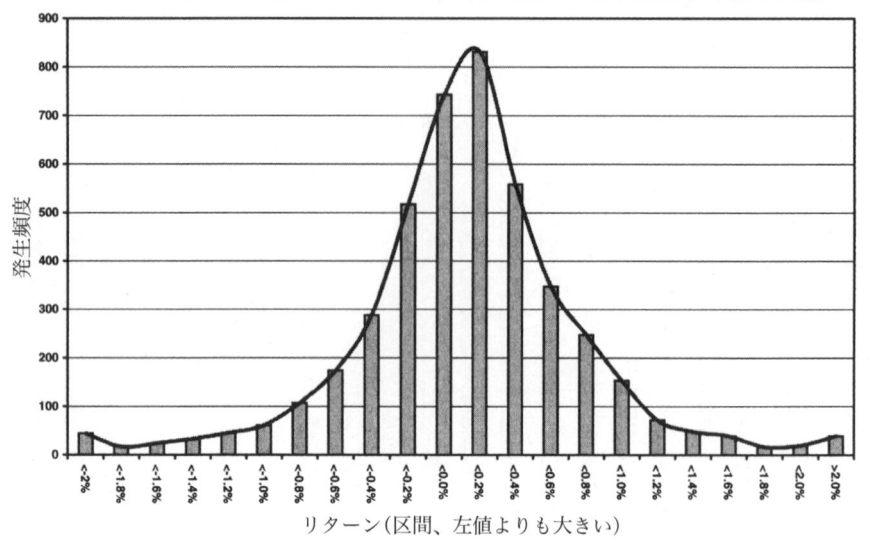

その分散が急尖的であることを示し、マイナスの値は緩尖的であることを示す。リターンの分布が緩尖的になるようなシステムを構築したい場合は、システムが、大きくかけ離れたトレードに引きずられないようにする必要がある。ただし、これは両刃の剣である。尖度の値がプラスであるということは、すべてのトレードを平均トレードに近い状態に維持していることを示している。しかしこの場合、尖度は統計上の結論を導き出すトレードの数につれて増加するはずであるが、一方でトレードの散布度は同じままなのである。つまり、利益や損失を出すレベルは変わらないのである。

　図11.3からは分かりにくいが、この分布はわずかに左に偏っており、平均値が中央値(数値を最小値から最大値まで並べた場合の中央の

値)よりも小さい。左端は、右端のものより長く伸びている。エクセルの歪度関数を使用すると、この分散の歪度を計算できる。このケースでは、歪度が−2.01で、1日のリターンの平均が0.0296％、中央値が0.0311％である。プラスの歪度を持ち、分布の末端がプラス(右側)の方向に偏って伸びるようなトレーディングシステムを構築したい場合は、早めに損切りし、利益が出た場合はトレードを長く持つことである。

　システムが外れ値の影響を受けないようにするもうひとつの方法は、平均リターンを計算するときにそのような外れ値を除外することである。これは、エクセルでトリム平均（TRIMMEAN）を使えば可能である。この関数は、分散の上限と下限から一定の割合のデータを除外する。理想的なのは、システムを構築するときにトリム平均をゼロ以上に設定しておき、間違いなくトレードの大半があるべき動きを取るようにする。トリム平均が平均リターンよりも大きい場合は、ヒストリカルなプラスの外れ値がマイナスの外れ値よりも小さいことを意味する。トリム平均が平均リターンよりも小さい場合は、ヒストリカルなプラスの外れ値がマイナスの外れ値よりも大きいことを意味する。このケースでは、自分がベストと考える状態がどうであろうと、システムに何を期待し、どう機能することを望んでいるかに左右される。いくつかの負けトレードのあとで、プラスの外れ値がマイナスの外れ値よりも大きかったことを知れば気休めにはなるが、一方で、ドローダウンから抜け出す方法が未知の外れ値に依存しているということは、自分の生命を幸運の女神に託するようなもので、ほとんどギャンブルといっていいだろう。

　分散が正規分布であるかどうか分からない場合は、すべての事象の68.27％が平均値から1標準偏差以内に分布しているといった正規分布による測定方法は使えない。そのような場合は、「チェビショフの定理」を使う。これは、kが1以上（$k \geq 1$）で、$(1 - 1/k^2)$

が少なくとも平均値からk標準偏差以内に分布するというものである。ただし、この定理は正確な数値を出せるわけではないことに注意する必要がある。

　例えば、正規分布では、2標準偏差以内にすべてのデータの95.46％が分布しているが、分布の状態が分からない場合は、少なくとも75％（1－1/k^2）が2標準偏差以内に分布しているといえる。さらに、正確な分布状態が分からない場合は、平均値から左右均等に分布しているかどうかも分からないため、これを尖度と歪度から推定しなければならない。同様に、少なくとも観察データを50％、67％、90％というように数字を簡略化し、標準偏差も1.41、1.74、3.16とする必要がある。

　これからこの新しい知識を使って、短期システムのためのより有効な手仕舞いテクニックを探り、システムを再構築していく。

ゴールドディガー・システム

　データマイニング・システムの第2のバージョンであるゴールドディガーⅡは、2日続けてマーケットが下落するか、2週続けて下落すると直ちに買いの指示を出す。売りには、2日連続の上昇か、2週連続の上昇が必要となる。この戦略の背景にある推論は、ある一定方向への動きは長く続くものではなく、遅かれ早かれ必ず短期のリバウンドを伴うというものである。この手仕舞いテクニックは、極めてシンプルである。マーケットが2日続けて予想どおりに動いて、自分のポジションが正しかったことが分かると、すぐにポジションを手仕舞い、売りポジションを取っていた場合は予想どおりに動いた最初の日の大引けでポジションを仕切る。ただし、この戦略の危険性は、反対方向のトレードを行うこと以外のストップが存在せず、その間に多くの時間と資金を費やしてしまうことになりかねないことである。

ゴールドディガーⅠと比較した場合のこのシステムの有利な点は、ゴールドディガーⅡがより対称的な性質を持っていることであるが、さまざまな手仕舞いテクニックが混在しているため、必ずしも完全に対称なものではない。もし「完全な」対称性と、ある種のストップロス・テクニックの追加を同時に実現できるのであれば、ぜひ見てみたい。売りと買いの両方の仕掛けのポイントで、システムに完全な対称性を持たせるには、売りと買いの手仕舞いポイントが互いにまったく同じものでなければならない。第2部のゴールドディガーⅡのような部分的に対称性を持つシステムでは、対称的な仕掛けのポイントと手仕舞いのポイントを持っている。このシステムのための元のTradeStation（トレードステーション）のコードは、第2部で紹介してある。これを、短期システムにも応用するために、5日を超えてトレードを行わないという前提をまず設定した。最初のステップは、TradeStationのコードを次のように修正する。

```
Condition1=CloseW(2)>CloseW(1) and CloseW(1)>Cand C[2]>C[1] and C[1]>C;
Condition2=CloseW(2)<CloseW(1) and CloseW(1)<Cand C[2]<C[1] and C[1]<C;
If Condition1=True and MarketPosition=0 Then
  Buy("Go long") at open;
If Condition2=True and MarketPosition=0 Then
  Sell("Go short") at open;
If BarsSinceEntry>5 Then Begin
  ExitLong("Exit long") at close;
  ExitShort("Exit short") at close;
End;
```

表11.1　ゴールドディガーⅡの修正バージョンの結果（1995/1〜1999/10）

総トレード数		80	勝ちトレード	4	53.75%	負けトレード	3	46.25%
プロフィット・ファクター		1.18	最大勝ちトレード	8.54	28,823	最大負けトレード	−4.33	−14,614
平均損益	0.13%	453	平均勝ちトレード	1.65	5,559	平均負けトレード	−1.62	−5,480
標準偏差	2.22%	7,483	累積利益	9.18	30,983	ドローダウン	−17.47	−58,961

　もちろん、第2部のブラックジャック・システムで行ったように、最適値を探し出して、異なる最長トレード期間を設定することもできる。その場合は、最も安定した結果をもたらしそうな、歪度と尖度の指標を使うことができる。しかしここでは、5日の制限を使用する。元のシステムの場合と同様に、1995年1月から1999年10月までの期間のS&P500のRAD（比率修正つなぎ足データ）を使って、この戦略の検証を行う。

　第1部のトレードごとの書き出し機能を使って、表11.1に結果をまとめた。このシステムをゴールドディガーⅡの元のシステムと比較すると、標準偏差がかなり高いにもかかわらず平均損益がかなり低く、このバージョンではトレードのリスクが高いことが分かる。低いプロフィット・ファクターもまた、トレードのコストが上昇していることを示している。ドローダウンもかなり大きくなっている。全体的に見

表11.2　ゴールドディガーⅡ（修正バージョン）の統計値

平均値	0.13
中央値	0.21
尖度	2.49
歪度	0.83
トリム平均(20%)	0.04

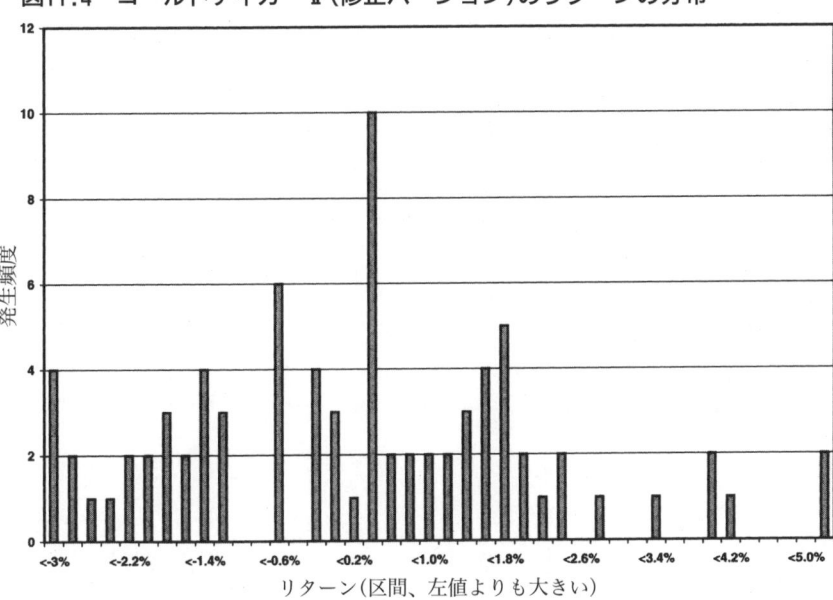

図11.4 ゴールドディガーⅡ（修正バージョン）のリターンの分布

て、このゴールドディガーⅡは、元のバージョンより劣っている。より適切な分析ツールを用いればおそらく若干の向上が見られるかもしれないが、この全体的な対称性を持つゴールドディガーⅡは、全般的に前のバージョンより優れているようには見えない。

　表11.2と図11.4から分かることは、これらの結果が正規分布にまったく従っていないということである。中央値が平均値よりも小さく、プラスの歪度を持っており、右端が左側よりも長く伸びていることをうかがわせる。損失を短期で切り、すべてのトレードを5日目で仕切っているにもかかわらず、利益が出たというのは悪くはない。しかし問題なのは、尖度がプラスの値となっており、これはシステムが急尖的で、安定的なリターンを生み出していないことを示している。ただ

し、適切な手仕舞いテクニックを駆使すれば、歪度をプラスの値に保ちながら、尖度を減らしてマイナスの値にすることは可能である。

そのコツは結果の分散を緩尖的にして、若干右側にシフトさせつつ、結果をいくらかでも向上させることができるかどうかで判断することだ。これが可能であることは、トリム平均が20％と平均値よりも小さく、ヒストリカルなプラスの外れ値がマイナスの外れ値よりも大きいことを示していることから分かる。図11.4では、リターンの分散が左側よりも右側により伸びていることが分かる。これは、一般的に好ましいことで、利益が出ていることを示している。ただし、プラスの尖度は、結果がやや不安定であることを示している。

ここで、2標準偏差を超えている負けトレードをすべてカットする場合を考えてみる。理由は、このバージョンのゴールドディガーの結果の分散は正規分布に従っていないため、通常の正規分布の公式で示されるような一定の値まで逆に動いたトレードを単純にカットすることができないからである。その代わりとして、チェビショフの定理を使って、2標準偏差境界線のなかに75％の標本が分布しているという前提を用いる必要がある。しかし、正確な分布状態が分からないため、残りの25％のうち、右側と左側の末端にそれぞれどのくらいの標本が分布しているかも分からない。そこで、歪度の値がプラスであることから、残りの25％のうちの大部分が中央値の右側に存在するという推論を用いることにする。要するに、20％が右側に分布しているなら、残りの5％が左端に分布しているということができる。

それに代わるものとして、標準偏差境界線でまとめられているトレードの量の違いに注目する方法が挙げられる。例えば、すべてのトレードの68％をまとめたい場合は、両側に16％ずつを振り分ける。要するに、勝ちトレードの4倍の負けトレードをカットすべきであるということだ。このケースでは、約21（80×0.33×0.80）の負けトレードと、5（80×0.33×0.20）の勝ちトレードに分けられる。こうすると、

ゴールドディガー・システムでは、ストップロスが1.0%、利益目標が3.8%となる。これらのストップをコードに追加して、その結果を見てみよう（最低利益目標を追加してみるのもいい考えであるが、元のシステムの利益目標が比較的低く設定されているので、その場合はストップロスと利益目標の中間点を目標とする。これによって、マーケットが最初に1.4%より大きい利益で引け、次に含み益が1.4%のレベルを下回った時点でトリガーとなる）。追加の TradeStation のコードは、次のようになる。

```
If MarketPosition=1 Then Begin
  ExitLong("Long profit")tomorrow at 1.038*EntryPrice limit;
  ExitLong("Long loss")tomorrow at 0.99*EntryPrice stop;
  If Close>1.014*EntryPrice Then
    ExitLong("Long prot.")tomorrow at 1.014*EntryPrice stop;
End;
If MarketPosition=-1 Then Begin
  ExitShort("Short profit")tomorrow at 0.962*EntryPrice limit;
  ExitShort("Short loss")tomorrow at 1.01*EntryPrice stop;
  If Close<0.986*EntryPrice Then
    ExitShort("Short prot.")tomorrow at 0.986*EntryPrice stop;
End;
```

表11.3は、これらのストップを適用した場合の結果を示している。これから分かるように、これらのストップによる結果の向上はまったく見られない。特に、平均損益がわずかに0.07%で、5年間のトレードによる累積利益が4.72%というのはひどい。標準偏差はほとんど変わらないが、唯一向上しているのは、ドローダウンがほんのわずか低下している点である。しかし、元のコンセプトが優れていると確信し

表11.3 ゴールドディガーⅡ第2の修正バージョンの結果(1995/1～1999/10)

総トレード数		106	勝ちトレード	39	36.79%	負けトレード	67	63.21%
プロフィット・ファクター		1.08	最大勝ちトレード	5.14%	17,348	最大負けトレード	−8.30%	−28,013
平均損益	0.07%	229	平均勝ちトレード	2.51%	8,462	平均負けトレード	−1.35%	−4,564
標準偏差	2.21%	7,446	累積利益	4.72%	15,930	ドローダウン	−12.01%	−40,534

表11.4 ゴールドディガーⅡ(第2の修正バージョン)の統計値

平均値	0.07
中央値	−1.00
尖度	1.14
歪度	0.15
トリム平均	0.00

ている(「イエス」と言ってもらいたい)以上、ここであきらめるわけにはいかない。おそらく、これらの手仕舞いテクニックをより一般的で、カーブフィッティングでないものに置き換え、さらに仕掛けのポイントを若干厳しくすることで、多少利益が増加するかもしれない。詳しく見てみることにする。

　表11.4と図11.5を見ると、統計的指標に関するかぎり、事態はさらに悪化している。ストップや手仕舞いテクニック、利益目標が実際の結果の歪度を高くしているだけでなく、統計上の指標も悪化させている。特に問題なのは、尖度の値が依然としてプラスのままで、歪度もわずかにプラスとなっている。図11.5では、ほとんどのトレードが仕掛けた直後から損失となっていることが明らかで、はっきりしているのは最終損益をより少数の結果に分割したせいである。今ここで重要なのは、ほとんどのトレードがストップロスにより手仕舞いさせられてしまうということである。利益確定のためにトレードを仕切ること

第11章●ランダムな仕掛けのポイント

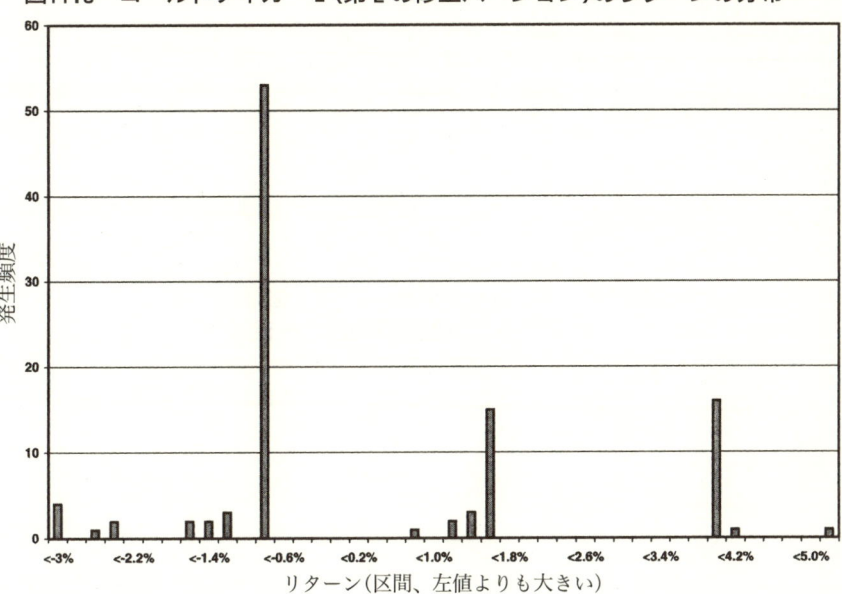

図11.5　ゴールドディガーⅡ（第2の修正バージョン）のリターンの分布

によって、ほとんどのトレードの利益が1.5％近辺となっている。ただし、ほとんどのトレードが仕掛けた直後から損失となっているため、利益確定のストップと利益目標はほとんど用をなしていない。ここで大切なのは、その理由を理解することである。これは、次の章における論点である。

次の戦略に移る前に、このシステムが古いデータをどのように最適期間につなげていったのかを観察してみる。厳密には、1985年1月から1994年12月までの期間を対象とした。その結果は、表11.5と表11.6、および図11.6で見ることができる。

これはいったい、どうしたことだろう。システムが突然素晴らしく機能し始めたのである。平均損益は0.25％で、15％を超えるドローダ

表11.5　ゴールドディガーⅡ　第2の修正バージョンの結果（1985/1～1994/12）

総トレード数		270	勝ちトレード	11	42.96%	負けトレード	15	57.04%
プロフィット・ファクター		1.38	最大勝ちトレード	7.62	25,718	最大負けトレード	−12.61	−42,559
平均損益	0.25%	859	平均勝ちトレード	2.16	7,283	平均負けトレード	−1.18	−3,981
標準偏差	2.00%	6,745	累積利益	87.86	296,528	ドローダウン	−15.11	−50,996

表11.6　ゴールドディガーⅡ（第2の修正バージョン）の統計値（1985/1～1994/12）

平均値	0.25
中央値	−1.00
尖度	6.00
歪度	−.019
トリム平均	0.06

ウンは存在しない。1995年1月から1999年10月までで検証を行った元のシステムと比較すると、ほとんどの数値が表11.5の数値をわずかに下回っている。この単純な理由のひとつは、これがベストの検証期間で、期間が2倍以上となっているため、都合の悪いことが起きてもそれを吸収する余地が大きいことである。

　表11.4と比較した場合、尖度のプラスの値が大きくなっており、トレードの結果が平均値のより近くに集まっていることを意味している。つまり、システムが有効な動作を何度も何度も繰り返したということである。これだけでは、収益性が十分なわけではない。もうひとつの欠点は、歪度の値が今度はマイナスとなっている。これは、マーケットが保ち合いから放れるタイミングをシステムがうまく捕捉しているが、ただその方向が逆であることを意味している。これは、図11.6のリターンの分布チャートを検討した結果からも得られる結論である。

　トレードの分布に注目すると、2つの興味深い事実があることに気

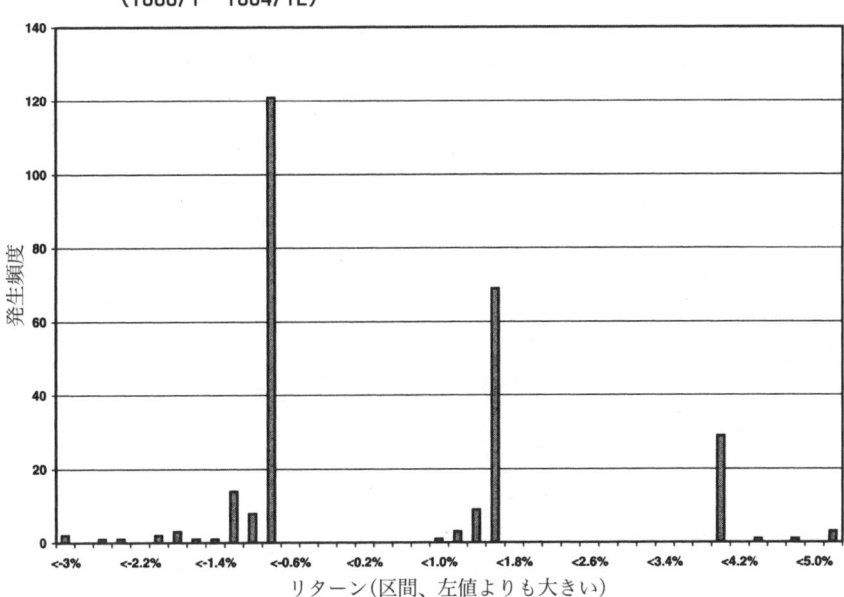

図11.6 ゴールドディガーⅡ（第2の修正バージョン）のリターンの分布
（1985/1～1994/12）

がつく。最初に、ほとんどの負けトレードがストップロスによって手仕舞いさせられており、そうでない場合はときどき損失のまま仕切らされている。第2に、利益制限によって手仕舞いしたトレードがほとんどないことである。ストップロスによって手仕舞いしたトレードと、最大利益に達したため仕切ったトレードの数に大きな開きがあり、トレードを行っているときのマーケットの動きが、ポジションに不利なものであったことを示している。後者については、あとで対策を考える。話を簡単にするために、今後このシステムをゴールドディガーと呼ぶことにする。

蛇行システム（週ベースデータ）

　ここまで、蛇行システムでは日ベースのデータのみで観察してきたが、ここでは週ベースと日ベースのデータを組み合わせて、このシステムを詳しく分析していく。すなわち、指標を構築し、そのトリガーとして週ベースのデータを使用する。次に、その指標を使って日ベースのデータでトレードを行い、観察する。これを行うベストの方法は、週ベースのデータを TradeStationの data2として使用することである。5日間（必ず）のトレードで高値と安値を拾うシステムで、再度トリガーレベルを平均値から2標準偏差離れたところに置く。TradeStation のコードは、次のようになる。

```
Input:VSStd(2);
Vars:SumVS(0),AvgVS(0),DiffVS(0),StdVS(0),SetArr(0),
SumArr(0),DiffArr(0),VSLow(0),VSMid(0),VSHigh(0);
Array:VS[20](0);
ForSetArr=0 To 4 Begin
 VS[SetArr*4+0]=(O[SetArr]Data2- C[SetArr+1]Data2)/
 C[SetArr+1]Data2;
 VS[SetArr*4+1]=(H[SetArr]Data2- C[SetArr+1]Data2)/
 C[SetArr+1]Data2;
 VS[SetArr*4+2]=(L[SetArr]Data2- C[SetArr+1]Data2)/
 C[SetArr+1]Data2;
 VS[SetArr*4+3]=(C[SetArr]Data2- C[SetArr+1]Data2)/
 C[SetArr+1]Data2;
End;
For SumArr=0 To 19 Begin
 If SumArr=0 Then
```

```
  SumVS=0;
 SumVS=SumVS+VS[SumArr];
 If SumArr=19 Then
  AvgVS=SumVS/20;
 For DiffArr=0 To 19 Begin
  If DiffArr=0 Then
   DiffVS=0;
  DiffVS=DiffVS+Square(VS[DiffArr]-AvgVS);
  If DiffArr=19 Then
   StdVS=SquareRoot(DiffVS/20);
 End;
End;
VSLow=C Data2*(1+(AvgVS-StdVS*VSStd));
VSMid=C Data2*(1+AvgVS);
VSHigh=C Data2*(1+(AvgVS+StdVS*VSStd));
If MarketPosition=0 Then Begin
 Buy("Go long")tomorrow at VSLow limit;
 Sell("Go short")tomorrow at VSHigh limit;
End;
If BarsSinceEntry>=5 Then Begin
ExitLong("Long time")at close;
ExitShort("Short time")at close;
End;
```

　表11.7と表11.8および図11.7が、蛇行システムによる結果である。期間は1995年1月から1999年10月までで、第1部のトレードごとの書き出し機能をコードに追加している。

　表11.7からは、ゴールドディガーと比較して、けっして悪くないス

表11.7 蛇行システムの修正バージョンの結果(1995/1〜1999/10)

総トレード数		55	勝ちトレード	29	52.73%	負けトレード	26	47.27%
プロフィット・ファクター		1.90	最大勝ちトレード	13.93%	47,014	最大負けトレード	−4.65%	−15,694
平均損益	0.67%	2,270	平均勝ちトレード	2.70%	9,116	平均負けトレード	−1.59%	−5,365
標準偏差	3.13%	10,569	累積利益	41.02%	138,443	ドローダウン	−15.33%	−51,739

表11.8 蛇行システム(修正バージョン)の統計値

平均値	0.67
中央値	0.10
尖度	5.55
歪度	1.78
トリム平均	0.37

タートである。プロフィット・ファクターは、高い平均トレードによるものである。標準偏差は高めであるが、平均損益と標準偏差のレシオがわずかに高く、この段階では、蛇行システムがゴールドディガーよりも高いリスク調整後利益を生み出していることを示している。またドローダウンもわずかに大きいが、ストップロスとフィルタリングのテクニック（あとで追加する）が有効に機能することだろう。さらに、表11.8にあるように、歪度の値がプラスとなっており、蛇行システムでは短期で損切りする一方で、利益が出ているトレードを長く保持する傾向があることを示している。尖度の値が高いプラスの値で、個別の結果が平均値の近くに集中しすぎており、これは現段階ではマイナスポイントである。

　トレードの分布状態を示す図11.7では、個別の結果の一群の周辺かその下に平均値が存在している。この領域で仕切っているトレードは、ストップロスや利益目標によって手仕舞いしたものではないはずであ

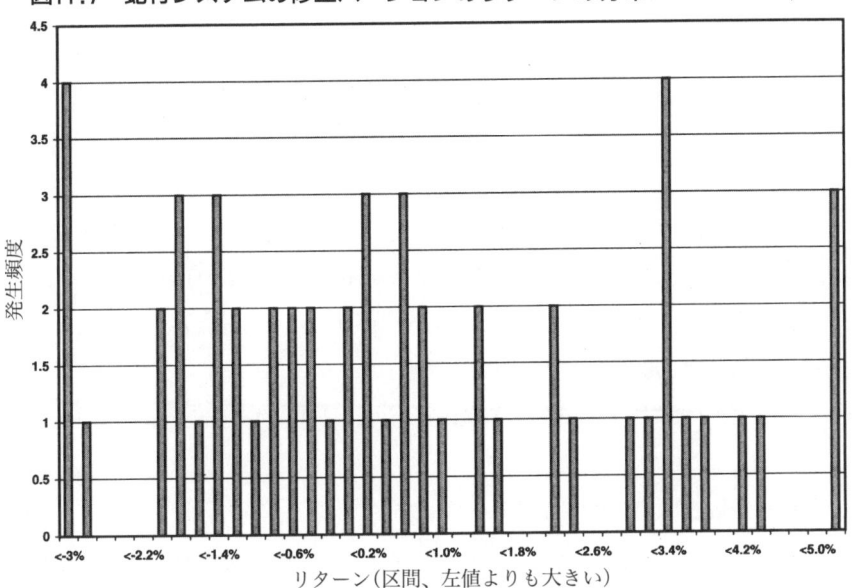

図11.7 蛇行システムの修正バージョンのリターンの分布

る。これらの損失をさらに限定する唯一の方法は、より小さい利益（それが起こったときに）でも手仕舞いするか、損益が悪化する前にトレードを仕切る時間ベースのストップを導入することである。望ましいのは、利益確定のストップがそれを行ってくれればいいのだが、3.4％から5％レベルの大きな利益の出ているトレードの数が多いため、蛇行システムは、マーケットの流れにうまく対応していることが分かる。

ゴールドディガー にも同じ推論を用いるが、今回はすべての結果が平均値の周辺に均等に分散していると仮定し、ストップロスを右側と左側のおよそ12トレードに置いた。これは、1.8％のストップロス（ゴールドディガーと同じタイプのコードと方針を使用）と、3.2％の

利益目標となる。さらに、平均トレードの利益0.64%を最小利益として追加した。表11.9、表11.10、図11.8は、次の TradeStation のコードに従って、ストップと手仕舞いポイントを使用した場合の結果を示している。

```
If MarketPosition=1 Then Begin
  ExitLong("Long profit")tomorrow at 1.032*EntryPrice limit;
  ExitLong("Long loss")tomorrow at 0.982*EntryPrice stop;
  If Close>1.0064*EntryPrice Then
    ExitLong("Long prot.")tomorrow at 1.0064*EntryPrice stop;
End;
If MarketPosition=-1 Then Begin
  ExitShort("Short profit")tomorrow at 0.968*EntryPrice limit;
  ExitShort("Short loss")tomorrow at 1.018*EntryPrice stop;
  If Close<0.9936*EntryPrice Then
    ExitShort("Short prot.")tomorrow at 0.9936*EntryPrice stop;
End;
```

どうだろうか。表11.9では、平均トレードとプロフィット・ファクターが若干落ち込んでいるが、それでも標準偏差を2.19%に、ドローダウンを10.81%に低く抑え込むことができている。勝率は65.75%と大幅に向上している。さらに、尖度の値もマイナスとなっている。これは、個別の結果がより分散され（「高原状態」といったほうがいいかもしれない）、目標とする領域がより拡大され、達成が容易となったことを示している。ただし、歪度の値がマイナスで、これ以上早期の損切りは好ましくないことが分かる。図11.8では、リターンの分布状態をゴールドディガーの場合と似たものに変換できたことが分かる。このシステムはより明確なもので、大きい利益が出た場合と、ほどほ

表11.9 蛇行システムの第2の修正バージョンの結果(1995/1〜1999/10)

総トレード数		73	勝ちトレード	48	65.75%	負けトレード	25	34.25%
プロフィット・ファクター		1.78	最大勝ちトレード	4.88%	16,470	最大負けトレード	−5.74%	−19,373
平均損益	0.52%	1,764	平均勝ちトレード	1.81%	6,113	平均負けトレード	−1.95%	−6,587
標準偏差	2.19%	7,388	累積利益	43.78%	147,758	ドローダウン	−10.81%	−36,484

表11.10 蛇行システム(第2の修正バージョン)の統計値

平均値	0.52
中央値	0.64
尖度	−0.56
歪度	−0.03
トリム平均	0.49

どの利益が出た場合と、損失が出た場合の3つのまったく異なる洗練された手仕舞いシナリオがある。かけ離れたトレードはごくわずかで、ほとんどのトレードが1.8%の損失か、0.64%または3.2%の利益で終わっている。

興味深いことに、これらの異なるシナリオが互いにはっきりと分かれているため、あるシナリオが起こる確率を計算することができる。例えば、図11.8からは、合計73のトレードのうち21(28.8%)で3.2%以上の利益を上げており、さらに28.8%のトレードが0.64%の利益、32.9%が1.8%の損失で、9.5%のトレードだけがこの中間に位置しているのが分かる。つまり、平均して3つか、少なくとも4つのトレードごとに3.2%の利益を上げていることになる。0.52%の利益となっている平均トレードで、3つのシナリオから外れたすべてのトレードの期待リターンを計算すると、約0.048%(市場価値換算で161ドル)となった。純利益として考えると、そんなに悪くはない数字である。

図11.8　蛇行システムの第２の修正バージョンのリターンの分布

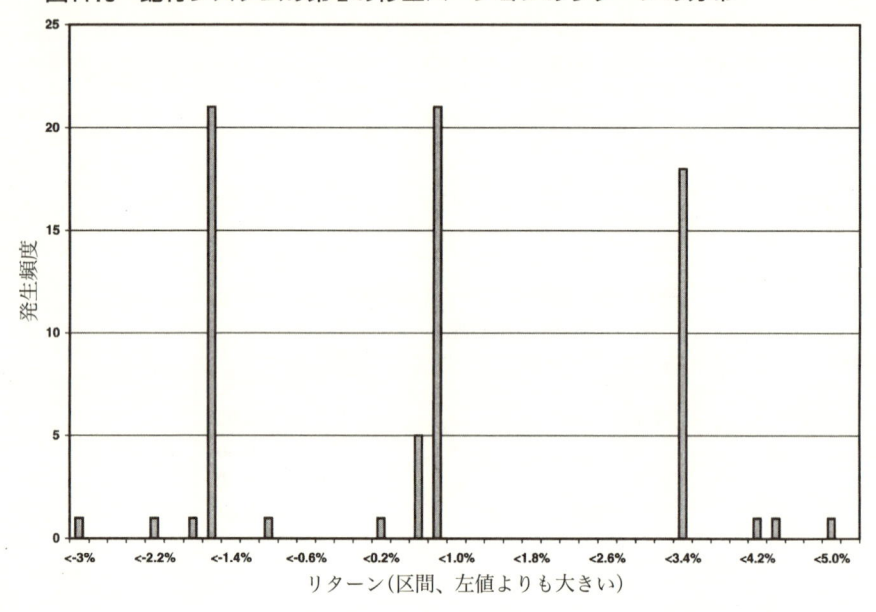

　次のシステムに進む前に、表11.11で示されているように、1985年1月から1994年12月までのデータで、この戦略がどのようなパフォーマンスを残したかを理解しておきたい。最適化された期間と比較すると同じようにはいかないが、十分な成績を残しており、平均損益が0.52％で、標準偏差は3.03％となっている。処女データ期間による結果は、最適化された期間の成績に完全に対抗できるものではないが、この期間の結果は、最適化された期間の成績にかなり近いのである。これは、システムが非常に堅牢で、将来にわたっても有効に機能する可能性が高いことを示している。
　さらに好ましいことは、表11.12で歪度の値がプラスとなっており、短期で損切りしながら、利益を伸ばしていることが分かる。また、表

表11.11　蛇行システムの第2の修正バージョンの結果(1985/1～1994/12)

総トレード数		121	勝ちトレード	78	64.46%	負けトレード	43	35.54%
プロフィット・ファクター		1.71	最大勝ちトレード	21.92%	73,980	最大負けトレード	−11.21%	−37,834
平均損益	0.52%	1,745	平均勝ちトレード	1.93%	6,507	平均負けトレード	−2.04%	−6,894
標準偏差	3.03%	10,232	累積利益	69.28%	233,820	ドローダウン	−13.28%	−44,820

表11.12　蛇行システムの統計値

平均値	0.52
中央値	0.64
尖度	21.27
歪度	2.62
トリム平均	0.33

11.12と比較して尖度の値がかなり高く、システムがトレードの均一性を良好に保っていることを示している。処女データ期間の平均値と中央値が対象期間のものと極めて近く、これもまた、システムがさまざまな時間枠に対応できることを示している。

リターンの分散を示す図11.9でも、同じことが見られる。処女データ期間で検証した結果は、最小利益のトレードがトレード全体の大部分を占めており、一方で利益目標レベルで指値によって手仕舞いしたトレードは少ない。マーケットの動きに多少変化があったことは明らかであるが、基本的な性質には変わりがなく、極めて安定した結果が期待できる。3.2%の利益の勝ちトレードよりも、1.8%の負けトレードの数のほうが多いが、勝ちトレードのほうが金額ベースで上回っているかぎり、問題とはならない。

蛇行システムとゴールドディガーの経験からわれわれが得たものは、何なのだろうか。理想的なものを望まなければ、最適化された期間と

図11.9　蛇行システムの第2の修正バージョンのリターンの分布
（1985/1～1994/12）

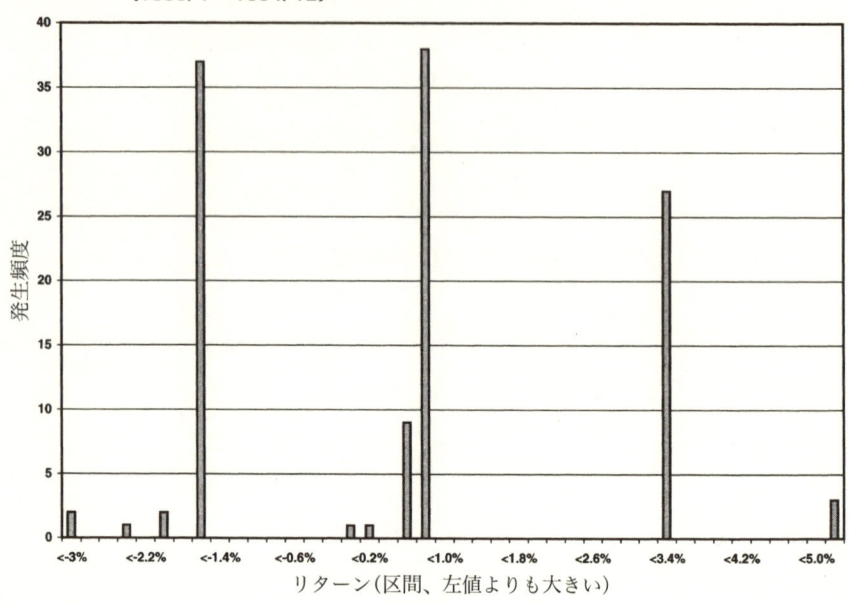

処女データ期間で同じように機能する収益性の高いトレーディングシステムを見つけだすことは可能である。また、最適化期間であまりにも良すぎる結果を出すシステムも同様である。しかし、ゴールドディガーのような中庸をいくシステムでさえも、明らかな負けトレードを排除するフィルターを追加したあとでは、そのパフォーマンスの向上には驚くほどである。まして、蛇行システムではなおさらのことである。

ブラックジャック・システム

　第2部で、ブラックジャック・システムというシステムを構築した。

その名前は、そのシステムがマーケットの微妙な歪みを探知するところからきている。個別のトレードを長くする必要はないが、利益を生み出すのに十分な期間マーケットにとどまって、ポジションを維持していれば、このシステムはゆっくりと、しかし確実に利益を積み重ねてくれる。前回は、マーケットの常識に基づいて、あらかじめ設定してある2つの仕掛けのポイントとフィルターの基準から作業を開始した。

今回は手順を逆にして、一切の基準を使用せず、TradeStationの乱数生成機能を使って、各トレードをランダムに仕掛けることにした。これによって、各検証ごとに一連のトレードを新規に生成して、すべてのマーケットで何度も検証を行うことができる。このバージョンのブラックジャック・システムでは、標準偏差ブレイクアウト・システムのときと同じ16のマーケットを使い、期間は1980年1月から1992年12月までとした。一般的なマーケットのおおよその条件では、約60％の期間で保ち合い、上昇と下降の期間はそれぞれ20％ずつとなっているが、その条件を模倣するために、まだポジションを取っていない場合は、およそ5日ごとに売りと買いポジションを繰り返すように、乱数生成プログラムを設定した。

基本的に、このようなシステムを構築するには2つの若干異なる方法がある。一度にひとつの手仕舞いテクニックを検証することもできるが、ここでは時間ベースのストップから始める。これはあとで削除できる（ここでランダムに仕掛けたすべてのトレードは、常に基盤となるマーケットの状況がどのようなものであるかにかかわらず、仕切るためには何らかの手仕舞いポイントを必要とするであろう）。あるいは、時間ベースのストップとストップロスの組み合わせから開始して、すべての手仕舞いテクニックを2つ一組で検証することもできる。これは、この例で行った方法である。それには、特定のマーケットで特定の組み合わせを検証するたびに、各マーケットの平均トレードの

値と、各ストップロス／トレード期間の組み合わせを知っておく必要がある。各トレードがランダムに行われているため、同じ検証を同じマーケットで何度も繰り返し、そのたびに新規の異なる結果を得ることができる。

　ストップロス／トレード期間の組み合わせから検証を開始するのは、いい考えである。マーケットが一方向に動き出したタイミングで正確にトレードを仕掛け、そのトレードが間違っていなければ、その動きを引き出した外部要因が何であろうと、マーケットがその動きにどのくらいのバー（日、時間など）の間影響されるのかを、最長トレード期間が示してくれるからである。そして、それがまさにトレードを継続したい時間の長さとなる。ほかの要素がより重要なものであることが分かり、マーケットが切り下げ始めたら、トレードを仕切って次のチャンスが来るまで待ちたいところである。手仕舞いポイントではもはや、仕掛けのポイントにおける理由づけは関係ないからである。ストップロスの必要性は明らかで、最初のトレードを仕掛けた理由が何であろうと、自分の間違いを指摘してくれる。

　これを短期システムで実行するために、調査対象期間を2日から10日に限定した。1日ではなく2日とした理由は、すでに指摘し、あとでまた触れるTradeStationのバグである。ストップロスに関しては、経験上0.5から2％のレベルが最適であることが分かっており、それを採用する。

　短時間で調査を行うには、トレード期間とストップロスを入力し、最適化プロセスを経て実際にデータを検証し、必要な情報をスプレッドシートに書き出して、さらに分析を進める。TradeStationの最適化レポートに惑わされてはいけない。これは、ポイントベース修正つなぎ足にしか使えない。最適化ダイアログボックスのステップ1でトレード期間として、入力変数を2から10までのすべての組み合わせを実行し、ステップ0.1でストップロスとして0.5から2のすべての組み

合わせを実行するように、TradeStation に指示を出す。

　さらに、3番目の入力変数として、同じストップロス／トレード期間の組み合わせを何度でも繰り返す。筆者は、同じ組み合わせを10回繰り返した。結果として、各マーケットについて1440回の指示を実行したことになる。検証した16のマーケットで、それぞれ10年間のデータを保有しており、このプロセスで、年間約23万回のトレードを実行したことになる。トレードの回数を数えることはしたくないが、確固とした統計上の結論を得るには、十分な数字であると考えている。注意点として、このプロセスは、高速なマシンを使っても、かなりの時間を要する。ペンティアムⅢ 500MHz のデュアルプロセッサーで、256Mbのメモリを搭載したマシンでも、これを実行するときは、数時間をほかの作業でつぶさなければならなかった。

　各トレードの結果を個別に書き出して分析を行うには、検証をゆっくりと（日単位で）行わなければならない。しかし、ひとつのエクセルのスプレッドシートでは、データが大きすぎてすべてのデータを処理できない（ひとつのエクセルのスプレッドシートには、約1700万のセル[6万5536行×256列]がある）。すべてのプロセスのためのTradeStation のコードは、次のようになる。

```
Inputs:Counter(0),TradeLength(7),StopLoss(1.1),
TrailingStop(0.1),ProfitTarget(2);
Vars:PositionGenerator(0),TotTr(0),MP(0),LowestLow(0),
HighestHigh(0),MAE(0),MFE(0),FTE(0),ETD(0),SumMAE
(0),SumMFE(0),SumFTE(0),SumETD(0),FName(""),
TradeStr1("");
PositionGenerator=IntPortion(Random(5));
If MarketPosition=0 Then Begin
 If PositionGenerator=3 Then
```

```
  Buy at Close;
 If PositionGenerator=4 Then
  Sell at Close;
End;
 If BarsSinceEntry>=1 Then Begin
 {ExitLong("Long Target")at EntryPrice*(1+(ProfitTarget*
0.01))limit;
   ExitShort("Short Target")at EntryPrice*(1-(ProfitTarget*
0.01))limit;
  If Close>EntryPrice*(1+(TrailingStop*0.01))Then
   ExitLong("Long Trailing")at EntryPrice*(1+(TrailingStop
*0.01))stop;
  If Close <EntryPrice*(1-(TrailingStop*0.01))Then
   ExitShort("Short Trailing")at EntryPrice*(1-(TrailingStop
*0.01))stop;}
   ExitLong("Long Loss")at EntryPrice*(1-(StopLoss*0.01))
stop;
   ExitShort("Short Loss")at EntryPrice*(1+(StopLoss*0.01))
stop;
 End:
 If BarsSinceEntry>=TradeLength Then Begin
  ExitLong("Long Time")at Close;
  ExitShort("Short Time")at Close;
 End;
 TotTr=TotalTrades;
 MP=MarketPosition;
 If MarketPosition=1 Then Begin
  If BarsSinceEntry=1 Then Begin
```

```
    LowestLow=EntryPrice;
    HighestHigh=EntryPrice;
    MAE=0;
    MFE=0;
  End;
  If Low<LowestLow Then Begin
    LowestLow=Low;
    MAE=(LowestLow-EntryPrice)/EntryPrice;
  End;
  If High>HighestHigh Then Begin
    HighestHigh=High;
    MFE=(HighestHigh-EntryPrice)/EntryPrice;
  End;
End;
If MarketPosition=-1 Then Begin
  If BarsSinceEntry=1 Then Begin
    LowestLow=EntryPrice;
    HighestHigh=EntryPrice;
    MAE=0;
    MFE=0;
  End;
  If High>HighestHigh Then Begin
    HighestHigh=High;
    MAE=(EntryPrice-HighestHigh)/EntryPrice;
  End;
  If Low<LowestLow Then Begin
    LowestLow=Low;
    MFE=(EntryPrice-LowestLow)/EntryPrice;
```

```
    End;
  End;
  If CurrentBar=1 Then Begin
    FName="D:¥Temp¥BJS.csv";
  End;
  If TotTr>TotTr[1]Then Begin
    If MP[1]=1 Then Begin
      FTE=(ExitPrice(1)-EntryPrice(1))/EntryPrice(1);
      ETD=(ExitPrice(1)-HighestHigh[1])/Highesthigh[1];
    End;
    If MP[1]=-1 Then Begin
      FTE=(EntryPrice(1)-ExitPrice(1))/EntryPrice(1);
      ETD=(LowestLow[1]-ExitPrice(1))/LowestLow[1];
    End;
    If FTE<MAE[1]Then
      MAE-FTE Else MAE=MAE[1];
    If FTE>MFE[1]Then
      MFE=FTE Else MFE=MFE[1];
    SumFTE=SumFTE+FTE;
    SumETD=SumETD+ETD;
    SumMFE=SumMFE+MFE;
    SumMAE=SumMAE+MAE;
  End;
  If LastBarOnChart Then Begin
    FTE=SumFTE/TotalTrades;
    ETD=SumETD/TotalTrades;
    MFE=SumMFE/TotalTrades;
    MAE=SumMAE/TotalTrades;
```

```
  TradeStr1=LeftStr(GetSymbolName,2)+","+NumToStr
(MAE,4)+","+NumToStr(MFE,4)+";'+NumToStr
(FTE,4)+","+NumToStr(ETD,4)+","+NumToStr
(TradeLength,2)+","+NumToStr(StopLoss,2)+","+
NumToStr(TrailingStop,2)+","+NumToStr
(ProfitTarget,2)+NewLine;
FileAppend(FName,TradeStr1);
 End;
```

　このコードは、プログラムがマーケットに指示を出すごとに、MAE（最大逆行幅）、MFE（最大順行幅）、CTD（クローズドトレード・ドローダウン）の値を平均損益と特定のプロセスの入力パラメータとともに書き出す。ここで必要なのは、平均損益とすべての組み合わせを記録するための入力値だけである。その他の数値は、個別のトレードを書き出して一度にひとつのテクニックを検証するような分析を行うときに必要となるものである。検証をすませれば、ランダムトレード生成プログラムを、高い確率を持つ仕掛けのテクニックに置き換える。この段階では、システムをマーケットがどのような状況であっても、多少でもトレードで利益を出すか、最低でも悲惨な結果を招かないようにしておく必要がある。

　上記のコードは、TradeStation の別の性質も浮き彫りにしている。ストップロスには、If BarsSinceEntry≧1の基準を使っている。これは本来は必要ないものであるが、この行がないと、TradeStationは利益が出ていようと損が出ていようと、トレードを仕掛けたあとの最初のポイントで買いポジションを仕切ってしまうことがある。

　この余計なコードのために、すでに取り上げている別の問題に直面することになる。それは、この条件が実現するのを待っている日（前日の大引けでトレードを仕掛けた場合の最初の丸1日）に、システム

図11.10 ストップロスとトレード期間の関数としてのランダムな仕掛けからのパーセント利益

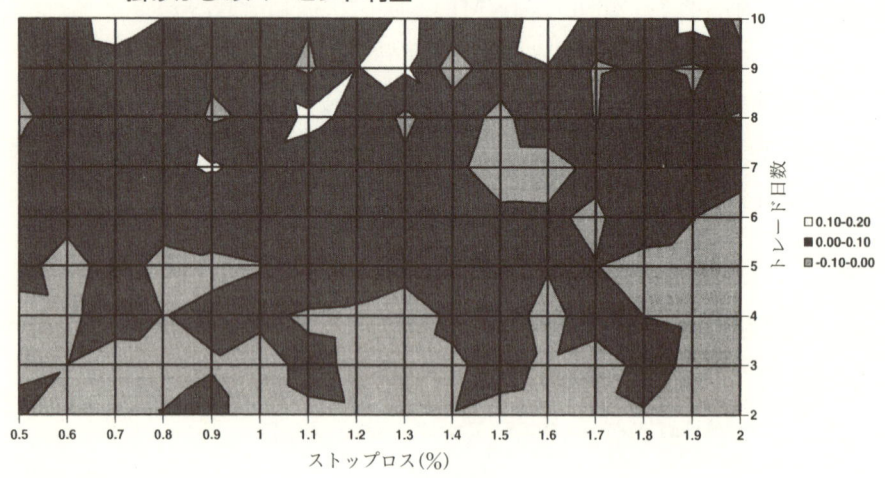

図11.11 ストップロスとトレード期間の関数としてのパーセント利益の標準偏差

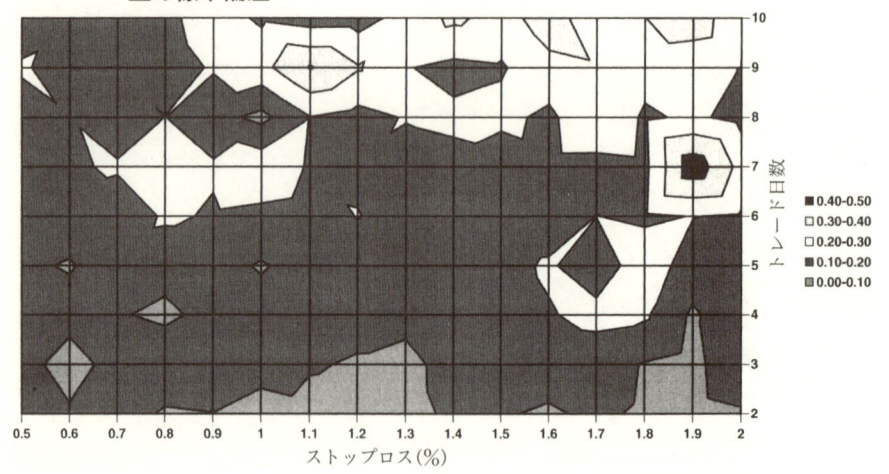

が継続しているトレードを認識しないことである。この問題に対処するには、自分の仕掛けた価格を宣言してしまうことである。しかし、それはコードのはるか下のほうにある書き出し機能などに、次々に影響を与えてしまう。

とりあえず、先に進まなければならない。トレード期間／ストップロスに関する必要なデータを、すべてスプレッドシート・プログラムに書き出すと、第2部でさまざまな移動平均の組み合わせを検証した場合と同じチャートテクニックを利用できる。「面チャート」は、2つの異なる入力変数に対して、出力変数がどのように変化し、互いに影響し合うかを観察するのに優れた手段である。最初のチャート図11.10は、パーセンテージベースのストップロスと日ベースのトレード期間の関数としての、平均パーセンテージ利益を示している。例えば、ストップロスが1.3％で、トレード期間が8日の場合、平均損益は、およそ－0.1％から0％となる。ポイントは、トレードの利益ができるだけ高く、できるだけ広い領域を見つけだすことである。図11.10では、そのような領域が2カ所存在する。最初のものは、ストップロスが0.7％で、もうひとつは1.1％と1.2％の領域である。8日のトレード期間と1.1％のストップロスで囲まれた領域は、極めて興味深い。

図11.11は、リターンの標準偏差を示している。このチャートでは、できるだけ広い領域を見つけたいのだが、値はできるだけ小さいほうがいい。このケースでは、概してトレード期間が長くストップロスの幅が広いほど、標準偏差も大きくなっているのが分かる。選択した標準偏差が図11.10で損益がプラスとなっている領域と一致していなければならないのはいうまでもない。この2つのチャートを組み合わせると、平均損益に関して2つの似たような選択肢がある場合、よりストップがきつく、トレード期間が短いほうに絞り込むことができる。

図11.12は、各ストップロス／トレード期間の組み合わせの尖度を

図11.12　ストップロスとトレード期間の関数としてのリターンの尖度

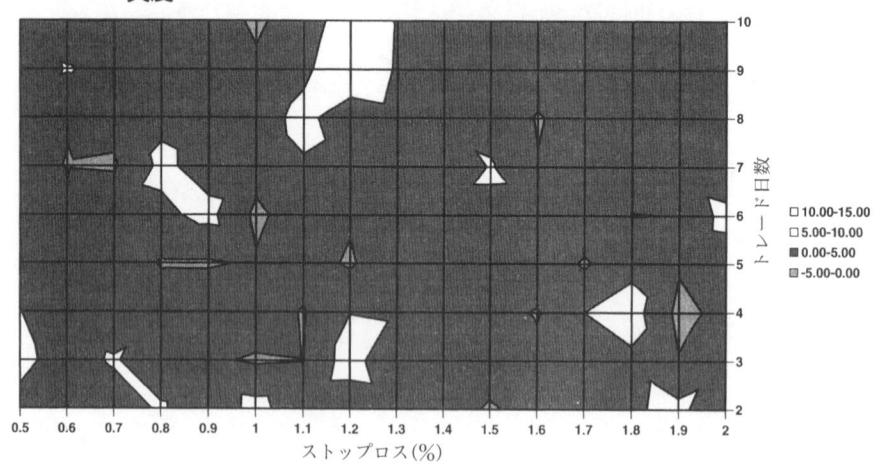

図11.13　ストップロスとトレード期間の関数としてのリターンの歪度

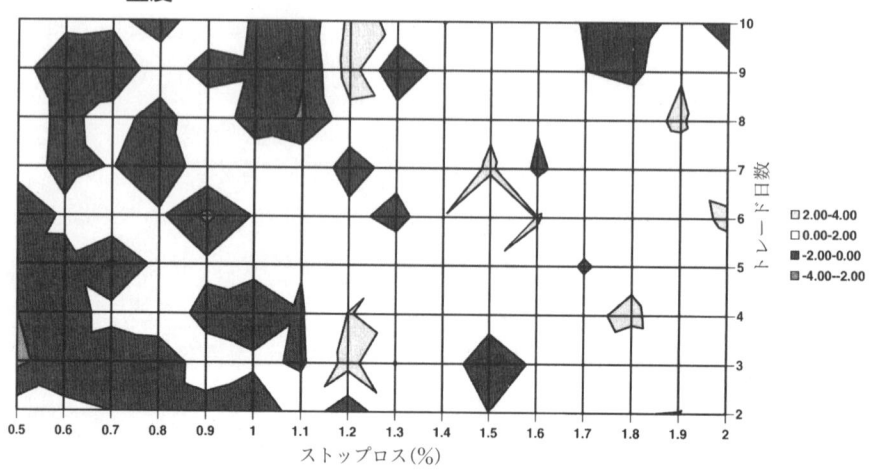

表11.13　トレード期間に対する尖度と歪度

トレード期間	尖度	歪度
2.0000	3.5569	–0.7034
3.0000	3.8781	–0.7326
4.0000	4.8803	–0.3035
5.0000	4.3825	–0.3015
6.0000	3.1974	0.6934
7.0000	7.0289	1.0748
8.0000	2.6979	1.0727
9.0000	4.4220	0.7154
10.0000	3.8914	1.2584

示している。ここでもできるかぎり低い数値で、できればマイナスの領域が広い領域を見つけたい。このケースでも、概してトレード期間が長くストップロスの幅が広いほど、尖度も高くなる。最後に、図11.13は歪度を示している。これは数値が高いほど望ましい。このケースでもまた、ストップロス1.2％のレベルに最良ポイントがある。このケースでは、歪度の値をマイナスに保つのは困難である。また、尖度が標準偏差とは逆の動きをする傾向が見られる。筆者は経験上、標準偏差を最も重視し、尖度を一番後回しにすることにしている。

　ほかの入力の組み合わせとは関係なく、最も堅牢な入力パラメータとなり得る個別のストップロスやトレード期間を見つけるには、各入力について、尖度と歪度を個別に調べていく。表11.13と表11.14は、これらの指標がすべての異なるストップロスに適用されたトレード期間と個々のトレード期間に適用されたストップロスが、どのようになっているかを示している。表11.13では、歪度がトレード期間の長さに伴って大きくなっており、トレード期間が長いほど好ましい結果が得られることを示している。尖度については、同様の関係は見られな

表11.14 ストップロスに対する尖度と歪度

ストップロス	尖度	歪度
0.5000	4.0508	1.0517
0.6000	3.8028	1.1058
0.7000	2.7710	0.9926
0.8000	3.7190	1.1055
0.9000	5.0752	1.0647
1.0000	7.9998	2.0985
1.1000	10.0930	0.3240
1.2000	11.6853	2.4169
1.3000	4.2248	1.0409
1.4000	3.1491	0.8757
1.5000	2.1659	0.9603
1.6000	9.7810	2.0154
1.7000	2.9646	0.5511
1.8000	4.1007	−0.4604
1.9000	8.6028	1.2669
2.0000	4.8537	0.4595

い。ストップロスでは、1.2％のレベルで尖度と歪度が最高値となっている。これは歪度に関しては良好な結果であるが、尖度については好ましくない結果である。

　図11.10から図11.13までと、表11.13と表11.14から、1.1％から1.2％と7日から8日というストップロス／トレード期間の組み合わせが最良のようである。ストップロスと利益目標の関係を比較するときまで、これらの数値を記憶しておいてもらいたい。あらゆる高度なテクニックを駆使しているにもかかわらず、システムの構築は科学というよりは芸術であり、システム設計者とトレーダーとしての実経験が最終結果に重要な影響を及ぼすことになる。また、自分が何をしたいのか、心理学的に実際自分が構築しようとしているシステムを使いこな

第11章●ランダムな仕掛けのポイント

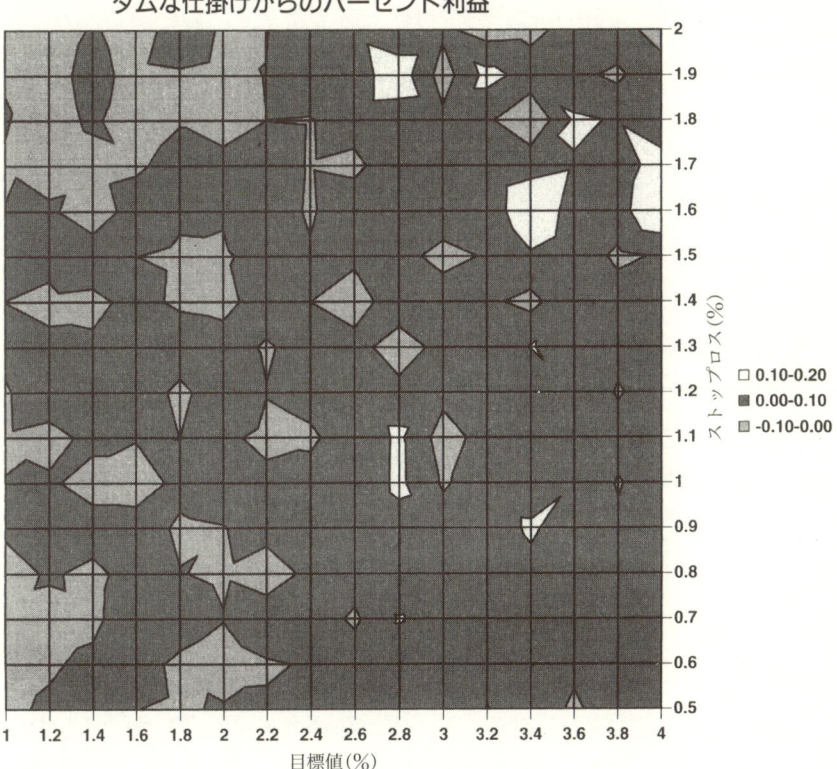

図11.14 利益目標とストップロスレベルの関数としてのランダムな仕掛けからのパーセント利益

凡例:
□ 0.10-0.20
■ 0.00-0.10
▨ -0.10-0.00

縦軸: ストップロス(%)
横軸: 目標値(%)

してトレードを行うことができるのかを、常に心にとめておく必要がある。

　図11.14は、利益目標とストップロスの関数としての平均リターンを示している。これから分かるように、利益目標は1％から4％の間で0.2％ずつのすべての数値で検証されている。利益目標／ストップロスの検証はストップロス／トレード期間の場合と同じように行った

313

が、今回は計算に丸1日を要する40万年分を超えるトレードデータを使用した。図11.14からは、利益目標とストップロスの距離が離れるほど、結果が向上している。しかし、1％のストップロスの周辺に、注目すべき小さな領域が存在している。ひとつは、利益目標が2.8％で、もうひとつは3.4％の領域である。平均リターンは、ストップと利益目標の間隔をできるかぎり広く取ることで高くなるようである。ただし、このリターンを得るために利益目標を2.8％のレベルに設定すると、それに伴うリスクも負わざるを得なくなる。例えば、利益目標を2.8％から3.4％へと、21％高く設定してリターンを高めようとすると、リスクも1％から1.6％と、60％も高くなってしまい、好ましいトレードオフとは言い難い。

　このような選択をいくつか試みながら、最高の結果が得られそうな数字を決定していく。すなわち、どの組み合わせが最も高い平均損益をもたらし、同時にプラスの外れ値に対して利益の可能性を残し、その一方で損失を抑えられるのか。3.4％の利益目標と1.6％のストップロスというリスクの高い組み合わせは、その領域がほかのいくつかの高利益の領域に囲まれているため、最高と考えられる数値がそこではなかった場合でもなお、良好な結果が得られる可能性が高いことで優位性がある。ただし、これまでにも述べたように、マーケットにおいては何事にも代償というものがつきまとう。自分に最も適しているものだけを選択するようにしたい。

　このような選択を行うには、標準偏差のチャートを調べてみるといい。このケースでは、ストップと利益目標と間隔（チャートでは示されていない）が広がるほど、標準偏差も大きくなっている。その他、尖度や歪度のチャートでも、0.9％から1.1％のストップロスで最も良好な結果が得られそうであることを示しており、ストップロス／トレード期間の検証から得られた結果を裏づけている。そこで、ストップロスを1.1％に、利益目標を2.8％とすることにした。

トレイリング・ストップや最小利益レベルについては、時間ベースのストップに対して検証を行い、0.2％から１％の間で0.1％刻みにすべての数値で実行した。その結果、12万5000年分のトレードを行った。その結果の一部を、図11.15に見ることができる。これは、さまざまな最小利益と時間ベースのストップの関係における平均損益を示している。最小利益のレベルを検証するときに、ある一定の含み益を超えるレベルでマーケットが引け、そのあとのトレードを手仕舞うときのバーはこのレベルを下回るという基準を使った。0.6％の最小利益は、最長トレード期間に何が起ころうとも、かなり安定した結果を残した。そのなかでも、最長トレード期間が７日から９日の間が最も安定している。これは、図11.10を分析したときの疑問を確認する結果となった。

　最小利益のレベルについては、マーケットがすべての買いトレードにとって安値が望ましいレベルよりも上で、あるいは、すべての売りトレードにとって高値が望ましいレベルよりも下で引けなければならないといえるかもしれない。これは、全般的にシステムに余裕を与え、最小利益のレベルで手仕舞いしたトレードを少なく、最大利益目標で手仕舞いしたトレードを若干多く、ほとんどのトレードが両者の間で時間ベースのストップによって手仕舞いさせる結果となる。さらに、多数のトレードが、利益確保のストップが作動するより厳しい基準を満たすことができなかったため、損失のまま手仕舞うであろうことを示している。

　図11.15から、最良の選択肢は、0.6％の最小利益と７日から９日の最長トレード期間の組み合わせであることが分かる。これは、以前の８日の最長トレード期間について発見したことを再確認する結果となった。最終的に、システムに適用するルールは、次のようになる。

●マーケットが逆方向に1.1％動いたら、損切りする。
●0.6％の含み益を上げ、その後マーケットが逆方向に動いた場合

図11.15 トレード期間と最小利益レベルの関数としてのランダムな仕掛けからのパーセント利益

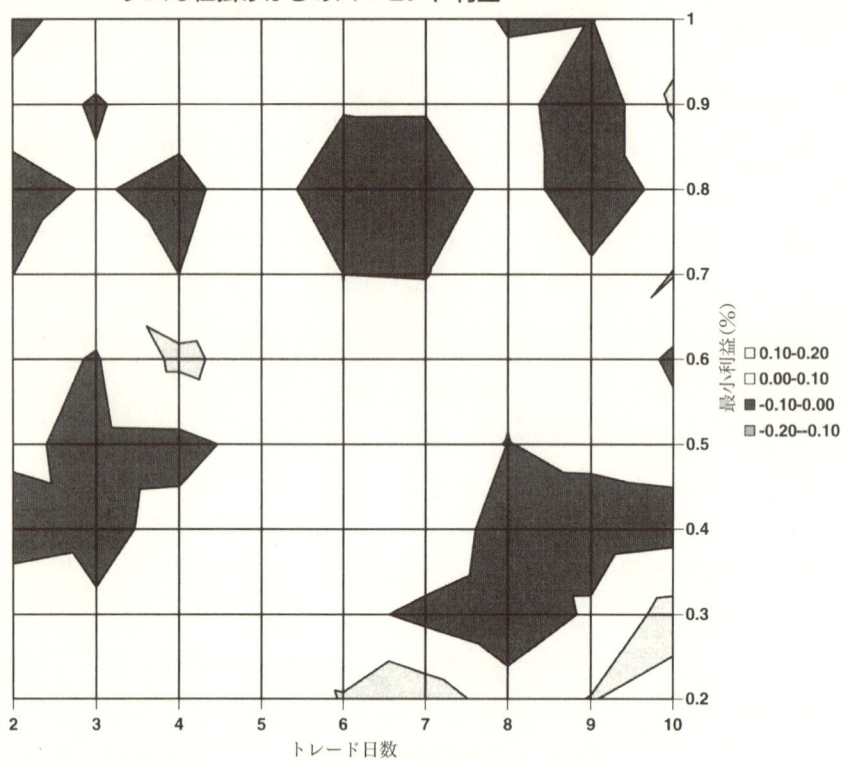

は、利食いをする。
- 含み益が2.8%を超えた場合は、指値によって手仕舞う。
- トレードが8日間継続した場合は、その日の引けで手仕舞う。

これらの手仕舞いテクニックをシステムに追加し、RADのための書き出し機能を使った場合の結果の要約を、表11.15に示した。これ

から分かるように、平均最終損益は、１パーセントの100分の１の数字にすぎない。それ以上でも以下でもない。もちろん、この数字は容認できるものではないが、重要なのはロジカルな手仕舞いとストップのテクニックを駆使すれば、少しは平均損益を向上させることができるということである。この手仕舞いテクニックを、ひとつまたはいくつかの高確率の仕掛けのテクニックと結びつけることで、結果を向上させることは可能であると考えている。もうひとつの興味深い点は、MFEの絶対値がMAEのレベルを大きく上回っていることである。全体的に見ればこれは、ストップと手仕舞いテクニックのおかげで何とか結果を改善することができたことを示している（すべてのトレードは、依然としてトレンドに関係なくランダムに入力している）。

図11.16は、概略したように、一連の結果を前提としたら、平均トレードがどうなるかを示している。手仕舞いポイントにおける標準偏差の間隔が比較的狭く、MAEとMFEに対する標準偏差の幅がほとんど同じであることから、必ずしも悪いものではないことが分かる（通常、標準偏差は仕掛けのポイントから離れるほど大きくなる）。どんなケースでも、標準偏差の幅に注目すべきである。実際の結果は別にして、この幅が狭ければ、それは手仕舞いテクニックがトレードを有効に効率化していることを示している。

ブラックジャックのテクニックを使ったシステム構築の次のステップはいうまでもなく、高い確率の仕掛けのテクニックを追加することである。ここで、すでに説明してきたこれらの手仕舞いテクニックが、短期の仕掛けのテクニックとともにどのくらい有効に機能してきたかを調べてみる。表11.16は、1995年１月から1999年10月までの期間でS&P500でトレードを行った場合のゴールドディガーの仕掛けのテクニックの結果を示している。この表は、表11.3とそのまま比較できるが、その前にS&P500でブラックジャックの手仕舞いテクニックを使った結果をまだ見ていないことに留意してもらいたい。このシステム

表11.15　ブラックジャック・システムの手仕舞いテクニックによるトレードの特徴

	最大逆行幅	最大順行幅	最終損益
平均	−1.0841	1.3200	0.0140
標準偏差	0.3192	0.3652	0.1203

図11.16　ブラックジャックの手仕舞いテクニックを使った平均的なトレードの結果

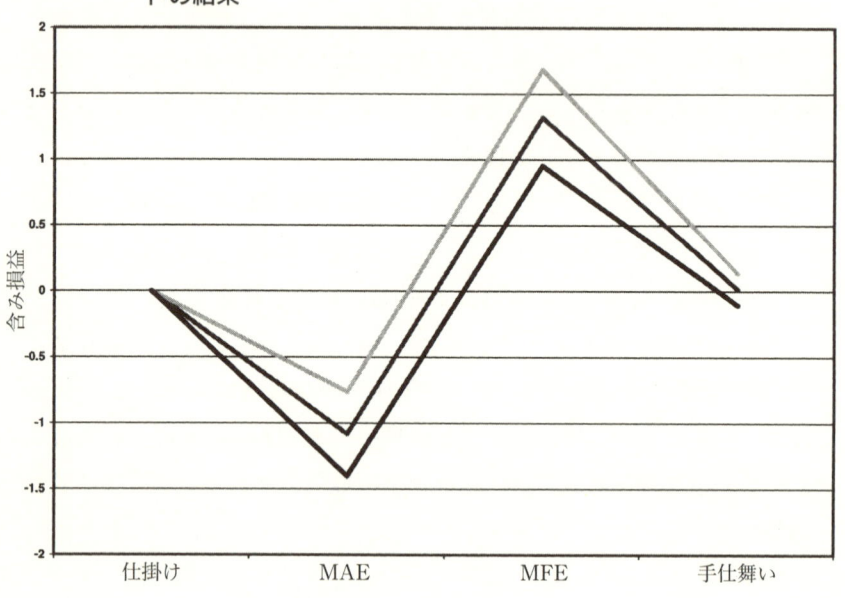

表11.16　ゴールドディガー/ブラックジャックの結果（1985/1～1994/12）

総トレード数		141	勝ちトレード		78	55.32%	負けトレード		63	44.68%
プロフィット・ファクター		1.26	最大勝ちトレード	5.14%	17,348		最大負けトレード	−8.30%	−28,013	
平均損益	0.17%	569	平均勝ちトレード	1.49%	5,031		平均負けトレード	−1.47%	−4,955	
標準偏差	1.88%	6,348	累積利益	23.68%	79,920		ドローダウン	−15.66%	−52,853	

表11.17　ゴールドディガー/ブラックジャックの結果（1995/1〜1999/10）

総トレード数	292	勝ちトレード	159	54.45%	負けトレード	133	45.55%
プロフィット・ファクター	1.20	最大勝ちトレード	7.62%	25,718	最大負けトレード	-12.61%	-42,559
平均損益	0.12%　407	平均勝ちトレード	1.31%	4,412	平均負けトレード	-1.30%	-4,381
標準偏差	1.74%　5,864	累積利益	35.80%	120,825	ドローダウン	-15.88%	-53,595

　がS&P500でも有効に機能するのであれば、すべてのマーケットに共通する矛盾点を見つけだし、その結果、ポイント値が十分に高ければ、あらゆるマーケットで利益を上げることが可能となる。

　それで、結果はどうだったのか。この一連の手仕舞いテクニックは、ゴールドディガー・システムを構築するときに、1985年1月から1994年12月までの期間を最適化期間の結果と比較するために処女データ期間とした。処女データ期間は最適化期間よりも期間が長く、より不利な条件となっている。したがって、この期間の比較は、ゴールドディガーとブラックジャックの組み合わせの実際のパフォーマンスに近いものとなることが予想される。比較する表は表11.17と表11.5である。

　本当のところは、正確に正しく構築されたシステムであれば、システムを構築したときと類似した条件下以外では、どのようなマーケットの状況でもその結果は不利なものとなる。システムを正確に正しく構築すると、システムはマーケットの持つあらゆる情報を絞り取り、その結果、システムがプラスの方向に偏向したものとなるが、まるで何の関連もないかのような個々の結果が出る。その理由は、システムがこのようなランダムに機能しないかぎり、その結果は予測可能なものとなり、予測可能であればより多くの情報を絞り取るからである。条件がそのときどきで変化すると、より多くの新しい情報が絞り取られ、一時的に予想以上の成績を収めることがあったとしても、システムは最適化されない水準で稼働することになる。

表11.18 蛇行システム/ブラックジャックの結果(1995/1～1999/10)

総トレード数		79	勝ちトレード	44	55.70%	負けトレード	35	44.30%
プロフィット・ファクター		1.67	最大勝ちトレード	4.88%	16,470	最大負けトレード	-5.74%	-19,373
平均損益	0.39%	1,321	平均勝ちトレード	1.75%	5,902	平均負けトレード	-1.32%	-4,440
標準偏差	1.90%	6,379	累積利益	34.24%	115,560	ドローダウン	-7.76%	-26,190

　上記の推論はまた、興味深い疑問を提起している。システムが（表面上）良すぎる結果を出すということがあるのだろうか。例えば、1％の平均損益を上げるシステムを立ち上げたとする。しかし、しばらくトレードしてみると、実際には平均損益は2％近くになることが分かった。それでは、どうすべきなのか。答えは、システムを詳細に調査し、超過利益が発生した原因を突き止めて、その原因を考慮してシステムを調整することである。システムが意図したとおりに機能しなかったというのは、自分が何をしているのかが分かっていないということである。超過利益が発生したせいで、明日には自分の家を売りに出さなければならなくなるかもしれない。

　1985年1月から1994年12月までの期間で検証したゴールドディガーとブラックジャックの組み合わせでは、ゴールドディガー単独の場合よりも低いプロフィット・ファクターとなった。一方で、勝率と標準偏差については、この2つを組み合わせたほうが勝っている。さらに興味深いことは、処女データ期間の結果が対象期間の結果とほとんど変わらなかったことである。これは、システムの潜在的な収益性は低いものの、あらゆる期間を通じて安定した結果を残すことができることを示している。

　蛇行システムとブラックジャックの組み合わせでは、多少あいまいな結果となった。表11.18は、このシステムが最適化期間内に残したパフォーマンスを示しており、表11.9とそのまま比較できる。ここか

表11.19　蛇行システム/ブラックジャックの結果（1985/1～1994/12）

総トレード数	136	勝ちトレード	7	52.21%	負けトレード	6	47.79%
プロフィット・ファクター	1.32	最大勝ちトレード	21.92%	73,980	最大負けトレード	-11.21%	-37,834
平均損益	0.22%　731	平均勝ちトレード	1.72%	5,793	平均負けトレード	-1.42%	-4,799
標準偏差	2.76%　9,299	累積利益	25.64%	86,535	ドローダウン	-15.79%	-53,291

　ら分かるように、このシステムはプロフィット・ファクターと1トレード当たりの平均損益が若干低く、勝率も低い。プラスの要因は、最大ドローダウンが大幅に低下したことで、もともと低いレベルの10.8％から、7.8％にまで低下した。

　処女データ期間で検証してみると、蛇行システムとブラックジャックの組み合わせでは2つのマイナス点が発生した。表11.19と表11.11を比較した場合、最も目立つのは依然として元の蛇行システムより劣っていることである。さらに悪いことには、処女データ期間と対象期間の結果にかなりの違いがある。処女データ期間では、平均損益は0.22％に低下し、プロフィット・ファクターも1.32に低下している。ドローダウンもまた15.8％へと増加している。ひとつプラスなのは、元のシステムと比べて標準偏差が若干低いことであるが、平均損益と標準偏差のレシオが大幅に低いため、大してメリットとはならない。

　蛇行システムと組み合わせた場合のブラックジャックの手仕舞いテクニックは、このシステムのために開発したものほどには有効に働かない。ここで自問しなければならないのは、特定のシステムで有効に機能するのだから元の手仕舞いテクニックを使い続けるべきなのではないか、あるいは、どのようなタイプの仕掛けのテクニックに対しても平均してよく機能するブラックジャックの手仕舞いに変更すべきなのではないかという問題である。

　この問いに答えるには、この2組の手仕舞いテクニックについてそ

表11.20　ブラックジャック/ブラックジャックの結果（1995/1～1999/10）

総トレード数		87	勝ちトレード	59	67.82%	負けトレード	28	32.18%
プロフィット・ファクター		2.16	最大勝ちトレード	3.09%	10,429	最大負けトレード	-2.90%	-9,788
平均損益	0.50%	1,695	平均勝ちトレード	1.38%	4,654	平均負けトレード	-1.35%	-4,541
標準偏差	1.59%	5,352	累積利益	53.00%	178,875	ドローダウン	-4.01%	-13,534

の違いを調べる必要がある。それによって、3つの大きな違いがあることが分かる。第1に、元の手仕舞いテクニックでは、利益目標が仕掛けのポイントから大きく離れたところにある。第2に、元の手仕舞いテクニックには、時間ベースのストップが存在しない。これは、利益を「よりスムーズに」流すことを意味しており、元の手仕舞いテクニックとの組み合わせによって、いわば、最強の仕掛けのテクニックとなる。最後に、元の手仕舞いテクニックでは、ストップロスもまた仕掛けのポイントから大きく離れており、仕掛けのシグナルによって大きな信頼を置いている。これは、第1と第2のポイントの背後にある推論を追認している。仕掛けのポイントが優れたものであるほど、それに対する信頼感が高まり、マーケットが狙った方向にすぐに動かなくても動じなくなるからである。

そこで答えとしては、元の手仕舞いテクニックを使い続けるということになろうか。これは、個人の選択の問題である。筆者の場合は、個人的にはブラックジャックの手仕舞いテクニックの推論のほうを好む。ブラックジャックの手仕舞いテクニックがカーブフィッティングでないなら、時間がたてば欠点は消滅するという前提に立ち、このブラックジャックのバージョンを用いる（いずれにしても、手仕舞いテクニックなしで仕掛けのテクニックを使ってトレードを行う方法はない）。

最後に、この新しい手仕舞いテクニックと、第2部での元のブラッ

表11.21　ブラックジャック/ブラックジャックの結果（1985/1～1994/12）

総トレード数		202	勝ちトレード	9	48.02%	負けトレード	10	51.98%
プロフィット・ファクター		0.89	最大勝ちトレード	4.12%	13,905	最大負けトレード	-6.29%	-21,229
平均損益	-0.08%	-257	平均勝ちトレード	1.24%	4,199	平均負けトレード	-1.30%	-4,373
標準偏差	1.54%	5,197	累積利益	-16.35%	-55,181	ドローダウン	-26.05%	-87,919

クジャック・システムのものと比較を行う。表11.20は、このブラックジャック／ブラックジャックの組み合わせで、S&P500を1995年1月から1999年10月までの期間でトレードした場合の結果を示している。表11.21は、1985年1月から1994年12月までの期間の結果である。どちらの表も、両方の期間を通した結果を示す表5.14と直接比較することはできない。

しかし、表11.20と表11.21を比較すると、興味深い結論がいくつか得られる。最も明らかなのは、一方で良好な結果を残しているもののほとんどがもう一方では振るわないことである。これは、シナリオがまったく反対の表11.3と表11.5で、元のゴールドディガー・システムについて発見したことを考え合わせると、いっそう興味深い。

われわれは、ブラックジャック／ブラックジャックの仕掛けと手仕舞いテクニックを統合してみたが、結果は1995年の前半においてプロフィット・ファクターが1.03で、1トレード当たりの平均損益が-0.08%という、とてもトレードできるような数字にはならなかった。しかし、ゴールドディガー／ブラックジャックの組み合わせでトレードを仕掛けていれば、結果は理に適ったものになっていたはずである。しかし、後講釈の助けを借りたとしても、今となってはゴールドディガー／ブラックジャックの組み合わせはあきらめて、ブラックジャック／ブラックジャックの組み合わせでトレードを行うべきである。

このことから、何を学んだのだろうか。それは、システムがいくつ

かの時間枠で平均して同じように機能し、使用した入力パラメータが信頼するに足りるものであることが何よりも重要だということである。1994年12月までの期間の結果を見ても、何の結論も出てこない。また、完全に信頼していたマーケット／システムの組み合わせであっても、ほとんど何の成果も生み出さなくなることがあり、ひとつのかごに卵をすべて入れるべきではない（詳細は、第５部で説明する）。すでに指摘したように、システムが予想以上であっても、また予想以下であっても、熟知している環境でなければ、ものの５分とたたないうちに破産してしまうような瞬間に備えて、自分がよく知っている領域にとどまり、危険な状況に陥ったときに代わりとなる手段を講じておく必要がある。

第3部の最後に
A Few Final Thoughts About Part 3

　第3部では、熟知しておかなければならないさまざまな形態のドローダウンについて説明してきた。最低でも、トレーディングシステムの検証を行うときには、これらのドローダウンについては知っていなければならない。ドローダウンがいつ、どこで発生したかが分からなければ、それに取り組むために何を使わなければならないのかが分からない。トレードの効率性やMFE（最大順行幅）、MAE（最大逆行幅）といったトピックスに関連するほかの事柄をどんなに考えようと無意味である。

　これらの論点を探ったあとで、特別に考案したストップや手仕舞いテクニックを追加し、TradeStationの乱数生成機能を使用し、ランダムな仕掛けのポイントから大量のデータを得て、第2部で構築したシステムの改良をを試みた（古いバージョンのTradeStationを使っている場合は、トレードワークス・ソフトウエア社のデーブ・デルーカ氏の提供で、次のサイトから乱数生成機能を無償でダウンロードできる。www.mechtrading.com/tradestation/random.html）。

　第3部では、さらに新しい統計指標を駆使して、システムのパフォーマンスを迅速かつ効率的に測定した。ここでは、特に尖度と歪度を利用した。この2つの指標は、引き続き第4部でも使用し、長期的なマーケット環境のもとで、さまざまな角度から有効なフィルターの検

証を行う。

　ほとんどのシステムが、単独で幅広いマーケットに適用できることにすでに気づいていると思うが、本書では、特定のマーケットに絞ったパラメータの設定は一切行っていない。事実、短期システムのほとんどがS&P500に特化したものであるが、その理由は、S&P500が単に短期のトレードが可能な数少ないマーケットのひとつであるというにすぎない。

　有効に機能するシステムが必ずしも収益性の高いマーケットであるというわけではないし、収益性の高いシステムが必ずしも有効に機能するわけではない。この違いは、有効に機能することと収益性が高いことをどのように定義するかによる。有効に機能するとは、システムがさまざまなマーケットで特定の動きを捕捉することで、パーセンテージベースで利益を生み出すことである。この場合は、ポイントベースや現在のトレーディングの水準を排し、包括的な指標としてパーセンテージベースを使用する。

　一方、収益性の高いシステムとは、パーセンテージベース同様に金額ベースでも利益を生み出すことができ、有効に機能するシステムのことを指す。あらゆるマーケットは、さまざまな水準で、さまざまなポイント価格でトレードされており、有効に機能するシステムすべてがどんなマーケットでも利益を生み出せるわけではないからである。システムに関するかぎり、結局はトレーダーが捕捉したい動きがどのようなものであるかにかかっている。しかし、より重要なのはマーケットのトレード水準に対して、ポイント当たりの金額ベースの価値が十分であることと、その水準に対してコストが十分カバーできる水準であるかどうかということである。

第4部
高確率フィルター
Part Four High Probability Filter

　利益が上がらない状況が長く続くと、使用しているシステムに対する信頼性を持続していくことは、特にマーケットが高値や安値を更新しているときには非常に困難で、おそらく多くのトレーダーが失敗する第1の原因であろう。ただ、シグナルを採用するときと採用しないときが分かれば、あるいはとんでもないことだが、シグナルの逆をやるときが分かればよいのであるが。基本的に、トレーディング機会のフィルタリングを行う方法には2つあるが、ここでの疑問点は、長期トレンドに従ってトレードしながら、短期のボラティリティをトレードの結果を決定づけるものとして使えるのか、ということである。これは、すべてのトレーダーにとって重要な問題であり、その解決は必要な調査からのみ得ることができる。

第12章

フィルタリング
Filtering

　フィルタリングを別にすれば、特に新米のトレーダーやブローカータイプのセールスマンのように、マーケットから直接ではなく、明らかに何らかの形でトレーダー自身から生活の糧を得ている人々にとって、最もよく使われているのは指標の寄せ集めであろう。これは、いくつかの類似した指標をかき集め、その時点での「市場の神様のご宣託」と並べて掲げる。すべてが一致して動くとき、あなたは本当の勝利者になれる。それらが異なる答えを出しているからといって、気にかける必要はない。スクリーンに10もの指標が並んでいて、ひとつだけが「正しい」とすると、すべての指標を見ていたら90％の確率で失敗することになる。すべてを組み合わせたらどうなるかということは、この際考えないことにする。

　それにもかかわらず、この非効率的でリスクの高い方法を、ほとんどのプログラム開発会社が好んで使っている。彼らはプロと呼べるのだろうか。彼らに物事を教える方法はないのだろうか。彼らは分かっているのかもしれないし、分かっていないのかもしれない。ただ、彼らが利益を稼ぐ唯一の方法は、トレーダー気取りの連中に自分たちのプログラムを売ることである。そして、そのための最も手っとり早い方法として、見栄えのいい指標を寄せ集めてみせるのが一番である（少なくとも、これは3年以上にわたって彼らを観察し、その販売テ

クニックを間近で見てきた筆者の経験である)。それでもなお、このゲームは初めてだというのであれば、このようなものには一切手を出さないことである。業者は指標を満載したプログラムの開発を競っているが、これらすべての指標は、あなたには必要のないものである。

一度、この指標を寄せ集める段階を過ぎると（これを読んだので、今がその段階かもしれない）、最初に検証すべき最も明確なことは、より長期的なトレンドに従うことで、得るものがあるかどうか確認することである。長期のトレンドを決定する方法はいくつかあるが、最も簡単なのは（しかし、おそらく容易ではない）、経済全般のファンダメンタルズについて、自分で判断を下し、自分がトレードしているマーケットや株価がどちらの方向に動くかを決めることである。そして、その予測に相当の期間忠実に従うことである（あとで、トレンドを形成するものが何であるかについての議論と、その知識によって、マーケット参加者としての役割と達成したいことを理解するうえで、より理論的で賢明な解釈が身につくことを説明する）。

別の方法として、長期の移動平均に従って単純に一方向へのトレードを続けるというのもある。フューチャーズ誌の記事（『スキミング・ザ・トレンド』『フェイディング・アウエー』1999/2、『イン・ザ・プッディング』1999/3)、それから2000年4月のアクティブ・トレーダー誌で、筆者は200日移動平均が示す方向のみによるトレードで、著しいパフォーマンスの向上が可能であると結論づけた。このことは、基調となるトレンドに従って、すべてのトレードで同じ手仕舞いテクニックを使い続けるかぎり、ランダムにトレードを仕掛けた場合にも当てはまる。

表12.1は、1980年1月から1999年10月までの期間で16のマーケットでどちらの方向にもランダムに仕掛けた結果を、200日移動平均が示したのと同じ方向にだけランダムにトレードを行った場合の結果と比較している。それぞれのマーケットで12回のトレードを行い、ひとつ

表12.1　単純な200日移動平均フィルター

マーケット	フィルターなし				フィルターあり			
	プロフィット・ファクター	標準偏差	勝率	標準偏差	プロフィット・ファクター	標準偏差	勝率	標準偏差
ドイツ・マルク	0.98	0.07	52.45	1.90	1.21	0.11	56.08	2.24
原油	0.94	0.16	50.10	2.01	1.15	0.15	56.21	1.83
木材	0.98	0.11	50.68	1.79	1.23	0.09	53.56	1.64
銅	0.97	0.06	50.11	1.59	1.25	0.10	51.43	1.96
金	1.04	0.18	50.98	1.82	1.11	0.13	52.23	1.52
ドル・インデックス	1.02	0.09	50.26	2.63	1.18	0.13	52.65	2.23
生牛	1.04	0.09	50.43	1.96	1.06	0.11	52.42	1.76
Tボンド	1.04	0.11	50.14	2.21	1.22	0.09	54.81	1.75
綿花	0.97	0.11	50.09	1.76	1.22	0.11	54.05	1.94
日本円	0.99	0.11	52.24	1.88	1.22	0.08	56.56	1.52
天然ガス	1.03	0.12	49.76	3.46	0.99	0.11	49.26	1.86
小麦	1.03	0.10	51.15	1.64	1.11	0.11	53.03	1.57
日経平均	0.97	0.15	50.60	3.51	1.09	0.11	54.26	1.99
コーヒー	1.00	0.13	49.87	2.40	1.06	0.09	51.60	1.65
Tビル	1.01	0.14	51.53	1.95	1.20	0.16	55.32	1.78
ラフライス	1.00	0.19	50.19	2.62	1.26	0.13	55.26	2.25
全マーケット	1.00	0.12	50.66	2.32	1.16	0.13	53.67	2.65

の戦略につき3500年分のトレードを実行した。どちらの戦略でも、トレード期間は5日間である。16のマーケットの内訳は、ドイツ・マルク、原油、木材、銅、金、ドル・インデックス、生牛、Tボンド、綿花、日本円、天然ガス、小麦、日経平均、コーヒー、Tビル、ラフライスである。

　トレンドフィルターがない場合、平均プロフィット・ファクターが1以上のマーケットは7つだけで、68％の確率で実際のプロフィット・ファクターが1以上のマーケットは存在しない。例えば、プロフィット・ファクターが1で標準偏差が0.19の場合、68％の確率でラフライスの実際のプロフィット・ファクターが1を超えているとはいえな

いのである。すべてのマーケットの結果をまとめると、68％の確率で現実のものとなるプロフィット・ファクターの値は、0.88から1.12である。

しかし、トレンドフィルターを使った場合は、ひとつ（天然ガス）を除くすべてのマーケットでプロフィット・ファクターが1以上で、そのうちの9つは、68％の確率でプロフィット・ファクターが1以上となっている。すべてのマーケットの結果をまとめると、平均プロフィット・ファクターが1.16で、標準偏差は0.13となる。これは、68％の確率で、すべてのマーケットにおける実際のプロフィット・ファクターがおよそ1.03から1.29となることを示している（プロフィット・ファクターと同様の結果が勝率についてもいえる）。このように、簡単な検証ではあるが、ランダムな仕掛けのポイントと、トレードを5日で仕切るという単純な手仕舞いテクニックであっても、長期のトレンドに従ってトレードを行うことのメリットが実証された。もし最適化されたトレンド監視戦略と考え抜かれた仕掛けと手仕舞いのテクニックを用いれば、どうなるかを想像してほしい。

短期システムのトレンドフィルター

基本的な移動平均によるフィルターは、あらゆるフィルター検証プロセスの基礎となるもので、あらゆるマーケットで元の仕掛けのテクニックに対して最も有効な参照期間を探っていく。

もうひとつの方法として、OBV（オンバランスボリューム）指標を組み込むこともできる。これは、各営業日の価格の動きに、その出来高によって重みづけを行い、価格と出来高の情報を取り込んだ新規の時系列を作成する。このように、価格の動きを背景とする出来高の増加／減少の時系列によって、価格の移動平均と同じ解釈が可能となる。つまり、OBVが長期の移動平均の上にあるときは、トレンドが

上向きで、下にあるときはトレンドが下向きとなる。個人的には、現在これがベストで最も汎用性の高い指標であると考えている。このシンプルなひとつの計算は、テクニカル分析において想定されるあらゆる分野をカバーし、大衆の心理といったものまで分析できる能力を持っている。図12.1は、S&P500のOBVと200日移動平均をチャートに示している。

　図12.1を見ていくうえで重要なことは、定義されるトレンドが必ずしも実際の価格のトレンドとは一致しないことである。例えば、この指標では、価格の動きに出来高が考慮されるため、価格がいくらも下落していないにもかかわらず、1998年7月以降はトレンドが下向きになっている。このケースでは、OBVは、マーケットの下落時の出来高が増加している一方で、天井近辺の出来高は減少していることを示しており、これ以上の上昇を続けることが少し困難になりつつあることが分かる。また、これを使うことで、さまざまなトレンドフィルターを使用するほかの戦略の採用が妨げられることもない。特定のシステムを調査した結果に対して、一貫した信念と信頼性を保つことが大切である。

　より基本的なアプローチを好むのであれば、代わりに、対象とするマーケットとTビルのような短期金利とのレシオを利用するという手もある。この指標の背景にある推論は、Tビルの価格が「自分のマーケット」よりも速く上昇した場合、多くのマーケット参加者が利益の見込みの薄いマーケットに投資するよりも、質への逃避を選択するということである。これは特に、「自分のマーケット」が下がり始めたときは売りへ向かう絶好の機会を提供する。しかし、その反対のこともいえる。自分のマーケットの価格がTビルよりも速く上昇しているときは、より多くのマーケット参加者が短期金利市場からマーケットに参入するというわけだ。これは、買いに入る絶好の機会である。また、この方法は基本的な移動平均によるフィルターと同じものである。

図12.1　S&P500での200日移動平均とOBVインディケーター

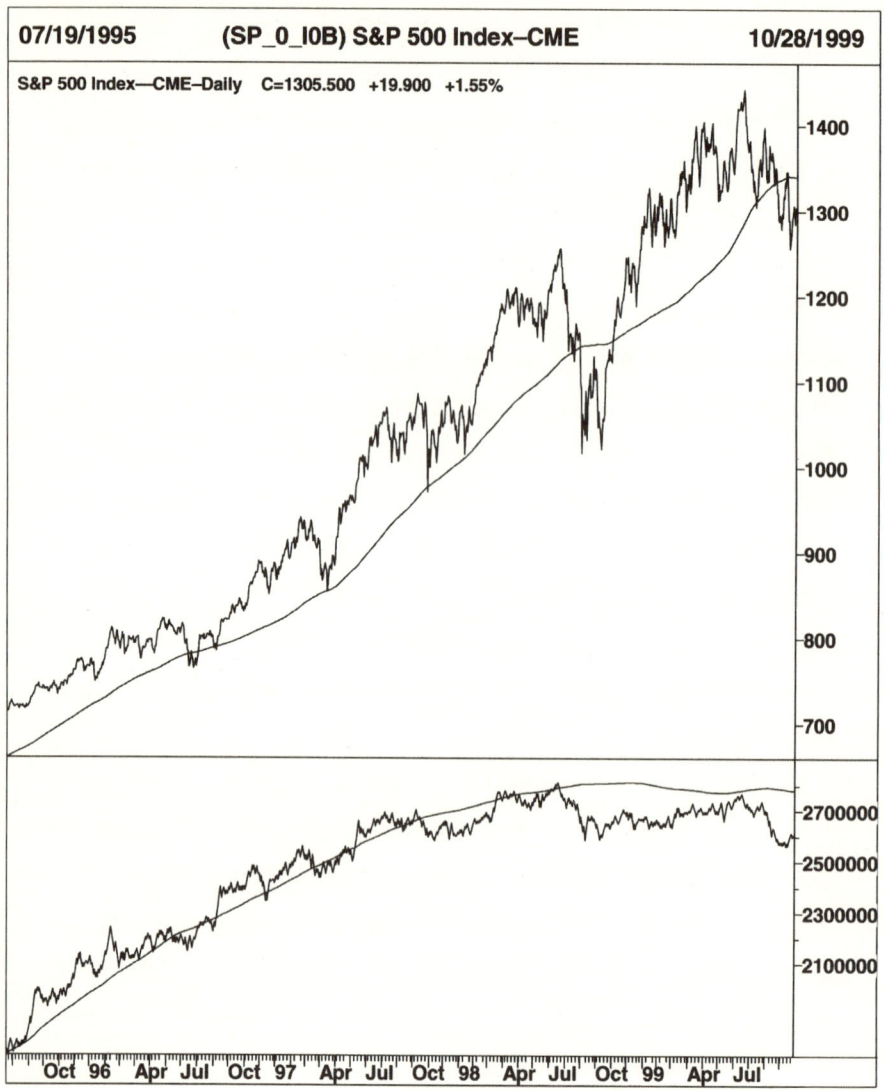

長期の移動平均と併用することによって、対象となるマーケットに資金が流入しているのか、流出しているのかが分かる。

最後に、全体の推論の順番を並べ替える方法を使ってみる。上記の３つの方法では、基調となるトレンドに従ってトレードを行ったが、多くの短期システムでは指値注文を使うため、無数の矛盾するシグナルが発生する。短期の買いシグナルが「買い」を指示し、長期のトレンドフィルターが「売り」を指示したりする。これに対処するには、ルールを公式化し、例えば「トレンドが下向きでないかぎり、買いができる。トレンドが上向きでないかぎり、売りができる」というようにする方法がある。これを実行するには、基本的な高値／安値のブレイクアウト指標を使用し、高値（安値）を更新すると直ちにトレンドが上向き（下向き）であると判断して短期の指値注文の売り（買い）シグナルと高値（安値）がぶつからないかぎりトレードが行えるようにする。

この章では、いくつかのバージョンと長さの異なるトレンドフィルターを組み合わせて短期システムをすべて検証し、異なるマーケットのポートフォリオでフィルターを追加してみて、従来のシステムに何らかの改善が見られるか確認する。

基本的な価格フィルターとして、OBVフィルターと、検証の結果有効であることが分かれば、Tビル・レシオフィルターをそれぞれの移動平均の傾きやクロスと併用する。合計で６つのフィルターテクニックを使用する。それぞれの移動平均フィルターでは、50日から250日までの範囲で、20日ごとに10種類の長さの移動平均を検証する。ブレイアウト・フィルターでは、20日から120日までの範囲で、10日ごとの参照期間を検証する。各トレードは、フィルターによって示される基調となるトレンドと同じ方向に、ランダムに入力される。また、各マーケットで10回のトレードを行う。トレード回数が何回だといいのかは分からないが、意味のある結論を得るのにはこれで十分と考え

る。すべてのマーケットの手仕舞いテクニックとストップの組み合わせは、第3部のものを使う。検証した16のマーケットの内訳は、ドイツ・マルク、原油、木材、銅、金、ドル・インデックス、生牛、Tボンド、綿花、日本円、天然ガス、小麦、日経平均、コーヒー、S&P500、ラフライスで、期間は1980年1月から1992年10月までである。

　これらのフィルターのいずれかを使う売りポジションと、システムが稼働するたびに、その平均トレードの額を書き出す簡単な機能のコードを次に示す。

```
Inputs:Counter(0),SystemSwitch(0),OBVLen(0),MALen(0),
RaLen(0),BOLen(0);
Vars:TotTr(0),MP(0),FTE(0),FirstInput(0),TradeStr1("");
If(SystemSwitch=3andOBV〈Average(OBV,OBVLen))Or
(SystemSwitch=4andAverage(OBV,OBVLen)〈Average(OBV,
OBVLen)[1]Or(SystemSwitch=5andClose〈Average(Close,
MALen))Or(SystemSwitch=6andAverage(Close,MALen)
〈Average(Close,MALen)[1])Or(SystemSwitch=7andRatio
〈Average(Ratio,RaLen))Or(SystemSwitch=8andAverage
(Ratio,RaLen)〈Average(Ratio,RaLen)[1])Or(SystemSwitch=9
andClose〈Highest(Close,BOLen))Then
  Sell at Close;
 If TotTr〉TotTr[1]Then Begin
  If MP[1]=1 Then
   FTE=(ExitPrice(1)-EntryPrice(1))/EntryPrice(1);
  If MP[1]=-1 Then
   FTE=(EntryPrice(1)-ExitPrice(1))/EntryPrice(1);
  SumFTE=SumFTE+FTE;
 End;
```

```
If LastBarOnChart Then Begin
  If SystemSwitch=3 or SystemSwitch=4 Then
   FirstInput=OBVLen;
  If SystemSwitch=5 or SystemSwitch=6 Then
   FirstInput=MALen;
  If SystemSwitch=7 or SystemSwitch=8 Then
   FirstInput=RaLen;
  If SystemSwitch=9 Then
   FirstInput=BOLen;
  FTE=SumFTE/TotalTrades;
  TradeStr1=LeftStr(GetSymbolName,2)+","+NumToStr(FTE,4)+","+NumToStr(FirstInput,2)+NewLine;
  FileAppend("D:¥Temp¥LT-Filter.csv",TradeStr1);
End:
```

　このコードを使うと、検証するすべてのマーケットを含んだワークグループが作成され、すべてのマーケットで一度にシステムの最適化を行うことができる。コンピューターが計算を実行するにはある程度の時間が必要なため、その間にいくつかの変更を行うことができる。とにかく、オプティマイザーを使いながら TradeStation（トレードステーション）からデータを書き出すときは、注意する必要がある。TradeStation が最適化を行っているときは、何らかの理由で再度実行し、「ベスト」な入力変数の組み合わせを書き出すことがある。それも1回ではなく、2回か時には3回行う場合がある。分析を進める前に、スプレッドシートから手動でこの余計なプログラムの実行を除外しておかなければならない。
　ボラティリティについては、どのマーケットであっても、高いボラティリティはリスクが高く、マーケットが逆の方向に動く確率が高い

ことを意味している。いうまでもなく安全性の観点からは、ボラティリティは低いほど好ましい。ただし問題なのは、特に短期トレーディングでは、高いボラティリティは高い利益機会をも意味する。この場合の秘訣は、ボラティリティが十分に高くトレードで利益を見込めるが、トレードを行うこと自体が無謀であるほど高すぎたりしないような、短期的な状況を見つけだすことである。ただし、ボラティリティを測定する方法にはいくつかあり、どの方法が最も正確な結果を示すかを知るにはどうすればいいか。

　実際のところ、それはだれにも分からない。自分が正しいと考えるものを使うしかない。最も一般的な方法は、おそらく終値の標準偏差を計算することであろう。これは基本的には、オプションのトレーダーであれば、さまざまなタイプのオプションのプライシングモデルとしてだれもが使っている、ブラックショールズやブラック76のようなものである。しかしこの2年間で、少なくともひとつの方法が、テクニカルアナリストたちの間で最もよく使われるようになってきた。これは、真のレンジか、真のレンジの平均法というもので、直近のボラティリティが予想よりも低く、その日の真のレンジが特定の参照期間の真のレンジの平均（選択された係数倍の場合もある）を下回った場合は、トレードの方向に関係なくマーケットが平穏に向かいつつあり、トレードに伴うリスクが減少していることを示す。真のレンジは、今日の高値（安値）と、今日の安値（高値）との差か昨日の終値との差のいずれか大きいほうの値として定義される。

　一般に使われているこのテクニックの有効性を検証するために、10日から40日の期間で3日ごとに参照期間を設定した。また、長期のフィルターでも、同じマーケットで同じ設定を行った。ルールは、直近のボラティリティ（真のレンジ）が、参照期間の平均ボラティリティ（真のレンジの平均）よりも高い場合は、トレードを一切行わないというものである。

この方法の欠点は、標準偏差による方法と真のレンジの平均法の両方とも、ボラティリティの方向性をまったく考慮していないことである。例えば、力強く上昇しているマーケットではすべてではないにしても、ほとんどのボラティリティが上昇サイドとなる。これは、買いポジションを取っている場合にはもちろん都合がいいが、売りポジションを取っている場合はそうではない。このことから分かるように、上方へのボラティリティと下方へのボラティリティを識別して測定するようなタイプのボラティリティを使うのがよいだろう。また、マーケットが、下方への高いボラティリティから上方への高いボラティリティへと切り替わるとき、あるいはその逆の場合にもこれが有効である。

　幸いなことに、この目的に適う方法がいくつかある。ほとんどのテクニカル分析プログラムで一般に使われているオシレータ系の指標を支えている数学の知識があれば、日常で使用している指標のうち、RSI（相対力指数）とADXの2つがそれに当たることが分かる。

　RSIの推論は単純なものである。指標が50以上の値の場合は、上方へのボラティリティが下方へのボラティリティよりも高く、50以下の場合はその逆であることを示す。ADXの場合は多少複雑で、ADXの値が高い場合は、上方へのボラティリティか、下方へのボラティリティが高いことを意味する。そのため、ADXの代わりにプラスDMIとマイナスDMIを使ったほうがいい。プラスDMIがマイナスDMIの上にあるときは、上方へのボラティリティが下方へのボラティリティより高いことを示し、逆の場合は下方へのボラティリティのほうが高いことを示す。RSIでは、さまざまなトリガーレベルを試すこともできる。例えば、RSIが60以上でなければ買いを行わず、40以下でなければ売りを行わず、その中間はニュートラルのようにする。また、通常の買われ過ぎ／売られ過ぎのテクニックに、RSIが異常に高い（低い）場合は買い（売り）を行わないというルールを追加することもで

表12.2 移動平均クロスフィルター(1980/1〜1992/10)

期間	平均	標準偏差	レシオ	尖度	歪度
50	0.1201	0.2071	0.5799	6.2312	2.0777
70	0.1186	0.2116	0.5606	6.1378	1.3598
90	0.0821	0.1400	0.5863	4.5955	0.2875
110	0.1252	0.1766	0.7088	8.2450	1.3125
130	0.1131	0.1722	0.6568	4.6584	0.8590
150	0.1058	0.1718	0.6157	4.5265	0.1703
170	0.1139	0.1715	0.6641	10.4910	−0.9180
190	0.0818	0.1578	0.5181	4.6071	−0.5006
210	0.1001	0.1525	0.6563	18.6751	−2.9483
230	0.1023	0.1538	0.6654	8.3662	0.6040
250	0.1202	0.2020	0.5950	13.4122	0.2106

きる。

　これら2つの指標がわれわれの短期システムのフィルターとして機能するかどうかを検証するために、10日から40日の期間で3日ごとの参照期間を設定した。ルールは、ボラティリティが高い方向でトレードを行うというものである。対象とするマーケットと一般的な設定は、長期フィルターの場合と同じである。ボラティリティ・フィルターのための TradeStation（トレードステーション）のコードは、基本的にはトレンドフィルターの場合と同じである。

　すべてのフィルターの結果を、表12.2と表12.3に個別にまとめた。表12.2は基本的な移動平均クロスフィルターを、表12.3はブレイクアウト・フィルターを使っている。例えば、16のすべてのマーケットで、第3部のランダムな仕掛けのポイントとブラックジャックの手仕舞いテクニックを使ってトレードを行った場合の50日移動平均クロスフィルターによる1トレード当たりの平均損益は0.12％である。110日から170日までの領域で、結果が最も安定しており、リスクとリターン

表12.3　ブレイクアウト・フィルター(1980/1～1992/10)

期間	平均	標準偏差	レシオ	尖度	歪度
20	0.0460	0.1478	0.3112	5.3691	0.3835
30	0.0408	0.1385	0.2946	3.7634	1.2145
40	0.0309	0.1267	0.2437	6.0328	−0.7399
50	0.0456	0.1475	0.3088	4.5719	0.7597
60	0.0511	0.1461	0.3499	7.2699	1.7590
70	0.0401	0.1578	0.2543	5.0591	−0.1657
80	0.0317	0.1196	0.2649	7.2570	1.5680
90	0.0318	0.1486	0.2141	5.0252	−1.1230
100	0.0293	0.1438	0.2034	10.8615	−1.7311
110	0.0474	0.1597	0.2966	5.2053	−0.4098
120	0.0419	0.1318	0.3182	4.0369	0.5033

の関係がベストなのは110日である。実際のリスクとリターンのベストの関係は変動するため、130日を選択した。これは、どんな最適化プロセスでも重要な論理である。

　通常の移動平均フィルターでの結果がよければ、ブレイクアウト・フィルターでも同じことが期待できるはずである。例えば、60日の参照期間と移動平均の場合とまったく同じ設定で、ブレイクアウト・フィルターによる1トレード当たりの平均損益は0.05％で、これは標準偏差、尖度、歪度から判断した場合、ベストの状態である。ただし、これから分かってくることであるが、検証の過程で、あるフィルターがほかのものより劣っているからといって、最終的に必ずしもそれが機能していないというわけではない。

　完成したシステムを使用して、異なる参照期間すべてで全フィルターを検証するために、それぞれのフィルターからある参照期間を抽出した。検証を行うときのフィルターと検証期間は、表12.4に示した。例えば、DMIには34日の参照期間がベストで、1トレード当たりの

表12.4　さまざまなフィルターで選択した入力パラメータ

フィルター	期間	平均	標準偏差	レシオ	尖度	歪度
DMI	34	0.1287	0.1860	0.6920	4.9766	1.8047
真のレンジ	37	0.0467	0.1807	0.2583	6.1131	−0.1240
RSI	28	0.1128	0.2165	0.5210	4.0422	0.1418
OBVクロス	70	0.1019	0.1686	0.6045	3.6123	1.0086
OBVスロープ	70	0.1026	0.1767	0.5805	5.9592	1.4997
移動平均クロス	130	0.1131	0.1722	0.6568	4.6584	0.8590
移動平均スロープ	70	0.1261	0.1679	0.7510	6.9234	1.7958
レシオクロス	70	0.1117	0.1984	0.5629	4.3042	1.6645
レシオスロープ	90	0.0776	0.2137	0.3633	9.8603	−0.9665
ブレイクアウト	60	0.0511	0.1461	0.3499	7.2699	1.7590

　平均損益が0.13％となることが分かる。まったく機能しなかったのは、真のレンジ法と、Tビル・レシオ・スロープ・インディケーター、ブレイクアウト法であった。

　この検証結果で注目すべきいくつかの点は、自分で検証を行う場合に参考となる。OBVとレシオインディケーターは、より短期の参照期間で良い成績を収める。ブレイアウト・フィルターで、あまり興味をそそられる結果が出ないのは、おそらく次の理由による。ここでは、ブレイアウト・フィルターをランダムな仕掛けポイントと組み合わせて使わざるを得ず、現在の状態ではマーケットにトレンドがまったく存在しない状況や揉み合いの状態で、多くのトレードを行わなければならないことである。同じことが、DMIやRSIと比較した場合の真のレンジ法についても該当する。最後に注目すべき点として、移動平均交差法は、長さが半分のスロープ法と同じようには機能しないように見える。これは、第2部で週ベースのディレクショナルスロープ・システムを統合したが、そのときの発見を再確認するものである。

ゴールドディガー・システム

ゴールドディガー・システムを使って、それぞれのフィルターのS&P500における検証を行った。期間は1985年1月から1994年12月までと、1995年1月から1999年10月までで、レシオクロスフィルターによる成績が最も良かった。これらの結果は、表12.5と表12.6で示され、表11.16、表11.17とそのまま比較できる。

おそらく、ややうまくいきすぎている。トレードの数が少なすぎて意味のある結論を導けない場合は、高いプロフィット・ファクターや小さいドローダウンはほとんど無意味である。トレードの数が少ない理由は、元の仕掛けのテクニックの構成がフィルターと併用してトレードを行う場合には修正が必要なことによる。

これは主に、元の仕掛けのトリガーがマーケットが同じ方向に2週続けて動くことを必要としていることによる。これは、反対方向への指値によるトレードを仕掛けるには、トレンドの完全な転換が必要であることを意味する。トレードの仕掛けをもう少し容易にするには元

表12.5 オリジナルのゴールドディガー/レシオクロス・フィルター(1985/1～1994/12)

総トレード数		30	勝ちトレード		16	55.33%	負けトレード		14	46.67%
プロフィット・ファクター		1.32	最大勝ちトレード	2.80%		9,450	最大負けトレード		−2.07%	−6,986
平均損益	0.18%	593	平均勝ちトレード	1.37%		4,613	平均負けトレード		−1.19%	−4,002
標準偏差	1.51%	5,093	累積利益	5.06%		17,078	ドローダウン		−4.16%	−14,040

表12.6 オリジナルのゴールドディガー/レシオクロス・フィルター(1995/1～1999/10)

総トレード数		9	勝ちトレード		7	77.78%	負けトレード		2	22.22%
プロフィット・ファクター		5.91	最大勝ちトレード	2.80%		9,450	最大負けトレード		−1.10%	−3,713
平均損益	1.20%	4,050	平均勝ちトレード	1.86%		6,268	平均負けトレード		−1.10%	−3,713
標準偏差	1.65%	5,584	累積利益	11.21%		37,834	ドローダウン		−1.10%	−3,713

表12.7 修正後のゴールドディガー/ブレイク・フィルター（1985/1～1994/12）

総トレード数		367	勝ちトレード	193	52.59%	負けトレード	174	47.41%
プロフィット・ファクター		1.30	最大勝ちトレード	5.03%	16,976	最大負けトレード	−4.48%	−15,120
平均損益	0.17%	569	平均勝ちトレード	1.38%	4,642	平均負けトレード	−1.17%	−3,949
標準偏差	1.52%	5,135	累積利益	77.58%	261,833	ドローダウン	−7.94%	−26,798

表12.8 修正後のゴールドディガー/ブレイク・フィルター（1995/1～1999/10）

総トレード数		188	勝ちトレード	101	53.72%	負けトレード	87	46.28%
プロフィット・ファクター		1.30	最大勝ちトレード	5.14%	17,348	最大負けトレード	−8.30%	−28,013
平均損益	0.20%	685	平均勝ちトレード	1.62%	5,464	平均負けトレード	−1.44%	−4,862
標準偏差	1.88%	6,329	累積利益	41.68%	140,670	ドローダウン	−12.11%	−40,871

の仕掛けの条件を緩めて、直近の週のマーケットの動きだけを見るようにする。そうすると今度は、ブレイアウト・フィルターによるものが1985年1月から1994年12月までの期間でベストの成績となる。これは、表12.7で見ることができる。

　元の仕掛けのテクニックを修正したあとでは、1985年1月から1994年12月までの期間で、ブレイアウト・フィルターのプロフィット・ファクターは1.30、1トレード当たりの平均損益が0.17％で、最高の成績となった。ドローダウンは、許容範囲の7.94％である。1995年1月から1999年10月の期間では、プロフィット・ファクターが同じく1.30で、1トレード当たりの平均損益は0.20％に増加している。これは、表12.8で見ることができる。しかし、1トレード当たりの平均損益の増加は同時にわずかながら標準偏差の上昇も招いており、リスク調整後のリターンはいくらか低下している。ドローダウンはおよそ12％となっている。仕掛けのトリガーを緩めフィルターを追加したこのバージョンのゴールドディガーを、表11.16と表11.17で結果を示している

表12.9　修正後のゴールドディガー/フィルターなし（1985/1～1994/12）

総トレード数	454	勝ちトレード	242	53.30%	負けトレード	212	46.70%
プロフィット・ファクター	1.26	最大勝ちトレード	7.62%	25,718	最大負けトレード	-12.61%	-42,559
平均損益	0.15%　513	平均勝ちトレード	1.36%	4,595	平均負けトレード	-1.23%	-4,147
標準偏差	1.68%　5,654	累積利益	86.55%	292,106	ドローダウン	-18.29%	-61,729

表12.10　修正後のゴールドディガー/フィルターなし（1995/1～1999/10）

総トレード数	236	勝ちトレード	120	50.85%	負けトレード	116	49.15%
プロフィット・ファクター	1.23	最大勝ちトレード	5.14%	17,348	最大負けトレード	-8.30%	-28,013
平均損益	0.15%　520	平均勝ちトレード	1.60%	5,401	平均負けトレード	-1.34%	-4,529
標準偏差	1.81%　6,095	累積利益	38.37%	129,499	ドローダウン	-13.48%	-45,495

バージョンと比較すると、新しいバージョンの成績のほうがドローダウンが小さく、トレーダーが枕を高くして寝ることができ、ほとんどすべてのカテゴリーで古いバージョンを上回っているのが分かる。

　ここで、この新しいフィルターと仕掛けのテクニックとの組み合わせが、仕掛けのテクニックだけの場合の結果よりも本当に優れたものであるかどうかを確認しなければならない。もしそうでなければ、フィルターを追加する意味はない。フィルターなしの場合の結果は、表12.9と表12.10に示されている。これから分かるように、フィルターがない場合の結果はフィルターがある場合より劣っている。特に、ドローダウンと勝率でその差が著しく、プロフィット・ファクターと1トレード当たりの平均損益も劣っている。フィルターがある場合の累積利益がフィルターなしのものより低いが、この段階では問題ではない。これは、あとから「適量化」のプロセスで適切な資金管理を追加することで対処する。

　このように、第3部で概略を説明したようなシステム構築の手順に

従うことで、シンプルな仕掛けのテクニックだけの第2部でのシステムを改良することができた。しかも、そのために指標を寄せ集めたり、最終バージョンを特定のマーケットにカーブフィッティングさせたりはしていない。事実、このシステムはS&P500のために設計したものであるが、時間のほとんどをS&P500の検証に割いたわけではなく、その他の15のマーケットとともにランダムにトレードを行った結果を要約したものである。さらに、最終ステップとして、元のコンポーネントの一部を取り除き、より多くのトレードを実行するように変更した。

蛇行システム

　蛇行システムでは、一貫性のある結果を生み出すフィルターを見つけだすのは非常に困難であることが分かっている。実際のところ、ベストのフィルターは移動平均スロープ・フィルターで、2つの検証期間のうち後者でかなり高いプロフィット・ファクターを残しているが、1985年1月から1994年12月までの期間では、惨憺たる結果に終わっている。表12.11と表11.12がその結果で、表11.18および表11.19と比較できる。

　その理由はおそらく、元の仕掛けのテクニックの構成のなかに見いだすことができる。元の仕掛けのテクニックでは、直近の5週間のバーを仕掛けのレベルとして計算することで、トレンドを考慮している。このせいで、例えば標準偏差の数値を変えることで、平均値から仕掛けのシグナルまでの距離も変え、それによって、第3部で開発した仕掛けのレベルを変更することが困難となっている。また、ブラックジャックの手仕舞いテクニックから元の手仕舞いテクニックに戻したりしても改善しない。このようなわけで、蛇行システムはブラックジャックの手仕舞いテクニックと併用し続けることにする。

表12.11　蛇行システム/移動平均傾斜フィルター(1985/1〜1994/12)

総トレード数	60	勝ちトレード	32	55.33%	負けトレード	28	46.67%
プロフィット・ファクター	0.89	最大勝ちトレード	2.80%	9,450	最大負けトレード	−8.05%	−27,169
平均損益 −0.07%	−250	平均勝ちトレード	1.09%	3,672	平均負けトレード	−1.40%	−4,732
標準偏差 1.68%	5,685	累積利益	−4.13%	−13,939	ドローダウン	−13.19%	−44,516

表12.12　蛇行システム/移動平均スロープフィルター(1995/1〜1999/10)

総トレード数	29	勝ちトレード	21	72.41%	負けトレード	8	27.59%
プロフィット・ファクター	3.36	最大勝ちトレード	4.21%	14,209	最大負けトレード	−1.64%	−5,535
平均損益 0.77%	2,609	平均勝ちトレード	1.52%	5,127	平均負けトレード	−1.19%	−3,999
標準偏差 1.63%	5,498	累積利益	24.56%	82,890	ドローダウン	−3.41%	−11,509

　ここで指摘しておかなければならないことは、論理的な推論と特定のフィルターとシステムの組み合わせが機能しない理由を理解する方法の重要性である。このような経験は、そこから何かを学び取り、将来、結果を向上させるためになすべきことを知るのであれば、けっして無駄ではない。

ブラックジャック・システム

　第２部でブラックジャック・システムを構築したときに、すでに200日移動平均フィルターを追加している。このフィルターによって、システムは２つの検証期間のうちの後者では非常によく機能したが、前者ではそうではなかった。もしほかのフィルターが一貫してより有効に機能するのであれば、元のフィルターをこのセクションで構築したものに置き換えてみることにする。結果としては、OBVスロープ・フィルターを使うと非常に安定した結果が得られた。

表12.13　ブラックジャック／OBVスロープ・フィルター(1985/1～1994/12)

総トレード数		202	勝ちトレード		117	57.92%	負けトレード		85	42.08%
プロフィット・ファクター		1.38	最大勝ちトレード	4.12%		13,905	最大負けトレード	-3.09%		-10,429
平均損益	0.19%	641	平均勝ちトレード	1.20%		4,038	平均負けトレード	-1.20%		-4,036
標準偏差	1.43%	4,838	累積利益	43.35%		146,981	ドローダウン	-10.88%		-36,720

表12.14　ブラックジャック／OBVスロープ・フィルター(1995/1～1999/10)

総トレード数		92	勝ちトレード		60	65.22%	負けトレード		32	34.78%
プロフィット・ファクター		2.00	最大勝ちトレード	4.04%		13,635	最大負けトレード	-2.90%		-9,788
平均損益	0.46%	1,556	平均勝ちトレード	1.41%		4,775	平均負けトレード	-1.33%		-4,478
標準偏差	1.63%	5,485	累積利益	50.02%		168,818	ドローダウン	-5.03%		-16,976

　表12.13は、1985年1月から1999年12月までの期間の結果で、表11.21とそのまま比較できる。これから分かるように、1トレード当たりの平均損益はマイナスからプラスの0.19％に転じている。そのほかでは、標準偏差が低下し、ドローダウンも許容範囲である。勝率もかなり高い。

　1995年1月から1999年12月までの期間の結果は、図12.14と図11.20を比較すると、元のシステムほどには良くないのが分かる。しかし、大きな枠組みで考えると、これは些細なことである。システムは今や堅牢性と信頼性を大いに高めており、将来においても機能する可能性が高いからである。

第13章

長期のボラティリティ・フィルター
Long-term Volatility Filters

　長期システムでは、考え方を少し変えなければならない。短期システムでは、フィルターの目的はできるだけ望ましい短期の動きを持つトレンドのタイプをできるだけ多く識別することであった。長期システムでは、トレンドはすでに決まっている。そこで、トレンドのできるだけ早い時期に、最適な短期の仕掛けのポイントを見つけなければならない。これはひとつには、もはやシステムでランダムにトレードを行うことはできないということを意味している。理論上は、これを達成するベストの方法は、一般にボラティリティの低い状況か、ボラティリティの方向と予想されるマーケットの動きとが一致している状況を見つけだすことである。この矛盾のために、長期システムのフィルターで短期のデータを処理しなければならず、またその逆も然りである。

　前者の方法に対して有効な指標は、短期システムで使用したものと同じ真のレンジの平均インディケーターである。ただし、ここでは少し修正を加え、参照期間とレンジ乗数を変更した。２つの変数による検証では、もう一度第２部のディレクショナルスロープ・システムで使った面チャートによる分析を行う。参照期間は、５日から25日までの２日ごとで、レンジ乗数は0.5から2.5まで0.2ずつとした。さらに、ブレイクアウトが真のレンジの平均の乗数倍を超えた日はトレードを

行わないというルールを追加した。

　長期システムではトレンドの方向性はすでに決まっているため、ADXも使える。これは単独の指標で、ボラティリティの方向性は一切認識しないため、短期システムでは使用できない。しかし、これをほかの長期の指標と併用すると、ADXの値が高い場合は、2番目の指標で示されるようにトレンドの方向のボラティリティが高いと想定できる。われわれの目的は元のトレードの仕掛けの戦略に使用することであるが、ADXはトレンドの強さを測るのに最も適した指標であるため、多くのシステム開発者がこの理論を信奉している。ADXによる検証はまた、2つの変数による検証でもあり、異なる長さの参照期間をさまざまなトリガーレベルで検証した。参照期間として、1日おきに10日から20日までの期間を使用し、トリガーレベルでは、2ステップごとに15から35までを使用した。さらに、ADXの値がブレイクアウトで要求されるトリガーレベルを下回った日は、トレードを行わないというルールを追加した。2つのシステムとフィルターの組み合わせは、第3部で使用したそれぞれのシステムのストップや手仕舞いテクニックを利用する。

　長期と短期の検証プロセスのもうひとつの重要な違いは、長期システムではトレードの最終損益を見ることができないということである。これは、あまりにも多くのトレードが除去されて、その結果の意味が薄れるからである。こうすることは、すでに決定されたトレンドでトレードを仕掛ける最適のタイミングを見つけだすという最初にシステムにフィルターを追加した理由と矛盾することにもなる。したがって、最高の方法は第3部で詳しく説明したように、STD（スタートトレード・ドローダウン）をトレードの最終損益と関係させて最小化することである。ただし、元のシステムの範囲内でできるだけトレードを長く続けたいので、STDを調べるだけではあまり意味がない。基本的にこれは、トレードの仕掛けのポイントの効率を調べることを意味

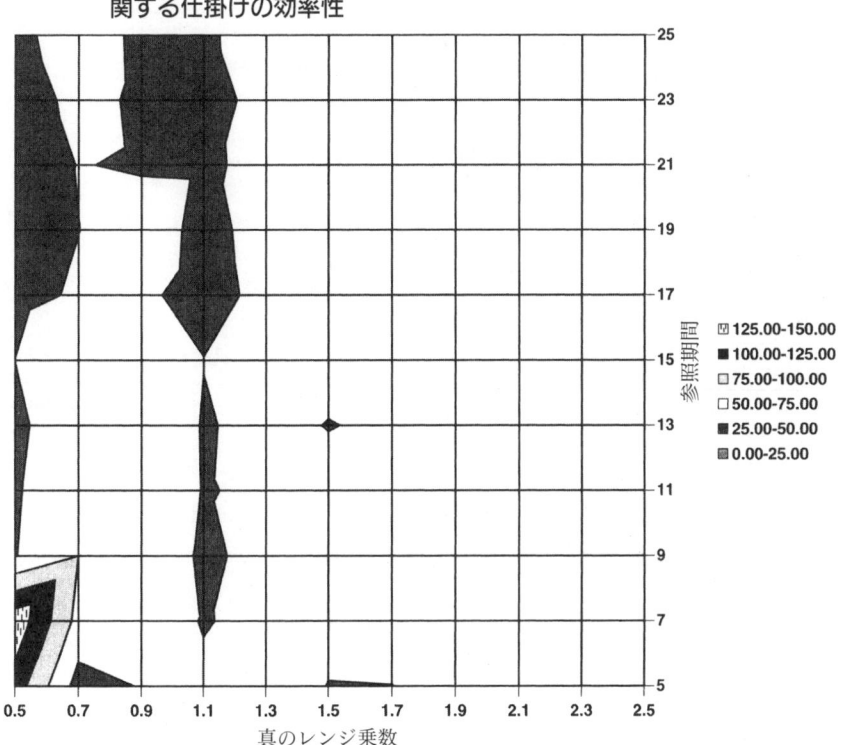

図13.1　DBSシステムの真のレンジ乗数とその参照期間に関する仕掛けの効率性

する。

　第3部で、長期システムでは、STDをMAE（最大逆行幅）とするのが合理的で、両者ではその解釈と扱いが異なっていても、同じように導出できると結論づけた。第3部ではほかのすべてのドローダウンや逆行幅／順行幅を扱ったが、そこで行ったように、MAEは主にストップを調整することで対処すべきものである。一方、標準偏差は、主にこれから説明するトレーディング機会をフィルタリングすることで対処すべきものである。

図13.2　DBSシステムと真のレンジフィルターの仕掛けの
　　　　効率性の標準偏差

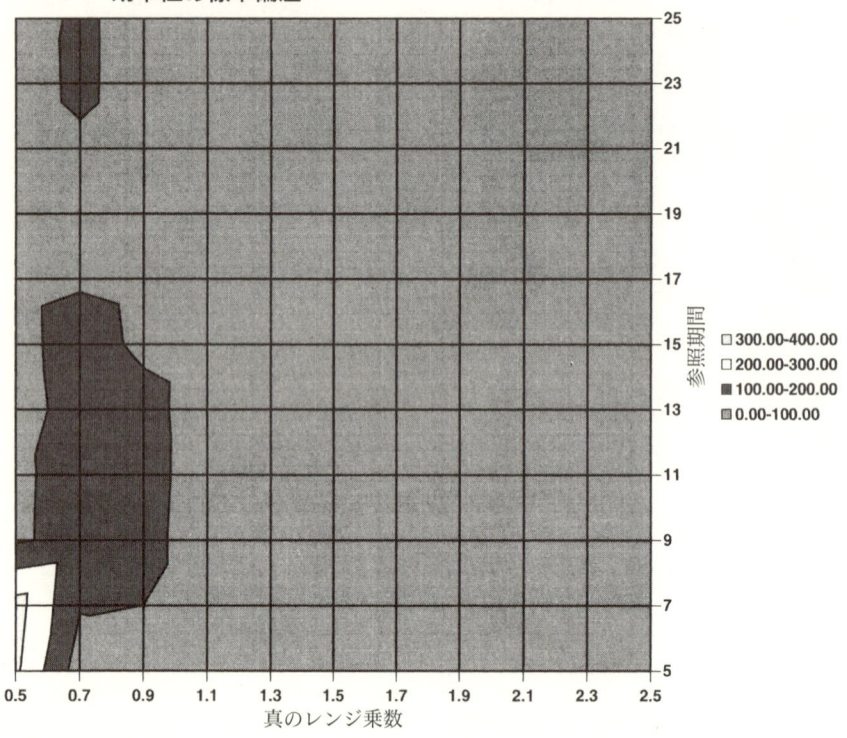

凡例（参照期間）:
- □ 300.00-400.00
- □ 200.00-300.00
- ■ 100.00-200.00
- □ 0.00-100.00

横軸：真のレンジ乗数
縦軸：参照期間

　STDとMAEでは必要なデータを取り出すのに同じテクニックを使用するが、重要なことは、この2つが同じものでないことを理解することである。また、この2つはRINAシステムの仕掛けの効率とも異なる。その違いは、STDが主に仕掛けのテクニックによって調整されるのに対して、MAEは、主にストップロスのような特定の手仕舞いテクニックによって調整されることにある。MAEとSTDはともに仕掛けの効率を決める。

　検証を行ったマーケットは、ドイツ・マルク、原油、木材、銅、金、

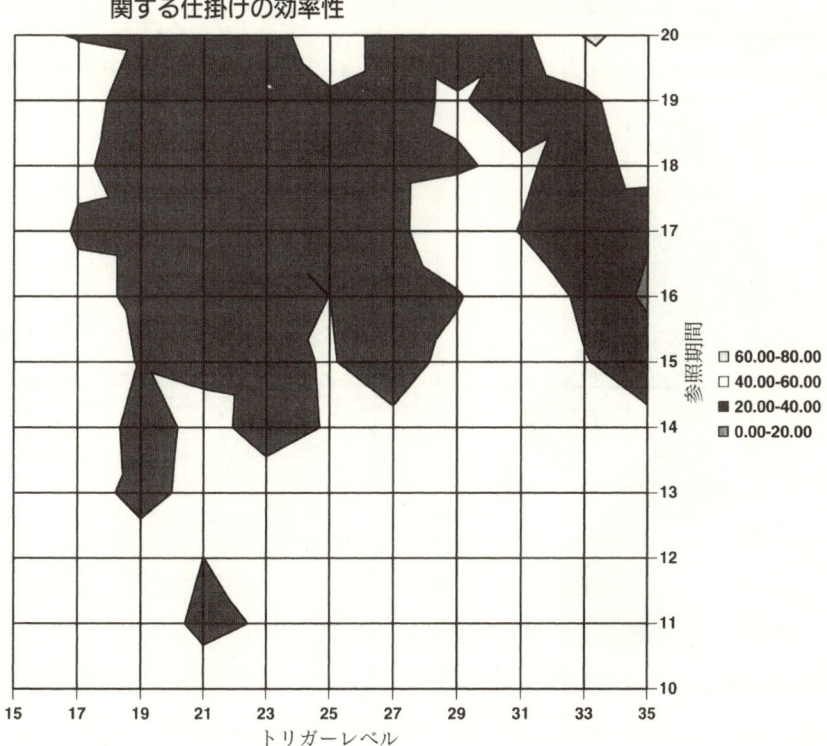

図13.3　DBSシステムのADXトリガーとその参照期間に関する仕掛けの効率性

凡例:
- 60.00-80.00
- 40.00-60.00
- 20.00-40.00
- 0.00-20.00

横軸：トリガーレベル
縦軸：参照期間

ドル・インデックス、生牛、Tボンド、綿花、日本円、天然ガス、小麦、日経平均、コーヒー、Tビル、ラフライスで、期間は、1980年1月から1992年10月までである。

図13.1は、ダイナミック・ブレイクアウト・システム（DBSシステム）が、7日の参照期間と0.5の乗数の真のレンジの平均フィルターとの組み合わせで生み出した仕掛けの効率である。これは、特に堅牢な組み合わせというわけでもないため、われわれの選択肢とはなり得ない。代わりに、参照期間が9日で乗数が1.5となる辺りを採用す

図13.4　DBSシステムとADXフィルターの仕掛けの効率性の標準偏差

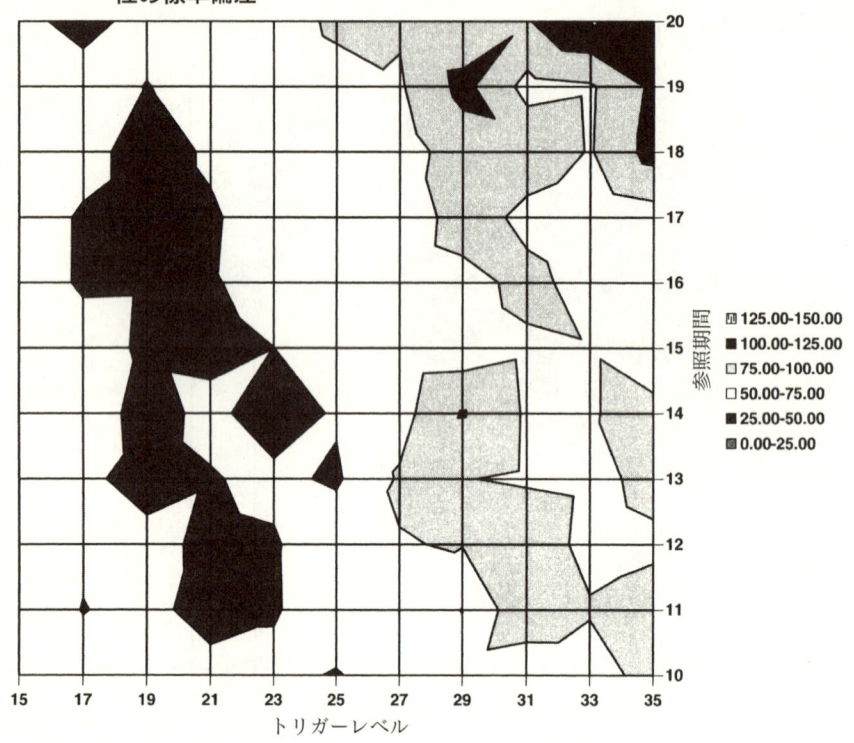

る。このように、将来、実際のベストの組み合わせがわずかにシフトする可能性があるので、例えば乗数が1.1といった周囲の仕掛けの効率の低い領域を避ける。

　効率性の標準偏差を示す図13.2が、これを裏づけている。図13.2では標準偏差に関するかぎり、乗数を1.5にすれば標準偏差の高い領域に接近せずにすむことが分かる。これは、参照期間／乗数の組み合わせが、9/1.5となることを意味する。

表13.1 望ましいシステムとフィルターの組み合わせ

	ADXフィルター		真のレンジフィルター	
システム	参照期間	トリガー	参照期間	乗数
ダイナミックブレイクアウト	11	25	9	1.5
標準偏差ブレイクアウト	14	21	17	0.9
ディレクショナルスロープ	11	25	11	1.7

　図13.3は、20日の参照期間のADXフィルターと33のトリガーレベルの組み合わせで、DBSシステムの効率が最も高くなることを示している。しかし、これもまた特に堅牢な組み合わせではないため、望ましい選択ではない。代わりに、参照期間が12日でトリガーレベルが25となる辺りを採用する。このように、将来、実際のベストの組み合わせがわずかにシフトするかもしれないので、例えばトリガーレベルが21で参照期間が11日といった周囲の仕掛けの効率の低い領域を避ける。

　効率性の標準偏差を示す図13.4が、これを裏づけている。図13.4では標準偏差に関するかぎり、トリガーレベルが25で参照期間が11日であれば標準偏差の高い領域に接近せずにすむことが分かる。これは、効率性を犠牲にしないため、望ましい選択肢である。

　表13.1は、3つの長期システムとフィルターのためのすべて望ましい選択を要約したものである。今回の期間は、DBSとディレクショナルスロープ・システムが1980年1月から1999年10月までで、標準偏差ブレイクアウト・システムが1980年1月から1992年10月までである。第1部のトレードごとの書き出し機能を使って、結果をスプレッドシートに書き出して、フィルターを追加する前の状態との評価と比較を行えるようにした。

表13.2　DBSと真のレンジの組み合わせによるすべてのマーケットのパフォーマンス指標

フィルター追加後（手仕舞いテクニックとフィルターの追加によるシステム修正後）

マーケット	プロフィット・ファクター	平均損益	2標準偏差	ドローダウン
とうもろこし	1.31	69.73	1,425.07	−3,556.69
S&P500	0.94	−289.83	27,234.52	−144,606.61
オレンジジュース	1.35	104.50	2,407.67	−9,192.10
生牛	0.98	−6.81	2,293.99	−12,059.97
木材	1.20	114.27	3,630.98	−11,792.83
コーヒー	1.19	153.91	5,558.24	−19,517.05
日本円	2.13	1,207.82	9,862.45	−13,700.98
銅	0.87	−52.83	2,224.48	−11,294.01
金	1.23	107.37	2,799.42	−9,348.00
ユーロ・ドル	1.77	263.05	3,001.01	−7,073.90
ドル・インデックス	2.23	776.99	6,054.09	−7,816.56
綿花	1.32	165.24	3,923.99	−10,654.24
CRB指数	0.59	−505.79	4,982.93	−54,603.45
原油	2.22	555.04	4,772.65	−7,144.46
カナダ・ドル	1.20	62.68	2,055.76	−7,899.86
Tボンド	1.18	258.24	8,695.56	−24,953.48

DBSシステム

　表13.2と表13.3は、表13.1のDBSと真のレンジの組み合わせの結果である。これらの表は、そのまま表10.9、表10.10と比較できる。表13.2では、16のマーケットのうち、5つだけがトレードするだけの価値があることを示している（経験上、総平均損益は、75ドルと想定されるスリッページと手数料の少なくとも3倍は必要であることが分かっている）。これは、表10.9の結果と大差ない。したがって、フィルターの効果によって、9つのマーケットで平均トレードの額の向上が認められるものの、この点ではあまり意味がなかったといえる。

プロフィット・ファクターでは、フィルターを追加した場合、12のマーケットで1以上を記録した。これもまた、フィルターがない場合と同じ結果であるが、フィルターがある場合は7つのマーケットでのみプロフィット・ファクターの向上が見られたのに対し、9つのマーケットでは逆に低下しており、このシステムにはこのフィルターが適していないのは明らかである。フィルターによって、9つのマーケットでドローダウンが低下していることは、さほど重要でない。

残念ながら芳しくない結果は、表13.4と表13.5のDBSとADXの組み合わせでも続く。唯一の向上点は、この組み合わせによって、平均トレードの額が向上したマーケットがひとつ（金）増えたことである。しかし、それ以外では、平均トレードの額とプロフィット・ファクターが5つのマーケットで向上し（11のマーケットで低下）、ドローダウンと標準偏差はそれぞれ5つと8つのマーケットで低下しただけである。

これらは、さほど見栄えのする数字ではないし、元のシステムにさらにルールを追加することで効果が期待できると思わせるほどのものでもない。これらの検証から得られる結論としては、このバージョンのDBSシステムでは、議論の対象となっている2つのフィルターを追加してトレードを行っても、利益と堅牢性については効果がないということになる。

SDBシステム

真のレンジ・フィルターを組み込んだ標準偏差ブレイクアウト・システム（SDBシステム）では、希望の持てる結果となった。検証した16のマーケットのうち12でプロフィット・ファクターが向上し、11で1トレード当たりの平均損益が向上した。表13.6と表13.7が、このシステムとフィルターの組み合わせによる結果で、これも表10.19、

表13.3 DBSと真のレンジの組み合わせによるフィルター追加前と後との差

マーケット	差				
	プロフィット・ファクター	平均損益	2標準偏差	ドローダウン	改善した数
とうもろこし	−5.02%	−15.74%	−0.46%	11.03%	1
S&P500	12.99%	−67.29%	1.44%	−13.86%	2
オレンジジュース	−10.02%	−26.22%	−1.44%	5.85%	1
生牛	−3.47%	−190.30%	0.20%	12.31%	0
木材	6.61%	53.80%	1.39%	−2.02%	3
コーヒー	17.98%	1344.93%	19.90%	−15.69%	3
日本円	−3.59%	−2.29%	1.71%	0.00%	0
銅	−6.72%	106.33%	−1.11%	11.48%	2
金	−15.00%	−44.85%	−5.57%	9.25%	1
ユーロ・ドル	4.77%	5.67%	−0.58%	−17.53%	4
ドル・インデックス	6.45%	10.65%	5.60%	−0.58%	3
綿花	5.82%	26.01%	2.09%	−1.73%	3
CRB指数	−1.00%	0.56%	−2.75%	−3.90%	3
原油	−0.47%	1.90%	2.37%	−4.80%	2
カナダ・ドル	6.67%	56.39%	6.07%	9.69%	2
Tボンド	−4.43%	−22.43%	0.09%	−0.53%	1
改善した数	7	9	6	9	—

表13.4 DBSとADXの組み合わせによるすべてのマーケットのパフォーマンス指標

フィルター追加後(手仕舞いテクニックとフィルターの追加によるシステム修正後)				
マーケット	プロフィット・ファクター	平均損益	2標準偏差	ドローダウン
とうもろこし	1.26	58.29	1,396.50	−3,355.61
S&P500	0.86	−732.10	27,240.46	−170,608.33
オレンジジュース	1.42	127.51	2,562.59	−10,495.37
生牛	0.99	−4.31	2,293.65	−11,805.89
木材	1.12	68.83	3,572.99	−13,732.89
コーヒー	1.10	79.02	4,792.56	−19,299.50
日本円	2.14	1,205.34	9,841.21	−16,746.74
銅	0.87	−54.77	2,166.07	−11,078.56
金	1.58	237.19	2,916.27	−6,728.37
ユーロ・ドル	1.68	238.06	2,992.40	−8,849.74
ドル・インデックス	1.71	525.55	5,854.09	−10,174.83
綿花	1.25	131.08	3,910.42	−11,709.41
CRB指数	0.50	−647.78	4,884.03	−55,666.35
原油	2.36	600.54	4,868.78	−7,508.33
カナダ・ドル	1.11	37.30	1,929.15	−6,386.36
Tボンド	1.19	264.28	8,514.21	−25,036.36

表13.5　DBSとADXの組み合わせによるフィルター追加前と後との差

マーケット	プロフィット・ファクター	平均損益	2標準偏差	ドローダウン	改善した数
とうもろこし	-8.80%	-29.57%	-2.46%	4.75%	1
S&P500	3.28%	-17.38%	1.46%	1.63%	1
オレンジジュース	-5.06%	-9.97%	4.90%	20.85%	0
生牛	-2.88%	-157.13%	0.19%	9.94%	0
木材	-0.72%	-7.36%	-0.23%	14.10%	1
コーヒー	8.14%	641.83%	3.38%	-16.63%	3
日本円	-3.04%	-2.49%	1.49%	22.23%	0
銅	-7.71%	113.89%	-3.71%	9.35%	2
金	9.14%	21.81%	-1.63%	-21.37%	4
ユーロ・ドル	-0.97%	-4.37%	-0.87%	3.17%	1
ドル・インデックス	-18.38%	-25.16%	2.11%	29.41%	0
綿花	0.07%	-0.04%	1.74%	8.01%	1
CRB指数	-16.57%	28.79%	-4.68%	-2.03%	3
原油	5.58%	10.25%	4.43%	0.05%	2
カナダ・ドル	-0.74%	-6.92%	-0.47%	-11.33%	2
Tボンド	-4.06%	-20.62%	-2.00%	-0.20%	2
改善した数	5	5	8	5	—

表13.6　SDBと真のレンジの組み合わせによるすべてのマーケットのパフォーマンス指標

フィルター追加後(手仕舞いテクニックとフィルターの追加によるシステム修正後)				
マーケット	プロフィット・ファクター	平均損益	2標準偏差	ドローダウン
原油	4.22	808.63	4,276.38	-2,192.25
Tボンド	1.34	517.60	11,124.55	-19,518.81
Tビル	2.54	865.65	6,978.05	-5,794.19
ラフライス	3.57	1,266.12	9,152.78	-3,587.94
日経平均	1.21	770.16	22,715.90	-9,832.09
天然ガス		8,817.78	21,619.06	0.00
木材	1.28	160.80	3,353.59	-9,101.18
コーヒー	1.50	376.28	5,895.38	-4,591.37
日本円	1.73	274.34	4,278.94	-4,998.12
銅	1.64	966.81	12,290.12	-13,073.75
金	2.29	765.87	7,659.45	-5,704.59
ドル。インデックス	1.92	693.90	5,423.84	-5,592.07
ドイツ・マルク(ユーロ)	2.89	1,418.88	7,538.99	-4,611.68
綿花	2.93	1,693.64	9,198.07	-11,567.57
小麦	4.03	948.52	4,829.12	-2,639.46
	1.42	202.91	3,382.67	-6,670.94

表13.7 SDBと真のレンジの組み合わせによるフィルター追加前と後との差

マーケット	差				
	プロフィット・ファクター	平均損益	2標準偏差	ドローダウン	改善した数
原油	22.73%	8.25%	2.23%	21.56%	2
Tボンド	3.77%	17.41%	1.82%	−1.85%	3
Tビル	18.00%	27.93%	8.17%	2.98%	2
ラフライス	182.47%	906.66%	200.80%	−30.69%	3
日経平均	−70.47%	−87.41%	−5.39%	100.47%	1
天然ガス		466.14%	235.64%	−100.00%	3
木材	17.43%	232.39%	11.10%	5.69%	2
コーヒー	5.31%	40.72%	23.63%	−17.61%	3
日本円	38.21%	212.89%	74.05%	20.22%	2
銅	−31.83%	−43.52%	−4.60%	23.62%	1
金	99.84%	697.70%	89.14%	−17.55%	3
ドル・インデックス	50.94%	179.49%	0.87%	−34.66%	3
ドイツ・マルク(ユーロ)	18.80%	−2.01%	−5.99%	5.83%	2
綿花	−1.15%	−7.41%	−2.89%	−4.20%	2
小麦	48.15%	41.47%	6.60%	−32.16%	3
改善した数	−23.62%	−33.99%	8.45%	39.44%	0
	12	11	4	8	—

表10.20とそのまま比較できる。もうひとつ好ましい結果は、平均トレードの額で示されるトレード可能なマーケットの数が12から14に増加したことである。

やや残念なのは、リスクを示す標準偏差が12のマーケットで上昇したことである。しかし、リスクが平均トレードの額より急速に上昇しないかぎりは、リスク調整後のリターンは向上することになる。12の標準偏差が上昇したマーケットのうち11でその傾向が見られた。このフィルターが適さない唯一のマーケットは小麦で、ひとつも指標が向上しなかった。

真のレンジ・フィルターとの組み合わせによるSDBシステムが好

第13章●長期のボラティリティ・フィルター

表13.8 SDBとADXの組み合わせによるすべてのマーケットのパフォーマンス指標

	フィルター追加後(手仕舞いテクニックとフィルターの追加によるシステム修正後)			
マーケット	プロフィット・ファクター	平均損益	2標準偏差	ドローダウン
原油	2.91	685.61	4,302.23	−1,738.02
Tボンド	2.36	1,633.85	13,332.82	−8,787.06
Tビル	2.09	692.96	7,150.36	−7,690.38
ラフライス	0.90	−64.51	3,130.25	−6,798.88
日経平均	0.11	−3,477.53	6,978.33	−13,336.11
天然ガス	25.96	6,892.23	20,012.22	−1,104.33
木材	1.00	0.27	3,378.56	−8,096.56
コーヒー	1.27	191.77	5,353.82	−6,417.54
日本円	0.90	−34.70	2,004.95	−4,677.28
銅	2.47	2,000.98	13,937.97	−13,918.76
金	2.59	920.57	8,005.03	−5,594.21
ドル。インデックス	1.52	416.74	5,333.78	−7,406.50
ドイツ・マルク(ユーロ)	2.47	1,427.69	7,923.35	−4,357.46
綿花	2.51	1,502.94	8,893.76	−8,294.33
小麦	3.38	877.76	5,145.42	−3,821.89
	1.84	332.38	3,119.55	−5,114.78

表13.9 SDBとADXの組み合わせによるフィルター追加前と後との差

	差				
マーケット	プロフィット・ファクター	平均損益	2標準偏差	ドローダウン	改善した数
原油	−15.41%	−8.22%	2.85%	−3.62%	1
Tボンド	83.31%	270.60%	22.03%	−55.81%	3
Tビル	−2.59%	2.41%	10.84%	36.69%	1
ラフライス	−28.76%	−151.29%	2.88%	31.34%	0
日経平均	−97.38%	−156.83%	−70.94%	171.92%	1
天然ガス	271.87%	342.51%	210.70%	6.04%	2
木材	−8.07%	−99.44%	11.93%	−5.97%	1
コーヒー	−10.39%	−28.29%	12.27%	15.15%	0
日本円	−27.89%	−139.58%	−18.45%	12.50%	1
銅	2.70%	16.89%	8.19%	31.61%	2
金	125.63%	858.83%	97.67%	−19.15%	3
ドル。インデックス	19.66%	67.85%	−0.80%	−13.46%	4
ドイツ・マルク(ユーロ)	1.38%	−1.40%	−1.20%	0.00%	2
綿花	−15.17%	−17.84%	−6.11%	−31.31%	2
小麦	24.14%	30.91%	13.59%	−1.77%	3
改善した数	−0.83%	8.13%	0.02%	6.91%	1
	7	8	5	7	—

成績を示し、優秀なシステム開発者たちの間でADXフィルターの人気が高いことからすると、SDBシステムとADXフィルターの組み合わせは成功を約束してくれるものであると考えるかもしれない。しかし、それは間違っている。表13.8と表13.9では、ADXフィルターは有効に機能していない。プロフィット・ファクターが向上したのは7つで、平均トレードの額が向上したのも8つのマーケットにすぎない。表10.19と表10.20を比較すると、プロフィット・ファクターが1.0以下に低下したことで、このシステムとフィルターの組み合わせではトレード不可能なマーケットが4つになっている。

　この組み合わせで結果が悪化したマーケットは、ラフライスと日経平均である。例えば、日経平均では、プロフィット・ファクターがフィルターなしの場合の4.09から0.11に低下している。リターンの標準偏差と最大ドローダウンが低下したことによる恩恵を受けているマーケットはほとんど見受けられないが、天然ガスのようなマーケットでは結果は極めて良好である。結論としては、ADXフィルターはこのシステムではうまく機能しないため、これを外して真のレンジ・フィルターを使うべきである。

ディレクショナルスロープ・システム

　ディレクショナルスロープ・システムでは、どちらのフィルターもパフォーマンスを向上させることはできなかったため、フィルター追加の前後の差を示す表を提示するだけにとどめた。表13.10は、真のレンジ・フィルターの有無による差を、表13.11はADXフィルターの有無による差を示している。どちらの表も、表9.10と比較できる。

　このようなシステムにADXをフィルターとして使用すると、ベストの状態でも常に疑問がつきまとう結果となる。ただし、だからといってこの結果が、ADXがほかのシステムで有効に機能する可能性を

表13.10 フィルター追加前と後との差

マーケット	差				
	プロフィット・ファクター	平均損益	2標準偏差	ドローダウン	改善した数
とうもろこし	−13.45%	−23.14%	−7.08%	36.24%	1
S&P500	−3.29%	2.66%	−6.85%	4.38%	2
オレンジジュース	−10.60%	−19.86%	−8.11%	10.49%	1
生	−10.81%	−58.90%	−7.21%	17.61%	1
木材	−23.44%	−35.52%	−6.53%	24.08%	1
コーヒー	−10.44%	−16.48%	−2.38%	−9.31%	2
日本円	−3.00%	−8.86%	−4.06%	6.74%	1
銅	−27.55%	−48.55%	−1.50%	2.39%	1
金	−28.93%	−81.58%	−4.25%	59.60%	1
ユーロ・ドル	14.57%	22.10%	0.47%	−9.70%	3
ドル・インデックス	9.29%	18.43%	3.66%	−8.42%	3
綿花	4.16%	2.51%	−1.36%	−23.55%	4
CRB指数	−35.98%	154.00%	−17.92%	26.24%	2
原油	−21.23%	−19.88%	−6.81%	−10.99%	2
カナダ・ドル	−6.42%	−25.23%	−1.04%	9.01%	1
Tボンド	−5.02%	−19.99%	0.40%	12.35%	0
改善した数	3	5	13	5	—

否定するものではない。しかし筆者にとっては、この指標が堅牢なわけでも信頼性が高いわけでもないという検証結果を見ると、自分のシステムで使ってみようという気にはならない。実際のところ、セミナーでシステム開発者がADXのことを説明しているのを聞くと、彼は自分が何をしているか分かっているのだろうかと疑問に思ってしまう。

筆者は、長期システムで使用するフィルターについて良いアイデアがあるので、あえてこの話題を議論に取り上げた。最終的な筆者の信条は「無駄な」経験はないということである。仮説が検証によって実証されなくても、その結果は検討に値するものであって、けっして無駄な時間を費やしたり不要な作業を行ったわけではない。

表13.11　フィルター追加前と後との差

マーケット	差				
	プロフィット・ファクター	平均損益	2標準偏差	ドローダウン	改善した数
とうもろこし	−38.94%	−37.13%	4.30%	155.44%	0
S&P500	−10.60%	46.20%	4.39%	−15.70%	2
オレンジジュース	−20.65%	−19.25%	16.06%	86.99%	0
生	−11.90%	−62.62%	−11.03%	28.56%	1
木材	−43.84%	−67.32%	−2.69%	17.19%	1
コーヒー	−12.38%	−14.32%	3.05%	8.34%	0
日本円	−18.72%	−30.38%	−15.31%	67.02%	1
銅	−18.09%	−18.57%	21.57%	−11.58%	1
金	−8.18%	−12.10%	13.98%	−23.63%	1
ユーロ・ドル	−2.30%	19.91%	12.07%	−18.51%	2
ドル・インデックス	−36.89%	−65.45%	−13.76%	28.87%	1
綿花	34.31%	60.46%	7.93%	−45.17%	3
CRB指数	−58.62%	295.44%	−25.85%	−9.55%	3
原油	−25.59%	−22.13%	−1.74%	47.38%	1
カナダ・ドル	−17.99%	−60.76%	12.89%	48.30%	0
Tボンド	6.22%	42.15%	8.42%	12.07%	2
改善した数	2	5	6	6	—

第14章
トレンドを創造するもの
What Makes a Trend

　この章は、マックス・フォン・リキテンシュタインとの共著である。彼はスウェーデンのウプサラ大学の経済学部の大学院生で、東京のプロフィット・リサーチ・センターの主任エコノミスト、リチャード・ベルナー、ボストンのパナゴラ投資顧問の主任投資ストラテジスト、エドガー・ピーターズ、サンフランシスコのゴールデン・ゲート大学教授のヘンリー・プルーデン、パリ国立高等鉱業学校教授のブリュノ・ラトゥール博士、スウェーデンのルンド大学教授のビクセル・クヌート博士（故人、1926）の考えの影響を受けている。

　ラサールとウォールストリートの歴史は、われわれにネイサン・ロスチャイルド、ジェシー・リバモア、ジョージ・ソロスなどのマーケットの大物たちの物語を残してくれている。しかし、これらの華やかな物語の陰では、資本主義社会の中心に金融システムを構築するというより重大なプロセスが進行している。彼らの物語は、テクニカル分析やルールに基づいたトレーディングを正しく理解して扱えば、一般に利益を手にできることを教えてくれている。

　マーケットの大物たちから得られる教訓は、次のようなものである。マーケットにおける失敗とは、訓練と知識の不足に起因するもので、トレーディングとは個人の決断というよりは、作業プロセスを実行していくビジネスであり技術である。マーケットを理解しようとしない

人たちは、マーケットのことを簡単に「ランダム」という言葉で片づけようとするが、知識なしでは個人の利益機会は著しく減少する。実際には無名のトレーダーが莫大な利益を上げることもある。しかし、これは知識によるものではなく、幸運によるものである。つまり、何の裏づけもない決定によるトレードは結果がどうなるか分からないギャンブルであり、よく練られたトレードとは分析と資金管理、ポートフォリオ管理を織り交ぜた作業プロセスである。

メカニカルなトレーディングシステムでトレードを行うには、作業プロセスに、システムによる売り買いのシグナルで判断を下す以上のものがあることを理解しなければならない。今日の金融の分野における一般的な問題は、ある決められた時間枠でなされた個人の個別の判断を予想し、研究することにのめり込んでいることだ。より優れた見方とは、それぞれの決定を自己完結的なものではなく、一定の時間をかけて完結するより大きな計画の一部として認識し、個別の作業プロセスを研究することである。

「作業」という言葉は慎重に使わなければならない。今日の金融の常識では、単独の決定と富の配分にのみ注目し、その富がどのようにして生み出されたのかという視点が欠落している。その結果として、マーケットの変動が富の源泉であり、財産は価格の上下によって形成されたり破壊されたりするという認識が広まった。しかし、価格は結果であって富の源泉ではない。経済における個々の働きを総合したものが具現化されて、富となるのである。したがって、価格の変化から富を得るには、努力し、競い、あらゆる作業を完遂しなければならない。さもなければ、ギャンブルですべてを失うことになるだろう。

作業の概念は、収益性の高いルールに基づいてトレーディングの議論を始めるのには格好の論点である。個人の判断と比べて、作業の概念が有利な点はトレーディングというものを問題解決の手段として理解できることにある。このように、作業とはさまざまな仕事をそれぞ

れの役割に応じて実行することである。ルールに基づいたトレーディングの作業について知りたければ、4つのPを考察して、マーケットで利益を手にする問題解決能力を磨かねばならない。4つのPに対する考察とは、哲学（Philosophy）、原則（Principle）、手順（Procedure）、そして成果（Performance）である。

この章では、特に哲学に重点を置く。他書ではおそらく原則や手順、成果に重点を置くであろう。哲学は、本書で提示されている原則や手順の価値について説明し、それがなぜ重要なのかについて答えてくれる。ただし、評価の基準なしに哲学を論じるのは困難である。そこで、金融の分野においてどのような知識の発展があったかを理解し、今日の段階を理解することが不可欠となる。この問題を、基調となるの短期と長期のトレンドの分離に関連づけて論じていく。

金融市場についての一般的知識の発展の原点は、1950年代にさかのぼる。アカデミックな分野では、一般的で抽象的な理論を数学的に導き出そうと探求していたが、実務の世界では経験的に実証された原則が実際の業務で使われていた。1950年代以前は、実務家も学者も一般的知識の創造に参加していた。実務家のなかでも特に一部のアナリストが、高等教育機関で教えられていたことに影響を与えていたのである。しかし、1950年代以降は、金融市場に関する一般的知識の大きな拡充がアカデミックの分野だけで行われ、トレーダーやテクニカルアナリストから得られる金融市場についての重要な知識は看過されるようになった。学者優位の問題点は、日々の業務プロセスで適用されている「現実のマーケット」の原則についての知識が欠落することにある。

学者が中心となって金融市場の一般的知識を定義することは、ポートフォリオ理論の分野から始まった。1950年代初頭に、ハリー・マーコビッツは、株式のポートフォリオを、ある一定の期待利益率に対して最適化することで、期間利益の変動を最小限に抑えることができる

ことを証明した。1960年代初期には、ウィリアム・シャープのCAPM（資本資産評価モデル）とウジェーヌ・ファーマのEMH（効率的資本市場仮説）が、資産価格の期待利益率はマーケットに関連したリスクに依存するとの議論を展開し、アカデミックの分野が支配的となった。EMHでは、市場原理によって、本質的な価値に関する新しい情報は直ちに市場価格に反映されるとしている。学者優位の状況は、さらに1970年代のフィッシャー・ブラック、ロバート・マートン、マイロン・ショールズらによる一連のオプションの価格決定式の登場によって、より強固なものとなった。

　現代ファイナンス理論の基礎となっているのは、マートン・ミラーとフランコ・モジリアニによる裁定価格決定理論とランダムウォーク仮説（RWH）である。現代ファイナンス理論では、投資家は自由に借り入れできるため、裁定が常に可能であるとしている。さらに、効率的なマーケットでは、価格の変化はランダムで予測不可能である。ランダムな動きは、合理的な投資行動を取る投資家が利益を追求し合うことで生まれる。競合相手との裁定によって、有意な情報が即座に市場価格に反映されるため、すべての利益機会が排除される。したがって学者の理論によれば、真に効率的なマーケットでは、価格の変動は完全にランダムなもので予測不可能である。これが意味するところは、投資家がランダムな動きをする現実のマーケットで合理的な投資判断を下すためには、確率理論を用いるべきであるということである。

　近年、行動ファイナンスの分野から、現代ファイナンス理論に異を唱え、ウォール街のテクニカルアナリストたちの支持を集める学者が出てきた。この異論では、金融資産の価格は予測不可能なランダムウォークではなく、予測可能で、偏向したランダムなプロセスであり、人間の行動や心理によって影響を受ける社会的要因によって説明される永続的な価格の変化であるとしている。これによって、金融市場における価格の変動はそのときどきでトレンドを形成する。しかし、行

動ファイナンスはより進歩した理論ではあるが、意思決定の概念を特定の時点における個人の欲求や要求といった社会的要因だけに限定している。

　資産価格の変動が偏向したランダムウォークに従うのであれば、ある程度予測は可能である。そこで、ファンダメンタル分析が市場を打ち負かすために使用される。小規模の会社やバリュー戦略がこれを証明している。実務家によるもうひとつの洞察は、ルールに基づいたトレーディングである。資産価格の動きには行きすぎる傾向があり、例えば、レラティブ・ストレングス戦略などで利益を上げることができる。これもまた、価格変動は予測不可能であるとする現代ファイナンス理論とは対立している。

　しかし、社会的要因はただ価格変動の残りの半分を説明しているだけであり、より物質的な要因で補足する必要がある。この要因はグローバルな構造を形成し、「欲求」や「必要性」を具体化するのに必要な資金の創造と流れを説明するものである。さらに、社会的要因（欲求）とグローバルな構造（資金、資金の流れなど）が一体となって必要な需要を喚起し、さまざまなマーケットにあらゆるタイプの商品やサービスを提供し、またもうひとつの生産物である金融資産をも提供する。しかし、これですべてではない。社会的要因とグローバルな構造もまた複雑に絡み合ったプロセスを作り上げており、その過程でさまざまなマーケットが相互に影響し合いながら、少なくとも部分的には予測可能なトレンドを形成している。これには、あらゆるタイプのトレーディングを決まった時間枠でなされた最適な判断として追究するよりは、合理的な作業プロセスとしてみなすことが重要となる。トレーディングをこのようにみなすことによって、資金管理とポートフォリオ管理の重要性が強調されてくる。これは、合理的な投資家とそうでない投資家との間に一線を画すものであり、CAPMやEMHに従って効率的なポートフォリオを維持するだけの投資行動とは根本的に

異なるものである。

　ルールに基づいたトレーディングのアプローチは、価格変動は少なくとも部分的には予測可能なトレンドであり、同じ戦略や作業プロセスに従って、たいていの場合損失を上回る利益を上げることができるという基本的な考えを反映している。次の例は、トレンドが部分的に予測可能であることを示したものである。

　エドガー・ピーターズは、著書である『パターンズ・イン・ザ・ダーク (Patterns in the Dark)』のなかで、精神に異常をきたした裁判官のことを描いている。裁判官の精神異常は、毎日悪人が悪事を働いているという単純な観察に起因していた。そんなにも多くの悲劇が偶発的に起こるものだろうか。裁判官に言わせれば、答えは「ノー」であり、それは陰謀の結果である。この話は安定した秩序を求め、たとえ何も起こらなくても、日常生活で身の周りで起こったことに特定の説明を加えてしまうわれわれの能力と欲求をうまくとらえている。悪人が悪事を働いているということは、そこに安定と一定の構造が存在していることを暗示している。裁判官が見過ごしているのは、ほとんどの被害者は依然としてたまたま悲劇に巻き込まれただけであるということである。このように、善人はグローバルな構造に関連したローカルな突発事象によって被害者となるのである。

　自然現象には、複雑なプロセス（気象など）が数多く存在し、仕掛けのポイントとして機能するいくつかの要素があり、グローバルな構造と関連したローカルなランダム事象を形成している。これは、テクノロジーや金融工学の分野にも当てはまる。一方で、個人の行動は、似たような物質的前提と条件に基づいてグローバルな構造を形成している。しかし、個人の好みや変化への意志のようなさまざまな社会的要因がローカルなランダム性を作り出す。黒幕はいないにもかかわらず、すべての要素が複雑に絡み合って陰謀めいたものを作り出すのである。

第14章●トレンドを創造するもの

　ブリュノ・ラトゥールは、その著書『アラミス・オラ・ザ・ラブ・オブ・テクノロジー（Aramis or the Love of Technology）』のなかで、トレーディング資産の価格や出来高などの実質的な変動を理解するには社会的物質的要素をひとつのモデルに統合し、定義する必要があると指摘している。言い換えれば、経済構造では、ローカルなランダム事象とグローバル構造が一体となって生み出す動きが複雑なプロセスのなかで、少なくとも部分的に安定した事象の変化をもたらす。この一体となった動きが、われわれが予測し、解釈しようとしているある種のトレンドを生み出している。これは、われわれ自身が予測や解釈に基づいた行動を取ることで、経済上のトレンドを部分的に作り出していることを示唆している。

　現在に至るまで、標準的な新古典主義経済学と現代ファイナンス理論は、経済の変動と成長を、購買力の配分のような社会的要因の結果としてのGDP（国内総生産）だけで説明しようとしてきた。その購買力が最初にどのようにして形成されたかについては、無視し続けたきた。このロジックは、市場価格と量は常に個人に対して提供された価値と等しいという前提に立っている。また、この前提はマーケットにも適用され、NPV（正味現在価値）は資産の本質的価値に等しく、したがって裁定が可能であるとされる。どちらの場合も、その推論は個人が自由に借り入れができるという前提によって正当化されている。結果として、GDPの変動は、個人の嗜好のような社会的要因によってのみ説明される。これが経済におけるポートフォリオ選択の決定に関して、唯一の変数だからである。これは、本質的価値がマーケットにおける価格と量を支配または決定していることを示唆している。

　しかし、われわれ全員が分かっているように、自由に借り入れを行うことはできない。したがって、個人の予算や収入による制約が絶対的な誤謬を招く。新古典主義経済学と現代ファイナンス理論では、ジョー・シックスパックでさえ、存在しない購買力を配分する問題点を

認識していた。この問題は、新古典主義経済学が購買力と金銭の定義を、M_1やM_2で総称されるような貯蓄であると定義することから生じる。そしてこの定義は、信用力主導の資本主義経済ではなく、物々交換に基づく単純なモデルにその起源がある。貯蓄自体は、購買力の創造と配分の結果であり、これが金融危機や経済成長、GDPや資産価格の変動、そしてこれらのプロセスがある程度までは予測可能であることの説明を困難なものにしている。

　この問題を解決するために、ビクセル・クヌートの著書『インタレスト・アンド・プライス（Interest and Prices）』に触発された学者たちが購買力の創造を、信用と銀行の貸出行動としてとらえ始めた。社会における物質的な制約に重点を置き、取引の流れとGDPの変動が個人のポートフォリオ選択だけで説明されるのではなく、銀行の信用創造の過程が個人の嗜好や欲求を生じさせる潜在的な力として影響を及ぼすものとすることで説明される。この社会的要素と物質的要素の区別は重要である。金融危機やバブルは、システムに内在するマーケットの失敗としてではなく、個人の非合理的な意思決定によるものとしてのみ説明される傾向にあるからである。購買力の配分に影響を与えるこの2つの重要な要素は人口統計と財政政策である。これらの要素がマーケットにおいてトレンドを創造する。それが資金の供給（配分）を決定するからである。

　信用によって、機械が作り出され、管理され、原料を与えられる。信用によって、家や自動車が購入され、金銭が海外の消費者によって消費されるように、生産物が消費される。信用創造のプロセスによって、単独の個人と経済全体が行動ファイナンスで説明されるようなすべての「欲求」を満たすのに必要な資金を保持できるが、それ自体がマーケットにトレンドを作り出すことはない。マーケットにトレンドを作り出す能力は、それがどのくらいの、またどのようなタイプの信用を引きつけることができるかにかかっている。つまり、短期または

長期のトレンドは、投資家が信用取引を行うのか、外部から資金を注入するのかといったマーケットのなかで購買力が創造されるかどうかにかかっている。

マーケットを理解するうえでの信用の重要性は、現代の資本主義社会を古代エジプトの物々交換経済と比較することで説明できる。ファラオの経済社会は極めて単純なものであった。彼は自分の鞭と権力で、労働力と資材をピラミッドの建設に動員することができた。クフ王のピラミッドは6億日分もの人的労働力を投下し、20年間もの期間を費やして完成したものである。

現代の経済では、ファラオのように労働力と資材を言葉だけで動員できるような権力は存在しない。われわれの経済では、労働力と資材は資金によって動員できる。物々交換経済では、資金は実体のある「不道徳な」資産とされ、その量はそれに見合う金やその他の地中から採掘される貴金属と交換できるというだけのことでしかなかった。しかし、現代の資本主義社会では、資金と信用のライフサイクルは銀行が貸出を行ったときに発生し、借り手が返済し終わった段階で終わる。資金自体には価値も権力もない。ただ、労働力や資材を表象しているにすぎない。

エジプトの王朝では、何人かのファラオが信用によって労働力や資材を動員した。この資金や信用がどのように使われるかは、最初は問題とはならない。それは、経済において需要と取引を生み出すからである。このように、最初、資金や信用は社会における借り手とその他の人との架空の仲介者であった。しかし、信用が労働力や資材をピラミッドの建設のような非生産的なものに動員するように要求すると、この資本の損失は文字どおり労働力の損失となる。さらに、払い戻すことができない信用は、社会を傷つける。銀行の貸出による信用創造の意欲、すなわち次の労働力と資材の動員を阻害するからである。

借り手は、動員した労働力と資材に対して、毎年利息を支払わなけ

ればならない。負債を償却（または返済）できる可能性を高めるため、銀行は貸出に対してしばしば担保を要求する。この制約は、借り手に対して、動員した労働力と資材が十分に生産的なもので、金利と元本とそして利益が残るかどうかを確認する、機能上重要なものである。このように信用の制約は、ピラミッドの建設のようなことを抑制する働きがある。そうでなければ、現代社会は幾多の「ピラミッド」であふれていることだろう。とりわけ、実体のない「ピラミッド」は、新規の貸出によって生き延びることができるため、危険である。

『トゥワーズ・ア・ニュー・マネタリー・パラダイム（Towards a New Monetary Paradigm）』のなかで、リチャード・ベルナーは、実物マーケットと金融市場では、結果において基本的な違いがあると指摘している。実物マーケットにおける商品やサービスの取引や生産要素は、収入か生産過程を内包している。金融市場における取引は、資産のストックを内包している。実物資産のマーケットにおける取引は、GDPによって表される経済活動である。金融市場における取引は非生産的な活動であり、GDPには反映されない。このように、資産価格やGDPの変動を説明したり、予測するときには、信用創造全体は実物部門と金融部門に再分割されなければならない。ストックの量は、生産過程と比べてより固定的なものである。したがって、実物資産のマーケットでは、需要の増大は主に供給量の拡大によって充当されるが、金融市場では供給が限定されているため、需要の増大は必然的に価格の上昇を引き起こす。

1929年の大暴落以前のような証券取引所における上昇し続ける価格に対する投機は、実体のないピラミッドである。これを作り出しているのは、資金の供給と人間の心理という石である。「1929年のピラミッド」は、制御不可能なほどの信用を呑み込んだ。わずか2年間で、信用取引の額はニューヨーク証券取引所だけでも50億ドルも増加し、株価を膨張させた。このピラミッドはさまざまな問題を引き起こした。

ひとつには、生産活動に使われるべき信用が本来の目的には使われなかった。さらに深刻だったのは、貸し手に相当な損害が発生し、それがその後長期にわたって生産と雇用（例えば、労働力と資材の動員）の縮小をもたらしたことである。

　再び今日でも、GDPの成長と株式市場の上昇と消費者物価の落ち着きを経験しており、「ニューエコノミー」という言葉で言い表されている。これは、新しい技術革新によって、商品やサービスに対する需要の増加に生産性を向上させて対応できるようになったからで、そのためインフレーションを伴わないGDPの成長が可能となった。同時に、貯蓄家から浪費家へという人口動態上の大きな移動が起こった。多くの貯蓄家が自分たちの貯蓄を解約してミューチュアルファンドに投資した。これは、実物資産から金融資産へという資金の流れ（分配）の長期トレンドが発生していることを意味している。

　さらに、世界数カ国の政府が税率を引き下げ、1980年代に大量に発行された国債を買い戻し始めた（米国政府は2013年までにすべての国債を買い戻す予定である）。これもまた、実物資産に向けられていた資金が金融資産へと移動していることを示す。全体として、この状況が高い経済成長と実物資産での低いインフレ率を両立させたが、金融市場では高いインフレが発生した。もう一度、1920年代の信用取引に話を戻すと、マーケットの上昇によって、銀行はその大量の貸出を投機目的に振り向けるようになる。通常であれば、中央銀行が予想されるインフレを抑え込もうとし、民間銀行が投機目的の貸出により高いリスクプレミアムを要求するため、金利は上昇するはずである。しかし、銀行間の競争によって貸出金利は低く抑えられ、政府が国債の発行額を減少させたため、実体経済には抑え込むべきインフレは発生しなかった。

　1920年代や今日のように、銀行が投機目的の貸出を大量に行うときは、消費者物価はほとんど上昇しないにもかかわらず、資産価格の上

昇が発生する。銀行は、担保価値が上昇している分野の実物資産や金融資産に貸出を拡大する傾向にある。銀行が実物資産や金融資産を担保に貸出を拡大すると、担保価値の上昇により信用上の制約が軽減される。このように、資産価格の極端な上昇という実体のないピラミッドは、常に銀行からの資産関連融資の拡大を背景にしている。しかし、ここでの矛盾点は、個別の銀行は資産価格が自らの行動とは無関係に成立しているという前提で貸出を行っているにもかかわらず、資産価格の高騰は資産関連融資の拡大を招き、それがまた金融資産に対する需要を喚起する点にある。

　テクニカル分析は、金融資産の出来高と価格の動きをチャートで表すことで、投資家の行動の研究に基づく価格変動の予測を行うものとして認められるようになってきた。この考え方では一般に、また特にルールに基づいたトレーディングでは、マーケットの動きを決定論的かつランダムなものとして認識している。テクニカル分析は、4つの主要な部分に分けることができる。資金創造、資金フロー、センチメント、そしてマーケットのミクロ構造分析である。資金創造インディケーターでは、中央銀行の公開市場操作と市中銀行の経済全体に対する貸出行動が金融部門と実体経済部門に分けられている。資金フロー・インディケーターは、さまざまな投資主体の資金状況を分析して、その株式買い入れ余力を測る。また、ミューチュアルファンドのキャッシュポジションの状況や、年金基金や保険会社などの主要機関投資家の資金状況も分析する。その他の資金フロー・インディケーターとなるのは、新規公開株式発行額、公募株式発行額、買いサイドの資金源である顧客の正味残高である。証拠金率は、長期と短期両方の指標として使用できる。信用取引は借入の一種であり、短期のセンチメント指標となる。大口投資家の信用取引残高は、通常は安定しているか、より長期の資金と考えられるものを、より短期で使っていることを反映している。

センチメント指標は、ミューチュアルファンドやフロアスペシャリストなど、さまざまな市場参加者の動きをモニターする。これらの指標はマーケットの底値から高値まで、投資家の心理や期待がどのように変化するかをモニターする。この指標は、グループの投資家が主要なマーケット転換点で一貫した行動をとるという前提に立っている。例えば、投資アドバイザーと新聞という2つのグループは、しばしば大事な転換点を読み違えたり、先んじた行動を取るとみなされている。商品先物のマーケットで優れたセンチメント指標とされているのは、CFTC（米国商品先物取引委員会）のコミットメント・オブ・トレーダーズレポートで、これは、当業者や投機的トレーダーのポジションをモニターしている。

　われわれは、資金創造および資金フロー指標がとらえる実質的要因は把握しているが、社会的要因はセンチメント指標がとらえる。しかし、これらの指標の相対的な重要性と、異なるマーケットの異なる時点にどのように影響を与えるのかを測定、定量化、ランク付けすることが困難なため、いわゆる「マーケットのミクロ構造指標」を使わなければならない。基本的に、価格や出来高、時間、幅、ボラティリティに基づくすべてのテクニカル分析の指標は、マーケットのミクロ構造指標である。

　ヘンリー・プルーデンは、『ライフサイクル・モデル・オブ・クラウド・ビヘイビアー（Life Cycle Model of Crowd Behavior）』のなかで、行動ファイナンスに基づくアダプション－ディフュージョン・モデルが資産価格の上昇と下落をどう説明するか解説している。プルーデン博士は、アダプション－ディフルージョン・モデルで、技術革新がテクノファイナンシャル・システムに時間の経過とともに採用されていく過程を、よく知られた釣鐘状の正規分布を使って説明している。われわれは、特定のマーケットにおいて、需要と供給の関係の変化による長期と短期のトレンドの存在を説明し、より実質的な要因を

取り込むことで、プルーデン博士の考えを広げてきた。

　理想的なマーケットのサイクルとは、「ディストリビューションまたはアキュームレーションの領域」として知られる揉み合いの局面で始まる。それがどのようなものかは図14.1にあるＳ字形の累積正規分布を見れば分かる。揉み合いの局面では、資産の需要と供給が均衡している。アキュームレーション局面では、資産は弱者から強者のもとに、ディストリビューション局面では強者から弱者のもとへと移動する。しかし、資産価格は、投資家に買い入れ余力とその意志がある場合にのみ上昇する。つまり、信用創造プロセスと人口動態や財政政策のようなほかの物質的要因とが必要な資金を生み出し、同時にわれわれの欲求や必要性といった社会的要因が強力に購入を誘発する。

　短期のトレンドは、投資家の信用取引による投機により発生する。信用取引は、経済規模が長期的に許容できる限界を超えて、マーケットにおける資産価格を引き上げる。したがって、高いレバレッジを使うトレーダーは、弱点を持っていることになる。高いレバレッジを使うトレーダーのポジション価値が縮小したときはいつも、保有している建玉の一部を売らざるを得なくなる。強者が保有する株式の割合が異常に高い場合、マーケットは強い状態にある。したがって、アキュームレーションの期間が長いほど、強者のポジションが大きいほど、価格が上昇する基盤も大きいものとなる。実際のトレードでは、これは長期の移動平均を価格に直接適用するか、図12.1のように新しいOBVに適用することで測ることができる。このタイプの分析を、価格にではなくOBVに適用することのメリットは、OBVがその名前から分かるように、日々の価格の動きが出来高によって加重されることで、これによって、トレンドの背後にある相対的な市場参加者を測るより優れた指標となるからである。

　また、トレンドの形成を念頭に置きながら、対象となる投資候補の相対的なパフォーマンスを金利と比較することで、社会における特定

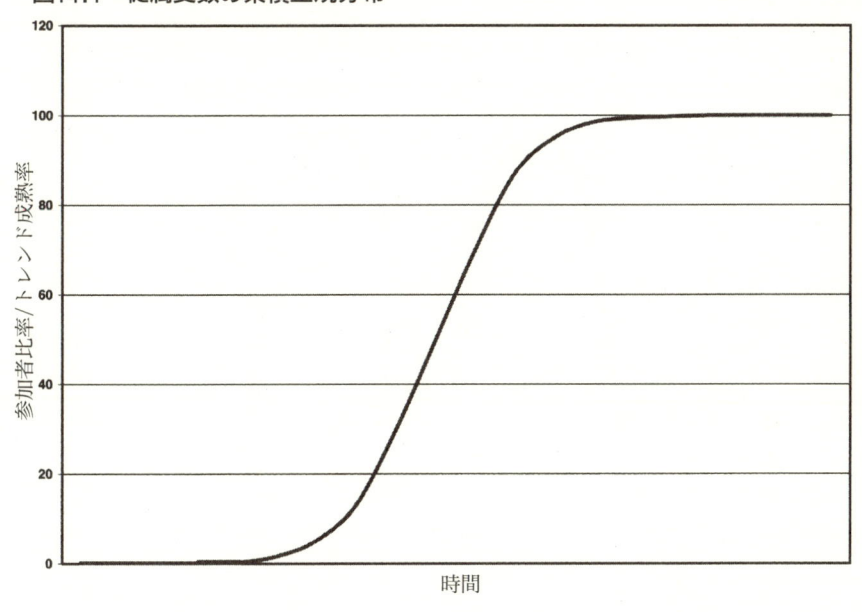

図14.1　従属変数の累積正規分布

の投資物件に対する短期の資金配分（資金の流れ）の志向を測ることができる。この分析では、代替投資に対する金利と異なる金利で比較するかぎり、現在金利が上昇しているか低下しているかは、問題とはならない。例えば、金利がとうもろこしの価格上昇よりも相対的にゆっくりと低下（債券価格は上昇）しているが、小麦の価格よりは速く上昇している場合、投資家は小麦よりも債券に投資したがっているが、それ以上にとうもろこしに投資したがっていると推測するのが合理的である。このケースでは小麦を売り、とうもろこしを買う機会を探るべきであるということだ。

　投資資金を借り入れている場合、口座にある投資対象が金利以上の

図14.2 互いに干渉する2つの正規分布

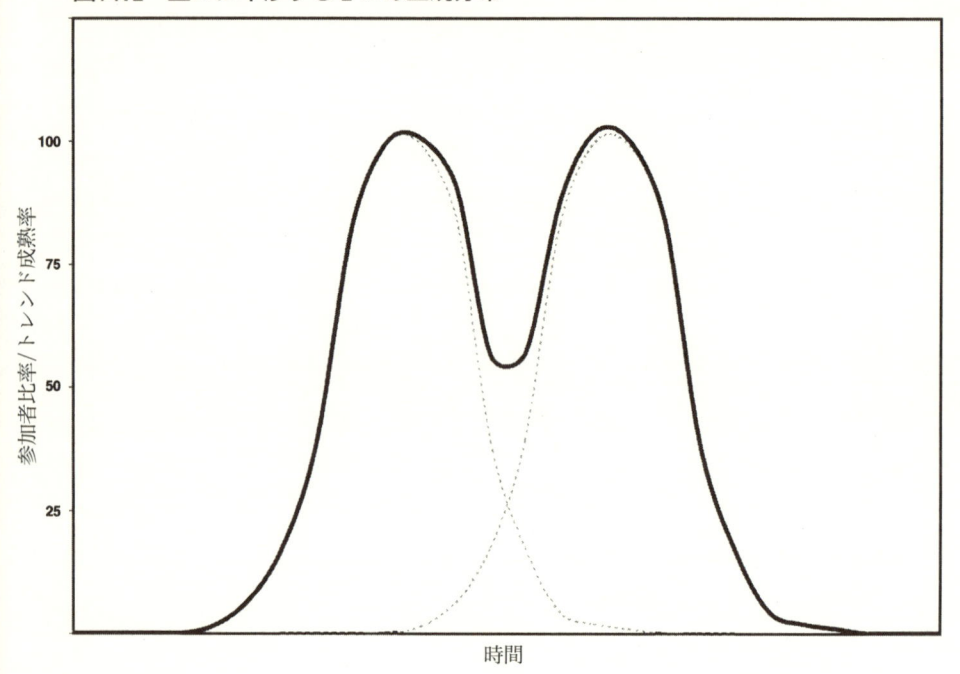

縦軸: 参加者比率/トレンド成熟率
横軸: 時間

利益を上げており、金利の上昇はもちろん合理的な範囲のリスクプレミアムも見越しているのならば、トレーダーにとって金利の上昇は問題とはならない。しかし、しょせん問題にならないというだけのことである。競争力を維持するには、ほかのオルタナティブ投資や投資手法で勝っていなければならない。これが、本書の残りで説明することである。

　トレンドの分析に話を戻すと、残念なことに、ひとつのトレンドをほかのすべてのトレンドと分離し、そのトレンドに乗るというのはけっして容易なことではない。さまざまなアイデアや好み、基準が折り重なって、いくつかの小さなトレンドから大きなトレンドが自然に形成され、トレーダーにとって困難な状況が生まれる。これらの短期ト

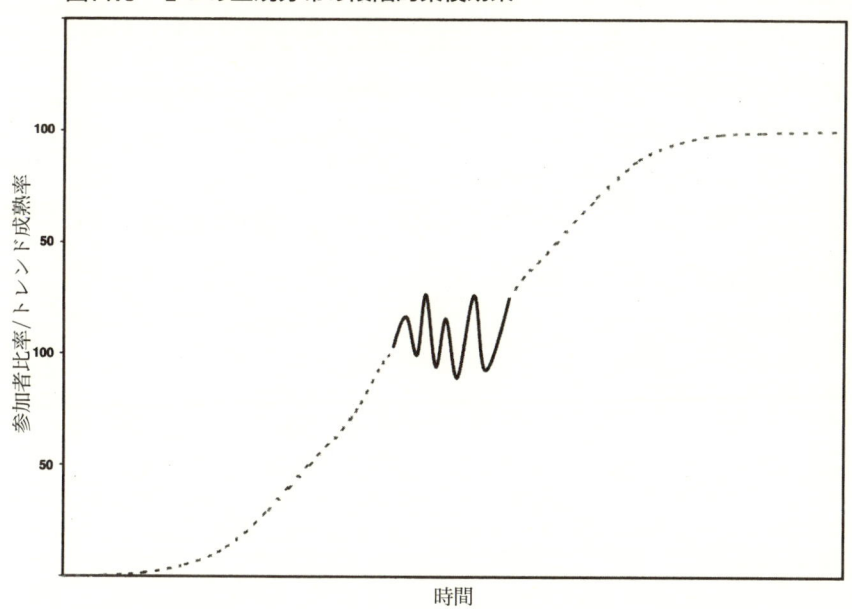

図14.3　2つの正規分布の段階的累積効果

(縦軸: 参加者比率/トレンド成熟率、横軸: 時間)

レンドとモメンタムの変動の理論的説明が図14.2と図14.3に示されている。図14.3では、この長期トレンドが2つの明確に異なるマーケットの動きから成っていることが分かる。このケースでは、2つの動きは遷移局面により分けられ、テクニカル分析でいうところのハーフウエーフラッグを形成している。

このことを把握するために、多くのテクニカルアナリストたちがさまざまな動きを互いに分離しようと試みている。長期の移動平均ほど、より安定した長期のトレンドを認識できるとの前提に立って、さまざまな移動平均を価格に適用してきた。しかし、このケースでは、物質的要因が社会的要因よりも長期にわたるという前提に立ちながらも、トレンドが物質的要因によるものか社会的要因によるものかについて

は関知していない。

　トレンドのなかで起こる長期と短期への動きを分離することを目的として、センチメントの動きと信用取引残高、価格やほかの指標に直接適用できるさまざまなオシレーターなど、多くの分析ツールを使用して、物質的要因や社会的要因をより明確にとらえようとする分析がなされてきた。このケースでは、オシレーターの参照期間が長いほど、トレンドの遷移も重要で信頼性の高いものとなる。それは、年金基金や保険会社などの主要投資家の間で資金の創造や流れなどの物質的要因やセンチメントの移行があったからである。

　われわれの今までの推論に堅苦しく従えば、トレーダーが巨額な資金を持つプレーヤーがどうしようとしているのかを急いで解明しようとするように、これらの予測不能な段階とトレーダーたちの間では、長期の安定的なトレンドと巨額の信用取引（短期の信用創造と資金フロー）における主要な移行期間との一致性についての議論が可能かもしれない。つまり、短期の信用取引は、トレーダーが影響を受ける社会的要因に大きな恐怖とパニックを植えつけるため、信用取引が短期であるほど、物質的要因に関する不確実性とマーケットに関する予測不能性が高くなる。

第4部の最後に
A Few Final Thoughts About Part 4

　第4部では、最初に、マーケットがトレーダーに対してとりわけ好ましい動きをみせているときに、適切な仕掛けと手仕舞いのトリガーを用いて、どのようにその状況をとらえるかを詳しく説明した。短期的にであれ、長期的にであれ、それがトレードで利益を得る機会を高めるためのすべてである。トレーダーの好む時間枠がどのようなものであろうと、トレーダーが関心を持ち、そこから利益を得ようとしている動きを生み出し保持する基盤となる力を理解することを妨げるものではない。

　われわれは、それを金額ベースに変換して測る手段さえ見つけることができれば、予測を可能にし、収益性を高めることができるのを理解していなければならない。そうすれば、あとはそれがどのくらいの大きさであるかを知る「だけ」で、表面上のランダムな動きをほかの動きと区別できる。われわれが使用しているテクニカル分析と統計ツールは、単純な目的に使うにも粗末で役に立たないかもしれない。しかし、粗末なツールであっても、少なくともトレンドがどのようにして始まるかを正しく理解するには役立つ。そして、トレンドを分析する適切な枠組みやメカニカルなトレーディングシステムにおける一般的なルールとなり、マーケットが予測不可能な状態に見えるときでも、上昇トレンドと下降トレンドの一般的な違いを認識できるようになる。

長期的な観点では、このように考えることができる。経済（または関心を持つ経済分野の一部）を、海上をある方向へと航行している大型タンカーだとする。しかし、原油を満載する代わりに乗客を乗せる。乗客は何らかの形でこれから起こることに興味を持っていて、あなたはそのなかのひとりだとする。乗客のなかには、ほかのトレーダーやブローカー、アナリスト、農民、会社員と、その家族、親戚、友人たちがいる。

　さらに、この船の責任者が例えばアラン・グリーンスパンで、彼が船は間違った方向に進んでいると判断したり、行く手にトラブルが待ち構えていると判断すれば、船の針路を変更する。しかし、彼が全速後進させても、船はその巨大な質量と慣性によって、数マイルは元の進路を突き進む。船内の全員が彼の決定に賛成しているわけでも、直ちに方向転換することを望んでいるわけでもないとしても、船はいずれ向きを変える。マーケットの方向とトレードの結果は、希望的観測とは無関係である。

　ここで、あなたがトレーダーとして、船に乗る代わりに海岸に立って、水平線上の船を見つめながら、乗船者と同じ情報を得られるとする。その場合、何に賭けるか。船が同じ方向に数マイル進むことに賭けるのか、だとしたらその期間は、数分間なのか、数日間なのか。そして、船は進路を変えるのか。もちろん、あなたは同じ方向に進む方に賭けている。希望をこめて目を固く閉じなくても、大型タンカーは狭い場所で向きを変えるようなことはしない。同じことが経済についても、個別の株式のようなより小さな部分についてもいえる。

　確かに、短期的には不思議なことがしばしば起こるが、ルールを無視して幸運にも一時的な名声や富を得た者はほとんどいない。一般に、現在の出来事に付き合うことで、十分な成果が得られる。このことは金融市場ではトレンドと同じ方向でトレードを行うことを意味する。動きの始まりをとらえて、長期のトレードを始め、しかし、マーケッ

トが予想した方向とは逆の方向に動くことが分かったり、短期のボラティリティが高く、マーケットの方向を見定めることができなかったら、すぐにトレードを手仕舞う用意も必要である。

　さらにたとえを続けるなら、悪天候がやってくるのが分かったり、霧により状況がつかめなくなったら、そのときはフィルターがトレードを見送るシグナルを出す時である。そのためには、自分が何を探しており、それをどのように測定しており、それを最大限に利用するにはどうすればいいかを知っていなければならない。これらのすべてが本書の目的であり、第5部での「適量化（optisize）」プロセスへとつながるきつい作業でもある。

第5部
資金管理と ポートフォリオ構成
Part Five　Money Management and Portfolio Composition

　第5部では、エンジンの構築を終え、ギアボックスや子供を乗せるためのシャーシの製作という複雑なプロセスに取りかかる。ただし、このセクションの背後にある数学とロジカルな推論を、筆者が自分で考え出すことはできないことを、最初に断っておかなければならない。これを筆者は、ラルフ・ビンスに依存している。彼は、このセクションで使用されているほとんどの専門用語を創り出している。著書に、『ポートフォリオ・マネジメント・フォーミュラ（Portfolio Management Formulas)』『ザ・マスマテックス・オブ・マネー・マネジメント（The Mathematics of Money Management)』がある。筆者は単に、これらの書物の内容を、自分のニーズに合わせて多少修正して取り上げているにすぎない。以降のセクションで取り上げている内容についてさらに知りたい場合は、筆者にではなく、ビンスの著書を当たってほしい。

　ギアボックス（資金管理）というのは、実際極めてシンプルなものである。よく機能するシステムでは、トレーダーは次のトレードが成功するか失敗するかということは気にしない。結局はうまくいくからで、各トレードで、自分の取引口座に対して一定の割合でリスクを取るものである。つまり、あるトレードに対する自分の取引口座のサイズが10万ドルで、トレードが失敗した場合に2％までの損失を許容で

きるとすると、2000ドルが許容額となる。しかし、取引口座が5万ドルであれば、2％の損失は1000ドルであり、2000ドルは4％の損失に相当する。

第15章

資金管理
Money Management

　資金管理の全体的な考え方は、自分の取引口座の適当と思われる分数の割合の金額を、常に各トレードに振り向けることで、この分数の割合は、取引口座のサイズ、想定される最悪のケース、ドローダウン、取引口座の成長率、トレード相互の独立性などの要素を考慮して決定する。そのためには、トレーディングの「適量化」を行わなければならない。適量化では最初に、金額ではなく、分数とパーセンテージを考えなければならない。そうでなければ、プロフェッショナルなマネーマネジャーが使っているのと同じテクニックを使うことはできない。

　もうひとつ重要なことは、これらのテクニックがトレードの最終結果を改善するものであっても、使用しているシステムや仕掛けや手仕舞いのトリガーなどに奇跡を起こすわけではない。これらのテクニックを有効に使うには、何よりも使用するシステムが数学的にプラスの期待値を持っていることが先決である。つまり、システムのプロフィット・ファクターが1以上で、平均トレードの額がトレード可能な水準であることが条件となる。その条件を満たして多少なりとも余裕があるシステムであれば、適切な資金管理と組み合わせることで、素晴らしい成果が期待できる。

　ただし視点を変えると、これは、ひとつのマーケットでひとつのシステムという特殊なケースにだけ該当することである。複数のマーケ

ットやシステムで構成されるポートフォリオで運用し始めると、数学的にマイナスの期待値（プロフィット・ファクターが１以下で平均トレードの額がマイナス）を持つものも含む個々のマーケット／システムの組み合わせが、トレーディング戦略全体としてはプラスの期待値を示すことは十分にあり得る。この場合の秘訣は、システムやマーケットをポートフォリオに統合するときに、できるだけ相関度の低いもの同士を組み合わせ、あるマーケットが一方向に動いても、ほかのマーケットはその方向には動かないような状態にすることである。一方向への動きが他方向への動きよりも大きいことで、利益は小さくなるが長期的には安定したものになる。マイナスの期待値を持つマーケット／システムの組み合わせは、プラスの期待値を持つ組み合わせが低迷を脱して再び利益を上げるようになるまでの間、利益を下支えする働きをする。

　先に進む前に、完全に理解しておかなければならないことを挙げておく。

- 価格の動きは合理的なものではない。
- 利益の可能性はリスクの可能性の線形関数ではない。より大きいリスクを取ったからといって、利益が増加するわけではない。
- 想定しているリスクの大きさは、トレーディングの手段とは関係がない。
- 分散は必ずしもドローダウンを縮小することにはならない。

　この４つの項目のうち、資金管理の目的から第一に強調したいのは、次のことである。価格の動きが合理的でない場合、例えば、1350ドルから1000ドルまでの間で１ティック刻みに価格が止まるとは限らない。この動きと逆のトレードを実行してしまった場合は、1345ドルまでストップロスが機能しないため、かなり厳しい状況に陥り、深刻ではないにしてもある程度の損失は覚悟しなければならない。さらに、これ

らの動きが起こった場合に唯一確かなことは、遅かれ早かれマーケットからはじき出されてトレードができなくなってしまうということである。単純に例えるならば、あなたがトラックに轢かれた場合にしか死なない人間だとしたら、トラックに轢かれてしまうのである。簡単にいうと、そういうことである。

　しかし、トレーディングの世界では、あるトレーダーに破滅的な結果をもたらすかもしれない異常な事態が、ほかのトレーダーにとっては十分に予測可能なことであったりするのである。このことから、予測可能な範囲内にできるだけ多くのことを取り込むには、トレードにかかわっているもの全体を防御優先で構成しなければならない。あるいは、新しいビジネスを始める場合の陳腐な決まり文句であるが、資金管理（ビジネスプランの作成）は、最善を望み最悪に備えよ、ということである。それでも、どんなに対策を講じていても、最悪の事態が明日にも起きるかもしれない。もしそうなってしまったらお気の毒ではあるが、それがトレーディングというものである。

　ここで、上記のリストの次のポイント「利益の可能性はリスクの可能性の線形関数」に移る。もしこれが間違っているとしたら、それはどういうことなのか。その答えには、新たな専門用語が必要となる。

　それは、HPR（保有期間リターン）である。HPRは、各トレードのパーセンテージベースの利益か、損失に1を足したものである。例えばあるトレードが5％の利益で終了した場合、HPRは1.05（1＋5％＝1＋0.05＝1.05）となる。5％の損失で終わった場合は、0.95（1＋（－5％）＝1＋（－0.05）＝0.95）である。

　次に理解しなければならない専門用語は、TWR（最終資産比率。ターミナル・ウエルス・レラティブ）である。TWRは、等比級数的に合成されたすべてのトレードのHPRである。例えば、HPRが1.05と1.10という2つの利益の出たトレードがある場合、TWRは1.155（1.05×1.10＝1.155）となる。1.155のTWRは、2つのトレードの

あとで、運用資産が1.155倍となった、または15.5%（1.155－1＝0.155＝15.5%）増加したことを意味する。

　ここで注意しなければならないのは、5%の利益と10%の利益を足すと15%よりも少し大きくなるということである。これは、最初のトレードの利益によって、次のトレードに使える資金が増加したためである。投資利益は再投資できる。これは、特定のトレードについて想定される最悪のシナリオで表されるように、取引口座に対して常に同じ分数の割合でリスクを取ることの重要性を示している。理解をより深めるために、上記の2つのトレードがどちらも5%の損失だった場合を考えてみる。この場合、運用資産は0.9025倍に減少し、当初の資産額から9.75%（0.9025－1＝－0.0975）の損失となる。このように、5%の損失が続いた場合の合計は10%ではなく、それを若干下回るものとなる。

　固定比率資金管理戦略には、2つの大きなメリットがある。ひとつは、常に利益や損失を再投資することで、取引口座の金額を等比級数的に測り、同時にドローダウンが続く間をより長く持ちこたえることができる。この戦略では、ドローダウンが続けば続くほど、より小さな単位（枚数や株数など）でトレードを行わなければならないからである（取引口座のサイズが等比級数的に大きくなる場合は、概して、1万ドルの資金を10万ドルにするのと同じ時間［トレード］で、10万ドルを100万ドルに、100万ドルを1000万ドルにすることができる）。

　相対的に一定水準のリスクを取り続けると、取引口座のサイズが大きくなるにつれて、より大きな単位でトレードを行うようになる。筆者は、なぜほとんどのトレーダーがこのことには無関心で、マーケットの動きを的中させることにばかり躍起となるのか、いつも不思議に思っている。トレーダーにとっては、マーケットから実際に利益を上げることよりも、マーケットの動きをずばり的中させることのほうが大切らしい。しかし、次のトレードが成功するのか失敗するのかは自

分たちのコントロールできる範囲外のことであり、それよりもトレードの額を「適量化」することに専念してトレードの質をコントロールしたほうが、信頼できるシステムがある場合、結局は収益性を高めることになるのではないだろうか。

3番目に理解しなければならない専門用語は、変数fである。これは、取引口座のサイズの分数である。変数fを最適化する方法にはいろいろあり、あるトレーダーにとって最適な方法が別のトレーダーにとっても最適とは限らない。変数fを、取引口座のサイズが大きくなるスピードに対してのみ最適化する場合は、それを「オプティマルf」と呼ぶ。オプティマルfの値を踏まえて、次に「最適な」単位（株数や枚数）を計算し、任意のトレードに想定される最悪のシナリオと現在の取引口座状況を勘案する。例えば、fの値が0.5（算出方法はあとで説明する）で、現在の取引口座残高が10万ドルの場合で、最悪シナリオが10％の損失（このケースでは1単位のトレード当たり1万ドルとなる）この場合は、5（10万×0.5/1万＝5）単位のトレードを行う。オプティマルfが0.6の場合は、6（10万×0.6/1万＝6）単位となる。このように、fの値が高いほど、トレードの単位も大きくなる。

確かに、トレードの最適な数を計算する方法はほかにもある。例えば、トレード間で連続した相関関係や依存関係がないかを調べる方法である。依存関係を調べるには、ラン検定という方法がある。これは、使用するシステムで、トレードがランダムに分布していると想定した場合に比べて、連続した勝ちトレードや負けトレードが多くなりそうか少なくなりそうかを示すものである。もうひとつは、線型相関係数を調べる方法である。

第3部で学んだように、トレードの結果についてシステムに何らかの依存関係や相関関係が認められるのは、システムの構築段階で見落とした何らかの情報があるからである。つまり、マーケットに依存性

が存在することを示す情報を処理したような方法で、トレードの仕掛けや手仕舞いのルールを公式化しなければならない。しかしこれは、最適な状態で機能しているシステムでは、次のトレードが成功か失敗かを見極める方法がないということと矛盾している。

さらに、使用しているシステムで連続した相関関係や依存関係が認められる場合でさえ、その痕跡が「常識の範囲を超えて」はっきりしていないかぎり、無視しても良好な結果が得られるであろう。その痕跡とは、あくまで痕跡にすぎず、依存性と相関性に基づく資金管理戦略がほかのどんな資金管理方法よりも収益性が高い（あるいは同じ収益性を持つ）ことを証明しているわけではない。依存性が必要なのはまさにそこにあるのである。もしそうでなければ、その資金管理戦略は最適化されていないことになる。このことを理解するために、次の例を考えてみてほしい。使用しているトレーディングシステムで、ヒストリカルなトレード結果に依存性の痕跡が認められたとする。そこであなたは、依存性が存在し、システムはそれを考慮してトレードを行うべきであるとの仮説を立てた。

しかし、依存性が実は存在しなかったことが分かったらどうなるのか。その場合は、第二種の過誤（統計学上の専門用語で、偽である仮説を受容すること）を犯したことになり、トレードを過剰に行うか過少に行ってしまうことで、損失を被る結果となるであろう。実際にそれを受容すべきときにその仮説を捨てて（第一種の過誤）本来とは逆のことを行っていたら、依存性に基づく戦略のほうがより収益性が高かったことがあとで判明したとしても、固定比率資金管理戦略に基づいてトレードを行っていればゆっくりとしたペースで利益が上がっていたであろう。こうすれば、第二種の過誤によるペナルティは完全に排除され、第一種の過誤によるペナルティは、資産の増え方が遅くなるだけである。この推論は、ドローダウンが固定比率資金管理戦略で示されるよりも速いペースで縮小する特殊なケースでも当てはまる。

このことは、システムの構築プロセスと、ルールを最小限に抑えてシステムをできるかぎりシンプルにすることにも関連している。そうすることで、システムはヒストリカルデータにおいてだけでなく、将来にわたっても同様に収益性の高いトレードを行うようになる。ルールを追加すると、システムの独立性を損ない、カーブフィッティング的なシステムとなってしまい、将来における有効性が低下することになる。したがって、独立性や連続する相関性について、余計な労力を使わないようにすることを勧める。何はともあれ、最小限のルールのシステムを固定比率資金管理戦略のもとで使用するのが最も合理的な選択である。それを怠った場合の代償は極めて高くつくであろう。

ここで、前の例におけるトレードが5％の利益となり、1枚につき5000ドル、全体で2万5000ドル、25％の利益を上げたと仮定する。HPRは、次の公式から1.25となる。

$$HPR = 1 + f \times (-PFIT/WCS)$$

ここで、

$f = 0.5$

－PFIT＝トレードにおける1枚当たりの利益または損失の逆サイン値＝5000ドル

WCS＝最悪のシナリオ（常にマイナスの値）＝－1万ドル

この公式と前のHPRの公式の違いは、トレードのパーセンテージにファクターfを掛けて、最悪のシナリオが金額ベースで示されることである。前の例では、金額ベースでのリスクや損失額は考慮せず、

公式-PFIT×100/WCSでパーセンテージベースの結果を求めた。これをエクセル上で実行するには、次の数値を入力する。

セルB3：100,000
セルC3：-10,000
セルD3：0.5
セルB5：5,000

次の数値を、続けて（下のセルに）セルB6からB14まで入力する。
2,000、7,000、-4,000、-2,000、6,000、2,000、-10,000、-7,000、-3,000
セルC5：＝1＋D$3＊(-B5/C$3)（C5からC14までドラッグ＆コピー）
セルD5：＝C5
セルD6：＝D5＊C6（D6からD14までドラッグ＆コピー）
セルE3：＝COUNTIF(B5:B14,"〈〉0")
セルE5：＝D5＊B$3（E6からE14までドラッグ＆コピー）
セルF3：＝D14^(1/E3)
セルF5：＝B3/(C$3/-D$3)
セルF6：＝E5/(C$3/-D$3)（F6からF14までドラッグ＆コピー）

この一連の作業を完了すると、図15.1のようなスプレッドシートが出来上がる。

　上記の例に、さらに別の非常に便利な変数を追加する。これは、幾何平均というもので、平均HPRや1トレード当たりの成長率に似ている。最終的なTWRを導くには、すべてのHPRを掛け合わせるか、トレード数から導かれる幾何平均（詳細は後述）を使う。

　セルD3の値を0から1の範囲で変更して、セルD14のTWRの値が最高になるポイントを見つけることができる。例えば、セルD3の値

図15.1　エクセルを使ったHPRとTWRの計算方法

Initial eq.	Worst case	f	Trades	Geo. mean
100,000	-10,000	0.50	10	1.0093
Profit	HPR	TWR	Current eq.	Units
5,000	1.2500	1.2500	125,000	5
2,000	1.1000	1.3750	137,500	6
7,000	1.3500	1.8563	185,625	7
-4,000	0.8000	1.4850	148,500	9
-2,000	0.9000	1.3365	133,650	7
6,000	1.3000	1.7375	173,745	7
2,000	1.1000	1.9112	191,120	9
-10,000	0.5000	0.9556	95,560	10
7,000	1.3500	1.2901	129,006	5
-3,000	0.8500	1.0965	109,655	6

を0.1とすると、D14の値は1.0889となる（小数点以下4桁表示の場合）。セルD14の値が最大となるセルD3の値は、システムの最適のfと一致する。別の方法として、エクセルのツールメニューからアドイン機能のソルバーを使う方法もある（図15.2）。この特殊なケースは、最悪のケースが一定で、われわれの一連のトレードの最悪のケースと同じであるという前提に基づいているが、ほかにもいくつか方法がある。例えば、すべての結果の標準偏差を計算し、平均トレードから一定の間隔を置いたところに最悪のトレードを設定する方法や使用するシステムのストップ（個別のトレードが関係する）をトレードの最悪のシナリオとする方法が考えられる。筆者は、このような方法を好む。図15.2は、個別のトレード結果の最大ドローダウンや標準偏差がある特定の値を超えて大きくならないような、いくつかの制限を追加することで、より複雑な最適化が可能であることを示している。

図15.2 エクセルのアドイン機能ソルバーを使ったオプティマルfの計算方法

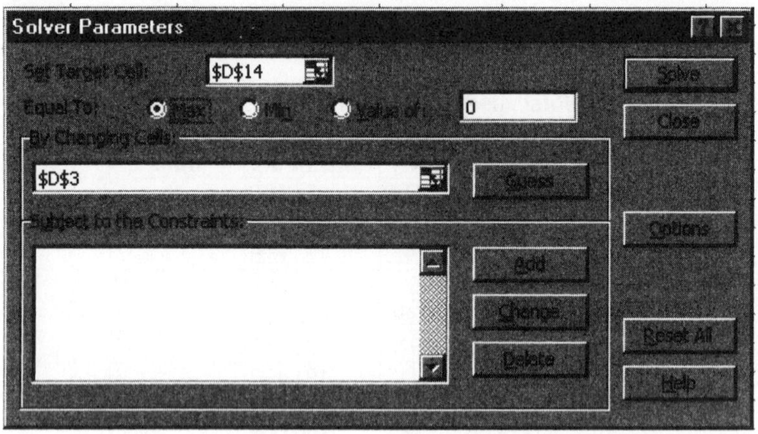

このケースでは、オプティマルfは約0.31で最終的なTWRは約1.18となっている。これはどのトレードについても、運用資産の31%を超えるリスクを取るべきではないことを意味する。これが、増大係数を最大化する以外に何の制限も加えず、コストやトレード不可能な枚数の端数を考慮しなかった場合のこのシステムのオプティマルfである。また、システムの最適変数を探しているときには、スリッページと手数料を考慮に入れない（そうすることで不完全な最適化を防ぐことができる）。これも、オプティマルfを探し出す場合に大切なことである。最初に心がけるべき大切なことは、収益性の高いシステムではなく、有効に機能するシステムを構築することである。そうすることで、さまざまなマーケットの動きをより効率的にとらえることができる。それを守っていれば、結局はそのシステムで収益性の高いマーケットに適用することができるのである。さらに、いずれ明らかになることであるが、固定比率資金管理戦略に基づいてトレードを行え

ば、どうしてもオプティマルｆのレベルでトレードを行うことはほぼ不可能となる。

リアルタイムのトレーディング用のシステムに、次の期待値を想定してほしい。

- ●勝率　72%
- ●勝ちトレードの平均利益　1.52%
- ●負けトレードの平均損失　1.19%
- ●プロフィット・ファクター　3.36

これは、表12.12のパフォーマンスサマリーに匹敵する素晴らしいシステムである。このようなシステムを使って、うまくいかないことなどあるのだろうか。負けトレードの損失は、勝ちトレードの利益よりかなり小さく、勝ちトレードの数が負けトレード数を大きく上回っている。一見したところ、勝率がかなり高いため、それぞれのトレードに資金の大半をつぎ込んで、ドローダウンに備えて一部を留保しておけばいいように見える。

エクセルに書き出されたデータは、上記の例と同じようにすべて金

図15.3　エクセルでfの関数としてTWRを計算する方法

	A	B	C	D	E	F	G	H
1								
2						W. case	f	G. mean
3						-0.0929	0.898522739	1.038437992
4	E Date	Position	E Price	X Date	X Price	Profit	HPR	TWR
5	880115	-1	381.7	880119	371.01	2.8	1.270814173	1.270814173
6	880122	1	365.6	880125	375.84	2.8	1.270814173	1.614968662
7	880129	-1	382.5	880205	372.26	2.68	1.259207851	2.033581219
8	880205	1	372.26	880210	382.69	2.8	1.270814173	2.584303836

額ベースではなくパーセンテージベースとなっているため、計算方法が多少異なる。このケースでは、第1部のトレードごとの書き出し機能を使っており、これは単独のマーケット／システムの組み合わせで使用できる（複数のマーケット／システムの組み合わせで使用できる、バーごとの書き出し機能と、バーごとのポートフォリオ分析は後述）。このケースでは、図15.3のように、スプレッドシートのトップに空白の列をいくつか挿入し、「利益」の列のすぐ右側にいくつかの空白の列を挿入しなければならない。スプレッドシートを図15.3のように構成したら（これは架空のシステムのものであり、実際に使用するシステムに置き換えることができる。）、次の公式や数値を入力する。

　セルF3：＝MIN(F5:F219)/100
　F219は、データの最終列
　セルG5：＝1＋G$3＊(－(F5/100)/F$3)　(G5からG219までドラッグ＆コピー)
　セルH3：＝H219^(1/COUNTIF(F5:F219,"〈〉0"))
　セルH5：＝G5
　セルH6：＝G6＊H5　(H6からH219までドラッグ＆コピー)

次に、セルG3に0から1まで0.05刻みですべての数値を入力し、それぞれの数値を別の列にコピーする。それが完了したら、図15.4のようなチャートが作成できる。
　予想どおり、このシステムのオプティマルfは0.90で、TWRは3325となっている。これは、このシステムをオプティマルfのレベルでトレードを行った場合に、当初の運用資産を3325倍にできることを示している。利益の合計は33万2400％（(3325－1)＊100）である。図15.4は、オプティマルfでトレードした場合に達成できるTWRを示している。

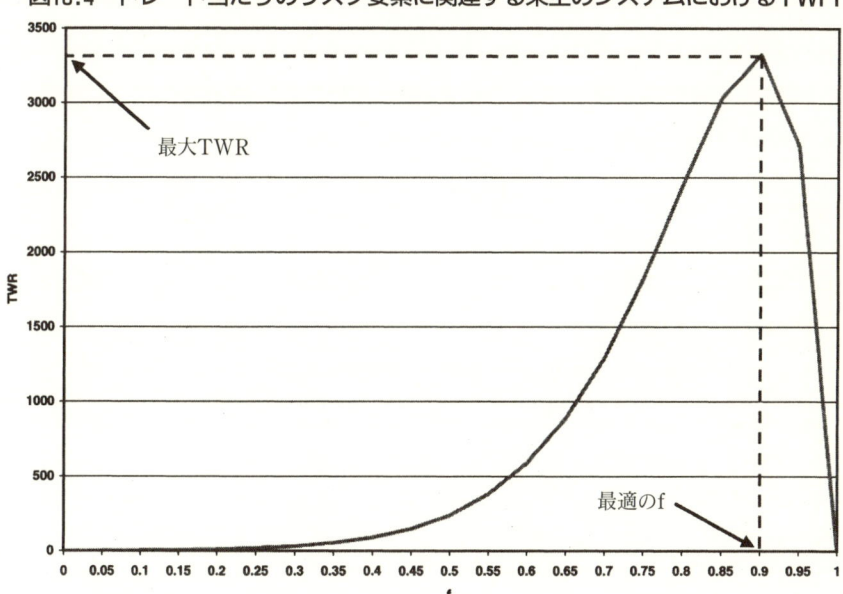

図15.4　トレード当たりのリスク要素に関連する架空のシステムにおけるTWR

　これから分かるように、オプティマルｆより高いレベルのｆでトレードを行っても、運用資産の増え方はけっして速くはならない。むしろ、低いｆで達成できるのと同じ増加率を達成するために不必要なリスクを取る結果となり、トレード過多による破産の確率が高くなる（このセクションの最初に挙げた２番目のポイントを思い出してほしい）。悪いことはそれだけではない。もしリスク（ｆ）をオプティマルｆの半分にすれば、期待利益率はそれ以上に低下してしまう。ｆを数列的に変更すると、損益は等比級数的に変動する。
　ここでの矛盾点は、システムが優秀であるほどオプティマルｆも高くなることで、大きなドローダウンに悩まされる結果を招いてしまう

ことである。これはオプティマルfが、想定している最大の負けトレードでのパーセンテージベースの損失の額だからである。トレードで失敗した場合は、使用しているfのレベルで示されるパーセンテージの投資資金を失うことになる。しかも、それは１回のトレードについてである。続くトレードで負け続ければ、その場合のドローダウンは深刻なものとなる。

　これは、この章の最初に掲げた３番目と４番目のポイントに関連している。これは、トレードを行うマーケットの数やタイプとは関係がないからである。すなわち、分散をどれだけ行っていようが、株式のトレードに限定していようが、空売りをしないことでリスクの低減を図っていようが、そんなことには影響されない。最大のドローダウンは、最大の負けトレードに、トレーディング時のオプティマルfで規定される全体のリスク要因としての枚数を掛けたものとなる。図15.5は、このシステムでオプティマルfでトレードを行った場合の、TWRの推移を示している。

　これから分かるように、50回近辺のトレードで資金は当初の約10倍となっている。しかし、その後の最大の負けトレードを含む一連の負けトレードによって、資金は当初のレベルまで減少している。さらに、オプティマルfでトレードを行っていれば、この水準がはたして将来的にも同じように最適であるといえるのか確信が持てなくなるかもしれない。もしそうであれば、最適レベルの左側のf値でトレードすればよい。低いf値でトレードを行っても、最適値より高いレベルでトレードした場合と資金の増加率は同じで、しかもリスクは低くなるからである。そして、そのような場合は、ヒストリカルデータから算出した理論的なオプティマルfの左側でトレードを行おうとしても、現実のトレードでは、オプティマルf値が左側に移動しているため、気づかないうちに実際のオプティマルfの右側でトレードをしてしまっているかもしれないのである。

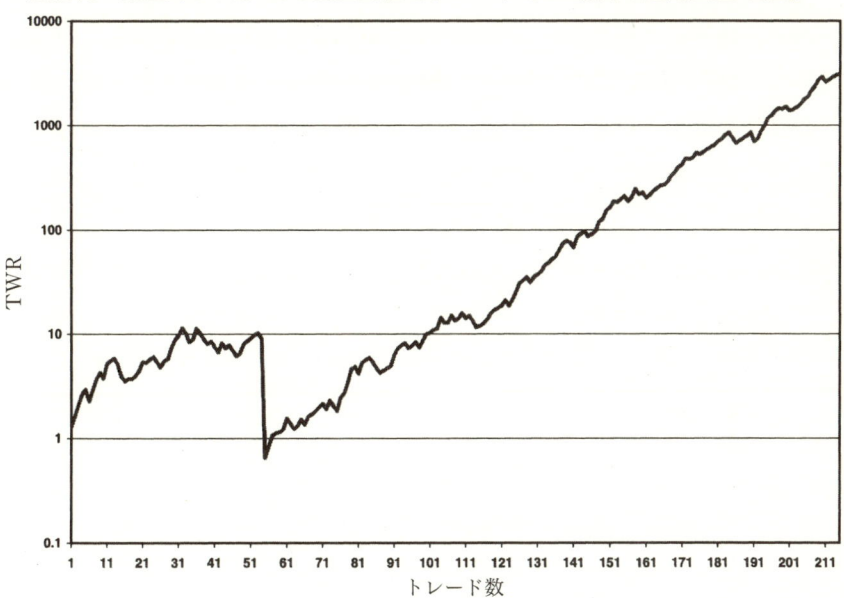

図15.5 架空のシステムで0.9のf値でトレードした場合の運用資産の推移

　この観点からすれば、オプティマルfは純粋な理論上の数値で、実用には堪えないものであるということになる。しかし、固定比率トレーディングの背景にある理論全体を否定して結論を導くには、問題はそれほど単純ではない。例えば、われわれは本書の全般にわたって、これらの資金管理のパラメータをすでに使って作業を行っていることに気づいているだろうか。もし気づいていなければ、RAD（比率修正つなぎ足データ）によるすべてのシステムのパフォーマンスサマリーの書き出し機能や、この機能を使って作られたスプレッドシートをもう一度見直してほしい。
　個別の利益の列には、書き出し機能によって「利益」というタイト

ルが付けられているが、乗数ではなくパーセンテージベースの数値で表していること以外は、われわれは基本的に各トレードの加重されていないHPRを書き出している。加重されていないということは、計算時に最大の負けトレードやf値のレベルを考慮していないということで、上記の例ではセルC5からC14がそれに該当する。同じことが、TWRに該当する「累積利益」の列の累積利益についてもいえる。これらのパーセンテージベースの数値（X）を乗数（Y）に変換するには、次のようにする。

$Y = X/100 + 1$

乗数をパーセンテージベースの数値に変換するには、

$X = (Y - 1) * 100$

　表12.14のパフォーマンスサマリーを見ると、最終的な累積利益は50.02％で、これはTWRに換算すると1.5002（50.02/100＋1）となる。幾何平均を計算するには、この値をそのシステムのトレード数分の1乗して、1.00442（1.5002^(1/92)）を得る。これは、約0.44％（(1.00442－1)＊100）で、すべての利益を再投資した場合の1トレード当たりの平均損益となる。
　また幾何平均は、平均損益（0.46％）を乗数（1.0046）に変換することで推定できる。この乗数をAPMといい、推定幾何平均をEGMという。次に、標準偏差を差し引く前に2乗し、標準偏差も2乗する。最後に全体を1/2乗するか0.45％を掛ける。このケースでは、EGMが1.0047（(1.0046^2－0.0163^2)^(1/2)）または約0.45％となる。ここからは、すべてをトレード数で巾乗することで（もう少し我慢してもらいたい）TWRの推定値を求めることにする。推定TWR値を

ETWRとし、トレード数をNとする。すなわち、

$ETWR = EGM^N$

ここで、$EGM = (APM^2 - SD^2)^{(1/2)}$

そして、$ETWR = (APM^2 - SD^2)^{(1/2)^N} = (APM^2 - SD^2)^{(N/2)}$

となる。

この最後の方程式は重要なもので、ラルフ・ビンスがトレードの基本方程式と名付けたものである。これこそが、望むならすべてを説明してくれる「方程式」なのであるが、おそらく望みはしないだろう。しかし、実に多くのことを説明してくれる。例えば、最初の括弧内が1以上でない場合には、システムは収益性のあるものとはならない。これは、APMの値がSDに対して十分に大きなものでないことによる。もちろん、SDに対してAPMが相対的に大きくなればそれに越したことはないが、本当に重要なのはこの関係を将来にわたって維持できるかということである。それが可能であるかぎり、トレードの帳尻に影響を与えるのはトレードの頻度だけとなる。つまり、Nをできるかぎり大きくすることである。そのためには、有効に機能するシステムを使って、できるかぎり多くのマーケットで利益を上げることである。ほかに何があるだろうか。

繰り返しになるが、これはシステム構築のプロセスにおいて学んだこと、すなわち、ルールを最小限に抑えてシステムをシンプルなものとする重要性にも関係してくる。これは、システムをヒストリカルデータに対してだけでなく、将来にわたっても有効なものとするための、唯一の方法である。個別のマーケットの矛盾を解決するためにルールを追加すると、システムはカーブフィッティング的なものとなり、将

来的な有効性が犠牲となる。しかし、ランダムな仕掛けのポイントや、パーセンテージベースのストップや手仕舞いポイントなどのテクニックを使うことで、システムをどのようなマーケットやどのような時間枠でも、常時有効に機能させることができる。

　基本的な方程式は、ドローダウンについての最初の説明にも関連している。分散投資は必ずしもドローダウンを小さくすることにはつながらず、固定比率資金管理戦略によって、トレードする枚数を縮小していくことで達成できる。一方で、ドローダウンから速いペースで回復した場合は、より多くの枚数でトレードする。ポートフォリオに追加された新規のマーケットで、トレードが追加されるからである。

資金管理戦略の実践的運用

　ここまでの説明は、すべてわれわれを岐路に立たせて迷わせるものであった。同じシステムを使ってさまざまなマーケットでトレードを行うと、それぞれのマーケットごとに異なるオプティマルf値ができてしまう。そのため、それぞれのマーケットで個別の額でトレードを行うか、少なくとも各マーケット／システムの組み合わせにおけるオプティマルfに従って、トレードの積極性を調節する必要がある。さらに、CAPM（資本資産評価理論）とEMH（効率的市場仮説）とを併用したとすると、それぞれのマーケット／システムの組み合わせをほかの組み合わせに対して加重し、すべての組み合わせのリスク調整後のリターンを等しくして、マーケット／システムの組み合わせで構成されるポートフォリオが効率的フロンティア上でバランスするようにしなければならない。

　しかし、多大な労力を費やしてどのマーケットもほかのすべてと違わないように扱ったところで、いったいどのような意味があるのだろうか。これは、結局カーブフィッティングにすぎない。ここでは、特

定のシステムを特定のマーケットにカーブフィッティングさせたいのではなく、個別に加重されたマーケット／システムの組み合わせ全体をポートフォリオそのものとしたいのである。

　しかし、それを実行しようとすると、ここまで行ってきたことと大きな矛盾を生じてしまう。すなわち、それぞれのシステムが平均的に長期間にわたって、すべてのマーケットで同じように有効に機能するようにし、同時にすべてのマーケットをほかのすべてと同じように扱わなければならないということは、基本的に堂々巡りとなってしまう。ここで、キーワードである「同じような有効性」が「同じような収益性」とは異なることに注意してほしい。ヒストリカルの利益に対してのみ最適化したいのであれば、特定のマーケットのカーブフィッティング・システムを構築し、0.99かそれ以上のオプティマルfを算出すればいい。しかし、そのシステムで今日からトレードを始めれば、明日には破産するだろう。われわれは運用資金の最適化だけに関心があるわけではなく、希望する最終資金額に対して、制約条件のもとで投資金額を適量化したいのである。

　もうひとつのキーワードは、上述の「長期間にわたって」である。もちろん、限られた時間枠のなかで、例えば、本書で検証を行ったここ20年前後の期間でさまざまなマーケット／システムの組み合わせについて異なるオプティマルfを使用することになる。しかし、これは単なる一致でしかない。すべてのマーケット／システムの組み合わせがほとんど同じであっても、次の20年間では、現在最適であると考えられているより高いオプティマルf値を持つほかのマーケット／システムの組み合わせが存在するかもしれない。

　トレード間の連続した相関性に基づいた投資金額の決定を行わないとした場合と同様のロジックの推論も成立するかもしれない。この場合はヒストリカルな調査に基づいて金額を決定するが、その場合は、「それぞれのマーケットには固有の性質と統計上の特性があり、それ

に合ったf値でトレードを行うべきである」という仮説に基づくことになる。これが間違っていることが判明すれば、否定されるべき仮説を受け入れてしまったことで第二種の過誤を犯したことになる。つまり、積極的にトレードを行うべきでないときに、積極的すぎるトレードを行い、積極的に行うべきときに消極的になってしまい、結局は損失が拡大し、破産する可能性を高めてしまう結果となる。また一方で、そうするべきでないときに（第一種の過誤）すべてのマーケット／システムの組み合わせで、同じf値を使ってトレーディングをすることによって、その仮説を否定したとしても、最小のf値かポートフォリオ全体のf値を使った場合は、ゆっくりとしたペースではあるが資金は増え続けることになる。

　話を簡単にするために、ここでそれぞれのマーケットのポートフォリオで同じシステムを使い、資金の想定増加率やドローダウン、回復期間、最悪のシナリオに対して最も妥当な固定比率法のレベルに基づき、たとえマーケットで特別なトレードが発生しても、それぞれのトレードを均一に扱うケースを想定してみる。いくつかのシステムをひとつのマーケットで使用する場合も、まったく同じである。最後に、自分のすべてのポートフォリオをひとつにまとめる場合も、同じである。システムが完璧に機能するのが「分かれ」ば、固定比率法レベルを0.015に設定して、1回のトレードにつき1.5％以上のリスクを取らないようにすれば、さらに多くの資金をトレードにつぎ込むことができる。最大限の実用性を実現するのに制約となる固定枚数をベースにするのは、避けたほうがよい。

　例として上記のような架空のシステムを使い、リスクが3％でTWRが1.4478であれば、それは資金の増加が45％でしかなかったことを示している。オプティマルfを使用しない元のシステムが216％を超える成績だったことを考えると、それほどいい数字ではない。しかし、想定される最悪のシナリオを変更して、セルF3に「－0.011」

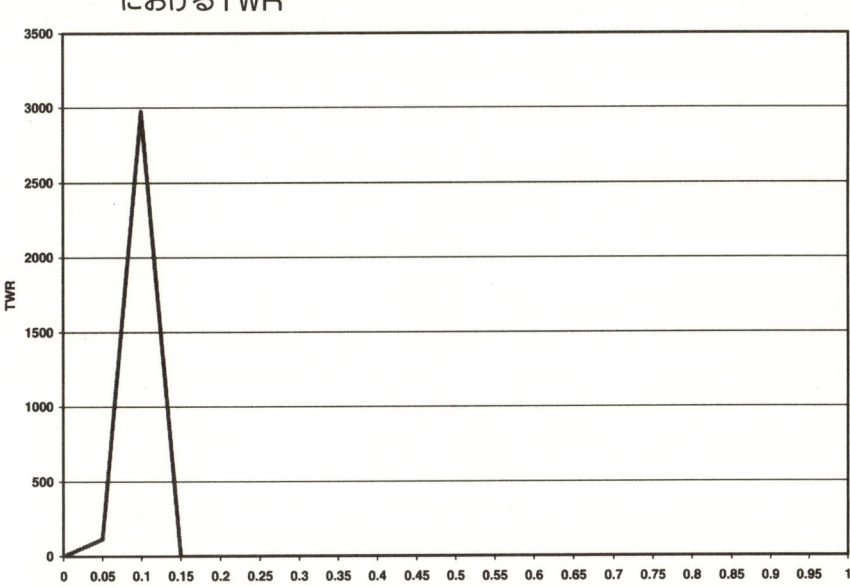

図15.6　各トレードに個別の最悪のシナリオを使用した場合の架空システムにおけるTWR

を入力し、11％のストップロスと同じ条件にシステムを設定して新規のトレードを開始すると、結果は悪くなるが、これは予想どおりのことである。これを十分な期間実行すれば、いつかは破産してしまうだろう。この観点から見ると、ヒストリカルデータに基づいて最大の負けトレードを選択するか、システムのストップロスで示される最も可能性の高い特定のトレードを選択するかに、ほとんど違いはない。

　過去に受けたかもしれない損失ではなく、この特定のトレードによる損失を使うことは無意味だろうか。次の例で示すように、マーケットのポートフォリオを同じシステムでトレードする場合は、いずれにしてもオプティマル f でトレードすることはできないのである。

10のマーケットでトレードを行い、同じ日にすべてのマーケットでトレードを仕掛けるシグナルが出たとしても、個別のマーケット／システムの組み合わせのオプティマルfに関係なく、それぞれのマーケットに運用資金の10％までしか投資できない。さらに、各マーケットに最大限の10％を投資し、すべてのトレードが失敗したら破産してしまう。破産するリスクを避けるには、例えば、各マーケットへの投資額を2％として、全体のリスクを20％に抑える。そうすれば、すべてのマーケットで一度にトレードを仕掛け、そのすべてで失敗することなどめったにないにしても、10のマーケットすべてでトレードを行うのが容易となる。

　いずれにしても、最悪シナリオをストップロスと同じレベルに設定した場合は、この戦略全体の新規のオプティマルfは0.1となり、さまざまなf値とTWRの関係は、図15.6のようになる。ここから分かるように、トレードの数を増やしすぎないようにすることが重要である。すでにf値は0.15となっており、破産の確率は100％だからである。

　この場合は、資金の10％ではなく、3％だけのリスクを取ることで満足な結果が得られると考えられる。このケースでは、新規のTWRが19.44となっており、資金の増加が1844％であることを示している。これは、10年間の複利ベースで年率約35％となる。比較対象として、トップクラスのCTAの成績は年率で20％から25％で、株式市場の過去15年から20年間の平均が12％台である。図15.7は、この戦略による資金の増え方を示したものである。ここでは、元のオプティマルfで示されるような33万2400％もの増加率は達成できないであろうが、この架空の数字はこの方法の有効性を示すには十分なものである。また、図15.7では、特に50トレードの近辺でドローダウンが（基準値が異なっているが）ほかの領域に比べて大きくなっていることに注意を要する。

第15章●資金管理

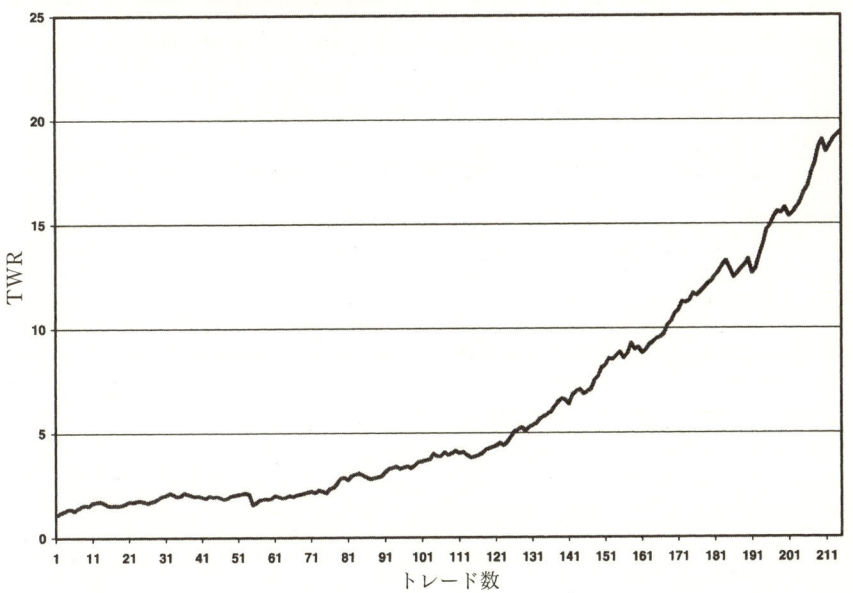

図15.7 各トレードに個別の最悪のシナリオを使用した場合の架空システムにおける運用資産の増加

　統計上の第一種と第二種の過誤の分析を行うと、オプティマルfよりも低い値でトレードを行うことの重要性が分かる。ここでの仮説は、「将来のトレードに最適な真のf値は、過去のオプティマルfよりも同じか高い。したがって、低いf値を使うべきでない」というものである。もしこの仮説を受け入れ、それが間違っていることが分かったら、またしても第二種の過誤を犯したことになる。高すぎるf値でトレードを行うと、遅かれ早かれ破産してしまうものである。そうすべきでないことが分かった時点で、ヒストリカルのf値よりも十分に低いf値でトレードを行ってこの仮説を排除すれば、利益はそう大きくはないかもしれないが、トレードを続けられる確率は高まる。

図15.8 エクセルで計算した固定比率資金管理戦略による「最適な」枚数

	A	B	C	D	E	F	G	H
32	Market	System	Direction	Margin ($)	$ Value		Market weight (%)	1
33	S&P 500	Meander	Both	22000	250		System weight (%)	1
34			1 Contract from TS				N contracts - calculated	
35	Date	Position	Risk ($)	Open ($)	Close ($)	Contracts	Open ($)	Close ($)
36	851220	0	0	0	0	0	0	0
37	851223	0	0	0	0	0	0	0
38	851224	1	-577.99	-232.5	0	56	-13020	0
39	851225	1	-577.99	-232.5	0	56	-13020	0
40	851226	1	-577.99	-32.5	0	56	-1820	0
41	851227	1	-577.99	505	0	56	28280	0

　次に、「適量化された」枚数か株式数を決めて、トレードがうまくいくようにする必要がある。そして、理論的なパーセンテージベースの数字ではなく、実際の金額を算出しなければならない。

短期システム

　それぞれのマーケット／システムの組み合わせについて、図15.8のようなスプレッドシートを作成し、特定のマーケット／システムの組み合わせにおける日々の動きをまとめることができる。例えば、図15.8では、1985年12月24日にシステムは１枚につき最大578ドルのリスクが存在していることを示している。このシステムに組み込まれている固定比率資金管理戦略は、56枚でトレードを行うよう指示している。その日の引けで、この組み合わせは１枚につき232.50ドル、ポートフォリオ全体で１万3020ドルの損失を記録している。ポジションは12月30日に仕切られ、１枚につき315ドル、全体で１万3440ドルの利益を上げた。

　図15.8で、「1 Contract from TS」の下の５つの列のデータは、TradeStation（トレードステーション）から直接取り込まれたもの

である。「N Contracts – calculated」の下の3つの列のデータは、エクセルにより計算されたものである。それ以外のセルはすべてTradeStationから直接取り込まれたものであるが、同様にエクセルを使って再計算できる。列Fから列Hで必要な計算を実行するには、次の公式を入力する（いくつかの公式は、図15.8の外側にあるセルを参照しているが、無視する）。

セルF36：0
セルF37：＝IF(AND(C37〈〉C36,C37〈0),H$32＊H$33＊MAX(INT($AN36＊($B$4/100)/C37),1),IF(E37＝0,F36,0))
次に、その列のすべてのセルにドラッグしてコピーする。

すべての銘柄の含み益を計算するには、

セルG36：＝ROUND(D36＊F36,0)
次に、その列のすべてのセルにドラッグしてコピーする。

すべての銘柄の最終損益を計算するには、

セルH36：＝ROUND(IF(E36〈〉0,(E36-B3)＊F35,0),0)
次に、その列のすべてのセルにドラッグしてコピーする。

必要なデータを書き出すには、TradeStationの書き出し機能を併用する。例として蛇行システムを挙げる。

Inputs:MarketName("Max10Char."),SystemName("Max10Char."),Direction("Both"),MarginReq(1),DollarValue(1),MarketWeight(1),SystemWeight(1);

Vars:VSStd(2),SumVS(0),AvgVS(0),DiffVS(0),StdVS(0),
SetArr(0),SumArr(0),DiffArr(0),VSLow(0),VSMid(0),
VSHigh(0),TrueEntry(0),FName(""),TradeStr2(""),Vacuum
(0),Missing(0),FillDay(0),RiskValue(0),
PosProfit(0),ClosedProfit(0),MP(0),TotTr(0);
Array:VS[20](0);
For SetArr=0 To 4 Begin
VS[SetArr*4+0]=(O[SetArr]Data2-C[SetArr+1]Data2)/C
[SetArr+1]Data2;
VS[SetArr*4+1]=(H[SetArr]Data2-C[SetArr+1]Data2)/C
[SetArr+1]Data2;
VS[SetArr*4+2]=(L[SetArr]Data2-C[SetArr+1]Data2)/C
[SetArr+1]Data2;
VS[SetArr*4+3]=(C[SetArr]Data2-C[SetArr+1]Data2)/C
[SetArr+1]Data2;
End;
For SumArr=0 To 19 Begin
 If SumArr=0 Then
  SumVS=0;
 SumVS=SumVS+VS[SumArr];
 If SumArr=19 Then
  AvgVS=SumVS/20;
 For DiffArr=0 To 19 Begin
 If DiffArr=0 Then
  DiffVS=0;
 DiffVS=DiffVS+Square(VS[DiffArr]-AvgVS);
 If DiffArr=19 Then
  StdVS=SquareRoot(DiffVS/20);

End;
End;
VSLow=C Data2 * (1+(AvgVS-StdVS * VSStd));
VSMid=C Data2 * (1+AvgVS);
VSHigh=C Data2 * (1+(AvgVS+StdVS * VSStd));
If MarketPosition=0 Then Begin
 Buy("Go long")tomorrow at VSLow limit;
 Sell("Go short")tomorrow at VSHigh limit;
End;
If MarketPosition=1 Then Begin
 ExitLong("Long Target")at EntryPrice * (1+(2.8*0.01))limit;
 If Close>EntryPrice * (1+(0.6*0.01))Then
  ExitLong("Long Trailing")at EntryPrice * (1+(0.6*0.01))stop;
 ExitLong("Long Loss")at EntryPrice * (1-(1.1*0.01))stop;
End;
If MarketPosition=-1 Then Begin
 ExitShort("Short Target")at EntryPrice * (1-(2.8*0.01))limit;
 If Close<EntryPrice * (1-(0.6*0.01))Then
  ExitShort("Short Trailing")at EntryPrice * (1-(0.6*0.01))stop;
 ExitShort("Short Loss")at EntryPrice * (1+(1.1*0.01))stop;
End;
If BarsSinceEntry>=8 Then Begin
 ExitLong("Long Time")at Close;
 ExitShort("Short Time")at Close;
End;
 {*****Export function starts here*****}
 MP=MarketPosition;
 TotTr=TotalTrades;

```
If CurrentBar=1 Then Begin
  FName="D:¥Temp¥MM-TM-"+LeftStr(GetSymbolName,2)
+".csv";
  FileDelete(FName);
  TradeStr2="Market"+","+"System"+","+"Direction"
+","+"Margin($)"+","+"$Value"+","+","+"Marketweight
(%)"+","+NumToStr(MarketWeight,2)+NewLine;
  FileAppend(FName,TradeStr2);
  TradeStr2=LeftStr(MarketName,10)+","+
LeftStr(SystemName,10)+","+LeftStr(Direction,10)+","+
NumToStr(MarginReq,0)+","+NumToStr
(DollarValue,0)+","+","+"Systemweight(%)"+","+
NumToStr(SystemWeight,2)+NewLine;
  FileAppend(FName,TradeStr2);
  TradeStr2="1 Contract from TS"+","+","+","+","+","+
"N contracts-calculated"+NewLine;
  FileAppend(FName,TradeStr2);
  TradeStr2="Date"+","+"Position"+","+"Risk($)"+","+
"Open($)"+","+"Close($)"+","+"Contracts"+","+
"Open($)"+","+"Close($)"+NewLine;
  FileAppend(FName,TradeStr2);
End;
Vacuum=Date To Julian(Date)-Date To Julian(Date[1]);
ForMissing=2 To Vacuum Begin
  FillDay=Julian To Date(Date To Julian(Date[1])+
(Missing-1));
  If DayOfWeek(FillDay)>0 and DayOfWeek(FillDay)<6 Then
Begin
```

```
    TradeStr2=NumToStr(FillDay,0)+","+NumToStr
    (MarketPosition,0)+","+NumToStr(RiskValue,2)+","+
    NumToStr(PosProfit[1],2)+","+"0"+NewLine;
    FileAppend(FName,TradeStr2);
   End;
  End;
  RiskValue=0;
  PosProfit=0;
  ClosedProfit=0;
  If MP<>MP[1]and MarketPosition<>0 Then Begin
   TrueEntry=C Data3*(EntryPrice/C);
   RiskValue=TrueEntry*(1.1*0.01)*BigPointValue;
  End;
  If MarketPosition=1 Then
   PosProfit=((C/EntryPrice)-1)*TrueEntry*BigPointValue;
  If MarketPosition=-1 Then
   PosProfit=-((C/EntryPrice)-1)*TrueEntry*BigPointValue;
  If TotTr<>TotTr[1]Then Begin
   If MarketPosition(1)=1 Then
   ClosedProfit=((ExitPrice(1)/EntryPrice(1))-1)*TrueEntry
    [1]*BigPointValue;
   If MarketPosition(1)=-1 Then
    ClosedProfit=-((ExitPrice(1)/EntryPrice(1))-1)*TrueEntry
    [1]*BigPointValue;
  End;
   TradeStr2=NumToStr(Date,0)+","+NumToStr
   (MarketPosition,0)+","+NumToStr(-RiskValue,2)+","+
   NumToStr(PosProfit,2)+","+NumToStr(ClosedProfit,2)+
```

NewLine;
 FileAppend(FName,TradeStr2);

　ここでは、異なるCTA（商品投資顧問業）やファンドマネジャー、ほかのシステム開発者と自分たちが作成した同様のトラックレコードと比較可能な仮定のトラックレコードを得るために、金額ベースで作業を行っている。

　第1部で、ポイントベース修正つなぎ足ではパーセンテージベースの計算を行うことができず、RADでは金額ベースで計算を行うことができないことをすでに学んだ。結果を金額ベースで算出しているが、パーセンテージベースの手仕舞いテクニックを依然として使用しているため、ここでもこの問題が発生する。したがって、このシステムの結果を金額ベースの次元に戻すには、工夫を取り入れて無修正の時系列を使用しなければならない。この時系列では、すべての期近限月が時系列に次々とつなぎ合わされる。この例では無修正のための日次のデータを、data 3 として追加した。

　この時系列を使用すると、パーセンテージベースの数値を、無修正の時系列のリスクや含み益、最終損益についてポイントベースの数値で計算し、スプレッドシート・プログラムに書き出すことができる。上記のコードでは、これが「TrueEntry」というコードの変数によって行われ、同時に含み益と最終損益が計算される。

　このコードのもうひとつの重要な特徴は、ループ機能である。これは、データベースに欠けているすべての日付のデータを、休日も含めて（週末は除く）データベースに書き出す。これによって、ポートフォリオを統合するときに、マーケットのすべてのデータを同期させることができる。

　ここで書き出したデータは、図15.8のようになる。これから分かるように、行33は、データを書き出した元のマーケット、システム、ポ

図15.9　エクセルで計算した複数のマーケットのポートフォリオでトレードした結果の総計

Date	Open ($)	Close ($)	Total ($)	OE Ratio (%)	EqTop ($)	Drawdown (%)	Flat time (d)
			Portfolio				
851220	0	0	1,000,000	0	1,000,000	0	0
851223	0	0	1,000,000	0	1,000,000	0	0
851224	-13020	0	986,980	-1.32	1,000,000	-1.3	1
851225	-13020	0	986,980	-1.32	1,000,000	-1.3	2
851226	-1820	0	998,180	-0.18	1,000,000	-0.18	3
851227	28280	0	1,028,280	2.75	1,028,280	0	0
851230	0	13440	1,013,440	0	1,028,280	-1.44	1

イント値、および必要な証拠金の情報を示している。この情報は、スプレッドシートに直接タイプ入力するか、コードで実行することができる。また、異なるシステムとマーケットの加重の実験をする可能性のために、書き出し機能とスプレッドシートを準備した。すべてのマーケット／システムの組み合わせを等しく扱うには、設定を1のままにする。特定のマーケット／システムの組み合わせを完全に消去したくない場合は、どちらかの加重を0に設定する。

図15.8のように、必要な情報と公式を列Fと列Hに入力したら、続いて、ポートフォリオサマリーの計算を終了する前に、後続の列にマーケットを追加できる。また、特定のマーケットにのみ関心がある場合は、図15.9のように、列Jと列Qのポートフォリオサマリーに直接移動する。

ポートフォリオサマリーを作成するには、次の公式を入力する。

セルJ36：＝A36

次に、その列のすべてのセルにドラッグしてコピーする。

セルK36：＝SUM（G36）

次に、その列のすべてのセルにドラッグしてコピーする。

セルL36：＝SUM(H36)
次に、その列のすべてのセルにドラッグしてコピーする。

セルM36：＝B2
次に、その列のすべてのセルにドラッグしてコピーする。

セルM37：＝M36＋L37＋(K37−K36)
次に、その列のすべてのセルにドラッグしてコピーする。

セルN36：＝ROUND(K36＊100/M36,2)
次に、その列のすべてのセルにドラッグしてコピーする。

セルO36：＝M36
次に、その列のすべてのセルにドラッグしてコピーする。

セルO37：＝MAX(M37,O36)
次に、その列のすべてのセルにドラッグしてコピーする。

セルP36：＝ROUND((M36−O36)＊100/O36,2)
次に、その列のすべてのセルにドラッグしてコピーする。

セルQ36：＝IF(P36＝0,0,Q35＋1)
次に、その列のすべてのセルにドラッグしてコピーする。

　列Kと列LのSUM関数の使用には、特に注意する必要がある。ほかのマーケットからのデータも追加している場合は、そのデータがポートフォリオ全体の結果に追加されてしまうからである。
　上記のエクセルの公式には、列Bのセルに対する参照を行うものが

図15.10 すべてのエクセル計算用のパラメータ初期値の例

	A	B	C
1	Change these		
2	Initial Eq ($)	1,000,000	
3	S&C ($)	75	
4	Risk (%)	3.25	
5	No. years	13.8	
6	Days / year	260	
7			

図15.11 エクセルでの「最適化」プロセスの戦略概要

	D	E	F	G	H
1	Strategy summaries				
2	Profitability			Trade statistics	
3	End Eq ($)	3,203,971		No Trades	73
4	Total (%)	220		Avg Tr ($)	30,191
5	Year (%)	36.41		Tr / Mark / Year	4.9
6	P factor	1.82		Tr / Month	0.4
7					
8	Risk measurers			Time statistics	
9	Max DD (%)	-27.76		Lng Flat (d)	317
10	Lrg Loss ($)	-289,260		TIM (%)	16.35
11	Winners (%)	57.53		Avg Days	4.00

ある。そこには、当初運用資金残高や控除するスリッページと手数料の金額などの、パラメータの初期値が保存してある。これは図15.10にある。このケースでは、100万ドルの当初運用資金で、1トレード当たりのリスクを3.25％に設定している。トレードの最終損益をポートフォリオ全体の資金額に加える前に、枚数当たり75ドルのスリッページと手数料を控除する。

データとすべての公式を入力し終わると、いよいよ図15.11のようなパフォーマンスサマリーに移る。このケースでは、1996年３月から1999年10月までのS&P500のマーケットで、蛇行システムによるトレードを行い、１枚当たり75ドルのスリッページと手数料を控除した。１トレード当たりの総資金に対する固定比率法のリスクは、５％に設定し、当初運用資金は100万ドルである。

　このケースでは、当初運用資金は320万3971ドルに増加し、年率換算の増加率は約36.4％となった。そのための「代償」は、およそ100日につき16日間だけポジションを取ることと、28％弱の最大ドローダウンと最大317日の回復期間である。

　先に進む前に、それぞれのパフォーマンスがどのように計算され、各セルに何を入力する必要があるのかを詳しく見ていく。
　セルE3：＝ROUND(AN(X),0)，

　列ANは、ポートフォリオの資金額が計算される列（図15.9では、列M）を参照し、Xはデータの最後の行を参照する。
　セルE4：＝ROUND((E3/B2-1)＊100,0)

　セルE5：＝ROUND((((E3/B2)^(1/B5)-1)＊100,2)

　セル E6：＝ROUND(SUM(SUMIF(H36:H989,"〉0"),SUMIF(Q36:Q989,"〉0"),SUMIF(Z36:Z989,"〉0"),SUMIF(AI36:AI989,"〉0"))/ABS(SUM(SUMIF(H36:H989,"〈＝0"),SUMIF(Q36:Q989,"〈＝0"),SUMIF(Z36:Z989,"〈＝0"),SUMIF(AI36:AI989,"〈＝0"))),2)

　列H、列Q、列Z、列AIは、ポートフォリオのそれぞれのマーケット／システムの組み合わせによる最終損益（このケースでは、マー

ケット／システムの組み合わせ用に固定比率ポートフォリオ計算を用意したが、一時的にほかの３つを消去している）を参照している。

　セルE9：＝ROUND(MIN(AQ36:AQ989),2),

　列AQは、ポートフォリオのドローダウン（図15.9では、列P）を参照する。

　セルE10：＝ROUND(MIN(AM36:AM989),0),

　列AMは、ポートフォリオの最終損益（図15.9では、列L）を参照する。

　セル E11：＝ROUND(SUM(COUNTIF(H36:H989,">0"),COUNTIF(Q36:Q989,">0"),COUNTIF(Z36:Z989,">0"),COUNTIF(AI36:AI989,">0"))*100/H3,2)

　セル H3：＝SUM(COUNTIF(H36:H989,"<>0"),COUNTIF(Q36:Q989,"<>0"),COUNTIF(Z36:Z989,"<>0"),COUNTIF(AI36:AI989,"<>0"))

　セル H4： ROUND(SUM(SUM(H36:H989),SUM(Q36:Q989),SUM(Z36:Z989),SUM(AI36:AI989))/H3,0)

　セルH5：＝ROUND(H3/B5/B7,1)

　セルH6：＝ROUND(B5/12,1)

　セルH9：＝MAX(AR36:AR989),

　列ARは、ポートフォリオのドローダウンからの回復期間（図15.9

図15.12　５％の固定比率による蛇行システムのＳ＆Ｐ500のトレードによる資産曲線

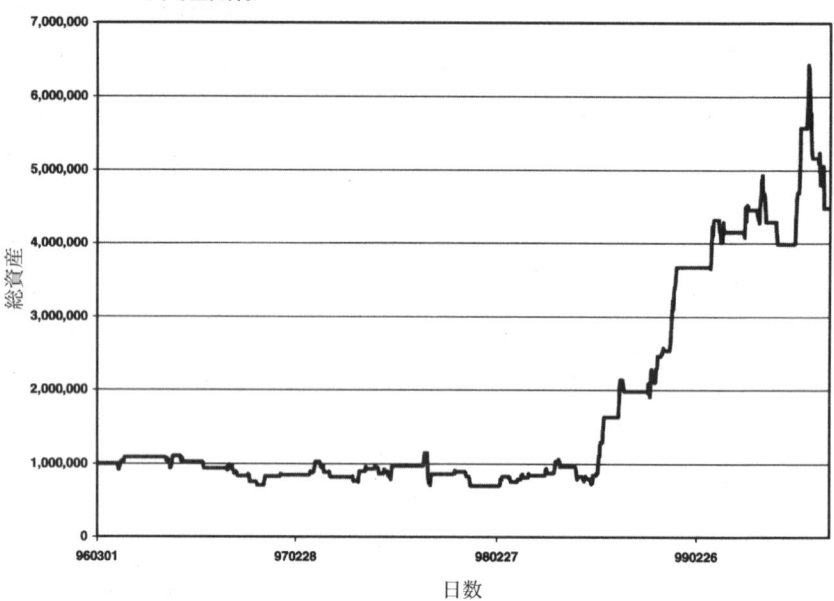

では、列Q）を参照する。

　セルH10：＝COUNTIF(AL36:AL989,"〈〉0")＊100/COUNT(AL36:AL989)、

　列ALは、ポートフォリオのすべての未決済のトレードの合計残高（図15.9では、列K）を参照する。

　セルH11：＝ROUND(COUNTIF(AL36:AL989,"〈〉0")/COUNTIF(AM36:AM989,"〉0"),0)

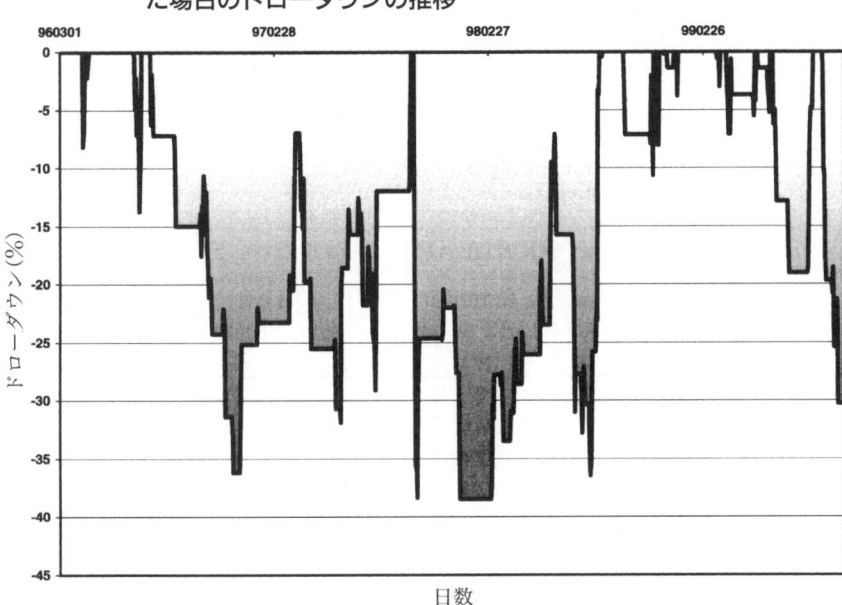

図15.13　5％の固定比率設定による蛇行システムでS&P500をトレードした場合のドローダウンの推移

すべての公式を入力したら、図15.12から図15.14のようなチャートを作成できる。これらはそれぞれ、資金額、ドローダウン、含み益を示している。図15.12は、ひとつのマーケット／システムの組み合わせからなるポートフォリオの資金額の推移を示し、図15.11のパフォーマンスサマリーと対応している。当初の損益均衡状態の期間が長いため、全期間を通じた増加率が年率で36.5％に達していても、資金額の推移が好ましいものでないのはすぐに分かる。ここで、マーケットのパーセンテージベースの動きは、資金のパーセンテージベースの増加や減少とは同じでないことを理解しておく必要がある。あるトレー

図15.14　５％の固定比率設定による蛇行システムでS&P500をトレードした場合の損益

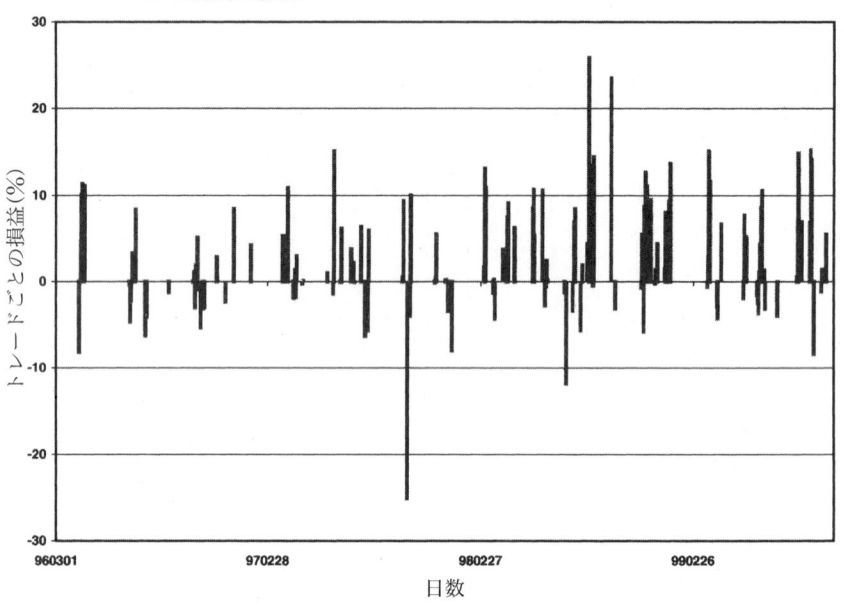

ドで、マーケットが資金額の1.1％分逆の方向に動いたら、システムはトレードを仕切る。マーケットがどのくらい動いたかには関係なく、パーセンテージベースではその動き以上の損失が出る可能性がある。このケースでは運用資金に余裕があるため、マーケットが1.1％動いた場合には５％の損失までは許容できる。

　このマーケット／システムの組み合わせでトレードを行う場合のリスクは、ドローダウンの期間を示す図15.13によく現れている。しかし、図15.14の各営業日の建玉を見ると、損益均衡状態が長く続く主な理由が、システムが機能していないことにあるのではなく、トレードの回数が足りないことにあり、ひとつの負けトレードのために長い

表15.1　3つのシステムでS&P500をトレードした1.5%の固定比率ポートフォリオの結果

戦略概要			
収益性		トレードの統計	
最終資産	4,827,166	トレード数	316
全体(%)	383	平均トレード($)	12,773
年間(%)	52.17	トレード/マーケット/年	28.1
プロフィット・ファクター	1.56	トレード/月	2.3
リスク指標		時間の統計	
最大ドローダウン(%)	−19.47	最長回復期間(日)	113
最大損失($)	−307,050	TIM(%)	54.82
勝率(%)	56.96	平均トレード日数	3.00

期間苦労させられていることが分かる。この苦痛の期間を短くするには、同じシステムでほかのマーケットもトレードするか、同じマーケットでも相関性のない異なるシステムを使って、分散を図ることだ。

いずれにしても図15.14には、資金全体（未決済と最終の両方）に関するすべての建玉の残高全体の動きを記録し、それをヒストリカルの数値と比較するという重要な機能がある。プラスの数値は利益が出ており、マイナスの数値は逆に損失が出ていることを示す。現在の建玉が、想定値と比較した場合にラインから外れる場合は、マーケット／システムの組み合わせがそのように作られているからであって、ポートフォリオを未知の領域へと導いてしまうことになる。このケースでは、10％を超える利益と５％以上の損失（これ以上の損失はトレードを手仕舞うため）はほとんどない。したがって、そのような状況が起こる場合は、例外的なケースであることが分かる。例外的なケースが起こった場合は、それがいい場合でも悪い場合でも、最終的なトレードの帳尻に不安定要因とリスクをもたらすことになるため、システ

図15.15　3つのマーケット／システムの組み合わせによる資産曲線

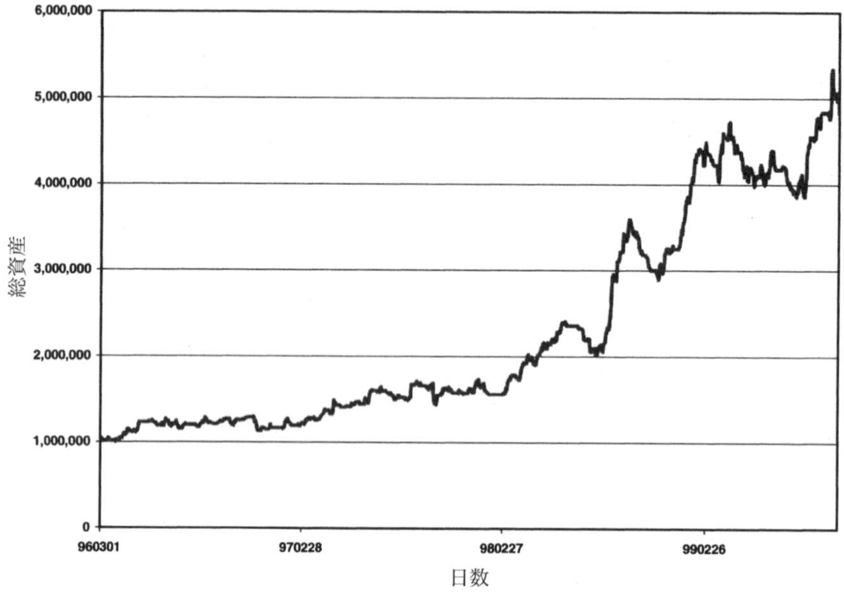

ムからのシグナルを無効にして利食いか損切りを行ったほうが、ポートフォリオ全体をベストの状態に維持できるかもしれない。

　すでに結論が出ているように、図15.11のパフォーマンスサマリーと、図15.12と図15.13で示されている運用資金全体の推移は、すべてあまり見栄えのするものではない。しかし、このポートフォリオは単独のマーケット／システムの組み合わせで構成されている。パフォーマンスを向上させるには、これをほかのマーケット／システムの組み合わせに分散する必要がある。表15.1は、分散を行った結果である。今回は、3つのマーケット／システムの組み合わせと、本書の前半で構築した3つの短期システムでポートフォリオを構成し、すべてを

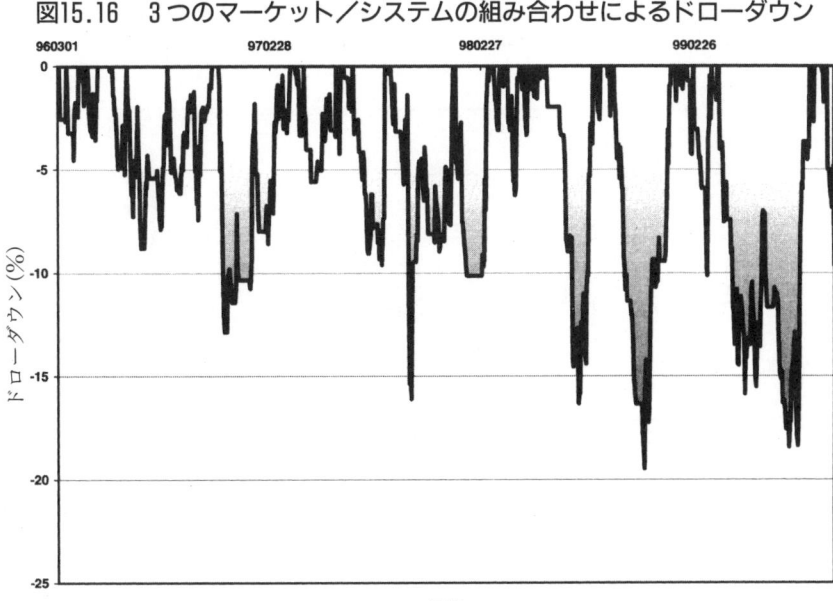

図15.16　3つのマーケット／システムの組み合わせによるドローダウン

S&P500と先物に適用した。1トレード当たりの最大許容リスクは、1.5％にとどめた。当初運用資金は100万ドルで、1枚につき75ドルを控除する。ここでは、年率50％を超える結果が得られたが、1トレード当たり1.5％の許容リスクにもかかわらず、最大ドローダウンは20％弱に達し、最長回復期間も6カ月弱（113/21＝5.4）となっているのは驚きに値する。

　図15.15と図15.16は、短期投資戦略の資金の推移とヒストリカルドローダウンである。全体の資金の推移のチャートからは、金額ベースの最大ドローダウンが1999年の夏に発生しているように見えるが、パーセンテージベースでは1998年の後半に発生している。戦略全体が堅

429

図15.17　3つのマーケット／システムの組み合わせによる各トレードの金額

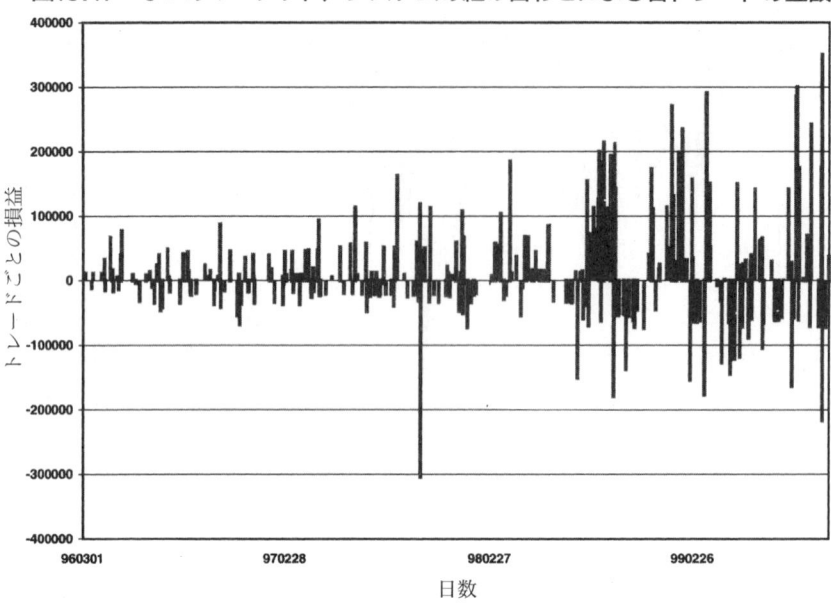

牢なもので、その他の要素も堅実でシンプルな原則に基づいているとすると、資金が増加するにつれて、パーセンテージベースでは変化がなくとも、金額ベースのドローダウンは大きくなるはずである。もしそうであれば、ドローダウンは現在のマーケットが取引されている水準やトレンドの方向や取引口座の規模には関係がないことになる。市販のシステム検証パッケージを使用する場合には、これは該当しない。突然大きなドローダウンが発生した場合に、もはや使用しているシステムが想定したようには機能しない（または、少なくとも想定外の動きをしている）と分かるのは、本書で説明しているテクニックを使っている場合だけである。このような状況が発生しても、けっして心配

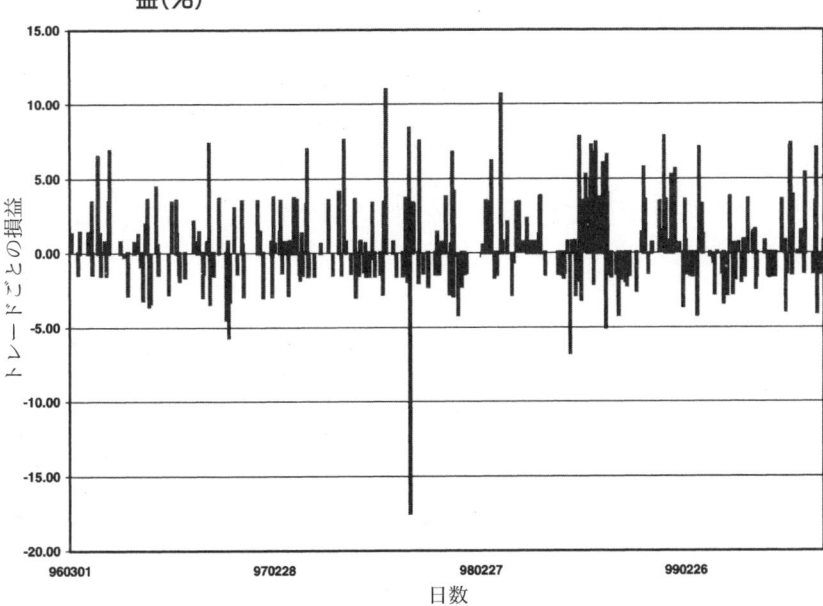

図15.18 ３つのマーケット／システムの組み合わせによる各トレードの利益(％)

する必要はない。本書の前半部を読んでいれば、その間違いを正確に修正することができるはずである。システムを新しく構築することがあるかもしれないが、特にほかのシステムとマーケットのポートフォリオに対応するシステムの場合は、すべてを固定比率資金管理戦略のもとで単独で機能するように構築し、全体としての機能がその部分部分の合計を上回るように、トレーディング戦略全体を構成する。

　上記のことを頭に入れながら、個別のトレードをそれぞれ異なる方法で測定した図15.17と図15.18を見てもらいたい。これを図2.4、図2.5と比較してみよう。図2.5と図15.18では、バーがどのくらいの大きさで見えるかがそのまま上限と下限になる。この２つのチャートは、

パーセンテージベースで表示されているからである。図2.5では、パーセンテージは、マーケットが現在取引されている水準に対する特定の動きの大きさとして計算されている。図15.18では、ポートフォリオ全体の資金に対する特定の動きの大きさとして計算されている。

　一方で図2.4と図15.17のチャートは実際の金額を示しており、上のような相対的な比較はできない。図2.4では、1枚の各トレーディングの動きから金額を計算している。図15.17では、増加しつつある枚数の各トレーディングの動きから金額を計算している。図2.4と図15.17の主な違いは、図2.4では、マーケットの取引水準が高くなっているために、1トレード当たりの金額が大きくなっているのに対し、図15.17では、運用資金が増加しているために1トレード当たりの金額が大きくなっていることである。しかし、運用資金が増加しているか減少しているかは、マーケットの上昇や下降や停滞とは関係がない。あらゆるタイプのトレンドや動きをとらえて投資戦略が意図したとおりに機能しているかどうかには、なおさら関係ない。ここではもう分かっているが、図2.4を見てもそれがうまく機能しているかどうかを知る方法はない。

　図15.17は、すべてが順調にいっているかぎり、眺めていて楽しいというだけのものだ。上記の図15.14とまったく同じ理由で、最も重要なチャートは図15.18である。最終損益が想定したラインから外れる場合は、マーケット／システムの組み合わせのうちで、そのように設計されているものが存在しているからで、ポートフォリオを未知の領域へと導いてしまうことになる。このケースでは、最終的な損失が数パーセントを超えるものはほとんどない。したがって、このようなことがしばしば起こるようであれば、システムのロジックに反し、想定した動きから逸脱し始めているマーケット／システムの組み合わせが存在している証拠である。

　日次とバーごとのデータで作業を行うときは、考慮すべき重要なポ

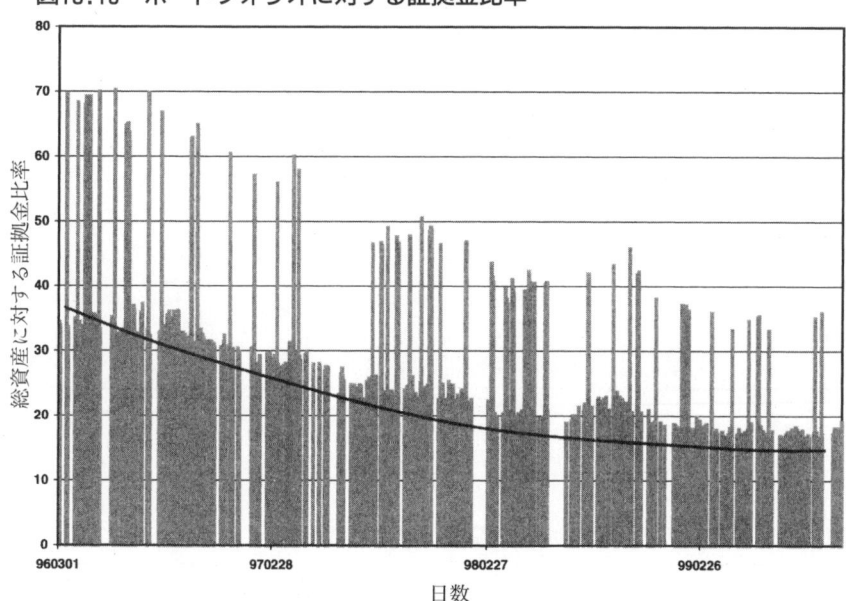

図15.19　ポートフォリオに対する証拠金比率

イントがある。それは、図15.19にある「資金に対する証拠金比率」である。このチャートは、ブローカーがトレードを行う場合に取引口座残高のうちどのくらいの金額を必要とするかを示したものである。今まで作業を行ってきたS&P500のポートフォリオでは、１枚につき２万2000ドルの証拠金を想定している。このケースでは、時間の経過とともに必要な証拠金率の平均は20％を下回り、最大でも35％程度となる。これは、このケースではブローカーに預託する金額は投資金額全体の50％で済むことを意味している。残りの資金は、ほかに置いておくとすれば、ブローカーの預託金利よりも高いリターンが得られるところであろう。しかし、その資金は流動性を確保しておき、投資戦

表15.2 蛇行システムの1枚での結果

戦略概要			
収益性		トレードの統計	
最終資産	1,088,541	トレード数	73
全体(%)	9	平均トレード($)	1,213
年間(%)	2.29	トレード／マーケット／年	6.5
プロフィット・ファクター	1.86	トレード／月	0.5
リスク指標		時間の統計	
最大ドローダウン(%)	−1.68	最長回復期間(日)	275
最大損失($)	−13,148	TIM(%)	16.35
勝率(%)	57.53	平均トレード日数	4.00

表15.3 1枚での売買したポートフォリオの結果

戦略概要			
収益性		トレードの統計	
最終資産	1,331,013	トレード数	316
全体(%)	33	平均トレード($)	1,079
年間(%)	7.92	トレード／マーケット／年	28.1
プロフィット・ファクター	1.59	トレード／月	2.3
リスク指標		時間の統計	
最大ドローダウン(%)	−3.85	最長回復期間(日)	112
最大損失($)	−32,656	TIM(%)	54.82
勝率(%)	56.96	平均トレード日数	3.00

略上必要な場合はすぐに使えるようにしておくことが重要である。そうしなければ、半分の資金で倍のf値を使ってトレードするという危険な状態となる。

長期システムに移る前に、図15.11と図15.1のパフォーマンスサマ

リーを、表15.2、表15.3と比較してみよう。表15.2と表15.3は、1枚ベースのトレードによる結果を示している。もし固定比率資金管理戦略の結果が1枚ベースよりも劣るようであれば、何が問題なのだろうか。しかし、心配する必要はない。表15.2では、単独のマーケット／システムの組み合わせが、1枚ベースで8万8500ドルの利益しか上げていないが、3つのマーケット／システムの組み合わせでは、33万1000ドル、当初運用資金100万ドルに対して年率で約8％のリターンとなっている。これは、1トレード当たりの資金全体に対するリスクを1.5％に設定した場合の年率52％のリターンとは、際立った差である。

　もうひとつの興味深い事実は、図15.11と表15.2のプロフィット・ファクター、1トレードの損益、勝率、ドローダウンの数値がすべて、表15.1と表15.3のものを上回っていることである。普通のシステム開発者にとってこれは、すべて重要な数値である。これまで見てきたことを知らなければ、これらの数値をTradeStationやほかの市販プログラムのパフォーマンスサマリーから直接取り込むときに、3つのマーケット／システムの組み合わせを見過ごして、ひとつの組み合わせで積極的にトレードを行っていたかもしれない。

　単独のマーケット／システムの組み合わせで積極的なトレードを行うよりも、複数のマーケット／システムの組み合わせによるポートフォリオのほうが優れているのには、いくつか理由がある。最も明確な理由は基本的なトレーディングの方程式から学んだように、トレードの頻度をできるかぎり高くすることが、プラスの期待値を維持しながら資金の増加率を向上させるのに最も効果的な戦略だからである。そして、単独のマーケット／システムの組み合わせでどんなに高い頻度でトレードを行ったとしても、実際のトレードの数は複数のマーケット／システムの組み合わせで同時にトレードした場合ほどには増加しない。さらに、プラスの期待値を持つ複数のマーケット／システムの

表15.4　7％の固定比率（最適のf）による3つのマーケット／システムの組み合わせ結果

戦略概要			
収益性		トレードの統計	
最終資産	114,147,973	トレード数	316
全体(%)	11,315	平均トレード($)	451,612
年間(%)	253.72	トレード／マーケット／年	28.1
プロフィット・ファクター	1.33	トレード／月	2.3
リスク指標		時間の統計	
最大ドローダウン(%)	−75.67	最長回復期間(日)	160
最大損失($)	−36,724,875	TIM(%)	54.93
勝率(%)	56.96	平均トレード日数	3.00

　組み合わせでひとつの取引口座を共有した場合は、期待値がプラスの方向に大きくなることで、個別のトレードによって多くの資金を振り向けることができる。

　異なるマーケット／システムの組み合わせに関するかぎり、プラスの期待値を持つそれぞれの組み合わせに100％の相関性があるわけではない。さらに、マイナスの期待値を持つ組み合わせが存在したとしても、ポートフォリオ全体でほかの組み合わせとの間に十分な非相関性があるかぎり問題とはならない。しかし、これに対する代償は、多くの組み合わせを追加するほど、ポートフォリオ全体の効率性が低下することである。例えば、0.5のf値を持つ完全に非相関な2つの組み合わせでは、戦略全体のオプティマルfも0.5以下となってしまう。これは、トレードに対して有意義な組み合わせの数には限度があることを意味している。

　しかし、さらに突っ込んだ議論をするならば、いくつかの非相関性のあるマーケット／システムの組み合わせでトレードした結果、効率

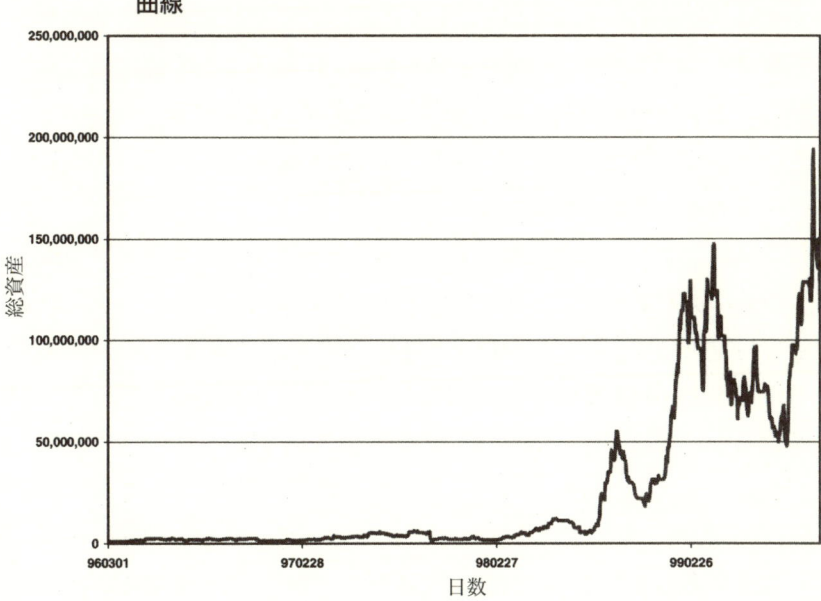

図15.20　最適のfによる3つのマーケット／システムの組み合わせの資産曲線

性が低下したとしても、それには大きなメリットがある。オプティマルf値が小さいほど固定比率のトレーディングのレベルでは、リスクがより低下し、期待利益率も低下する。例えば、2つの完全相関のマーケット／システムの組み合わせを考えてみる。そのうちのひとつで損失が発生した場合は、もうひとつでも損失が発生し、すべてのトレードが失敗に終わってドローダウンが発生し、運用資金を減らしてしまう。ところが、非相関の組み合わせの場合は、その非相関性によって一方の損失を他方がある程度埋め合わせるだけでなく、同時にトレードそのものは行われない。これは、それぞれの負けトレードが、そのあとに続く枚数を減らすことを意味している。

以上をまとめると、ひとつの重要な結論にたどり着く。オプティマルfは、ポートフォリオのリターンの高さの指標ではなく、リスクの指標である。リターンの高さを知るには、1枚当たりの想定最大損失額と、1トレード当たりの想定最大損失の額（固定比率トレーディングのレベル）を想定した場合のEGM（推定幾何平均）で示される資金の増加率を見なければならない。

　最後に、だまされたと思って、3つのマーケット／システムの組み合わせによるポートフォリオをオプティマルf近辺でトレードした場合の利益を見てみたい。表15.4と図15.20では、当初運用資金の100万ドルが1億1414万8000ドルに増加し、年率254％を記録している。しかしその代償として、運用資金の75％にも達するドローダウンと、3700万ドルもの単独のトレードによる損失がある（とにかく、図15.20で最大と考えられるドローダウンは、パーセンテージベースだと運用資金のどのくらいに相当するだろうか）。これは明らかに許容できるような数字ではないが、トレードされる最大の枚数が一度で1万を超え、平均証拠金比率が200％近い場合にのみ許容できるものである。この場合、取引口座のサイズと同額の証拠金を借りてこなければならない。80％にもなるようなドローダウンのトラックレコードに、正気で資金を貸してくれる者がいるだろうか。オプティマルfに関する理論は確かに見事なものであるが、制限を設けずにオプティマルfでトレードを行うのは現実的ではない（運用資金に対するパーセンテージベースの最大ドローダウンは、1998年の秋に発生し、それは、図15.20では中間を過ぎた辺りに表れている）。

長期投資戦略

　固定比率法による投資を考えた場合、長期システムでは短期システムに比べて大きなデメリットがある。それは、トレードの頻度が低く、

表15.5　SDB戦略による1.5%の固定比率トレーディング（対象期間）

戦略概要			
収益性		トレードの統計	
最終資産	7,462,552	トレード数	424
全体(%)	646	平均トレード($)	14,614
年間(%)	17.6	トレード／マーケット／年	2.1
プロフィット・ファクター	2.04	トレード／月	2.8
リスク指標		時間の統計	
最大ドローダウン(%)	−17.17	最長回復期間(日)	25.9
最大損失($)	−148,124	TIM(%)	99.81
勝率(%)	41.75	平均トレード日数	20.00

固定比率法によるトレードの基本方程式にある基本要因を満たすことができないことである。したがってこの問題を克服するには、できるかぎり多くのマーケットでトレードを行い、トレーディングの頻度を上げる必要がある。しかし、その場合はシステムが堅牢で、できるだけ多くのマーケットで収益性を発揮することが重要となる。そして、そのためにはもう繰り返すまでもないが、トレードを行うマーケットやその状況に関係なく、システムが同じように機能しなければならない。一貫性を保つには、マーケットの間に大きな統計上の差異が存在しないことを前提に、たとえ異なるマーケット／システムの組み合わせの場合のｆ値との間に大きな違いがあっても、各マーケットを同一のｆ値で同じように扱わなければならない。

標準偏差ブレイクアウト戦略

　SDB（標準偏差ブレイクアウト）システムの検証プロセスでは全体を通じて、1992年10月までのデータしか扱わなかった。残りのデー

表15.6　SDB戦略による1枚でのトレーディング(対象期間)

戦略概要			
収益性		トレードの統計	
最終資産	1,329,060	トレード数	424
全体(%)	33	平均トレード($)	765
年間(%)	2.32	トレード/マーケット/年	2.1
プロフィット・ファクター	1.99	トレード/月	2.8
リスク指標		時間の統計	
最大ドローダウン(%)	−2.53	最長回復期間(日)	20.81
最大損失($)	−6,726	TIM(%)	99.81
勝率(%)	41.75	平均トレード日数	20.00

タは、処女データ期間の検証のために取っておいた。表15.5は対象期間におけるポートフォリオ全体のトレーディングの結果である。すべてのマーケットで固定比率資金管理によるトレーディングを行い、1トレード当たりのリスクは運用資金全体の1.5%以下に抑えてある。当初の残高は100万ドルで、1枚につき75ドルのスリッページと手数料を控除する。

　f値を0.015と低く保っても、固定比率トレーディング戦略の使用がほんとうに有効であるかを確認するために、表15.5と表15.6の結果を比較する。表15.6は、1枚だけトレードした場合の利益を示している。表15.5と比較して大きく劣っているのは、ドローダウンからの回復期間がやや長いことだけである。しかし、この段階では、システム、資金管理、ポートフォリオ構成の3つの変数すべてが互いに干渉し影響し合って、3つのすべてが均等にトレード結果を支えているが、調査と検証の結果、システムそのものよりも不適切なポートフォリオ構成に問題があることが分かってきた。それにもかかわらず、このケー

図15.21　エクセルによる月次リターンの計算

	EZ	FA	FB	FC	FD	FE
28	Date	Equity	Top	DD	1	3
30	800602	1,000,000	1,000,000	0.00		
31	800630	1002547	1,002,547	0.00	0.25	
32	800731	1054785	1,054,785	0.00	5.21	
33	800829	1095614	1,095,614	0.00	3.87	9.56
34	800930	1095839	1,095,839	0.00	0.02	9.31

スでは最長回復期間は、ｆ値が2.5％の場合も１％の場合も同じである。ただ、ｆ値が高いほうがよりドローダウンとリターンが高く、低い場合はその逆となる。

とりあえず、このポートフォリオのオプティマルｆは約14％で、最終的な利益は215億ドル、年率で125％となるが、ドローダウンは95％近くに達し、最大損失額は45億ドルで、ドローダウンからの最長回復期間は40カ月以上となる。ここで明らかなのは、最終損益はどれだけ枕を高くして寝ることができるかどうかという関数にすぎない。このケースでは、平均して年に17.5億ドルの利益を得ている。それが眠れない夜と引き換えにできるというのであればの話だが。

SDBシステムは、マーケット／システムの組み合わせによるポートフォリオ全体について一貫性のある資金管理を具体化した、より完璧な戦略のもとで有効に機能することが分かっている。そこで、以前は試さなかったデータで、同じ戦略がどのような結果を出すのか検証してみたい。そのためにはまず、いくつかの分析テクニックをポートフォリオサマリーのスプレッドシートに追加する。

月次の結果を生み出す一連の公式をまとめて、図15.21のようなスプレッドシートを作成する。これに、さらに公式を追加することで、表15.7と表15.8のような結果を作成できる。

これを行うには、ポートフォリオの計算を行う列のひとつ隣の列の、

ポートフォリオの計算を開始するのと同じ行のセルを強調表示する。図15.21のセルEZ30で、

　セルEZ30：＝EO30
　列EOは、日付を示す。

　セルEZ31：＝IF(INT(EO31/100)〈INT(EO32/100),EO31,"")
　次に、その列のすべてのセルにドラッグしてコピーする。

　セルFA30：＝ER30,
　列ERは日次の運用資金を示す。

　セルFA31：＝IF(INT(EO31/100)〈INT(EO32/100),ER31,"")
　次に、その列のすべてのセルにドラッグしてコピーする。

　列EZと列FAの空白のセルは削除し、情報を含むすべてのセルを互いに下に配置すると、その結果は図15.21のようになる。これは、手動でもマクロを使っても実行できる。これが完了したら、直近の最高資金額とドローダウンを計算する。

　セルFB30：＝FA30

　セルFB31：＝MAX(FA31,FB30)
　次に、その列のすべてのセルにドラッグしてコピーする。

　セルFC30：＝(FA30-FB30)＊100/FB30
　次に、その列のすべてのセルにドラッグしてコピーする。

　列FDと列FEで、月次と四半期ごとのリターンを計算する。

表15.7　nカ月ごとの累積パーセント利益（対象期間）

	1	3	6	12	24	36	48	60
直近	−0.94	3.95	26.37	39.14	54.52	79.46	119.78	159.88
平均	1.43	4.41	8.77	17.65	39.97	69.48	110.03	159.17
最高	13.25	27.13	49.21	62.70	116.21	162.76	228.11	256.53
最低	−9.09	−12.34	−10.97	−6.54	−11.42	−1.67	8.71	25.23
標準偏差	3.92	7.21	11.26	15.42	29.05	44.40	60.53	69.04
EGM	1.35	4.16	8.19	16.64	36.92	63.56	101.12	149.81
シャープレシオ	0.36	0.61	0.78	1.14	1.38	1.56	1.82	2.31
平均勝ちトレード	3.57	7.48	12.17	20.80	44.63	70.11	110.03	159.17
平均負けトレード	−2.33	−3.52	−3.63	−3.35	−4.26	−1.67	N/A	N/A

表15.8　年率でみたnカ月ごとの累積パーセント利益（対象期間）

	1	3	6	12	24	36	48	60
直近	−10.71	16.76	59.69	39.14	24.31	21.52	21.76	21.05
平均	18.58	18.84	18.31	17.65	18.31	19.23	20.38	20.98
最高	345.1	161.21	122.64	62.7	47.04	37.99	34.59	28.95
最低	−68.13	−40.95	−20.74	−6.54	−5.88	−0.56	2.11	4.6
標準偏差	58.63	32.11	23.79	15.42	13.6	13.03	12.56	11.07
シャープレシオ	0.32	0.59	0.77	1.14	1.35	1.48	1.62	1.9
平均勝ちトレード	63.76	72.11	78.47	86.96	90.48	99.12	100.00	100.00

　　セルFD31：＝(FA31/FA30−1)＊100

次に、その列のすべてのセルにドラッグしてコピーする。

　　セルFE33：＝(FA33/FA30−1)＊100

次に、その列のすべてのセルにドラッグしてコピーする。

列FFから列FK（図15.21では表示されていない）で、6、12、24、36、48、60カ月ごとのリターンを計算する。上記の公式と本書で取り上げたほかのすべての公式を使えば、表15.7のような表を作成できる

はずである。

　累積複利ベースの表15.7の数値を、表15.8のような年率ベースに変換するには、それぞれの数値を（12/PL）乗する。PLは、期間の長さである。例えば、直近の月のリターンがセルK3に保存されていて、それをセルK13で年率に変換する場合、セルK13で次の公式を使う。

　＝ROUND(((K3/100＋1)^(12/K2)-1)＊100,2)，
　セルK2は、元の期間の月数を示す。

　表15.7と表15.8からは、例えば12カ月の期間で6.54％以上の損失を出したケースと、3年以上続く損失を出したケースはないことが分かる。また、勝率が42％以下であっても、利益を上げた月の比率が64％となっていることも分かる。

　これは重要な発見で、説明を加えてより理解を深めておく必要がある。このシステムは、損失を早めに切るようにするために、時間ベースのストップのようなテクニックを使って2つのことを達成している。第一のポイントは、ひとつの損をずっとそのままにしないため、連続する数カ月の結果を悪くする可能性を低くしている。第二は、直近の損失に続くトレードがその損失を埋めるのを容易にしている。最後に、低い勝率が利益の出た月の比率を高めているかもしれないということである。このポイントについての分析を行えば、利益の出る月の比率を高めることが、勝率を高めることよりもはるかに重要であることが分かると思う。利益の出る月の数を増やすためには、システム構築の最初のステップでそれを考慮しておく必要がある。

　これは、平均損益を標準偏差と比較する場合と同じタイプのトレードオフである。秘訣は、平均損益をあまり高くせず、標準偏差を十分に上回る程度にとどめておくことである。標準偏差をより小さく抑えるかぎり、平均損益を減少させるシステムへの変更はOKである。た

図15.22　累積月次リターン（対象期間）

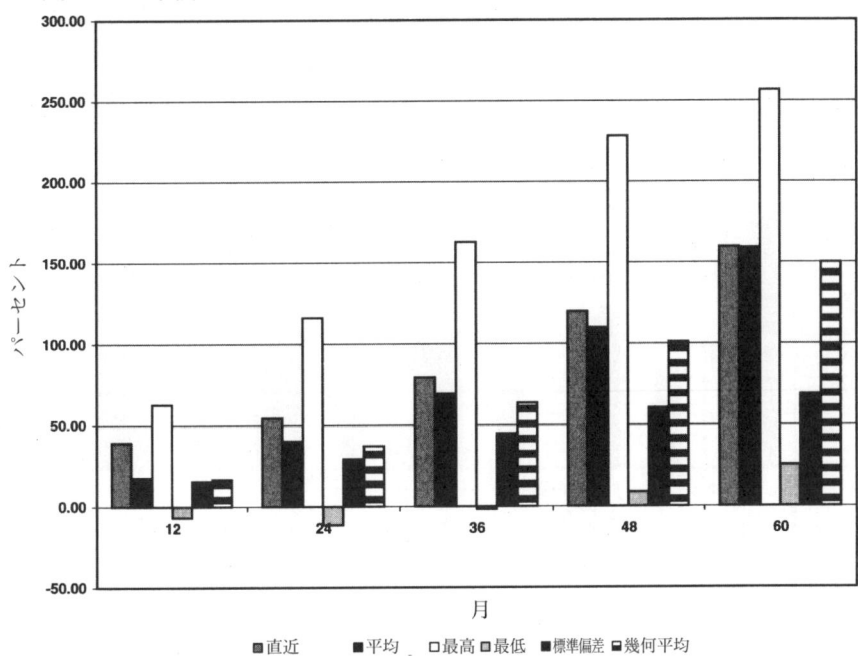

　　　　　■直近　　■平均　□最高　■最低　■標準偏差　▥幾何平均

表15.9　SDB戦略による1.5%の固定比率トレーディング（全期間）

戦略概要			
収益性		トレードの統計	
最終資産	19,949,789	トレード数	730
全体(%)	1,895	平均トレード($)	25,184
年間(%)	16.68	トレード／マーケット／年	2.4
プロフィット・ファクター	1.52	トレード／月	3.1
リスク指標		時間の統計	
最大ドローダウン(%)	−27.3	最長回復期間(日)	25.9
最大損失($)	−568,453	TIM(%)	99.88
勝率(%)	39.59	平均トレード日数	19.00

図15.23　年率月次リターン（対象期間）

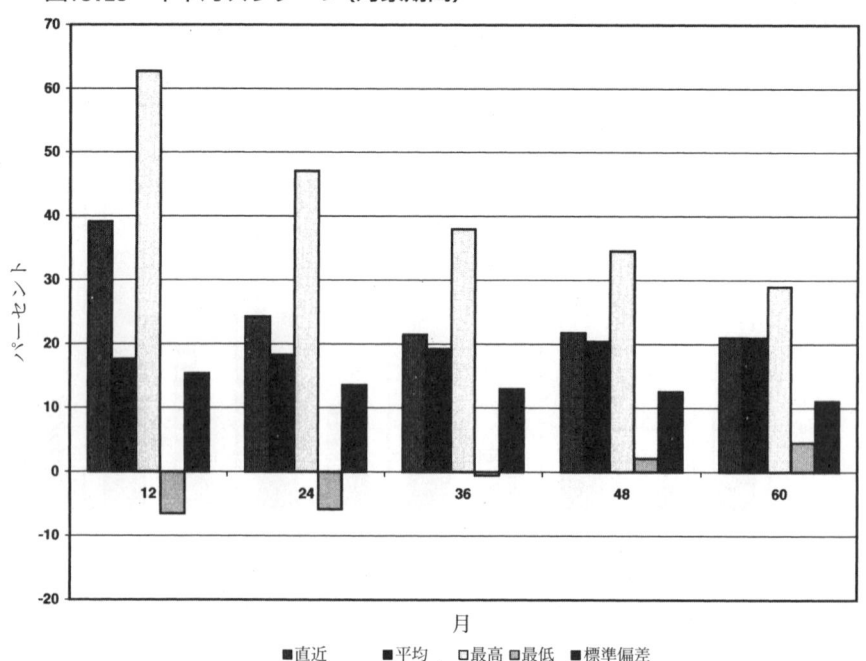

■直近　■平均　□最高　■最低　■標準偏差

だし、数学的な期待値はプラスを維持し、平均損益はトレード可能な大きさでなければならない。これによるプラスの副次的効果として、トレードの数が増加し、トレーディングの方程式どおりに利益がさらに増加する。

　表15.7と表15.8の数値を説明するもうひとつの方法として、図15.22と図15.23のようなチャートを作成する。

　ここで、SDB戦略が1980年1月から1992年10月までの対象期間と、1992年10月から1999年10月までの処女データ期間で、どのように機能したかを調べてみる。以前と同様、当初運用資金は100万ドルで、1

表15.10　SDB戦略による月次リターン(全期間)

直近	−7.12
平均	1.40
最高	15.58
最低	−13.63
標準偏差	4.70
幾何平均	1.29
シャープレシオ(年率)	0.3
平均勝ちトレード	4.18
平均負けトレード	−2.86
平均勝率	60.52

　トレード当たり75ドルをスリッページと手数料として控除する。表15.9では、最終の資金が2000万ドル近くまで増加し、年率で16.68%の増加率となっていることを示している。処女データ期間の結果がわずかに悪いのは、この戦略がここ数年うまく機能しなかったことを示している。これは、低いプロフィット・ファクターと大きいドローダウン、低い勝率からも確認できる。これから分かるように、表15.9の金額ベースの１トレードの損益は表15.5の数値を大きく上回っているが、この段階ではすでに明らかなように、戦略そのもののパフォーマンスとは無関係で、利用できる資金が多く、個別のトレードにより多くの資金をつぎ込むことができたからである。

　表15.10では、パーセンテージベースの平均損益が低下しており、同時に標準偏差が上昇している。これは良くない傾向で、戦略の収益性が低下しているだけではなく、リスクが高くなっていることを示している。全体的に見てこれはパフォーマンスの低下であるが、プロフェッショナルなマネーマネジャーにとっては許容できる水準から大きく隔たっているわけではない。実際のところ、ただひとつ許容できないのは回復期間の長さである。これは処女データ期間でも改善されな

図15.24　SDB戦略による累積月次リターン（全期間）

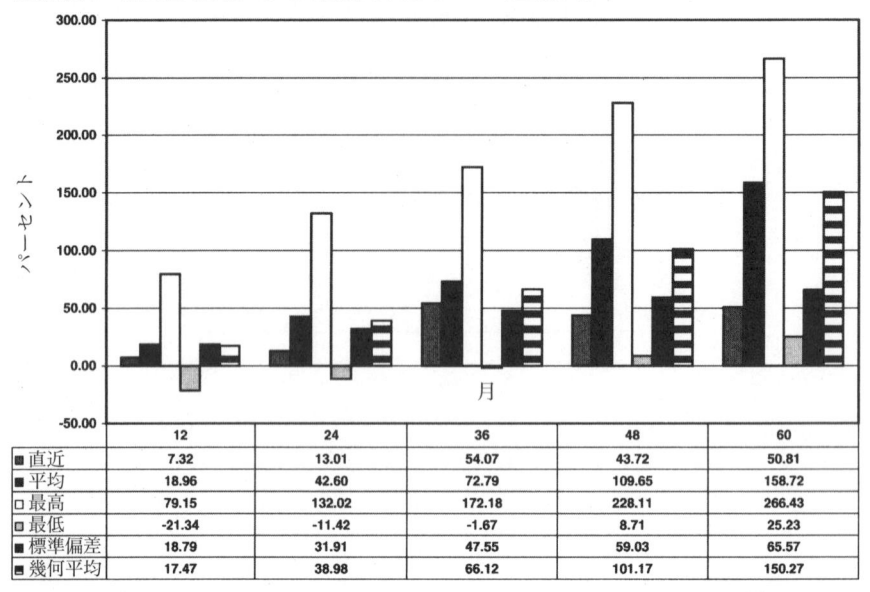

	12	24	36	48	60
■ 直近	7.32	13.01	54.07	43.72	50.81
■ 平均	18.96	42.60	72.79	109.65	158.72
□ 最高	79.15	132.02	172.18	228.11	266.43
▨ 最低	-21.34	-11.42	-1.67	8.71	25.23
■ 標準偏差	18.79	31.91	47.55	59.03	65.57
▤ 幾何平均	17.47	38.98	66.12	101.17	150.27

表15.11　ディレクショナルスロープ戦略による1.5％の固定比率トレーディング（全期間）

戦略概要			
収益性		トレードの統計	
最終資産	17,011,080	トレード数	2,885
全体(%)	1,601	平均トレード($)	4,420
年間(%)	15.73	トレード／マーケット／年	9.3
プロフィット・ファクター	1.06	トレード／月	12.4
リスク指標		時間の統計	
最大ドローダウン(%)	-57.56	最長回復期間(日)	28.24
最大損失($)	-2,374,435	TIM(%)	98.06
勝率(%)	29.71	平均トレード日数	7.00

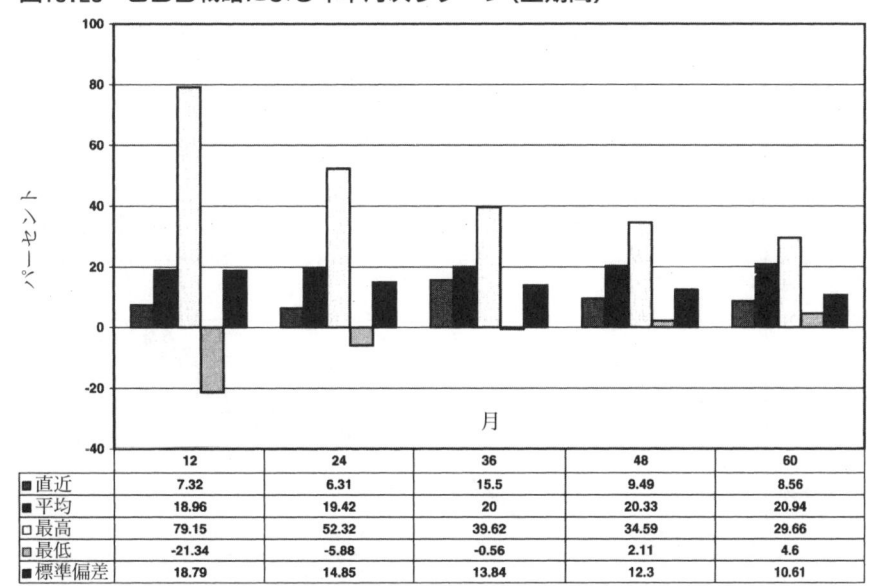

図15.25　SDB戦略による年率月次リターン(全期間)

月	12	24	36	48	60
■直近	7.32	6.31	15.5	9.49	8.56
■平均	18.96	19.42	20	20.33	20.94
□最高	79.15	52.32	39.62	34.59	29.66
■最低	-21.34	-5.88	-0.56	2.11	4.6
■標準偏差	18.79	14.85	13.84	12.3	10.61

いままである。図15.24と図15.25からは、図15.7と図15.8および図15.22と図15.23とまったく同じタイプの情報が得られる。

ディレクショナルスロープ戦略

　ディレクショナルスロープ・システムを構築するときに、週次のデータを使用して日次のノイズをフィルターアウトした。残念ながら、システムをリアルタイムで運用するには、すべての入力変数に5を掛けて、日次のデータに戻さなければならない。筆者の最初の研究では、この不可避の要因が結果をいくらか低下させているが、元のシステムのロジックが堅実かつシンプルなもので、あらゆる努力のもとシステ

図15.26　ディレクショナルスロープ戦略による資産曲線

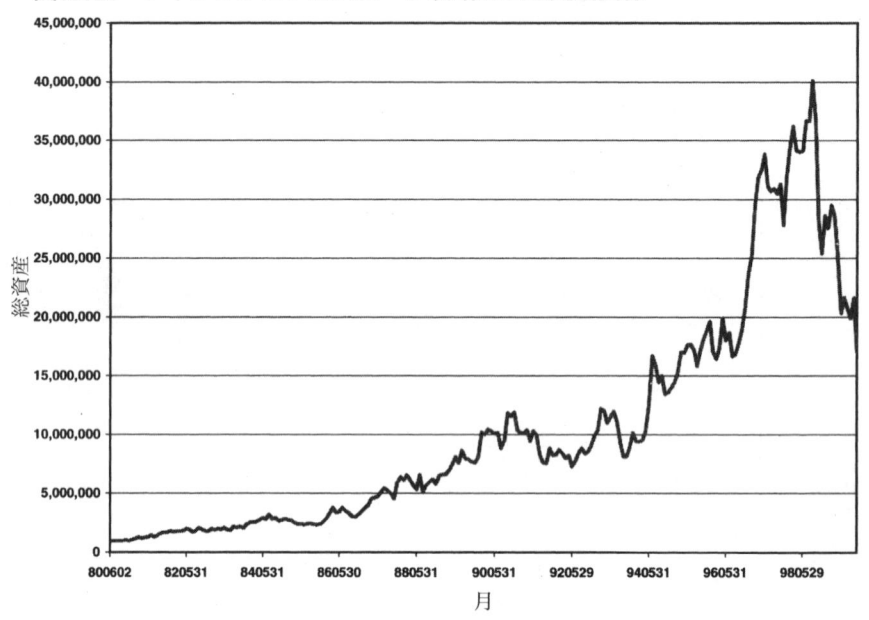

ムを可能なかぎり堅牢なものにしているかぎり、このシステム構築の概念をすべて捨ててしまう理由は見つからなかった。しかし、この分野に関する筆者の研究は、依然として基礎の段階にとどまっており、筆者の考えが正しいか間違っているかは、時が経過しなければ分からないということを、指摘しておかなければならない。それでもなお、ここで指摘したポイントは、最善のシステムを提供するばかりでなく、自分でシステムを構築する場合にも役に立つヒントや秘訣を提示している。さらに重要なのは、コンピューターの前に座る前に、考慮しておかなければならない基本的な推論を説明している。

　表15.11と、図15.26および図15.27は、システム構築のプロセスの

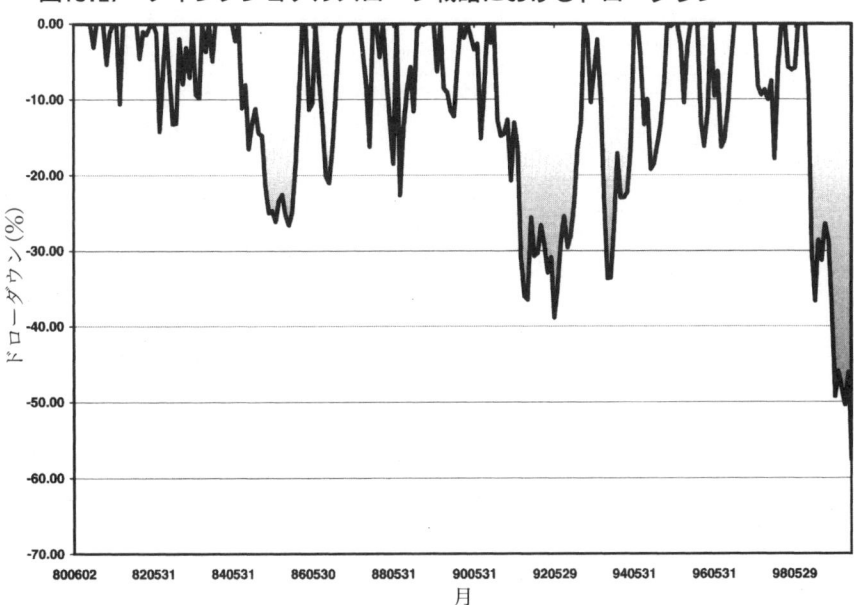

図15.27　ディレクショナルスロープ戦略におけるドローダウン

　期間にディレクショナルスロープ・システムで16のマーケットでトレードを行った結果である。以前と同様に、当初運用資金は100万ドルで、1枚につき75ドルをスリッページと手数料として控除する。これを見ると分かるように、この結果はそれほど興味をそそるものではない。これは主に、最大ドローダウンが60％近くに達しており、回復期間が28カ月以上にもなっていることによる。
　しかし、この大きな理由のひとつは、最適化のプロセスで使用するマーケットを慎重に選択し、S&P500やCRB指数のように、トレンドフォロー系の戦略ではいい成績を残せないマーケットをあえて組み入れたからである。これによって、最終のパラメータの設定をできるか

表15.12 ディレクショナルスロープ戦略における寄与率

マーケット	寄与率
とうもろこし	−24.98
S&P500	−24.82
オレンジジュース	−59.71
生牛	−23.61
木材	4.77
コーヒー	49.77
日本円	51.33
銅	12.25
金	−3.30
ユーロ・ドル	0.16
ドル・インデックス	−4.49
綿花	7.40
CRB指数	−5.52
原油	91.46
カナダ・ドル	7.34
Tボンド	21.96
合計	100.01

ぎり多くのマーケットでほぐし、将来に対する有効性の確率を向上させている。必然的に、日本円のようなトレンドフォロー系のマーケットが突然その性格を変え、CRB指数（どのようなシステムでもうまくいかないことで有名）のようなマーケットになる日がいつかは来るであろう。そのような時が来たら、筆者はあらゆる手段を講じて破産という事態を回避したい。

　それぞれのマーケットが最終結果にどのように貢献しているかを知るには、表15.12のような表を作成してみることだ。ここでは、ポートフォリオ全体の利益をそれぞれのマーケットの最終損益に分割している。このケースでは、S&P500の結果が全体の結果を25％近く押し下げており、原油が単独で最終損益の90％以上に寄与している。しか

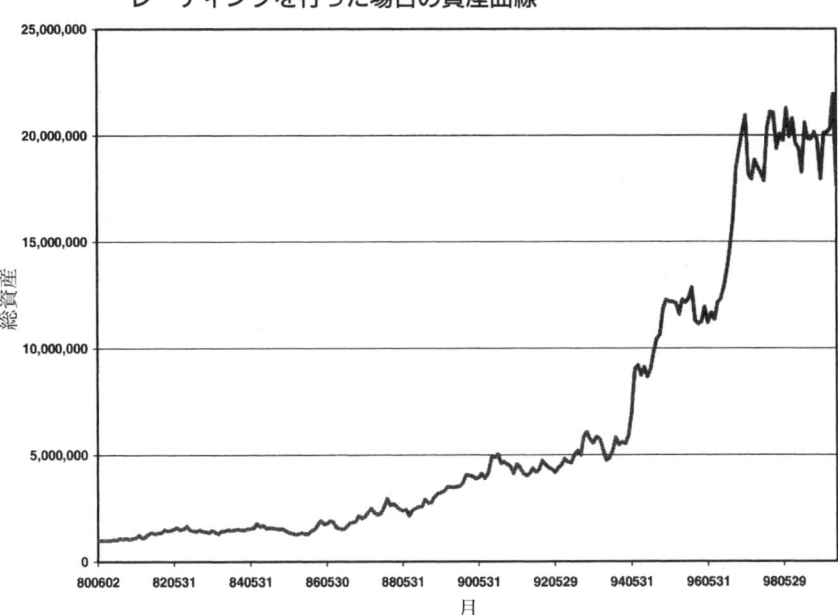

図15.28　上位9つのマーケットでディレクショナルスロープ戦略によるトレーディングを行った場合の資産曲線

し、これらの数値を分析する場合、けっして結論を急いではならない。ひとつには、あるマーケットがたまたま、マイナスか低い寄与率だったとしても、それがそのマーケットが劣っていることを意味するのではない。それは、ポートフォリオ全体がドローダウンを出しているときに、特定のマーケット（そのマーケットの収益性が高いか低いかに関係なく）が、たまたますべて利益の出たトレードを出すことがあり得る。それは、マーケットが常に良好な状態で資産額を新規更新しているときと比較して、結果的により少数の枚数をトレードする結果となってしまう。同様に、マイナスの期待値を持つマーケットが最高のタイミングでそのマーケットの勝ちトレードが起きる傾向があるかぎ

表15.13 ディレクショナルスロープ戦略による選好ポートフォリオの結果

戦略概要			
収益性		トレードの統計	
最終資産	20,709,401	トレード数	1,646
全体(%)	1,971	平均トレード($)	10,867
年間(%)	16.91	トレード／マーケット／年	5.3
プロフィット・ファクター	1.23	トレード／月	7.1
リスク指標		時間の統計	
最大ドローダウン(%)	−27.54	最長回復期間(日)	26.33
最大損失($)	−1,509,982	TIM(%)	98.06
勝率(%)	31.83	平均トレード日数	11.00

り、ポートフォリオに対してプラスに貢献することもあり得る。さらに、ポートフォリオの結果にマイナスに寄与しているマーケットがほかのマーケットが悪い状態のときに、その非相関性によって資産額の底値をかさ上げするというのは十分考えられることである。また、勝ちと失敗トレードの全体に対する比率の合計は100％を超えている。これは、これらの数値が、最終損益が個別のマーケットの合計と一致しないポートフォリオ全体の数値から得られたものであることによる。

とりあえず、だまされたと思って表15.13と図15.28を見て、ディレクショナルスロープ・システムで結果に最も貢献した９つのマーケットでトレードを行った結果を、詳しく見ていきたい。９つのマーケットの内訳は、木材、コーヒー、日本円、銅、ドル・インデックス、綿花、原油、カナダ・ドル、Ｔボンドである。ここでは、最大ドローダウンが27.5％に低下し、すべてのマーケットでトレードを行った場合よりもかなり向上している。しかし残念ながら、これは最長回復期間が長すぎることで相殺されてしまっている。図15.26と図15.28を比較

してみると、もうひとつの興味深い点がある。図15.26では、1998年の半ばに成績が落ち込む前に、運用資金が4000万ドル近くに達しているポイントがあることである。

正直なところ、1998年の前半に、同じマーケットを使用するこのシステムの構築が完了していたとすると、トレード可能なすべてのマーケットでトレードしていただろうか、それとも9つのマーケットでトレードしていただろうか。あらかじめ結果が分かっていれば、同じ年の後半に始まる大きなドローダウンを考慮して、最高の成果を収めることができるのだが。

筆者は、読者のほとんどが当初のポートフォリオを選ぶほうに賭ける。ひとつの理由は、常識に従えば、「長期投資ではできるかぎり多くのマーケットでトレードを行うべきである。月に別荘を建てられるくらい儲かるのはどのマーケットか分からないからである」。しかし、これは結果論の理屈であり、トレードするマーケットの数を増やすほど、そのなかのどこかのマーケットでパニックが起こると、損益を悪化させることになる。さらに、資金にはかぎりがあるため、証拠金が制約となって望むほど多くのマーケットでトレードすることはできない。したがって、成功の確率が最も高いマーケットだけでトレードを行うのが理に適っている。S&P500やCRB指数のようなマーケットを使ってシステムを構築したが、それに代わるものがあれば変更してかまわない。

この最後の記述は、どの時系列間にも違いはなく、可能なかぎり多くのトレードを行うべきであるという、今までの説明とは少なからず矛盾しているのは分かっている。しかし、システムを構築するときに長期的にはS&P500やCRB指数のようなマーケットを使う理由は、日本円が「散々な」状態になった場合に最低でも壊滅状態に陥るのを防ぐためである。そして、それがそれぞれのマーケット／システムの組み合わせのオプティマルfでトレードしない理由である。

しかし、短期的には違いが出るのは分かっている（さまざまなオプティマルfによって示される）。トレードの回数を増やすことでドローダウンを縮小したり、回復期間を短縮したりできるという見込みで正当化できないかぎり、先に挙げたようなマーケットや互いに相関性の高いマーケットにとどまって、利益を絞りとろうなどというのは愚かなことだ。

　しかし、10年間の期間で見ると状況は変わってくる。おそらく、すべてのマーケットを入れ替えたほうがいいかもしれない。最後の文章に対する議論とは、次ようなものかもしれない。入れ換えを正当化する証拠を探りながら、多くのお金を放棄するだろう。しかし、それに対する筆者の回答は第一種と第二種の過誤ということになる。「念には念を入れろ」である。

　さらに、何を目的とするかを決める必要がある。今は、資金管理のもとでマーケットのポートフォリオをトレンドフォロー型のシステムで運用し、同じ理由で単独のシステムでも完璧に通用するトレンドフォロー型のシステムを検討している。つまり天井と底をとらえようとせず、トレンドが明確になった段階でトレードを仕掛け、ストップに引っかかるか、手仕舞いテクニックによってトレード終了の指示が出るまでポジションを維持する方法である。

　すべてのマーケットでトレードを行うべきでないことのもうひとつの現実的な理由は、マーケットの数を増やすほど戦略の効率性が犠牲になり、ポートフォリオ全体のオプティマルfが低下することである。そして、実際に使用するf値と真のオプティマルf値の間にはかなりの差があるため、大きすぎるポートフォリオで深みにはまるのは賢明ではない。筆者の研究では、12から18程度のマーケットでポートフォリオを構成するのがベストのようである。しかし、この結論は筆者の個人的な好みによるもので、各自で研究し、納得がいくものを見つけだすことを勧める。

表15.14　DBS戦略による1.5％の固定比率トレーディング

戦略概要			
収益性		トレードの統計	
最終資産	21,787,934	トレード数	1,581
全体(%)	2,079	平均トレード($)	11,425
年間(%)	17.21	トレード／マーケット／年	5.1
プロフィット・ファクター	1.11	トレード／月	6.8
リスク指標		時間の統計	
最大ドローダウン(%)	−42.37	最長回復期間(日)	30.67
最大損失($)	−1,123,734	TIM(%)	99.98
勝率(%)	33.9	平均トレード日数	11.00

DBS戦略

　DBSシステムの結果は、ディレクショナルスロープ・システムの場合とほとんど同じで、同じマーケットで似たような結果となる。これは、表15.14で示されており、回復期間とドローダウンがやや大きすぎる。なぜそうなるかをもう一度確かめるよりも、ディレクショナルスロープ戦略についての議論を繰り返したほうがいいだろう。

第16章

ポートフォリオの構成
Portfolio Composition

　ポートフォリオ構成に関する複雑な問題については、ここまでさまざまな観点から議論してきた。互いに相関性が低いマーケットを組み合わせるだけでなく、数学的にマイナスの期待値を持つマーケットでさえ、ポートフォリオ全体で見た場合、重要な役割を果たすこともあることなどを説明してきた。もうひとつの重要な要素として、ひとつのマーケットをいくつかのマーケット／システムの組み合わせで使用し、さまざまなシナリオに対応できるようにしておくことも考慮しなければならない。また、通貨のような同じグループのマーケットからあまり多くのマーケットを選ばないようにして、さらにマーケットやシステムを分散するのと同様、さまざまな時間枠に分散を図ることが大切である。この章では、ヒストリカルデータを使って3つのポートフォリオ構成の方法の検証を行い、それぞれのメリットとデメリットについて説明する。

総資産寄与率 I

　将来トレードを行うマーケットを選択する最も明快な（しかし、最も単純な）方法は、過去にそのマーケットがどのようなパフォーマンスを上げたかを調べ、そのなかのベストのものを選択することである。

図16.1 チャリティⅠの資産曲線

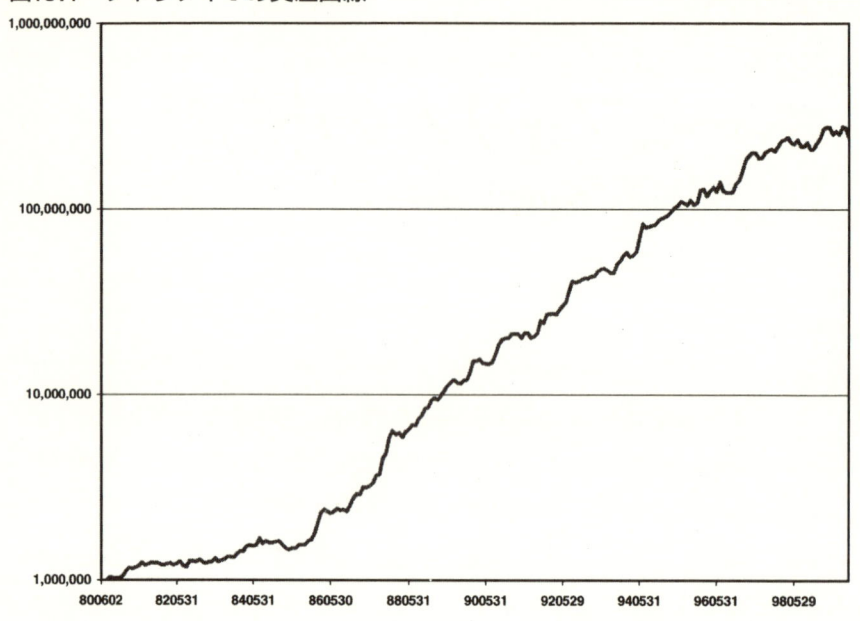

表16.1 チャリティⅠによる0.5%固定比率トレーディング

戦略概要	
最終資産($)	244,040,528
合計(%)	24,304
年間(%)	32.76
最大ドローダウン(%)	−23.81
最長回復期間(月)	17

表16.2　nカ月ごとのチャリティⅠによる期間利益(%)

累積	1	3	6	12	24	36	48	60
直近	−11.06	−3.95	−11.76	16.03	15.67	97.60	131.19	196.04
平均	2.53	8.07	16.88	37.20	93.34	180.59	309.77	500.63
最高	21.98	59.01	92.24	131.99	257.59	425.66	744.94	1120.37
最低	−11.06	−12.41	−11.76	−8.22	0.84	18.15	19.35	48.66
標準偏差	5.52	11.31	17.07	28.14	60.48	109.41	175.53	253.37
EGM	2.38	7.48	15.63	34.28	83.64	158.38	270.27	444.57
シャープレシオ	0.46	0.71	0.99	1.32	1.54	1.65	1.76	1.98
平均勝ちトレード	4.98	11.80	20.30	39.30	93.34	180.59	309.77	500.63
平均負けトレード	−3.04	−3.31	−4.03	−2.97	N/A	N/A	N/A	N/A
年率	1	3	6	12	24	36	48	60
直近	−75.5	−14.89	−22.14	16.03	7.55	25.49	23.31	24.24
平均	34.96	36.4	36.61	37.2	39.05	41.04	42.28	43.13
最高	985.08	539.29	269.56	131.99	89.1	73.87	70.49	64.93
最低	−75.5	−41.14	−22.14	−8.22	0.42	5.72	4.52	8.25
標準偏差	90.55	53.51	37.05	28.14	26.68	27.94	28.84	28.72
シャープレシオ	0.39	0.68	0.99	1.32	1.46	1.47	1.47	1.5
平均勝ちトレード	69.53	75.32	85.96	95.05	100.00	100.00	100.00	100.00

　例えば、われわれの長期ポートフォリオから12のベストのマーケット（各ポートフォリオから4つずつ、重複しないように選択）を選ぶことにし、次の12を選択した。ラフライス、天然ガス、ドイツ・マルク（ユーロ）、ドル・インデックス、日本円、コーヒー、綿花、Tボンド、オレンジジュース、原油、銅、カナダ・ドルの各マーケットである。

　表16.1と表16.2、そして図16.1と図16.2は、上記の12すべてのマーケットによるポートフォリオでトレードを行った結果である。各マーケットについて、適用した3つの長期システムとS&P500に適用した4つの短期システム（オリジナルのブラックジャック・システムの2

図16.2　チャリティⅠのドローダウン

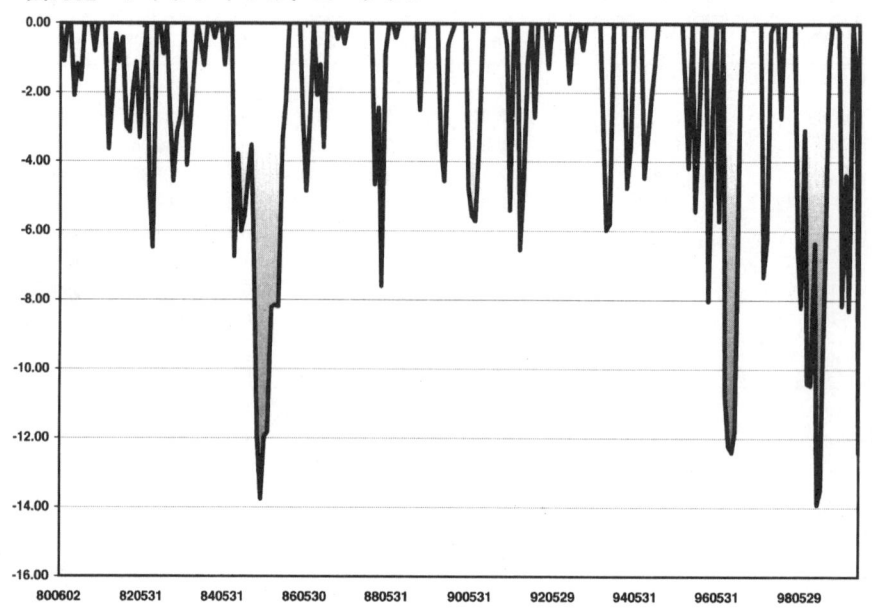

つの仕掛けのテクニックは、2つのシステムに分けられる）の組み合わせを適用し、合計40のマーケット／システムの組み合わせで検証を行った。期間は1980年1月から1999年10月である。固定比率トレーディングレベルを0.5％に設定し、いつもどおり、1枚につき75ドルをスリッページと手数料として控除する。このポートフォリオをチャリティⅠと名付ける。

　チャリティⅠでは、年率で33％近いリターンを上げており、最終的な資金は約2億5000万ドルとなった。図16.1では、1カ月の最大ドローダウンが約24％となっており、図16.2では、月末時点のドローダウンで15％を超えているものはない。総じて良好な数字であり、トレー

ドの頻度を高めることが重要であることが再確認できる。芳しくない唯一の数字は、特にこのような良好なマーケットでトレードしていることを考慮すれば、回復期間がやや長すぎるということくらいであろう。

　回復期間が比較的長いのはおそらくこのポートフォリオの最大の弱点で、いくつかのマーケットの相関性が高く、類似性が強いことによるものであろう。ひとつには、4つの通貨と2つのエネルギー資源が含まれていることで、実際のポートフォリオで好ましいことであるかは疑問である。しかし一方で、ひとつのシステムしか使わず、ごく少数の通貨か、S&P500だけでトレードするというトレーダーもいる。その点については、チャリティⅠは少なくとも実際の例よりは分散が図られている。

　ひとつ好ましい点は、ひとつのトレードにつき0.5%以上のリスクを取らないことである。これは、かなり低いリスクと考えられる。これによって、どの時点でも、ひとつのマーケットにつき（S&P500では2%）資金全体の1.5%を超えるリスクはとらない。これは、今まで説明してきた単独のシステムポートフォリオのどの数値も超えないものである。極めて低いリスクで元の長期システムに比べて2.5倍の数のシステムとマーケットの組み合わせでしかトレードを行っていないにもかかわらず、もとのシステムの10倍を超える資金の増加が得られた。

　ただし困ったことには、計算に要する時間が幾何学級数的に増大したことである。このすべての作業は、ペンティアムⅢ 500MHz のデュアルプロセッサと256MBのメモリーを搭載したマシンで行ったが、必要な計算をすべて実行するのに30分以上を要した。マシンのパワーはあるに越したことはない。

図16.3　エクセルによる相関係数の計算

	D	E	F	G	H	I	J	K	L
4		S	BO	BP	CC	CD	CL	CR	C
5	S	8.73	7.24	0.14	0.92	0.07	-0.22	1.35	5.77
6	BO	0.75	10.58	0.12	0.62	0.13	-0.55	1.15	4.95
7	BP	0.03	0.02	2.42	1.02	0.16	0.45	0.13	0.13
8	CC	0.08	0.05	0.18	13.96	0.12	0.27	0.78	0.66
9	CD	0.04	0.06	0.16	0.05	0.42	0.29	0.05	0.05
10	CL	-0.02	-0.04	0.07	0.02	0.11	16.38	1.08	-0.05
11	CR	0.46	0.35	0.08	0.21	0.07	0.27	0.99	1.27
12	C	0.72	0.56	0.03	0.06	0.03	0.00	0.47	7.42
13	GC	0.15	0.13	0.27	0.13	0.14	0.13	0.24	0.08

相関性と共分散

　単に最も収益性の高かったマーケットを選択する方法よりもはるかに洗練された方法は、マーケット間の相関性と共分散に着目する方法である。この場合の秘訣は、互いにできるかぎり低い相関性と共分散のマーケットでポートフォリオを構成し、同時に未知のデータでトレードを行った場合に、相関性分析によって選択されたマーケットが数学的にプラスの期待値と収益性を維持できるようにすることである。相関性と共分散の分析を行うには、図16.3のようなスプレッドシートを作成する。このケースでは、週次のデータを用いた。
　セルG10で原油と英ポンドの相関係数を計算する。

　＝CORREL(Data!$L3:$L1036,Data!F3:F1036)

　セルJ7で原油と英ポンドの共分散を計算する。

　＝CORREL(Data!$F3:$F1036,Data!L3:L1036)＊STDEV(Data!$F3:$F1036)＊STDEV((Data!$L3:$L1036)

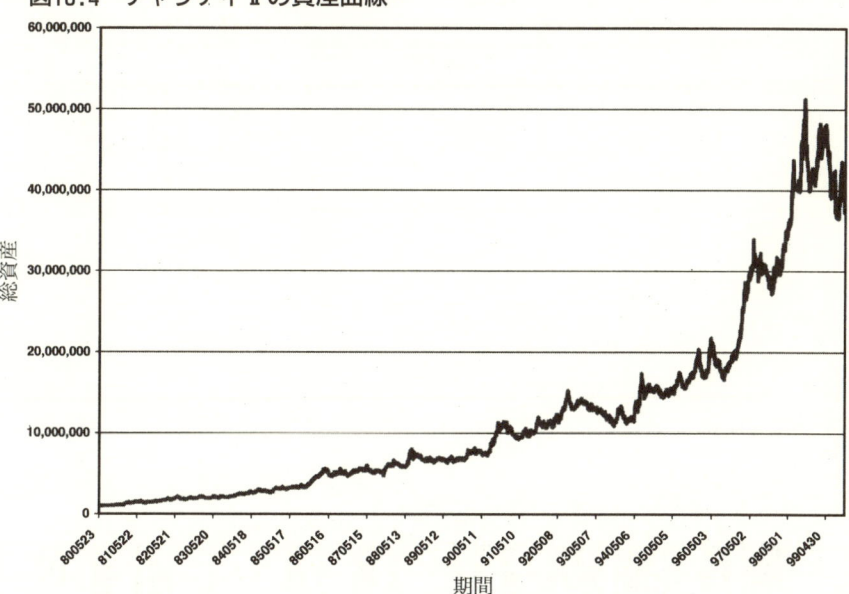

図16.4　チャリティⅡの資産曲線

　図16.3で示されているスプレッドシートを使って、チャリティⅠと同じようにトレードを行う第二のポートフォリオを構築した。長期トレーディングのために選択したマーケットは、とうもろこし、カナダ・ドル、ユーロ・ドル、灯油、コーヒー、日経平均、オレンジジュース、プラチナ、スイス・フラン、Tボンド、小麦である。マーケットの選択基準は、重要度の順に挙げると、同じグループのマーケットから2つだけを選ぶ、今まで未使用のマーケットを選ぶ、各マーケット間の相関性と共分散を可能なかぎり低く抑える、である。このポートフォリオをチャリティⅡと名付ける。表16.3と、図16.4と図16.5が、チャリティⅡでトレーディングを行ったと仮定した場合の結果である。

表16.3 チャリティⅡによる0.5%固定比率トレーディング

戦略概要	
最終資産	37,797,489
合計(%)	3,680
年間(%)	20.59
最大ドローダウン(%)	−28.89
最大損失(%)	−1,690,564
最長回復期間(月)	23.29

図16.5 チャリティⅡのドローダウン

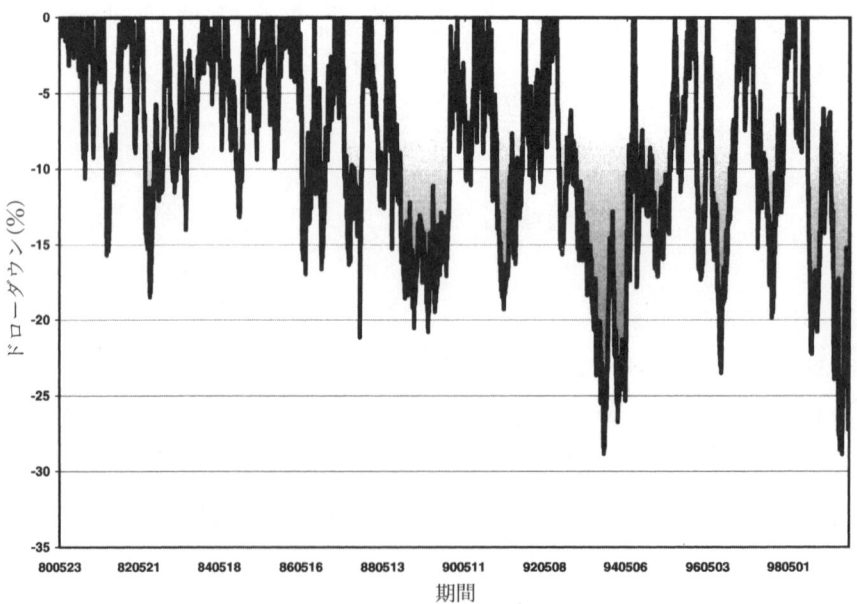

必ずしも最も収益性の高いマーケットである必要はないが、いくつかの新規のマーケットで以前使用しなかったデータでトレードした場合、どのような結果となるかも調べてみたい。希望するのであれば、最も収益性の高いマーケットは選択できなかったものの、常識的なポートフォリオ構築プロセスを使って、このポートフォリオをトレードした結果得られる想定し得る最悪ケースのシナリオとみなすこともできる。

表16.3では、これらの第2のマーケットでもなお年率で20％以上の成績となっている。しかし、再び回復期間が長くなっており、最大ドローダウンも許容できる限界に近づいている。ただし、もしこれが現実の成績であれば、筆者も含め多くのプロフェッショナルなトレーダーやアナリストが満足する水準である。当初の100万ドルが20年足らずで3800万ドルになるのはけっして悪くはないし、同じ期間の株式市場から得られる以上のリターンである。

総資産寄与率 Ⅱ

利益の寄与率だけに注目するのではなく、時系列のなかのどれだけの動きが、ほかの時系列における動きによって説明されるのかを調べることもできる。それには、ピアソンの相関係数を使用する。これは、相関係数に似た1から－1の数値を返す。ピアソンの相関係数と通常の相関係数の違いは、ピアソンの相関係数にはほかの変数に従属する変数が必要なことである。

ピアソンの相関係数が1に近い2つのマーケットがある場合は、独立したマーケットの動き全体のほとんどが従属しているマーケットで起こっていることで説明できる。ピアソンの相関係数が0に近い場合は、2つのマーケットの動きが互いに独立していることを示す。このような検証は、株式市場では極めて一般的に行われているもので、多

くのアナリストが、特定の株式の動きがマーケット全体の動きでどの程度説明できるかを分析している。

ただし、この分析は、特定の株式の動きがマーケットの動きでどこまで説明できるかを説明しようとするもので、マーケットの一定の動きに対して株価がどのくらい変動するかを示すベータ値とは異なる。株式のベータ値が1以上で、例えば2だとすると、マーケットが動いた方向にその2倍動くことを意味するが、そのすべての動きがマーケットの動きによって説明されるわけではない。それは、ピアソンの相関係数によって示される。

このケースでは、別の方法を用い、資産全体があるマーケット／システムの組み合わせによる曲線でどの程度説明できるかを分析している。これは、同じマーケットでさまざまなシステムを使い、ポートフォリオを絞り込みたい場合には特に適した方法である。まず、資産全体にプラスの影響を持つマーケットを探し出す。また、あまりにも数字が良すぎるマーケットも慎重に選び出す。このようなマーケットは現実に未知のデータによるトレードを行った場合、少数のマーケットのパフォーマンスにポートフォリオを依存させてしまうことになるからである。この方法と相関係数／共分散の方法の主な違いは、この方法ではいわば逆方向の手法を使っていることである。最初にすべてのマーケット／システムの組み合わせのなかからトレードを行い、好ましくないマーケットすべてをひとつずつ除外していくからである。

しかし、この作業を開始する前にもうひとつ注意しなければならないことがある。ほかのテクニックと同様に、この方法は極めて計算時間を要するもので、すべてをエクセル上で実行するとかなりの時間を要する。そればかりでなく、対象とするすべてのマーケット／システムの組み合わせのトレード結果を、TradeStation（トレードステーション）から取り込む必要がある。ここでもし、TradeStation が同じシステムを一度に複数のマーケットに適用する（そうでなければ、

表16.4 チャリティⅢの当初のマーケット

マーケット	寄与率	ピアソン相関係数
豪ドル	−5.46	−0.6592
砂糖	0.66	0.0561
大豆	−2.52	−0.4445
ラフライス	15.85	0.9508
プラチナ	−22.93	−0.8640
日経平均	7.55	0.8741
天然ガス	12.86	0.9137
地方債	3.80	0.8302
生豚	−0.13	−0.3184
生牛	−2.09	0.1241
木材	8.83	0.6967
コーヒー	28.58	0.7810
銅	5.40	0.9064
金	5.19	0.6305
飼育牛	1.84	0.8413
ユーロ・ドル	0.64	0.9099
綿花	20.97	0.9098
原油	32.29	0.8362
カナダ・ドル	−1.82	0.2626
ココア	−9.60	−0.6489
とうもろこし	6.79	0.7143
英ポンド	−4.17	−0.5608
小麦	−2.54	0.4263

意図的に複数のマーケットに適用する）ことができないとしたら、大変なことになるだろう。ここで少し時間を割いて、あらかじめ作成してあるワークシートからマーケット／システムの組み合わせをひとつ構築してみる。これを個別に100個の組み合わせで行う場合を想像してほしい。

　これは、控えめにいっても退屈な作業である。別の表現をすれば、開始日を一度に入力したり、特定の銘柄を先物の銘柄として一度に定

表16.5　チャリティⅢの当初の結果

戦略概要	
最終資産	29,016,313
合計(%)	2,802
年間(%)	18.96
最大ドローダウン(%)	−39.29
最大損失	−823,050
最長回復期間(月)	47.57

義したり、最初のひとつを除くすべてのデータ系列をデフォルトで隠したりする方法はないということである。このすべての作業を行い、必要なシステムにそれぞれのマーケットのチャートをセットアップするのには控えめに数えても最低20回はマウスをクリックした。あえて言うと、筆者はTradeStationを相手にこのような時間潰しをするためにこの本を書いているのではない。

　表16.4は、1980年1月から1999年10月までの期間で、SDBシステムでトレードを行った23のマーケットの寄与度とピアソンの相関係数である。今回も最初のマーケットは、過去の検証で使用しなかったものを中心に選んだ。表16.5は、このポートフォリオの結果をまとめたものである。当初運用資金は100万ドルで、1トレード当たりのリスクは1.5%に設定した。いつものとおり、75ドルをスリッページと手数料として控除する。この設定のもとで、この戦略により最終運用資金は2900万ドルに、年率で19%近い増加率となった。ここまではいいのだが、最大ドローダウンが40%に近く、最長回復期間は47カ月を超えており、現実にトレードを行うのはかなり困難なポートフォリオである。

　これら23のマーケットのうち、最も成績の振るわなかった6つ（オ

表16.6　チャリティⅢの修正後のポートフォリオとシステムによる結果

戦略概要	
最終資産	38,565,334
合計(%)	3,757
年間(%)	20.72
最大ドローダウン(%)	−29.07
最大損失	−1,579,683
最長回復期間(月)	30.81

ーストラリア・ドル、大豆、プラチナ、生牛、ココア、英ポンド）のマーケットと、ピアソンの相関係数が最も高かった3つ（ラフライス、ユーロ・ドル、綿花）のマーケットを除外して、最終的なポートフォリオの構成を、砂糖、日経平均、天然ガス、地方債、生豚、木材、コーヒー、銅、金、生牛、原油、カナダ・ドル、とうもろこし、小麦とした。固定比率のレベルは2％に設定した（全体の必要証拠金額を抑えて戦略を多少効率的なものにするために、マーケットの数を少なくしてリスクをいくらか増大させた）。

　表16.6は、このポートフォリオのトレーディング結果である。最終的な運用資金は4000万ドル近くで、年率で20.50％の増加率となっている。ドローダウンは、許容範囲である29％に低下している。最長回復期間はかなり短縮されたものの、依然として31カ月と長すぎる。

　しかし全体的に見れば、これまで未採用のマーケットや明らかに平均的なマーケットでトレードを行った単一のシステムによるものとしては、悪くない結果である。

第17章

信頼性の構築
Increasing Your Confidence

　ここで、机上のシステムに対して信頼性を高めるいくつかのテクニックについて、簡単に説明する。最も分かりやすい方法は、処女データとして一部を取っておくことである。処女データで検証した場合でもシステムが有効に機能するようであれば、そのモデルは検証と最適化で使ったデータの動きだけでなく、それ以外の動きにも対応できる可能性がある。第二の方法は、筆者が好む方法であるが、入力する変数をプラスマイナス50％程度の範囲で変更することである。元の変数による結果とあまりにも大きな差が出るようであれば、現実のデータに対して過剰に反応し、信頼性を損なっている特定の変数が存在しているということで、その場合はもう一度システムの設計をやり直す必要がある。最高と最悪のシナリオによる検証も行ったうえで、この点について簡単に説明していくことにする。

処女データ期間の検証

　最初の方法では、SDBシステム（標準偏差ブレイクアウト・システム）を構築するときに、具体的にデータの一部を取っておく。表17.1は、処女データにおける元のSDBシステム（手仕舞いテクニックとフィルターなし）の結果である。処女データは、1992年10月から

表17.1　処女データ期間におけるSDBシステムの検証

	手仕舞いテクニックとフィルターなしの元のシステム			
マーケット	プロフィット・ファクター	平均損益	2標準偏差	ドローダウン
原油	4.29	1,479.39	7,057.42	−2,978.23
Tボンド	1.84	959.06	8,535.63	−14,922.51
Tビル	0.78	−53.19	1,082.75	−2,918.79
ラフライス	2.35	469.66	4,414.97	−2,471.24
日経平均	1.16	278.92	10,217.26	−13,980.23
天然ガス	1.27	370.80	8,909.49	−9,231.34
生牛	0.45	−302.45	1,924.89	−6,976.45
木材	0.75	−290.64	4,713.38	−14,987.61
コーヒー	2.28	2,677.13	26,860.39	−15,845.70
日本円	5.16	3,240.19	14,366.39	−6,369.00
銅	1.18	93.38	3,015.47	−5,342.02
金	1.13	47.16	2,083.29	−4,622.61
ドル・インデックス	2.47	1,060.05	7,014.18	−9,012.39
ドイツ・マルク(ユーロ)	1.90	536.96	4,705.28	−3,672.00
綿花	1.26	203.75	6,475.78	−8,008.77
小麦	1.40	124.61	2,077.13	−2,711.16

1999年10月で、1枚のみのトレードを行った。この表は、表10.18とそのまま比較できる。この2つの表を比較すると、12のマーケットで処女データ期間のプロフィット・ファクターが高く、標準偏差が低くなっているが、平均トレードの額が増加しているのは4つのマーケットにとどまっている。対象期間では、16のマーケットすべてが経験則からいえば、トレード可能な水準であるが、処女データ期間でトレード可能なのは9つのマーケットだけである。全体的に見て、このシステムはリスクとコストを低減させてはいるが、われわれが望むほどのインセンシティブは持ち合わせていない。

　表17.2と表17.3は、ストップと手仕舞いテクニックを追加した

表17.2　処女データ期間におけるSDBシステムの検証

手仕舞いテクニックを追加した修正システム				
マーケット	プロフィット・ファクター	平均損益	2標準偏差	ドローダウン
原油	3.05	1,044.50	6,317.99	−2,287.13
Tボンド	2.09	1,245.85	10,007.90	−14,927.71
Tビル	0.73	−69.61	1,190.71	−3,477.18
ラフライス	0.95	−18.33	1,616.97	−2,578.88
日経平均	1.34	596.12	11,407.45	−11,504.12
天然ガス	0.74	−333.44	6,770.50	−16,311.91
生牛	0.51	−271.59	2,053.99	−6,430.07
木材	0.94	−49.30	4,132.89	−12,826.20
コーヒー	0.46	−724.16	4,815.83	−16,986.35
日本円	2.79	2,131.80	12,359.79	−8,681.72
銅	0.85	−88.57	2,617.81	−7,656.22
金	0.97	−11.36	2,035.93	−5,796.95
ドル・インデックス	2.80	1,250.31	7,839.86	−9,211.56
ドイツ・マルク(ユーロ)	1.55	411.75	5,445.90	−4,172.52
綿花	1.29	209.09	5,914.57	−9,608.86
小麦	1.03	13.43	2,149.37	−3,231.83

　SDBシステムの、処女データによるパフォーマンスである。表17.2も表10.19と比較できる。ここでも、12のマーケットでプロフィット・ファクターが向上しているが、残念ながら11のマーケットで1トレードの損益が低下し、経験則からトレード可能なマーケットは6つだけとなっている。トレード可能なのは、1トレードの損益が大きいマクロ経済的な性格のマーケットである。もちろん、これは良くない傾向であり、ストップと手仕舞いテクニックの条件が厳しすぎたのかもしれない。最良の策として、もう一度システムの設計段階に戻り、手仕舞いテクニックを外したり変更したりした場合の検証を行うべきかもしれない。

表17.3 元のシステムと手仕舞いテクニックを追加したシステムとの差

マーケット	差				
	プロフィット・ファクター	平均損益	2標準偏差	ドローダウン	改善した数
原油	−28.77%	−29.40%	−10.48%	−23.21%	2
Tボンド	13.64%	29.90%	17.25%	0.03%	2
Tビル	−5.59%	30.87%	9.97%	19.13%	1
ラフライス	−59.79%	−103.90%	−63.38%	4.36%	1
日経平均	15.42%	113.72%	11.65%	−17.71%	3
天然ガス	−41.72%	−189.92%	−24.01%	76.70%	3
生牛	12.33%	−10.20%	6.71%	−7.83%	2
木材	26.14%	−83.04%	−12.32%	−14.42%	3
コーヒー	−79.78%	−127.05%	−82.07%	7.20%	1
日本円	−45.87%	−34.21%	−13.97%	36.31%	1
銅	−28.18%	−194.85%	−13.19%	43.32%	1
金	−14.47%	−124.09%	−2.27%	25.40%	1
ドル・インデックス	13.00%	17.95%	11.77%	2.21%	2
ドイツ・マルク(ユーロ)	−18.44%	−23.32%	15.74%	13.63%	0
綿花	2.40%	2.62%	−8.67%	19.98%	3
小麦	−25.99%	−89.22%	3.48%	19.20%	0
改善した数	12	5	9	4	―

　マイナス面を挙げると、ドローダウンが減少したマーケットは4つだけで、ストップが意図したようには機能していないことを示している。9つのマーケットで標準偏差が低下しており、リスクの減少を示しているが、ここではあまり重要なことではない。利益が上がらなければ、何らかの対策を取らなければならない。できれば、フィルターを追加して、パフォーマンスの向上を図りたいところである。

　表17.4と表17.5は、手仕舞いテクニックとフィルターを追加した最終的なシステムの、処女データにおける結果である。フィルターの追加によって、再び12のマーケットでプロフィット・ファクターが向上したが、10のマーケットで1トレードの損益が減少した。ただし、今

第17章●信頼性の構築

表17.4 処女データ期間におけるSDBシステムの検証

マーケット	手仕舞いテクニックとフィルターを追加した(最終)修正システム			
	プロフィット・ファクター	平均損益	2標準偏差	ドローダウン
原油	3.11	1,160.48	6,926.93	−2,485.61
Tボンド	2.57	1,588.33	10,332.34	−8,757.69
Tビル	0.82	−37.29	1,048.49	−1,278.81
ラフライス	1.57	240.89	3,548.54	−3,438.43
日経平均	1.42	774.75	12,214.28	−13,084.91
天然ガス	0.92	−95.87	6,898.78	−8,022.83
生牛	0.52	−265.61	2,130.85	−5,406.43
木材	0.93	−58.91	3,895.54	−10,228.79
コーヒー	1.71	905.00	14,273.04	−11,468.87
日本円	1.82	1,260.72	12,526.50	−14,863.14
銅	0.91	−52.43	2,726.10	−5,556.51
金	1.68	235.91	2,528.68	−4,544.11
ドル・インデックス	2.75	1,348.52	8,472.42	−4,956.25
ドイツ・マルク(ユーロ)	0.90	−120.21	5,763.42	−9,866.05
綿花	1.88	587.89	6,767.50	−6,758.33
小麦	1.02	6.48	2,158.88	−3,341.48

　回1トレードの損益が減少したのは十分に収益性の高いマーケットであり、最終的にトレード可能なマーケットは9つとなる。
　最終システムによる処女データ期間の結果（表17.4）を元のシステムの対象期間の結果（表10.8）と比較すると、最終システムではすべての数値が低く、より均一な結果（すなわち標準偏差が低い）となっている。最終のシステムの対象期間の結果（表13.7）と処女データ期間の結果（表17.4）でも、同じである。
　いうまでもなくトレーディングを仕掛ける前には、より多くの調査や比較分析を行うことが考えられるが、結論として、このシステムはさまざまなマーケットでより均一性を高める方向へと進化しており、

表17.5　手仕舞いテクニックのみのＳＤＢシステムと最終システムとの差

マーケット	差				
	プロフィット・ファクター	平均損益	2標準偏差	ドローダウン	改善した数
原油	1.94%	11.10%	9.64%	8.68%	2
Tボンド	22.91%	27.49%	3.24%	−41.33%	3
Tビル	11.63%	−46.43%	−11.94%	−63.22%	3
ラフライス	65.73%	−1414.49%	119.46%	33.33%	1
日経平均	6.32%	29.96%	7.07%	13.74%	2
天然ガス	24.05%	−71.25%	1.89%	−50.82%	3
生牛	2.26%	−2.20%	3.74%	−15.92%	2
木材	−1.43%	19.49%	−5.74%	−20.25%	3
コーヒー	270.30%	−224.97%	196.38%	−32.48%	2
日本円	−34.70%	−40.86%	1.35%	71.20%	0
銅	6.79%	−40.80%	4.14%	−27.42%	2
金	73.64%	−2176.69%	24.20%	−21.61%	2
ドル・インデックス	−1.68%	7.85%	8.07%	−46.20%	2
ドイツ・マルク(ユーロ)	−42.31%	−129.20%	5.83%	136.45%	0
綿花	46.55%	181.17%	14.42%	−29.67%	3
小麦	−1.66%	−51.73%	0.44%	3.39%	0
改善した数	12	6	2	10	—

　平均利益の標準偏差とのドローダウンが比較的低い水準となっている。さらに、ほとんどのマーケットでプロフィット・ファクターが向上を示している。マイナスの点は、1トレード当たりの平均損益がトレード可能な水準に達していないマーケットがいくつかあり、平均損益がマイナスのマーケットも存在することである。しかし、これはマーケットを特定しないシステムの特性である。このシステムは、平均してあらゆるマーケットで長期間にわたって有効に機能するであろう。ただし、いくつかのマーケットが逆の動きをする場合も常にあり得る。

入力値の変更

　使用するシステムの堅牢性をチェックするには、入力値を変更するのもいい方法である。処女データ期間による検証では、入力値の変更を資金管理プログラムを追加する前と後に行っている。ここでは、1枚ベースのゴールドディガー・システムが1995年1月から1999年10月の期間のS&P500でどのようなパフォーマンスを上げたかを調べた。変更を行ったパラメータは、ブレイアウト・フィルター（60日±30日）、利益目標（2.8％±1.4％）、トレイリング・ストップ（0.6％±0.3％）、ストップロス（1.1％±0.5％）である。

　ひとつのパラメータを変更するときは、ほかのパラメータはすべて元のままにしておく。4つのパラメータを検証するには、システムを8回実行する必要がある。パフォーマンスサマリーを基本として、どのパラメータで最高の結果や最悪の結果となるかを調べる。そして、すべてのパラメータを一度に変更して、最高と最悪の設定を調べる。このケースでは、すべてのパラメータ設定を、平均損益だけで見ていく。もちろん、ほかの評価指標でもかまわない。そして、ひとつのマーケットだけでなく、ポートフォリオ全体で比較を行えば、より信頼性の高い結果が得られる。

　表17.6と表17.7は、それぞれ最高と最悪のパラメータ設定を示している。最悪の結果となった設定は、30日のフィルター、1.4％の利益目標、0.6％のトレイリング・ストップ、1.6％のストップロスである。最高の結果となった設定は、90日のフィルター、2.8％の利益目標、0.3％のトレイリング・ストップ、0.6％のストップロスである。この結果は、そのまま表12.8と比較できる。

　ここから明らかなように、幸いなことに最悪の設定でも、システムは辛うじて利益を上げており、この場合でも無一文にならずにすみそうである。しかし、問題なのは、それが十分な収益性があると判断し

表17.6　最悪シナリオによるゴールドディガー(1995/1～1999/10)

総トレード数		194	勝ちトレード	118	60.82%	負けトレード	76	39.18%
プロフィット・ファクター		1.05	最大勝ちトレード	5.14%	17,348	最大負けトレード	-8.30%	-28,013
平均損益	0.04%	127	平均勝ちトレード	1.26%	4,250	平均負けトレード	-1.86%	-6,275
標準偏差	1.72%	5,792	累積利益	4.52%	15,255	ドローダウン	-19.52%	-65,880

表17.7　最高シナリオによるゴールドディガー(1995/1～1999/10)

総トレード数		206	勝ちトレード	10	50.00%	負けトレード	10	50.00%
プロフィット・ファクター		1.31	最大勝ちトレード	5.14%	17,348	最大負けトレード	-8.30%	-28,013
平均損益	0.17%	572	平均勝ちトレード	1.44%	4,874	平均負けトレード	-1.11%	-3,730
標準偏差	1.73%	5,832	累積利益	37.46%	126,428	ドローダウン	-14.76%	-49,815

た場合や元のパラメータ設定による結果に近いものを望む場合である。現実には、決定を下し、多くの時間を費やし、多くの間違ったシステム構築を試みることによってのみ、必要な経験が得られる。このケースでは、最悪のシナリオの結果を実際よりも多少ひいき目に見たい。限られた期間でひとつのマーケットをひとつの指標だけを使って検証するのは、明確な結論を得るにはデータ不足であるといえる。

　ベストのシナリオでは、元のパラメータ設定によるものよりも平均損益が低くなっている。これは、真にベストのパラメータ設定と多少違いがあったとしても、元のパラメータによるシステムがそれぞれの役割を互いにサポートし合い、全体が部分の総和を上回るようなシステムであるということを意味している。

第5部の最後に
A Few Final Thoughts About Part 5

　観察の鋭い読者であれば、筆者が第4部までは一貫して「戦略」ではなく「システム」という用語を使っていたのに、第5部では頻繁に「戦略」という言葉を使っていることに気づいていると思う。その理由は、「システム」は筆者にとって基本的なトレードの仕掛けと手仕舞いのテクニックにすぎないが、「戦略」は、システムや資金管理のルール、特定のマーケットでのトレードに対する綿密な推論を含む完璧なトレーディング・プランを意味する。筆者にとって適切な資金管理ルールのないシステムは戦略と呼ぶに値しない。

　筆者は最近、オメガリサーチ社が「システム」の代わりに「戦略」を使い始めたことに気がついた。これは、目新しい流行語を取り入れたり、製品の魅力を損うような言葉を避けようとしたりするソフトウエア会社の無意味な試みにすぎない。TradeStation（トレードステーション）は、そのままでは完璧な戦略の構築には利用できない。ポートフォリオ全体の検証はいうまでもなく、単独のマーケットで適切なシステム検証さえ実行できないのである。

　第5部では、固定比率資金管理のルールを統合する方法を詳しく説明し、一貫してパーセンテージベースによる計算を使用した。前の章でのつらい作業をすべて適切に完遂しなければ、これを実行することはできない。いうまでもなく、全体が部分の総和を超えるようなシス

テムでは資金管理やポートフォリオの構成など、すべての要素がほかのすべてに影響を与える。このようなシステムを構築するには、何を達成したいのかを正確に理解しておくことが大切で、ごまかしは一切通用しない。

筆者はビンスの信奉者であるが、そうであるからこそ、このセクションを通じてビンスにあえて２つの問いかけを行いたい。ひとつは、「一般的な知恵」となってしまったものについて、もうひとつは特定の問題や議論へのさまざまなアプローチについてである。本書の筆をおく前に、これらについて詳しく述べておきたい。

筆者がビンスの考えを正しく理解しているならば、パーセンテージベースとポイントベースのデータに関しては、どちらを使うかは問題とはならないはずである。ビンスは、ポイントベースのデータをトレンドが強く出るマーケットで使用する場合の問題については認識しているが、使用するデータでトレンドが問題となるような場合、それは、おそらくデータ量が多すぎるからであると述べている（『マセマティックス・オブ・マネーマネジメント（The Mathematics of Money Management）』）。

しかし、これ以上の誤りはない。確固とした結果を得るには、可能なかぎり多くのデータを扱う必要がある。これ以外の方法はない。システムを将来においても機能させるには、直近のトレンドがどのようなものであれ、そのときの大統領がだれであれ、トレーディングされている水準に依存しないマーケットの不規則な動きを発見する必要があるからである。その動きとは、いかなる現象にも依存せず、特定の時間にのみ帰することができるものでなければならない。さらに、さまざまなマーケット間で比較を行うことができるのは、パーセンテージベースの計算を使った場合だけである。ビンスは、システムを堅牢なものにするには、複数のマーケットを扱う必要があるとしているが、その場合の問題点については触れていない（たとえそれが、ビンスの

著書の目的ではないにしてもである)。

　このセクションのもうひとつのポイントは、過去の最大の負けトレードをオプティマル f の算出に利用する必要はないことである。オプティマル f は、使用するモデルに適用した条件に基づく最大TWR値を導く f 値である。残念なことに、アナリストとシステム設計者のほとんどは、オプティマル f を過去の最大の負けトレードに対応する f 値と認識している。この認識が一般に広く流布されており、固定比率による投資に関する理論全体の理解を危険なものとして遠ざけてしまっている。過去の最大の負けトレードをオプティマル f の算出に使うことは、オプティマル f を特定の条件に関連づける唯一の方法である。ただし、過去の最大の負けトレードの2倍にあたるような失敗を犯したくないのもまた事実である。このオプティマル f は、一般に認識されているオプティマル f よりもはるかに大きな値となるからである。

　この特殊なケースでは、ビンスの意図が皆を盲目にすることにあるとは思わないが、実際にはそれに等しい。何らかの情報を読み取り、その数値を熟考することなくそのまま受け入れてしまっている。実際、最大の負けトレードに基づくオプティマル f でトレードを行うことはかなり危険である。しかし、今まで見てきたように、よく分散されたポートフォリオでは、証拠金の制約や大きすぎるドローダウン、トレード不可能な枚数などのいくつかの現実的な理由で、高い f 値でトレードを行うことには無理がある。

　本書では、過去の最大の負けトレードから f 値を算出する代わりに、各トレードのストップロスとマーケットの状況にかかわらずストップロスのレベルを一定に保つことを提案してきた。選択した制約条件に基づいてオプティマル f を算出したら、実際にはそれよりも低い値を使用するようにしなければならない。将来においては、特に特定のマーケットを志向したポイントベースで構築したシステムでは、未知の f 値が実際にははるかに低いものだったということがないとはいえな

いからである。

　多くのポートフォリオマネジャー、特に株式市場を扱うマネジャーは、固定比率資金管理のルールを、CAPM（資本資産評価モデル）やEMH（効率的市場仮説）と統合しようと試みたことがあるはずである。しかし、筆者の理解しているかぎりでは、両者を統合することは不可能である。その理由は、いくつもの異なるマーケットで均一に機能するシステムでは、そのすべてのマーケットで統計上の特性に差異がないという前提が必要だからである。これは現実には多少そぐわないかもしれないが、システムの目的のためには必要な前提である。そしてこの前提があるがために、構築したシステムで資金管理を適用するときには、そこから逸脱することはできないのである。そうでないと、最適解を外してしまうことになる。すべてのマーケットで統計上の特性が同じであるということにしないと、すべてのマーケットで均一に機能するシステムを構築することはできない。そうしなければ、すべてのシステムはやむを得ずカーブフィッティングによって特定のマーケットに特化し、堅牢性に欠け、どのような資金管理ルールを適用してもトレードを行うには危険なものとなってしまう。

　一部では、ポートフォリオ全体がドローダウンのなかにあるか、マーケットが上昇トレンドであるか下降トレンドであるか、買いポジションを取っているか売りポジションを取っているかによって、異なるf値を使用すべきであるという議論もある。しかしそうすることによって、基本となるシステムに欠陥があるという前提に立って、資金管理の手法を駆使して個別のトレードの利益を何とかして増やすしかないという前提に立たなければならない。しかし、そうではない。正しく構築されたシステムでは、個々のトレードの結果を知ることも予測することもできないからである。トレンドの方向が上昇であろうと下降であろうと、あるいはその両方が起こっているようなマーケットにおいてさえも、有効に機能するシステムでは、天井と底をとらえるこ

とと上方や下方へのブレイクアウトで仕掛けることの間には何も違いはない。上昇トレンド（下降トレンド）のなかで、ストップロスのレベルを変更するか投資金額を変更するかして、より大きな買い持ち（売り持ち）のリスクをとる可能性についても議論に反する。つまり、これは特定のマーケットやトレンドに特有の性質やアノマリーの存在を否定するものではない（本書では、実際にいくつかの［短期の］アノマリーに遭遇した）。見つけだしたいタイプのアノマリーがマーケットに存在するのであれば、一度にひとつのアノマリーを正確にとらえるシステムを構築しなければならない。しかし、そのようなシステムにはもはや汎用性はなく、本書で取りあげたシステムに比べて信頼性や堅牢性に劣るものとなってしまうであろう。

最後に、より理論を重視する傾向にあるシステム開発者やアナリストは、過去のトレードの結果を詳しく調べるよりも、まず結果の分布状態を計算し、f値をパラメトリックに算出することを主張する。一見これはもっともらしい理屈に思える。数学的表現を用いて将来のトレード結果の分布状態を予測することで、現実のヒストリカル・トレードを使うよりもより精度の高いモデルであると思わせるものがある。短期システムにストップと手仕舞いテクニックを統合するときに、われわれはトレード結果の分布状態を観察するが、この特殊なケースでは、分布を使ってf値を求めることはほとんどしない。実際のところ、それを行った場合は出来の悪いシステムがたくさん手元に残される結果となるであろう。

その理由は、トレードの分布が何らかの分布状態、特に正規分布に似てくると、トレードの結果はおそらく散々なものになるからである。

それよりも、各トレードについてごく少数の明確で特徴的な結果が得られるようにすることが大切で、ストップロスを使ってオプティマルfを計算すべきである。ストップと手仕舞いテクニックによって、特定のマーケットのアノマリーに依存しないシステムを開発すること

ができるのであって、これらのテクニックなしでは、そもそも固定比率資金管理のルールにシステムを委ねることなどできない。とはいうものの、正規分布に基づくシステムで、本書のシステムよりもはるかに優れた結果を残すものが多数あるのも事実である。ここまでわれわれが開発してきたシステムや戦略は、しょせん「張り子の虎」なのである。

バック・トゥ・ザ・フューチャー

　金融市場はランダムな動きをするものではなく、メカニカルなトレーディング戦略でこのアノマリーの動きを利用する方法がある。幸いなことに、ロケット・サイエンティストである必要もない。ただ、今まで持っていた知識に少しばかり足りないものを補うだけのことである。残念なことに、特定の事項について何の知識も持たない場合よりも、持っている知識が不足している場合のほうが悲惨な結果につながることが多い。この業界の大物はこのことを分かっているからこそ、あえて人に教えようとはしない。彼らにとっての金鉱脈ともいえる知識が、あなたを破産させるかもしれないからである。

　このことを踏まえると、ストップを置くことについてわれわれが議論し尽くしたということにはならない。基本的なトレーディングや投資に関して、ポジションを手仕舞うことについてはだれも真剣に取り上げていないからである。アナリストやブローカーの推奨をくまなく調べると、「強力な買い推奨」「買い推奨」「割安」「アウトパフォーム」「平均以上」「長期的に買い」「強気の見通し」のような多くの意見が得られるが、「売り推奨」「ここまで下がれば売り」「ここに到達すれば売り」のような意見にはほとんどお目にかかれない。最もありふれたフレーズは、「中位のパフォーマンス」か「買い持続」であろう。その理由は、この業界では売りは悪であって、ブローカーは顧客

に悪い話を聞かせたくないし、させたくもないからである。専門的な見地から見て正しいことであろうと間違ったことであろうと、悪いムードを伝えてしまうことはビジネス上得策ではない。

　しかし、筆者にしても読者にしても、何かに投資して（あるいは先物で）大金を吹き飛ばしてしまうわけにはいかない。利益が出ていようと損失となっていようと、自分の研究に基づいて資金効率が高くなるようなポイントでポジションを閉じなければならない。ポジションを取るということは一度きりの決断であり、一度決断を下せばその状態でその先を何とかしなければならない。しかし、ポジションを閉じる決断は現在進行形のプロセスであり、「資金をほかの投資対象に振り向ければもっと効率的ではないか」と常に自問し続けることになる。この「ほかの投資対象」が銀行口座であるか、ほかのトレーディングや投資であるか、自分の枕の下であるかは問題ではない。そのため、いかなるトレーディングや投資テクニックも、徹底的に研究されたストップや手仕舞いテクニックなしでは完璧なものとはならない。ストップと手仕舞いポイントは、トレーディングプロセスの中心であるばかりでなく、収益性の高い資金管理ルールの基盤となるものである。

　残念ながら、どのようなストップと手仕舞いポイントをどこに置くかを研究するには、過去の最大ドローダウンを金額ベースで知っているだけでは不十分で、使用するシステム全体についてはるかに多くのことを知っておく必要がある。金額ベースのドローダウンは、将来起こることについて何の手掛かりともならないし、それをもとに何かを行うにしてもまったく無意味だからである。ドローダウンについては、STD（スタートトレード・ドローダウン）、ETD（エンドトレード・ドローダウン）、CTD（クローズドトレード・ドローダウン）、TED（トータルエクィティ・ドローダウン）のように、いくつかのカテゴリーに分類することを知っておかなければならない。それが十分でない場合は、各トレードのMAE（最大逆行幅）とMFE（最大

順行幅）の計算方法を知っておく必要がある。

　第3部で、これらの手法をすべて説明した。サンプルとして使用した各システムでは、一連のストップと手仕舞いテクニックを統合して、それぞれのパフォーマンスを向上させた。さらにわれわれの短期システムでは、これらのテクニックは一般的なもので、汎マーケット的なものとしてはベストの対策である。これらを主に乱数機能を使って開発し、そのあとで検証過程で使用されたもの以外のマーケットに適用した。そうすることで、このシステムは実質的に非カーブフィッティング的で、すべてのマーケットで繰り返し検出される汎マーケット的な矛盾を見つけだすことができるものとなった。

　このことから、2つの興味深い結論が導き出された

- 基調となるトレンドに従ってトレンドフォローのトレードだけを行った場合は、ほとんどのマーケットで通用する長期的な優位性を獲得できる。
- 長期トレンドの見通しを立てられない場合は、わずかなヒストリカルデータを使って結論を出し、短期（3～9日程度）のトレードでしのぐことができる。

　マーケット間の統計上の特性は、トレンドの方向や状態に関係なくかなり似通ったものである。例えば、直近の5日間のマーケットの動きを見ると、小さいながらも測定不可能な変化が起こっており、これが長期のトレンドを形成することになるかもしれない。そのレベルでは、統計の特性上測定可能な差異が生まれ、上方または下方へのトレンドがそれぞれ明確になってくる。短期トレードを行うことによるもうひとつの大きな利点は、長期トレンドの方向性だけでなく、あえて指値注文を使って天井や底をとらえることも可能となることである。これは、長期トレンドを把握していることで安全性が確保されているから可能となるのである。

短期的あるいは長期的なマーケットの方向性を見極める方法と、それが最初に起こる理論的背景のすべてを、第４部全体を通して説明した。フィルターを追加する場合は、当初の考え方を多少修正する必要があるかもしれない。あるいは、フィルターを望ましい効率性に適合させることができない場合は、当初の考え方を捨てる必要が出てくるかもしれない。第１部と第４部の構成のすべてを完全に適合させるまでは、資金管理を追加し、システムを戦略のレベルまで引き上げて、さらに全体がその部分の総和を超えるようなシステムを作り上げることはできない。それには、一連のルールと枠組みに加え、トレーディングプロセスについての理解とルールベースのトレーディング戦略を、時間的位置的に孤立した個別の決定としてではなく、意思決定の流れのなかに介在させる必要がある。これを理解し認識していないと、このようなトレーディングのメリットを引き出すことはできない。またそれは、使用するシステムの個々のシグナルを基盤となるデータに最適化する問題なのでなく、自分のトレーディング・ポジションを戦略全体と個人的な制約や好みに「適量化（optisizing）」する問題なのである。

■著者紹介
トーマス・ストリズマン（Thomas Stridsman）
アクティブ・トレーダー誌の上級編集者で、トレーディングコンサルタントである。また業界内では、数々のセミナーやカンファレンスでも引っ張りだこで、以前はフューチャーズ誌に寄稿していた。1997年にシカゴに移住する前は、スウェーデンでウエブサイトによるトレーディングのコンサルティングを行い、スウェーデン・テクニカルアナリシス連盟の委員長を務めていた。

■監修者紹介
柳谷雅之（やなぎや・まさゆき）
電気通信大学電子情報学専攻博士課程前期卒。遺伝的アルゴリズムの研究に従事の後、1997年10月よりパンローリング株式会社のマーケット・アナリスト。訳書に『ラリー・ウィリアムズの短期売買法』（共訳）、『トレーディングシステム徹底比較』（いずれもパンローリング刊）のほか、翻訳・監修した訳書多数。

■訳者紹介
二宮正典（にのみや・まさのり）
国際基督教大学卒業。和光証券（現新光証券）、グローバルインシュアランスにて国際金融業務に従事。現在ハンテック・セキュリティーズ・アンド・フューチャーズ（香港）にてヘッジファンドに分散投資を行うファンド・オブ・ファンズの運用に従事。

2002年8月19日　初版第1刷発行

ウィザードブックシリーズ㊷

トレーディングシステム入門
仕掛ける前が勝負の分かれ目

著　者　　トーマス・ストリズマン
監修者　　柳谷雅之
訳　者　　二宮正典
発行者　　後藤康徳
発行所　　パンローリング株式会社
　　　　　〒160-0023　東京都新宿区西新宿7-21-3-1001
　　　　　TEL　03-5386-7391　FAX　03-5386-7393
　　　　　http://www.panrolling.com/
　　　　　E-mail　info@panrolling.com
編　集　　エフ・ジー・アイ（Factory of Gnomic Three Monkeys Investment）合資会社
装　丁　　新田"Linda"和子
印刷・製本　大日本印刷株式会社

ISBN4-7759-7003-8

落丁・乱丁本はお取り替えします。
また、本書の全部、または一部を複写・複製・転訳載、および磁気・光記録媒体に
入力することなどは、著作権法上の例外を除き禁じられています。

ⓒNINOMIYA Masanori　2002　Printed in Japan

ウィザードブックシリーズ①
魔術師リンダ・ラリーの短期売買入門
ウィザードが語る必勝テクニック基礎から応用まで
著者●リンダ・ブラッドフォード・ラシュキ＆ローレンス・A・コナーズ
訳者●世良敬明,長尾慎太郎,鶴岡直哉
A4判上製本・250ページ／定価本体28,000円＋税

アメリカで短期売買のバイブルと絶賛された、プロ必携の本。
原書名: Street Smarts

ISBN4-939103-03-X C2033

ウィザードブックシリーズ②
ラリー・ウィリアムズの短期売買法
投資で生き残るための普遍の真理
著者●ラリー・ウィリアムズ／訳者●清水昭男,柳谷雅之,長尾慎太郎
A4判上製本・264ページ／定価本体9,800円＋税

世界で最も成功し、知名度と人気が高いトレーダー
"ラリー・ウィリアムズ" 10年ぶりの画期的新書。
原書名: LONG-TERM SECRETS to SHORT-TERM TRADING

ISBN4-939103-06-4 C2033

ウィザードブックシリーズ③
タートルズの秘密
最後に勝つ長期トレンド・フォロー型売買
著者●ラッセル・サンズ／監訳者●長尾慎太郎
A4判上製本・384ページ／定価本体19,800円＋税

ついに明かされたタートルズの秘密。
中・長期売買の超バイブルが登場。
原書名: TURTLE SECRETS How To Trade The "Turtle" Concepts

ISBN4-939103-18-8 C2033

ウィザードブックシリーズ④
バフェットからの手紙
世界一の投資家が見たこれから伸びる会社、滅びる会社
著者●ローレンス・A・カニンガム／監訳者●増沢浩一
四六判上製本・392ページ／定価本体1,600円＋税

究極・最強のバフェット本！バフェット自身も推薦。
この1冊でバフェットのすべてがわかる。
原書名: THE ESSAYS OF WARREN BUFFETT: LESSONS FOR CORPORATE AMERICA

ISBN4-939103-21-8 C2033

発行●パンローリング株式会社

ウィザードブックシリーズ⑤
カプランのオプション売買戦略
優位性を味方につけ市場に勝つ方法
著者●デビッド・L・カプラン／訳者●増田丞美
A4判上製本・244ページ／定価本体7,800円+税

優位性を使って儲けろ！　これは理論書ではなく、儲けるための理論書である

原書名：The New Options Advantage

ISBN4-939103-23-4 C2033

ウィザードブックシリーズ⑥
ヒットエンドラン株式売買法
超入門　初心者にもわかるネット・トレーディングの投資術
著者●ジェフ・クーパー／訳者●清水昭男
A4判上製本・264ページ／定価本体17,800円+税

**アメリカの最新株式短期売買のバイブル！
カンや思惑に頼らないトレードテクニックが満載**

原書名：Hit and Run Trading／Hit and Run Trading 2

ISBN4-939103-24-2 C2033

ウィザードブックシリーズ⑦
ピット・ブル
チャンピオン・トレーダーに上り詰めたギャンブラーが語る実録「カジノ・ウォール街」
著者●マーティン・"バジー"・シュワルツ／訳者●成田博之
四六判上製本・520ページ／定価本体1,800円+税

**ウォール街の真実を暴露した
最高のノンフィクション・エンターテインメント**

原書名：Pit Bull

ISBN4-939103-25-0 C0033

ウィザードブックシリーズ⑧
トレーディングシステム徹底比較　第2版
著者●ラーズ・ケストナー／訳者●柳谷雅之
A4判上製本・440ページ／定価本体19,800円+税

**15年間のデータを用いて39戦略の機能の有無を、
白日の下にさらした画期的検証集！**

原書名：A Comparison of Popular Trading Systems : Second Edition

ISBN4-939103-27-7 C2033

発行●パンローリング株式会社

ウィザードブックシリーズ⑨
投資苑
心理・戦略・資金管理
著者●アレキサンダー・エルダー／訳者●福井強
A5判上製本・474ページ／定価本体5,800円＋税

精神分析医がプロのトレーダーになって書いた
心理学的アプローチ相場本の決定版！

原書名：Trading for a Living

ISBN4-939103-28-5 C0033

ウィザードブックシリーズ⑩
賢明なる投資家
割安株の見つけ方とバリュー投資を成功させる方法
著者●ベンジャミン・グレアム／訳者●土光篤洋・増沢和美・新美美葉
四六判上製本・512ページ／定価本体3,800円＋税

ウォーレン・バフェットを世界一の投資家にした
恩師の不朽の名著！

原書名：The Intelligent Investor

ISBN4-939103-29-3 C0033

ウィザードブックシリーズ⑪
売買システム入門
相場金融工学の考え方→作り方→評価法
著者●トゥーシャー・シャンデ／訳者●鶴岡直哉
A5判上製本・352ページ／定価本体7,800円＋税

日本初！　これが
「"勝つ"トレーディングシステム」の全解説だ！

原書名：Beyond Technical Analysis

ISBN4-939103-31-5 C0033

ウィザードブックシリーズ⑫
オニールの成長株発掘法
良い時も悪い時も儲かる銘柄選択をするために
著者●ウィリアム・J・オニール／訳者●竹内和己・松本幸子・増沢和美
四六判上製本・431ページ／定価本体2,800円＋税

株式市場を完璧に理解できる
米国100万部の大ベストセラーが日本に初上陸！

原書名：How to Make Money in Stock

ISBN4-939103-33-1 C2033

発行●パンローリング株式会社

ウィザードブックシリーズ⑬
新マーケットの魔術師
米トップトレーダーが語る成功の秘密
著者●ジャック・D・シュワッガー／訳者●清水昭男
四六判上製本・528ページ／定価本体2,800円+税

これは投資家のバイブルだ！
本書を読まずして、投資を語れるのか!?

原書名：New Market Wizards

ISBN4-939103-34-X C0033

ウィザードブックシリーズ⑭
マーケットの魔術師[株式編]
米トップ株式トレーダーが語る儲ける秘訣
著者●ジャック・D・シュワッガー／監訳●増沢浩一
四六判上製本・640ページ／定価本体2,800円+税

シュワッガー渾身の今をときめく株式トレーダーの
珠玉のインタビュー集！

原書名：Stock Market Wizards

ISBN4-939103-35-8 C2033

ウィザードブックシリーズ⑮
魔術師たちのトレーディングモデル
テクニカル分析の新境地
編者●リック・ベンシニョール／訳者●長尾慎太郎 他
A5判上製本・368ページ／定価本体5,800円+税

トレードの魔術師12人が、成功するための
テクニックと戦略を公開！

原書名：New Thinking in Technical Analysis

ISBN4-939103-36-6 C0033

ウィザードブックシリーズ⑯
カウンターゲーム
幸福感の絶頂で売り、恐怖感の真っただ中で買う「逆張り投資法」
著者●アンソニー・M・ガレア／ウィリアム・パタロンIII世／ジム・ロジャーズ（序文）
訳者●中村正人／中村敏郎　A5判上製本・376ページ／定価本体2,800円+税

ジム・ロジャーズも絶賛の「逆張り投資」の決定版！
個人でできるグレアム、バフェット流バリュー投資術

原書名：Contrarian Investing

ISBN4-939103-37-4 C2033

発行●パンローリング株式会社

ウィザードブックシリーズ⑰
トレードとセックスと死
相場とギャンブルで勝つ法
著者●ジュエル・E・アンダーソン／デビッド・カプラン（序文）
監訳●増田丞美　四六判上製本・414ページ／定価本体2,800円＋税

優秀なギャンブラーには
優秀なトレーダーになる素質にあふれている！
原書名：Trading, Sex & Dying

ISBN4-939103-38-2 C2033

ウィザードブックシリーズ⑱
グリーンブラット投資法
Ｍ＆Ａ、企業分割、倒産、リストラは宝の山
著者●ジョエル・グリーンブラット／訳者●奥脇省三
四六判上製本・272ページ／定価本体2,800円＋税

安全確実で、市場平均を打ち負かす
「特殊状況」投資法（イベントドリブン）の決定版！
原書名：You can be a Stock Market Genius

ISBN4-939103-41-2 C2033

ウィザードブックシリーズ⑲
マーケットの魔術師
米トップトレーダーが語る成功の秘訣
著者●ジャック・D・シュワッガー／監訳●横山直樹
四六判上製本・464ページ／定価本体2,800円＋税

世界中から絶賛された名著が新装版で復刻！
すべてはこの本を読むことから始まる！
原書名：Market Wizards

ISBN4-939103-40-4 C2033

ウィザードブックシリーズ⑳
オズの実践トレード日誌
全米ナンバー1デイトレーダーの記録公開
著者●トニー・オズ／訳者●林芳夫
A5判上製本・448ページ／定価本体5,800円＋税

ダイレクト・アクセス・トレーディングの
「神様」が魅せる、神がかり的な手法！
原書名：The Stock Trader

ISBN4-939103-42-0 C0033

発行●パンローリング株式会社

ウィザードブックシリーズ㉑
投資参謀マンガー
世界一の投資家バフェットを陰で支えた男

著者●ジャネット・ロウ/訳者●増沢和美
四六判上製本・592ページ/定価本体2,800円+税

**非凡なる戦術家にして、企業経営の魔術師!
バフェットを世界一の投資家にした男とは?**

原書名:Damn Right!

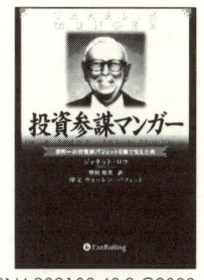

ISBN4-939103-43-9 C2033

ウィザードブックシリーズ㉒
賢人たちの投資モデル
ウォール街の伝説から学べ

著者●ニッキー・ロス/訳者●木村規子
四六判上製本・400ページ/定価本体3,800円+税

**世界で最も偉大な5人の伝説的ヒーローが伝授する資産形成戦略!
本書を読めば、自分の投資スタンスに見合った戦略の組み合わせ方が分かる!**

原書名:Lessons from the Legends of Wall Street

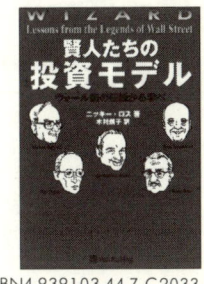

ISBN4-939103-44-7 C2033

ウィザードブックシリーズ㉓
ツバイク ウォール街を行く
――株式相場必勝の方程式

著者●マーティン・ツバイク/訳者●中村正人
四六判上製本・464ページ/定価本体3,800円+税

**全米ナンバー1の株式市場予測者が明らかにした
最高の銘柄選択をし、最小リスクで最大利益を得る方法!**

原書名:Martin Zweig's Winning on Wall Street

ISBN4-939103-45-5 C0033

ウィザードブックシリーズ㉔
賢明なる投資家【財務諸表編】
企業財務が分かれば、バリュー株を発見できる

著者●ベンジャミン・グレアム/スペンサー・B・メレディス
訳者●関本博英 四六判上製本・208ページ/定価本体3,800円+税

**投資界における最も偉大な思想家グレアムによる
『賢明なる投資家』『証券分析』と並ぶ不朽の名作!**

原書名:The Interpretation of Financial Statements

ISBN4-939103-46-3 C2033

発行●パンローリング株式会社

ウィザードブックシリーズ㉕
アームズ投資法

賢明なる投資は出来高を知ることから始まる
著者●リチャード・W・アームズ／監修●中原駿
A5判上製本・248ページ／定価本体6,800円＋税

**株は出来高で動く！　アームズ・インデックスの発明者、
天才アームズがその「ノウハウ」を公開！**

原書名：Trading Without Fear : Eliminating Emotional Decisions With Arms Trading Strategies

ISBN4-939103-49-8 C0033

ウィザードブックシリーズ㉖
ウォール街で勝つ法則

株式投資で最高の収益を上げるために
著者●ジェームズ・P・オショーネシー／監修●喜久田悠美
A5判上製本・418ページ／定価本体5,800円＋税

**グレアムの名著以来との誉れ高い
最高の成績を残すための画期的な「投資ガイドブック」**

原書名：What Works on Wall Street: A Guide to the Best-Performing Investment Strategies of All Time

ISBN4-939103-50-1 C0033

ウィザードブックシリーズ㉗
ロケット工学投資法

サイエンスがマーケットを打ち破る
著者●ジョン・F・エーラース／監修●柳谷雅之
A5判上製本・296ページ／定価本体6,800円＋税

**勝つシステム・トレーダーのバイブル！
トレーディングの世界に革命をもたらす画期的な書がついに登場！**

原書名：Rocket Science for Traders: Digital Signal Processing Applications

ISBN4-939103-51-x C0033

ウィザードブックシリーズ㉘
インベストメントスーパースター

ヘッジファンドの素顔とその驚異の投資法
著者●ルイ・ペルス／監修●長尾愼太郎
四六判上製本・528ページ／定価本体2,800円＋税

**13人の新世代マネーマネジャーたちが上げた
優れたリターンとその投資手法の秘密が今、明らかに！**

原書名：The New Investment Superstars : 13 Great Investors and Their Strategies for Superior Returns

ISBN4-939103-52-8 C2033

ウィザードブックシリーズ㉙
ボリンジャーバンド入門
相対原理が解き明かすマーケットの仕組み
著者●ジョン・ボリンジャー／監修●長尾慎太郎
A5判上製本・368ページ／定価本体5,800円+税

開発者本人が、あなたのトレードを飛躍させる
その「秘密」を初めて公開した！
原書名：Bollinger on Bollinger Bands

ISBN4-939103-53-6 C0033

ウィザードブックシリーズ㉚
魔術師たちの心理学
トレードで生計を立てる秘訣と心構え
著者●バン・K・タープ／監修●柳谷雅之
A5判上製本・448ページ／定価本体2,800円+税

なぜ人はトレードで失敗をするのか。その原因とは？
トレード専門心理学者が「成功への秘密」を公開しすぎと批判を浴びた快著！
原書名：Trade Your Way to Financial Freedom

ISBN4-939103-54-4 C0033

ウィザードブックシリーズ㉛
マーケットニュートラル投資の世界
ヘッジファンドの投資戦略
著者●ジョセフ・G・ニコラス／訳者●三菱信託銀行受託財産運用部門
A5判上製本・312ページ／定価本体5,800円+税

驚異のリターンを上げ続けるヘッジファンドの投資戦略
「マーケットニュートラル」とは何か？　その全貌が今、明らかになる！
原書名：Market-Neutral Investing : Long/Short Hedge Fund Strategies

ISBN4-939103-55-2 C0033

ウィザードブックシリーズ㉜
ゾーン
相場心理学入門
著者●マーク・ダグラス／訳者●世良敬明
四六判上製本・352ページ／定価本体2,800円+税

淡々とトレードし、確実に収益を上げられるようになる
「ゾーン」の境地とは？　ステップアップの秘訣を教えます！
原書名：Trading in the Zone

ISBN4-939103-57-9 C2033

発行●パンローリング株式会社

ウィザードブックシリーズ㉝
トビアスが教える投資ガイドブック

賢いお金の使い方・貯め方・殖やし方
著者●アンドリュー・トビアス／訳者●伊能早苗・藪中久美子
四六判上製本・447ページ／定価2,800円＋税

初心者がお金を貯める第一歩はこの本から！
全米で大ロングセラーの「たった一つの投資ガイド」

原書名：The Only Investment Guide You'll Ever Need

ISBN4-939103-58-7 C0033

ウィザードブックシリーズ㉞
リスクバジェッティング

実務家が語る年金新時代のリスク管理
編者●レスリー・ラール／訳者●三菱信託銀行受託財産運用部門
A5判上製本576ページ／定価本体9,800円＋税

本邦初、最先端のリスク管理法を全公開！
年金資金運用者必須の実践書

原書名：Risk Budgeting : A New Approach to Investing

ISBN4-939103-60-9 C0033

ウィザードブックシリーズ㉟
NO BULL（ノーブル）

天才ヘッジファンド・マネジャー　マイケル・スタインハルトの自叙伝
著者●マイケル・スタインハルト／訳者●奥脇省三
四六判上製本・423ページ／定価本体2,800円＋税

「マーケットの魔術師」のひとりが明かした
その人生、その戦略、その希望とは！

原書名：NO BULL : My life in and out of the markets

ISBN4-939103-59-5 C2033

ウィザードブックシリーズ㊱
ワイルダーのテクニカル分析入門

オシレーターの算出法とその売買シグナル実践法
著者●J.ウエルズ・ワイルダー・ジュニア／監修●長尾慎太郎
A4判上製本・168ページ／定価本体9,800円＋税

RSI、ADXの開発者による「伝説の書」
システムトレードの古典がついに完全邦訳される！

原書名：New Concepts In Technical Trading Systems

ISBN4-939103-63-3 C0033

パンローリング相場読本シリーズ⑤
究極の低位株投資術 FAI投資法

著者●林 知之
定価 本体2,000円+税（CD-ROM付）

2倍になる銘柄を発掘できる安全で確実で有利な投資法。
投資ソフトの試用版CD-ROM付

ISBN4-939103-16-1 C2033

パンローリング相場読本シリーズ⑥
マーケットサバイバル

投資家が生き残るために
著者●久保田博幸　定価 本体1,800円+税

現役のディーラーがあますことなく教える
相場の生き残りのノウハウ。

幸田真音の話題の小説『日本国債』で登場人物のモデルにもなった、元債券ディーラーが書いた本。

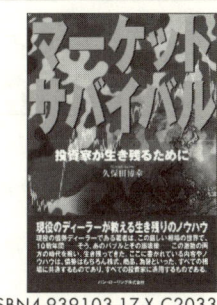

ISBN4-939103-17-X C2033

パンローリング相場読本シリーズ⑦
オプション売買入門

著者●増田丞美
定価 本体4,800円+税／A5判上製本・238ページ

オプションならではの優位性を使って利益をあげる。
本邦初といえる、実戦的なオプション売買マニュアル。

ISBN4-939103-19-6 C2033

パンローリング相場読本シリーズ⑧
株はチャートでわかる！

著者●阿部達郎・野村光紀・柳谷雅之・蔓部音士
定価 本体2,800円+税（CD-ROM付）／A5判・336ページ

チャートの読み方、儲けるノウハウ、売買システムのつくり方がわかる！
投資ソフトの試用版CD-ROM付

ISBN4-939103-26-9 C0033

発行●パンローリング株式会社

パンローリング相場読本シリーズ⑨
サヤ取り入門 低リスクでミドルリターンを狙う手法

著者●羽根英樹　監修●蔓部音士
定価 本体3,200円+税（CD-ROM付）／A5判・221ページ

いままでベールに包まれていたサヤ取りの秘密が明かされた！
サヤ取りソフトの試用版CD-ROM付

ISBN4-939103-30-7 C0033

パンローリング相場読本シリーズ⑩
生き残りのディーリング 決定版

著者●矢口 新
定価 本体2,800円+税／四六判上製本・363ページ

あの名著が決定版になって復活！
リスクとは避けるものではない。うまく管理するものである。

ISBN4-939103-32-3 C0033

パンローリング相場読本シリーズ⑪
オプション売買の実践

著者●増田丞美
定価 本体4,800円+税／A5判上製本・353ページ

本書は、決して机上の理論ではない！
著者が実際に行い、成果をあげたプロの手法である。

ISBN4-939103-39-0 C2033

パンローリング相場読本シリーズ⑫
これなら勝てる究極の低位株投資術

著者●林 知之
定価 本体2,800円+税／A5判・226ページ

マーケットに隠れたほんとうのお宝を見つける！
"うまい話"をふところに入れるためのFAIの実践ノウハウ。

ISBN4-939103-47-1 C0033

発行●パンローリング株式会社

パンローリング相場読本シリーズ⑬
個人投資家のための原油取引入門

100問100答でわかるしくみと分析ノウハウ
著者●渡邉勝方
定価 本体2,800円+税／A5判・288ページ

本書がいちばん早く、いちばんよくわかる！
これが、モンスター商品原油取引の必読書だ！

ISBN4-939103-48-X C2033

パンローリング相場読本シリーズ⑭
値上がる株に投資しろ！

値動きのしくみを知れば株は儲かる
著者●矢口 新
定価 本体2,800円+税／A5判・242ページ

良い株が儲かるのではない。儲かる株が良い株だ！
プロの投資家から圧倒的な評価を得る、矢口新の最新刊！

ISBN4-939103-56-0 C0033

パンローリング相場読本シリーズ⑮
個人投資家のためのガソリン・灯油取引入門

100問100答でわかるしくみと分析ノウハウ
著者●渡邉勝方
定価 本体2,800円+税／A5判・322ページ

商品マーケットでいちばん人気が高い
ガソリン・灯油の解説書がついに登場！

ISBN4-939103-61-7 C2033

パンローリング相場読本シリーズ⑯
デイトレード大学

トレーディングで生活する！基礎からプロのテクニック
著者●岡本治郎
定価 本体2,800円+税／A5判・203ページ

投資会社のつくり方と節税対策から
プロの日経225トレードテクニックまで、すべてを公開！

ISBN4-939103-62-5 C0033

発行●パンローリング株式会社

私の投資が突然うまくなった。
そのヒミツは、ここにある。

http://www.tradersshop.com/

投資関連のモノがなんでも揃う「トレーダーズショップ」は、がんばる投資家のお役立ちサイト。

投資家から熱い支持をいただいている投資専門の通販サイト「トレーダーズショップ」は、投資家のためのコンビニエンスストアです。書籍やビデオ、道具、セミナーなど、成功するためのモノは、すべてここで揃います。送料は注文1回につき何点でも全国一律280円(1回の注文が5,000円以上なら無料です)。また、業界有名人による「私のオススメの一冊」コーナーや読者の書評、楽しいメールマガジン、ヘッジファンドの卵による「シカゴ絵日記」など、役に立つ情報も満載です。がんばる投資家は、いますぐアクセスしよう。

投資家のためのトレーダーズショップは
24時間オープンしている投資専門店。